Ihr Vorteil als Käufer dieses Buches

Auf der Bonus-Webseite zu diesem Buch finden Sie zusätzliche Informationen und Services. Dazu gehört auch ein kostenloser **Testzugang** zur Online-Fassung Ihres Buches. Und der besondere Vorteil: Wenn Sie Ihr **Online-Buch** auch weiterhin nutzen wollen, erhalten Sie den vollen Zugang zum **Vorzugspreis**.

So nutzen Sie Ihren Vorteil

Halten Sie den unten abgedruckten Zugangscode bereit und gehen Sie auf **www.galileocomputing.de**. Dort finden Sie den Kasten **Die Bonus-Seite für Buchkäufer**. Klicken Sie auf **Zur Bonus-Seite / Buch registrieren**, und geben Sie Ihren **Zugangs-code** ein. Schon stehen Ihnen die Bonus-Angebote zur Verfügung.

Ihr persönlicher
Zugangscode

q2dm-pk9z-tuwi-fbva

Michael Kofler

Linux-Kommandoreferenz

Shell-Befehle von A bis Z

Galileo Press

Liebe Leserin, lieber Leser,

vermutlich haben Sie bereits selbst die Erfahrung gemacht: Über die Shell lässt sich Linux mit ein wenig Übung äußerst schnell und effizient steuern. Die Möglichkeiten der Steuerung und Automatisierung verschiedener Abläufe mithilfe von Shell-Befehlen gehen dabei weit über die Funktionen hinaus, die Ihnen die verschiedenen Benutzeroberflächen grafisch zur Verfügung stellen. Kurz: Wenn Sie den Umgang mit Shell-Kommandos beherrschen, dann liegt Ihnen Linux zu Füßen.

Die Menge der Möglichkeiten hat natürlich eine Kehrseite: nämlich die Fülle der damit verbundenen Informationen. Es gibt sehr viele Linux-Kommandos und eine schier unüberschaubare Anzahl von Optionen – ein Blick in die man-Seiten zu den einzelnen Kommandos spricht Bände ...

Und das bringt uns zu dieser Kommandoreferenz: Sie begrenzt und ordnet gezielt die Fülle der Informationen und ermöglicht Ihnen so den schnellen Zugriff auf die wichtigsten Kommandos und häufig benötigte Optionen. Darüber hinaus gibt sie Ihnen geprüfte und sofort einsetzbare Anwendungsbeispiele an die Hand, weist Sie auf distributionsspezifische Besonderheiten hin und bietet Ihnen nun neben einer Übersicht wichtiger Tastenkürzel auch eine Syntaxreferenz zentraler Linux-Konfigurationsdateien. Ein weiteres Plus: Als Besitzer der gedruckten Ausgabe laden Sie sich die PDF-Version des Buches auf *www.galileo-press.de/bonusseite* herunter. Damit schlagen Sie gesuchte Kommandos überall schnell nach und arbeiten künftig noch effizienter auf der Shell.

Noch ein Wort in eigener Sache: Dieses Werk wurde mit großer Sorgfalt geschrieben, geprüft und produziert. Sollte dennoch einmal etwas nicht so funktionieren, wie Sie es erwarten, freue ich mich, wenn Sie sich mit mir in Verbindung setzen. Ihre Kritik und konstruktiven Anregungen sind uns jederzeit herzlich willkommen!

Ihr Sebastian Kestel
Lektorat Galileo Computing

Sebastian.Kestel@galileo-press.de
www.galileocomputing.de
Galileo Press · Rheinwerkallee 4 · 53227 Bonn

Auf einen Blick

Thematische Kommandoübersicht 5

Einleitung 21

Kommandos von A bis Z 23

Konfigurationsdateien 347

Tastenkürzel 393

Wir hoffen sehr, dass Ihnen dieses Buch gefallen hat. Bitte teilen Sie uns doch Ihre Meinung mit. Eine E-Mail mit Ihrem Lob oder Tadel senden Sie direkt an den Lektor des Buches: *sebastian.kestel@galileo-press.de*. Im Falle einer Reklamation steht Ihnen gerne unser Leserservice zur Verfügung: *service@galileo-press.de*. Informationen über Rezensions- und Schulungsexemplare erhalten Sie von: *britta.behrens@galileo-press.de*.

Informationen zum Verlag und weitere Kontaktmöglichkeiten finden Sie auf unserer Verlagswebsite *www.galileo-press.de*. Dort können Sie sich auch umfassend und aus erster Hand über unser aktuelles Verlagsprogramm informieren und alle unsere Bücher versandkostenfrei bestellen.

An diesem Buch haben viele mitgewirkt, insbesondere:

Lektorat Sebastian Kestel
Korrektorat Friederike Daenecke, Zülpich
Herstellung Norbert Englert
Einbandgestaltung Mai Loan Nguyen Duy
Coverbilder Mai Loan Nguyen Duy; iStockphoto: 13845349 © Heike Brauer
Satz Michael Kofler
Druck Beltz Bad Langensalza

Dieses Buch wurde gesetzt aus der TheAntiquaB (9,35 pt/13,7 pt) mit LATEX. Gedruckt wurde es auf chlorfrei gebleichtem Offsetpapier (90 g/m²).

Der Name Galileo Press geht auf den italienischen Mathematiker und Philosophen Galileo Galilei (1564–1642) zurück. Er gilt als Gründungsfigur der neuzeitlichen Wissenschaft und wurde berühmt als Verfechter des modernen, heliozentrischen Weltbilds. Legendär ist sein Ausspruch *Eppur si muove* (Und sie bewegt sich doch). Das Emblem von Galileo Press ist der Jupiter, umkreist von den vier Galileischen Monden. Galilei entdeckte die nach ihm benannten Monde 1610.

Bibliografische Information der Deutschen Nationalbibliothek:
Die Deutsche Nationalbibliothek verzeichnet diese Publikation in der Deutschen Nationalbibliografie; detaillierte bibliografische Daten sind im Internet über *http://dnb.d-nb.de* abrufbar.

ISBN 978-3-8362-2595-3
© Galileo Press, Bonn 2014
1. Auflage 2014

Thematische Kommandoübersicht

Dateiverwaltung

cat	verbindet mehrere Dateien zu einer Gesamtdatei	44
cd	wechselt in ein anderes Verzeichnis	45
chgrp	ändert die Gruppenzugehörigkeit einer Datei	49
chmod	ändert die Zugriffsbits einer Datei	50
chown	ändert den Besitzer einer Datei	52
cp	kopiert Dateien	57
file	versucht, den Typ einer Datei festzustellen	91
inotifywait	wartet auf die Veränderung von Dateiattributen	137
j	wechselt in ein anderes Verzeichnis	150
ln	stellt feste und symbolische Links zu Dateien her	161
ls	zeigt das Inhaltsverzeichnis an	167
mkdir	erzeugt ein neues Verzeichnis	182
mv	verschiebt Dateien bzw. ändert ihren Namen	209
rm	löscht Dateien	250
rmdir	löscht Verzeichnisse	250
rsync	synchronisiert Verzeichnisse	255
stat	liefert detaillierte Informationen zu Dateien	283
tee	dupliziert die Standardeingabe	296
umask	steuert, welche Zugriffsrechte neue Dateien und Verzeichnisse erhalten	305

Access Control Lists (ACLs) und Extended Attributes (EAs)

attr	verwaltet die Zusatzattribute einer Datei	35
chacl	verwaltet die ACLs einer Datei	46
getcap	ermittelt die Capabilities einer Datei	109
getfacl	ermittelt die ACLs einer Datei	110
getfattr	ermittelt die Zusatzattribute einer Datei	110
setcap	verändert die Capabilities einer Datei	262
setfacl	verändert die ACLs einer Datei	263
setfattr	verändert die Zusatzattribute einer Datei	266

Dateien suchen

find	sucht Dateien nach Name, Datum, Größe etc.	91
grep	sucht Text in einer Textdatei	118
locate	sucht Dateien in einer dafür vorbereiteten Datenbank	164
updatedb	aktualisiert die Suchdatenbank für locate	312
whereis	sucht Dateien in vordefinierten Verzeichnissen	330
which	durchsucht die PATH-Verzeichnisse nach Kommandos	330

Bearbeitung von Textdateien

awk	Programmiersprache zur Textauswertung	35
cat	gibt eine Datei aus bzw. vereint mehrere Texte	44
csplit	zerlegt den Text an vorgegebenen Stellen in Einzeldateien	62
cut	extrahiert Spalten aus jeder Zeile des Textes	64
diff	vergleicht zwei Texte	71
expand	ersetzt Tabulator- durch Leerzeichen	85
fold	zerlegt lange Textzeilen in kürzere	98
grep	sucht Texte innerhalb der Datei	118
head	gibt die ersten Zeilen der Datei aus	131
iconv	ändert den Zeichensatz von Textdateien	134
less	zeigt Textdateien seitenweise an (auch rückwärts)	159
more	zeigt Textdateien seitenweise an	192
multitail	verfolgt die Änderungen mehrerer Dateien	209
paste	vereint mehrere Texte zeilenweise	232
patch	ändert Textdateien gemäß einer diff-Datei	232
recode	konvertiert zwischen verschiedenen Zeichensätzen	246
sed	Stream-Editor (programmierbarer Editor)	259
sort	sortiert Dateien	277
split	zerlegt eine Datei in Teildateien mit vorgegebener Größe	278
strings	extrahiert Zeichenketten aus Binärdateien	284
tac	gibt Text in umgekehrter Reihenfolge aus, also die letzte Zeile zuerst	291
tail	gibt das Ende einer Datei aus	291
tr	ersetzt vorgegebene Zeichen durch andere Zeichen	301
unexpand	ersetzt Leerzeichen durch Tabulatorzeichen	307

uniq	eliminiert mehrfach auftretende Zeilen in einer Textdatei	307
zcat	gibt eine komprimierte Textdatei aus	341
zless	zeigt eine komprimierte Textdatei an (auch rückwärts)	341
zmore	zeigt eine komprimierte Textdatei seitenweise an	341

Dateien komprimieren und archivieren

bunzip2	dekomprimiert *.bz2-Dateien	43
bzip2	komprimiert Dateien; leistungsfähiger als gzip	43
cpio	überträgt Archivdateien zwischen Dateisystemen	59
compress	komprimiert Dateien	54
gunzip	dekomprimiert *.gz-Dateien	127
gzip	komprimiert Dateien; leistungsfähiger als compress	127
lzop	komprimiert Dateien; deutlich schneller als gzip	177
mt	steuert den Streamer (Vor- und Rückspulen etc.)	207
tar	bildet ein *.tar-Archiv	292
uncompress	dekomprimiert durch compress komprimierte Dateien	307
unxz	dekomprimiert *.xz-Dateien	308
unzip	dekomprimiert *.zip-Dateien	308
xz	komprimiert Dateien; leistungsfähiger als bzip2	338
zip	erzeugt ein Windows-kompatibles ZIP-Archiv	342
zipinfo	zeigt den Inhalt eines ZIP-Archivs an	342

CDs/DVDs schreiben

cdrdao	schreibt eine CD im Disk-at-once-Modus	45
cdrecord	schreibt eine CD oder DVD	332
dvd+rw-format	formatiert DVD+RW- und DVD-RW-Medien	78
dvd+rw-mediainfo	liefert Informationen über ein optisches Datenmedium	78
genisoimage	erzeugt ein ISO-Image (ehemals mkisofs)	105
growisofs	schreibt DVDs und Blu-Ray-Discs	123
isohybrid	macht ein ISO-Image für USB-Datenträger bootfähig	147
mkisofs	erzeugt ein ISO-Image	105
mkudffs	richtet ein UDF-Dateisystem ein (z. B. auf einer DVD-RAM)	190
wodim	schreibt eine CD oder DVD (ehemals cdrecord)	332

Konverter

a2ps	konvertiert Textdateien in das PostScript-Format	23
avconv	konvertiert Video-Dateien	89
convert	konvertiert Grafikdateien	54
convmv	ändert den Zeichensatz von Dateinamen	56
dvips	wandelt eine DVI-Datei in das PostScript-Format um	78
enscript	konvertiert Textdateien in das PostScript-Format	82
epstopdf	konvertiert EPS-Dateien in PDF-Dateien	83
ffmpeg	konvertiert Video-Dateien	89
iconv	ändert den Zeichensatz von Textdateien	134
lame	erzeugt MP3-kompatible Audio-Dateien	157
mogrify	verändert Parameter einer Bilddatei	191
mpage	konvertiert Textdateien in das PostScript-Format	206
pandoc	erzeugt Dokumente aus Markdown-Dateien	224
paps	konvertiert UTF-8-Textdateien in das PostScript-Format	225
pdf2ps	konvertiert PDF-Dateien in PostScript-Dateien	233
pdftk	manipuliert PDF-Dateien	233
pdftops	Alternative zu pdf2ps	235
pdftotext	wandelt ein PDF-Dokument in eine reine Textdatei um	236
ps2pdf	konvertiert PostScript-Dateien in PDF-Dateien	239
recode	ändert den Zeichensatz von Textdateien	246

Programm-/Prozessverwaltung

at	führt einen Job zu einem vordefinierten Zeitpunkt aus	32
atq	listet Jobs auf, die später ausgeführt werden sollen	34
atrm	löscht einen Job, der später ausgeführt werden soll	35
watch	führt einen Job aus, sobald das System im Leerlauf läuft	326
bg	setzt einen Prozess im Hintergrund fort	38
chroot	startet eine Shell in einem veränderten Wurzel-verzeichnis	53
crontab	hilft bei der Administration eigener Crontab-Einträge	60
disown	löst einen Prozess von der Shell	72
fg	setzt einen Prozess im Vordergrund fort	90
fuser	ermittelt das Programm, das auf eine Datei zugreift	103
halt	beendet Linux und hält den Rechner an	128
ionice	steuert die I/O-Priorität eines Prozesses	140
iotop	zeigt die Prozesse mit der größten IO-Aktivität an	141

kill	versendet Signale (meist zum Beenden von Prozessen)	151
killall	wie kill; der Prozess wird mit Namen genannt	151
ldconfig	aktualisiert die Cache-Datei zur Bibliothekssuche	159
ldd	liefert alle erforderlichen Bibliotheken eines Programms	159
lsof	listet offene Dateien und die zugeordneten Prozesse auf	172
nice	startet ein Programm mit verringerter Priorität	218
nohup	startet einen Prozess, der von der Shell losgelöst ist	222
pidof	ermittelt die Prozessnummer eines Programms	236
powertop	analysiert den Energieverbrauch der laufenden Prozesse	237
ps	zeigt die Liste der laufenden Prozesse an	238
pstree	wie ps; macht die Abhängigkeiten besser sichtbar	240
reboot	beendet Linux und startet den Rechner neu	246
renice	verändert die Priorität eines laufenden Prozesses	246
sudo	führt ein Programm als root aus	285
top	zeigt alle fünf Sekunden eine Liste aller Prozesse an	300
watch	führt ein Kommando periodisch aus und zeigt die Ausgaben an	326

Verwaltung von Benutzern und Gruppen

addgroup	richtet eine neue Gruppe ein (Debian/Ubuntu)	26
adduser	richtet einen neuen Benutzer ein (Debian/Ubuntu)	26
chage	ändert das Ablaufdatum eines Kontos oder Passworts	46
chgrp	ändert die Gruppenzugehörigkeit einer Datei	49
chown	ändert den Besitzer einer Datei	52
chsh	verändert die Default-Shell eines Benutzers	53
delgroup	löscht eine Gruppe (Debian/Ubuntu)	69
deluser	löscht einen Benutzer (Debian/Ubuntu)	69
groupadd	richtet eine neue Gruppe ein	122
groupdel	löscht eine Gruppe	122
groupmod	verändert Gruppeneigenschaften	122
groups	zeigt die Gruppen des aktuellen Benutzers an	122
id	zeigt die aktuelle Benutzer- und Gruppen-ID-Nummer an	134
last	verrät, wer zuletzt auf diesem Rechner eingeloggt war	158
makepasswd	erzeugt ein neues, zufälliges Passwort	178
mkpasswd	erzeugt ein neues, zufälliges Passwort	189
newgrp	ändert die aktive Gruppe eines Benutzers	217
newusers	richtet mehrere neue Benutzer ein	218
passwd	verändert das Passwort eines Benutzers	231
pwgen	generiert leicht merkbare Passwörter	241

useradd	richtet einen neuen Benutzer ein	312
userdel	löscht einen Benutzer	313
usermod	verändert Benutzereigenschaften	313
who	liefert Informationen über die eingeloggten Benutzer	331

Administration des Dateisystems

badblocks	testet, ob Datenträger defekte Sektoren enthalten	37
blkid	liefert die UUID und den Namen eines Dateisystems	38
btrfs	administriert ein btrfs-Dateisystem	40
cryptsetup	richtet ein Crypto-Device ein	60
dcfldd	kopiert Datenblöcke zwischen Devices (mit Fortschrittsanzeige)	66
dd	kopiert Datenblöcke zwischen Devices	67
df	zeigt den freien Speicher auf der Festplatte an	70
du	ermittelt den Platzbedarf eines Verzeichnisses	76
dumpe2fs	zeigt interne Informationen über ein ext-Dateisystem an	77
eject	wirft eine CD oder Diskette aus	82
fdformat	formatiert eine Diskette	87
fdisk	partitioniert eine Festplatte mit MBR-Partitionstabelle	87
findmnt	liefert eine Liste aller aktiven Dateisysteme	95
fstrim	meldet der SSD alle freien Datenblöcke	101
gdisk	partitioniert eine Festplatte mit GUID-Partitionstabelle	105
hdparm	verändert Parameter der Festplatte	130
kpartx	erzeugt oder löscht Device-Dateien für virtuelle Datenträger	151
lsblk	listet alle Block-Devices auf	170
luksformat	richtet ein Crypto-Device samt Dateisystem ein	174
mdadm	verwaltet RAID-Partitionen	179
mkfifo	erzeugt eine FIFO-Datei (eine benannte Pipe)	182
mkfs	richtet ein Dateisystem ein	183
mknod	erstellt Device-Dateien	189
mkswap	richtet eine Datei oder eine Partition als Swap-Bereich ein	190
mount	bindet ein Dateisystem in den Verzeichnisbaum ein	192
parted	partitioniert eine Festplatte	226
partprobe	informiert den Kernel über die geänderte Partitionierung	229
partx	liest Partitionen bzw. verändert die Partitionstabelle des Kernel	229
resize2fs	verändert die Größe eines ext-Dateisystems	247
smartctl	steuert die SMART-Funktionen der Festplatte	273

sfdisk	partitioniert eine Festplatte mit MBR-Partitionstabelle	268
sgdisk	partitioniert eine Festplatte mit GUID-Partitionstabelle	270
swapoff	deaktiviert eine Swap-Datei oder -Partition	288
swapon	aktiviert eine Swap-Datei oder -Partition	288
sync	führt alle gepufferten Schreiboperationen aus	288
tune2fs	verändert Systemparameter eines ext-Dateisystems	303
umount	löst ein Dateisystem aus dem Verzeichnisbaum	306
volname	liefert den Partitionsnamen einer CD	326

LVM-Kommandos

lvcreate	richtet ein neues LV (Logical Volume) ein	174
lvdisplay	liefert Detailinformationen zu einem LV	175
lvextend	vergrößert ein LV	175
lvm	LVM-Basiskommando	175
lvreduce	verkleinert ein LV	176
lvremove	löscht ein LV	176
lvrename	gibt dem LV einen neuen Namen	176
lvscan	listet alle LVs auf	176
pvcreate	kennzeichnet eine Partition als PV (Physical Volume)	240
pvdisplay	liefert Detailinformationen zu einem PV	241
pvremove	entfernt die PV-Kennzeichnung eines ungenutzten PVs	241
pvscan	listet alle PVs auf	241
vgchange	ändert die Attribte einer VG (Volume Group)	313
vgcreate	erzeugt eine neue VG aus einem oder mehreren PVs	314
vgdisplay	liefert Detailinformationen zu einer VG	314
vgextend	vergrößert eine VG um ein PV	314
vgmerge	vereint zwei VGs	315
vgreduce	verkleinert eine VG um ein ungenutztes PV	315
vgrename	gibt einer VG einen neuen Namen	315
vgscan	listet alle VGs auf	315

SELinux und AppArmor

aa-complain	protokolliert AppArmor-Regelverstöße, ohne sie zu ahnden	24
aa-disable	deaktiviert ein AppArmor-Regelprofil	24
aa-enforce	stellt die Einhaltung von AppArmor-Regeln sicher	24

aa-status	ermittelt den Zustand des AppArmor-Systems	24
chcon	verändert den SELinux-Kontext von Dateien	48
getenforce	ermittelt den SELinux-Modus (Enforcing oder Permissive)	110
restorecon	stellt den Default-SELinux-Kontext wieder her	248
sealert	hilft bei der Analyse von SELinux-Regelverstößen	259
sestatus	ermittelt den Zustand des SELinux-Systems	261
setenforce	ändert den SELinux-Modus zwischen Enforcing und Permissive	263
setsebool	verändert boolesche Parameter der SELinux-Regeln	267

Paketverwaltung

add-apt-repository	richtet eine PPA-Paketquelle ein (Ubuntu)	25
alien	wandelt Pakete zwischen verschiedenen Formaten um	27
alternatives	richtet Links in /etc/alternatives ein (Fedora, Red Hat)	27
apt-cache	liefert Informationen über installierte/verfügbare Pakete	28
apt-cdrom	richtet eine CD/DVD als APT-Paketquelle ein	29
apt-get	hilft bei der DEB-Paketverwaltung (Debian, Ubuntu)	29
apt-key	richtet einen Schlüssel für eine APT-Paketquelle ein	31
aptitude	hilft bei der DEB-Paketverwaltung	31
dnf	Alternative zu yum (Fedora)	73
dpkg	(de)installiert oder aktualisiert DEB-Pakete	73
ppa-purge	deaktiviert eine PPA-Paketquelle (Ubuntu)	237
repoquery	liefert Metadaten aus YUM-Paketquellen	247
rpm	(de)installiert oder aktualisiert RPM-Pakete	252
tasksel	(de)installiert DEB-Paketgruppen	295
update-alternatives	richtet Links in /etc/alternatives ein	309
yum	hilft bei der RPM-Paketverwaltung (Fedora, Red Hat)	338
yumdownloader	lädt den Quellcode von Paketen herunter	341
zypper	hilft bei der RPM-Paketverwaltung (SUSE-spezifisch)	342

Netzwerkadministration

curl	überträgt Dateien von/zu HTTP-, FTP- und SSH-Servern	63
dhclient	führt eine DHCP-Netzwerkkonfiguration durch	71
ethtool	verändert die Parameter eines Ethernet-Adapters	83

exportfs	meldet die NFS-Konfiguration an den NFS-Server	86
firewall-cmd	liest bzw. ändert die Firewall-Konfiguration (Fedora)	96
ftp	überträgt interaktiv Dateien via FTP	101
host	löst IP-Nummern bzw. Netzwerknamen auf	131
hostname	liefert bzw. verändert den Namen des lokalen Rechners	132
hostnamectl	verändert den Hostnamen bleibend	132
ifconfig	konfiguriert Netzwerkschnittstellen	135
ifdown	deaktiviert eine Netzwerkschnittstelle	136
ifup	aktiviert eine Netzwerkschnittstelle	136
ip	zeigt Netzwerkeinstellungen an bzw. verändert sie	141
iptables	konfiguriert den Linux-Paketfilter (Firewall)	144
iw	steuert WLAN-Schnittstellen (aktuelles Kommando)	148
iwconfig	steuert WLAN-Schnittstellen (veraltetes Kommando)	149
iwlist	liefert Informationen zum WLAN-Controller und -Netz	150
mtr	kombiniert ping- und traceroute-Ergebnisse	208
netstat	analysiert die Netzwerkaktivität des lokalen Rechners	216
newaliases	meldet Änderungen in /etc/aliases an den Mail-Server	217
nmap	analysiert die Netzwerkaktivität eines fremden Rechners	219
nmcli	steuert den Network Manager	220
nm-tool	liefert Statusinformationen des Network Managers	221
openssl	erzeugt und administriert SSL-Schlüsseldateien	222
ping	überprüft die Netzwerkverbindung zu einem Rechner	237
rdiff-backup	erstellt inkrementelle Backups	244
rfkill	(de)aktiviert Bluetooth-, WLAN- und Mobilfunk-Adapter	249
rpcinfo	liefert Informationen über RPC- und NFS-Dienste	252
route	verändert bzw. zeigt die IP-Routing-Tabelle	251
rsync	synchronisiert Netzwerkverzeichnisse	255
scp	überträgt Dateien verschlüsselt via SSH	257
sftp	überträgt Dateien via SFTP	269
showmount	listet NFS-Verzeichnisse auf	271
smbclient	überträgt Dateien aus Windows-Netzwerkverzeichnissen	274
smbtree	liefert eine Liste aller Windows-Netzwerkverzeichnisse	276
ss	analysiert die Netzwerkaktivität des lokalen Rechners	280
ssh	ermöglicht Logins auf anderen Rechnern im Netzwerk	281
ssh-copy-id	überträgt einen öffentlichen Schlüssel zum SSH-Server	282
telnet	kommuniziert interaktiv mit einem Netzwerkdienst	296
traceroute	liefert die Zwischenstationen zu einer Netzwerkadresse	302
wget	lädt Dateien oder Verzeichnisse herunter	327

Drucker-, Datenbank- und Server-Administration

htpasswd	speichert Apache-Login-Daten in einer Passwortdatei	133
lpadmin	richtet neue Drucker ein bzw. löscht sie wieder	164
lpinfo	listet alle Druck-Devices, Druckertreiber etc. auf	165
lpoptions	zeigt die Optionen von Druckern an bzw. verändert sie	165
lpq	zeigt den Inhalt einer Druckerwarteschlange an	166
lpr	druckt eine Datei aus	166
lprm	löscht einen Druck-Job aus der Warteschlange	166
lpstat	liefert Informationen über Drucker, Druck-Jobs etc.	167
mysql	führt SQL-Kommandos auf einem MySQL-Server aus	209
mysqladmin	hilft bei der MySQL-Administration	212
mysqldump	führt ein MySQL-Backup durch	213
smbpasswd	ändert ein Samba-Passwort	275
sqlite3	für SQL-Kommandos in SQLite-Datenbanken aus	279

Hardware-Verwaltung

acpi	liefert Informationen über den Batteriezustand	25
free	zeigt den freien Speicherplatz an (RAM/Swap)	99
localectl	verändert die Sprach- und Tastatureinstellungen	163
lshal	liefert Informationen des *Hardware Abstraction Layer*	171
lspci	liefert Informationen über PCI-Komponenten	173
lsscsi	liefert Informationen über angeschlossene SCSI-Geräte	173
lsusb	liefert Informationen über angeschlossene USB-Geräte	173
timedatectl	stellt Datum, Uhrzeit und Zeitzone ein	299

Bluetooth

bluez-simple-agent	verbindet Bluetooth-Geräte durch Pairing	39
hciconfig	(de)aktiviert lokale Bluetooth-Adapter	128
hcitool	verwaltet Bluetooth-Geräte	129
l2ping	sendet Echo-Anfragen an Bluetooth-Geräte	157
rfkill	(de)aktiviert Bluetooth-, WLAN- und Mobilfunk-Adapter	249
sdptool	ermittelt Detailinformationen über Bluetooth-Geräte	258

Systemstart und -stopp, Init-System, GRUB

chkconfig	richtet Init-V-Links ein (Red Hat, Fedora)	49
efibootmgr	liest bzw. verändert die Tabelle der EFI-Booteinträge	80
grub	startet die GRUB-Shell (GRUB 0.97 *legacy*)	124
grub-install	installiert GRUB in den Bootsektor (GRUB 2)	124
grub-mkconfig	erzeugt eine neue GRUB-Konfigurationsdatei (GRUB 2)	125
init	wechselt in einen anderen Runlevel (Init-V-System)	136
initctl	steuert Upstart und generiert Upstart-Ereignisse	137
insserv	richtet Init-V-Links ein (Debian, SUSE)	139
invoke.rc	führt ein Init-V-Script aus (Debian)	140
lilo	richtet den Boot-Loader LILO ein	160
mkinitrd	erzeugt eine Initrd-Datei (Fedora, Red Hat, SUSE)	187
service	führt ein Init-V-Script aus	261
shutdown	beendet Linux	272
start	startet einen durch Upstart verwalteten Dienst	283
stop	stoppt einen durch Upstart verwalteten Dienst	283
systemctl	verwaltet Systemd-Prozesse	289
telinit	ändert den Runlevel	296
update-grub	aktualisiert die GRUB-Datei menu.1st (Debian)	309
update-initramfs	erzeugt eine Initrd-Datei (Debian, Ubuntu)	310
update-rc.d	richtet Init-V-Links ein (Debian und Ubuntu, veraltet)	311

Virtualisierung (libvirt, KVM)

kvm	führt eine virtuelle Maschine aus	152
qemu-img	erzeugt bzw. bearbeitet Image-Dateien	242
qemu-kvm	führt eine virtuelle Maschine aus	152
qemu-nbd	bietet eine Image-Datei als Netzwerk-Block-Device an	243
virsh	führt libvirt-Kommandos aus	315
virt-clone	erstellt eine Kopie einer virtuellen Maschine	321
virt-install	richtet eine neue virtuelle Maschine ein	323
virt-viewer	erlaubt die Bedienung einer virtuellen Maschine via VNC	325

Terminal und Textkonsole

echo — gibt eine Zeile Text aus 79
loadkeys — lädt eine Tastaturtabelle für Textkonsolen 162
printf — ermöglicht eine formatierte Ausgabe wie unter C 238
reset — führt einen Reset für das Terminal durch 247
setfont — verändert die Terminal-Schriftart 267
setterm — verändert diverse Terminaleinstellungen 267

Online-Hilfe

apropos — sucht Kommandos zu einem Thema 28
help — zeigt die Beschreibung eines Shell-Kommandos an 131
info — startet das info-System 136
man — zeigt die Beschreibung eines Kommandos an 178
whatis — zeigt eine Kurzbeschreibung eines Kommandos an 330

X und Gnome

fc-list — listet alle skalierbaren Schriften auf 86
gconftool-2 — liest bzw. ändert Einstellungen der gconf-Datenbank 105
gsettings — liest bzw. ändert Einstellungen der dconf-Datenbank 126
gtf — berechnet die Parameter für einen neuen Grafikmodus 126
xkill — beendet ein Programm per Mausklick 335
xrandr — ändert die Auflösung des Grafiksystems 335
xset — ändert Benutzereinstellungen des Grafiksystems 337

Sonstiges

alias — definiert eine Abkürzung 27
basename — ermittelt den Dateinamen eines Pfads 37
cksum — berechnet die CRC-Prüfsumme zu einer Datei 53
date — zeigt Datum und Uhrzeit an 65
dirname — ermittelt das Verzeichnis eines Pfads 72
dmesg — zeigt die Kernelmeldungen des Bootvorgangs an 73
expr — führt Berechnungen und Mustervergleiche durch 86

git	steuert das Versionsverwaltungssystem Git	111
hash	zeigt die Hash-Tabelle an	128
ldd	zeigt die erforderlichen Libraries für ein Programm an	159
md5sum	berechnet eine Prüfsumme zu einer Datei	179
printenv	zeigt nur die Umgebungsvariablen an	238
seq	liefert eine Zahlenseqenz	260
set	zeigt alle der Shell bekannten Variablen an	262
sha512sum	berechnet eine Prüfsumme zu einer Datei	271
sleep	wartet eine vorgegebene Zeit	273
svn	steuert das Versionsverwaltungssystem Subversion	286
time	misst die Ausführzeit eines Kommandos	298
tty	zeigt den Device-Namen des Terminals an	303
type	gibt den Typ eines Kommandos an	304
unalias	löscht eine Abkürzung	306
uname	liefert den Betriebssystemnamen und die Kernelversion	306
xargs	leitet die Standardeingabe an ein Kommando weiter	335

bash-Programmierung

break	beendet eine Schleife vorzeitig	40
case	leitet eine Fallunterscheidung ein	44
continue	überspringt den Schleifenkörper	54
exit	beendet das Shell-Programm	85
for	leitet eine Schleife ein	99
function	definiert eine neue Funktion	103
if	leitet eine Verzweigung ein	134
local	definiert lokale Variablen in einer Funktion	162
source	führt die angegebene Shell-Datei aus	278
test	wertet eine Bedingung aus	297
until	leitet eine Schleife ein (Variante 1)	308
while	leitet eine Schleife ein (Variante 2)	331

bash-Variablenverwaltung

alias	definiert eine Abkürzung	27
declare	definiert eine (Umgebungs-)Variable	68
export	definiert eine Umgebungsvariable	85
local	definiert lokale Variablen in einer Funktion	162

read	liest eine Variable ein	245
readonly	zeigt alle schreibgeschützten Variablen an	246
shift	verschiebt die Parameterliste	271
unalias	löscht eine Abkürzung	306
unset	löscht eine Variable	307

Weitere bash-Kommandos und -Sonderzeichen

dirs	zeigt die Liste der gespeicherten Verzeichnisse an	72
disown	löst einen Prozess von der Shell	72
eval	wertet das angegebene Kommando aus	84
popd	wechselt in das letzte gespeicherte Verzeichnis	237
pushd	speichert das Verzeichnis und wechselt in ein anderes	240
trap	führt beim Eintreten eines Signals ein Kommando aus	303
ulimit	kontrolliert die von der Shell beanspruchten Ressourcen	304
wait	wartet auf das Ende eines Hintergrundprozesses	326
---	bash-Sonderzeichen	345

Konfigurationsdateien

adduser.conf	Einstellungen für neue Accounts (Debian, Ubuntu)	347
aliases	E-Mail-Weiterleitungen	349
bashrc	Defaulteinstellungen für die bash	350
crontab	Prozesse periodisch ausführen	350
deluser.conf	Einstellungen für deluser und delgroup (Debian, Ubuntu)	352
fstab	Dateisysteme/Partitionen automatisch einbinden	353
group	Gruppennamen und Gruppenzuordnungen	354
grub	Defaulteinstellungen für GRUB 2	355
grub.cfg	Konfiguration für GRUB 2	357
gshadow	Hash-Codes der Gruppenpasswörter	358
host.conf	Konfiguration der Resolver-Bibliothek	358
hostname	Hostname des Rechners	359
hosts	statische Liste von Hostnamen und IP-Adressen	360
ifcfg-xxx	Netzwerkparameter einer Schnittstelle (Fedora, Red Hat)	360
interfaces	Netzwerkkonfiguration (Debian, Ubuntu)	363
inittab	Defaulteinstellungen für das Init-V-System	366

locale.conf	Lokalisierungseinstellungen (Systemd)	368
login.defs	Optionen für das Anlegen neuer Benutzer und Gruppen	369
mdadm.conf	Software-RAID-Konfiguration	371
menu.lst	Konfiguration für GRUB 0.97	372
modules	Kernelmodule automatisch laden (Debian, Ubuntu)	373
network	Netzwerkgrundeinstellungen (Red Hat)	374
nsswitch.conf	Konfiguration der Name-Service-Switch-Funktionen	375
os-release	Namen und Versionsnummer der Distribution (Systemd)	376
passwd	Liste aller Konten, Loginnamen und Heimatverzeichnisse	376
profile	Konfiguration systemweiter Umgebungsvariablen	377
resolv.conf	IP-Adresse des Nameservers	378
rsyslog.conf	Konfiguration des Syslog-Dienstes	379
services	Zuordnung zwischen Netzwerkdiensten und Ports	381
shadow	Hash-Codes der Login-Passwörter	382
sources.list	APT-Paketquellen (Debian, Ubuntu)	383
sudoers	Konfiguration für sudo	384
sysctl.conf	Defaulteinstellungen für Kernelparameter	386
vconsole.conf	Tastatureinstellungen (Systemd)	387
xorg.conf	Konfiguration des Grafiksystems	388
yum.conf	Konfiguration von yum (Fedora, Red Hat)	389

Tastenkürzel

bash	Shell	393
emacs	Editor	393
fdisk	Partitionseditor	396
gnome-terminal	Terminal-Fenster unter Gnome	396
grub	Bootloader	397
info	Kommando zur Anzeige von Hilfetexten	398
joe	einfacher Editor	399
konsole	Terminal-Fenster unter KDE	399
less	Kommando zur Anzeige von Textdateien	400
man	Kommando zur Anzeige von Hilfetexten	401
mutt	E-Mail-Client für den Textmodus	401
nano	minimalistischer Editor	401
---	Tastenkürzel in Textkonsolen	402
vi	Editor	403

Einleitung

Dieses Buch enthält Kurzbeschreibungen der wichtigsten Linux-Kommandos zur Verwaltung des Dateisystems, zum Starten und Beenden von Prozessen, zur Bearbeitung von Textdateien, für andere administrative Aufgaben sowie zur bash-Programmierung. Das Buch fasst außerdem die Syntax elementarer Konfigurationsdateien zusammen und enthält eine Tastenkürzelreferenz der Editoren Emacs, Nano und Vi sowie einiger anderer interaktiver Kommandos wie less oder info.

Das Ziel dieses Buches ist es, ein kompaktes Nachschlagewerk für die Linux-Arbeit im Terminal zu bieten. Obwohl sich der Umfang dieses Buchs im Vergleich zur ersten Auflage verdoppelt hat, bleibt der Grundsatz dieses Buchs weiterhin: *Weniger ist mehr*. Dieses Buch kann und will die man- und info-Seiten komplexer Kommandos nicht ersetzen! Exotische Optionen müssen Sie also weiterhin selbst nachsehen bzw. recherchieren. Das Buch versucht Ihnen aber die Arbeit abzunehmen, die oft über Dutzende Seiten reichende Originaldokumentation nach Optionen für den alltäglichen Gebrauch zu durchsuchen. Zahlreiche Beispiele zeigen zudem auf einen Blick den prinzipiellen Einsatz eines Kommandos.

Mitunter ist es so, dass man für eine bestimmte Aufgabe ein Kommando sucht, dessen Namen aber nicht kennt oder gerade vergessen hat. Für diese Fälle ist das thematisch organisierte Inhaltsverzeichnis gedacht.

Je nachdem, welche Distribution Sie einsetzen, kann es vorkommen, dass einige Kommandos standardmäßig nicht zur Verfügung stehen und extra installiert werden müssen. Zudem gibt es distributionsspezifische Kommandos, die nur unter bestimmten Distributionen zur Verfügung stehen – z. B. die Paketverwaltungskommandos dpkg und apt-get (Debian, Ubuntu), rpm und yum (Fedora, Red Hat) und zypper (SUSE). In der Kommandobeschreibung weise ich auf diesen Umstand jeweils hin.

Was ist ein Kommando?

Linux unterscheidet nicht zwischen Kommandos, wie sie in diesem Buch beschrieben werden, und Programmen wie Firefox, OpenOffice oder Gimp. »Kommando« meint hier Programme ohne grafische Benutzeroberfläche, die in der Regel in einem Terminalfenster ausgeführt werden.

Ich beschreibe in diesem Buch auch einige Kommandos, die gar keine echten Programme sind, sondern nur Befehle der gerade aktiven Shell. Dabei gehe ich davon aus, dass Sie die bash (Bourne Again Shell) verwenden, die standardmäßig bei nahezu allen Linux-Distributionen für das interaktive Ausführen von Kommandos eingesetzt wird. Ein typisches Beispiel ist das häufig eingesetzte Kommando cd zum Wechseln des aktuellen Verzeichnisses.

Optionen

Die meisten in diesem Buch beschriebenen Kommandos werden durch Optionen gesteuert. Die Angabe der Optionen erfolgt *vor* allen weiteren Parametern. Bei vielen Kommandos gibt es zwei Schreibweisen: -x für kurze Optionen (ein Buchstabe) und --xyz für lange Optionen (mehrere Buchstaben).

Die beiden folgenden ls-Kommandos sind gleichwertig und zeigen jeweils alle Dateien und Verzeichnisse im /usr-Verzeichnis an:

```
user$   ls -l -A /usr
user$   ls --format=long --almost-all /usr
```

Bei manchen Kommandos können mehrere Optionen als Gruppe angegeben werden (also -ab statt -a -b). Manche Kommandos kommen auch mit Optionen zurecht, die hinter dem oder den eigentlichen Parametern angegeben werden. Das sollte Sie aber nicht zu dem Schluss verleiten, dass das für alle Kommandos gilt!

```
user$   ls -lA /usr
user$   ls /usr -lA
```

Bei einigen wenigen Kommandos hat die Reihenfolge der Parameter einen Einfluss darauf, wie das Kommando ausgeführt wird. Wenn Optionen angegeben werden, die einander gegenseitig logisch ausschließen, gilt die zuletzt angegebene Option.

man, info und help

Um dieses Buch nicht unnötig aufzublähen, beschreibe ich nur die wichtigsten Optionen. Eine vollständige Übersicht aller Optionen liefert bei der Mehrzahl der Kommandos kommandoname --help. Ausführlichere Informationen sind zumeist in den Manual-Seiten enthalten, die mit man name bzw. mit man 1 name angezeigt werden können. Bei manchen Kommandos enthalten die man-Seiten lediglich einen Verweis auf die info-Texte, die entsprechend mit info name angezeigt werden.

Bei Kommandos, die direkt in die bash integriert sind (z. B. cd), führt man name zur man-Seite der bash. Dort ist das Kommando zwar tatsächlich beschrieben, aber die Suche in der sehr langen Dokumentation ist mühsam. Hilfreicher ist hier help name.

Kommandos von A bis Z

a2ps `[optionen] textdatei -o psdatei`

a2ps wandelt Textdateien in das PostScript-Format um. Standardmäßig wird der Text über zwei Spalten auf eine Seite im Querformat verteilt. Bei Programmcode führt a2ps automatisch eine Syntaxhervorhebung durch.

▶ `-f`*n*

stellt die Schriftgröße auf *n* Punkt ein. Damit ändert sich automatisch auch der Zeilenabstand und damit die Anzahl der Zeilen pro Seite. *n* ist eine Fließkommazahl.

▶ `-R`

Längsformat (Portrait) statt Querformat (Landscape).

▶ `--highlight-level=none`

keine Syntaxhervorhebung durchführen.

▶ `--list=defaults`

liefert eine Liste aller Standardeinstellungen von a2ps.

▶ `-M` *papierformat* bzw. `--medium=`*papierformat*

verwendet das angegebene Papierformat (z. B. A3, A4, A5 oder Letter).

▶ `-o dateiname`

speichert den resultierenden PostScript-Code in der angegebenen Datei. Ohne diese Option wird der Text direkt auf dem Standarddrucker ausgedruckt.

▶ `-X` *charset*

gibt den Zeichensatz des Texts an (z. B. ASCII, iso*n*, latin*n*).

a2ps kommt leider nicht mit Unicode-Textdateien zurecht. UTF-8-Textdateien müssen daher zuerst mit iconv oder recode in eine ISO-Codierung umgewandelt werden, bevor sie mit a2ps weiterverarbeitet werden können. Praktischer ist in solchen Fällen das Kommando paps, das von Haus aus UTF-8-kompatibel ist.

Beispiel

Das folgende Kommando wandelt die angegebene Textdatei in eine PostScript-Datei um:

```
user$  a2ps datei.txt -o druck.ps
```

aa-complain programm

Das Kommando aa-complain aktiviert den complain-Modus für das AppArmor-Profil des angegebenen Programms. Regelverstöße werden damit zwar protokolliert, aber nicht geahndet, d. h., das Programm läuft ungestört weiter.

Beispiel

Das folgende Kommando bewirkt, dass das Programm dovecot zwar weiterhin überwacht wird, Regelverstöße aber lediglich in einer Logging-Datei festgehalten werden:

```
root#  aa-complain /usr/sbin/dovecot
Setting /usr/sbin/dovecot to complain mode.
```

aa-disable programm

aa-disable deaktiviert das AppArmor-Profil für das angegebene Programm. Zur Reaktivierung verwenden Sie aa-enforce oder aa-complain.

aa-enforce programm

Das Kommando aa-complain aktiviert den enforce-Modus für das AppArmor-Profil des angegebenen Programms. AppArmor unterbindet damit Datei- oder Netzwerkzugriffe, die durch AppArmor-Regeln verboten sind.

aa-status [option]

aa-status liefert eine Zusammenfassung über den Zustand des AppArmor-Systems. Durch die Angabe genau einer Option aus --complaining, --enabled, --enforced oder --profiled kann die Ausgabe auf eine Detailinformation verkürzt werden.

A

Beispiel

Auf dem Testrechner ist AppArmor aktiv. Sieben Regelprofile sind geladen, drei davon überwachen tatsächlich laufende Programme.

```
root#  aa-status
apparmor module is loaded.
7 profiles are loaded.
7 profiles are in enforce mode.
   /sbin/dhclient
   /usr/bin/freshclam
   ...
0 profiles are in complain mode.
3 processes have profiles defined.
3 processes are in enforce mode.
   /usr/bin/freshclam (1177)
   /usr/sbin/mysqld (1009)
   /usr/sbin/ntpd (1900)
0 processes are in complain mode.
0 processes are unconfined but have a profile defined.
```

acpi [optionen]

acpi liefert Informationen zur Energieversorgung des Rechners.

▶ -a

    zeigt an, ob der Rechner an das Stromnetz angeschlossen ist.

▶ -b

    zeigt den Batteriezustand an.

▶ -t

    zeigt die Temperatur des Akkus an.

▶ -V

    zeigt alle verfügbaren Informationen an.

add-apt-repository ppa:name

Das Ubuntu-spezifische Kommando add-apt-repository aus dem Paket python-software-properties richtet eine neue Paketquelle für ein *Personal Package Archive* (PPA) ein. PPAs sind nichtoffizielle Paketquellen von Ubuntu-Entwicklern, in denen oft besonders aktuelle Versionen populärer Programme zu finden sind.

Beispiel

Das folgende Kommando richtet eine Paketquelle für die jeweils tagesaktuellen Versionen von Firefox und Thunderbird ein:

```
root#  add-apt-repository ppa:ubuntu-mozilla-daily
```

addgroup [optionen] name

addgroup richtet auf Debian- und Ubuntu-Systemen eine neue Gruppe ein und berücksichtigt dabei die Einstellungen aus /etc/adduser.conf. Bei Fedora und Red Hat ist addgroup ein Link auf das Kommando groupadd mit eigener Syntax.

▸ --gid *n*

weist der Gruppe die angegebene GID-Nummer zu (Group Identification).

adduser [optionen] name
adduser name group

adduser richtet auf Debian- und Ubuntu-Systemen einen neuen Benutzer ein und berücksichtigt dabei die Einstellungen aus /etc/adduser.conf. Insbesondere wird für jeden Benutzer auch eine gleichnamige Gruppe erzeugt und dem neuen Benutzer zugeordnet. In der zweiten Syntaxvariante fügt adduser den bereits vorhandenen Benutzer einer zusätzlichen Gruppe hinzu.

Bei Fedora und Red Hat ist adduser ein Link auf das Kommando useradd, sodass dort eine andere Syntax gilt. Unter (open)SUSE steht adduser nicht zur Verfügung, Sie müssen stattdessen useradd verwenden.

▸ --disabled-login

verzichtet auf die Passwort-Frage. Ein Login ist unmöglich, bis das Passwort eingestellt wird.

▸ --gecos '*vollständiger Name*'

verzichtet auf die Fragen nach dem vollständigen Namen, dem (Büro-)Raum, den Telefonnummern und anderen Informationen.

▸ --group

richtet nur eine neue Gruppe ein (keinen Benutzer). adduser --group entspricht addgroup.

▶ --system

richtet einen System-Benutzer ein. Dabei wird die UID aus dem Bereich für System-Benutzer gewählt (in der Regel 100–999) und der Login blockiert (Shell /bin/false). Es kann kein Passwort angegeben werden.

▶ --uid *n*

weist dem Benutzer die angegebene UID-Nummer zu (User Identification).

Beispiel

Das folgende Kommando richtet auf einem Debian/Ubuntu-System den neuen Benutzer kofler ein und fügt diesen anschließend der Gruppe libvirtd hinzu:

```
root#   adduser --gecos 'Michael Kofler' kofler
root#   adduser kofler libvirtd
```

alias abkürzung='kommando'

Das Shell-Kommando alias definiert eine neue Abkürzung bzw. zeigt eine vorhandene Abkürzung an. Wenn alias ohne weitere Parameter verwendet wird, werden alle definierten Abkürzungen angezeigt.

Beispiel

Das folgende Kommando definiert die Abkürzung ll für das Kommando ls -l:

```
user$   alias ll='ls -l'
```

alien [optionen] paketdatei

alien wandelt die angegebene Paketdatei in ein anderes Format um. Das gewünschte Format wird durch die Optionen --to-deb (Debian), --to-rpm (RPM) oder --to-tgz (tar-Archiv) angegeben. alien muss von root ausgeführt werden, damit die Besitzer und Zugriffsrechte der neuen Pakete richtig eingestellt werden.

alternatives [optionen] kommando

alternatives ist die Red-Hat- bzw. Fedora-Variante von update-alternatives. Die Syntax der beiden Kommandos ist weitgehend identisch und ist beim Kommando update-alternatives beschrieben.

apropos thema

apropos liefert eine Liste aller man-Texte, die Informationen zum angegebenen Thema enthalten. Wenn apropos nicht funktioniert, fehlen wahrscheinlich die zugrunde liegenden Datenbanken, die mit mandb bzw. mit makewhatis erzeugt werden können.

Beispiel

apropos editor liefert eine Liste diverser installierter Edit-Kommandos:

```
user$  apropos editor
sed (1)     - (stream editor) ist ein Editor zur nichtinteraktiven Textbearbeitung
dotty (1)   - A Customizable Graph Editor
ed (1)      - line-oriented text editor
ex (1p)     - text editor
gedit (1)   - text editor for the GNOME Desktop
...
```

apt-cache kommando

Das Debian- und Ubuntu-spezifische Kommando apt-cache liefert Informationen über verfügbare bzw. bereits installierte Pakete.

▶ show paketname

liefert eine kurze Paketbeschreibung. Das funktioniert auch für nicht installierte Pakete, sofern sich die Paketbeschreibung im Cache befindet.

▶ showpkg paketname

zeigt die Abhängigkeitsinformationen für das Paket an.

▶ search muster

liefert eine Liste aller verfügbaren Pakete (egal, ob sie bereits installiert sind oder nicht), in deren Paketnamen oder Paketkurzbeschreibung der Suchtext *muster* vorkommt. Die zusätzliche Option --names-only schränkt die Suche auf den Paketnamen ein.

▶ stats

liefert eine Statistik über die Anzahl der installierten und verfügbaren Pakete.

apt-cache ist nicht in der Lage, detaillierte Informationen über den genauen Inhalt eines Pakets zu geben bzw. eine Zuordnung zwischen einer Datei und dem dazugehörenden Paket herzustellen. Wenn Sie an diesen Informationen interessiert sind, müssen Sie dpkg einsetzen.

Beispiel

Das folgende Kommando liefert eine sortierte Liste aller Pakete, deren Namen gimp enthalten:

```
root#  apt-cache search --names-only gimp | gimp
```

---

apt-cdrom [optionen] add

Das Debian- und Ubuntu-spezifische Kommando apt-cdrom ermittelt alle auf der CD/DVD verfügbaren Pakete und trägt sie in eine APT-Cache-Datei ein. Gleichzeitig wird die CD/DVD als zusätzliche Paketquelle in /etc/apt/sources.list eingefügt.

Damit apt-cdrom richtig funktioniert, muss die CD/DVD Metadaten für das APT-Paketverwaltungssystem enthalten. Wenn apt-cdrom die CD/DVD nicht findet, geben Sie deren mount-Verzeichnis mit der Option -d an.

---

apt-get [optionen] kommando

Das Debian- und Ubuntu-spezifische Kommando apt-get installiert, aktualisiert und entfernt Pakete. apt-get lädt dabei die Pakete von den in /etc/apt/sources.list definierten Paketquellen herunter. Sämtliche Paketverwaltungsfunktionen werden in Form von Kommandos durchgeführt, z. B. apt-get install paketname. Die folgende Aufzählung beschreibt die wichtigsten Kommandos:

▶ autoclean

   entfernt nur solche Pakete aus dem Paket-Cache, zu denen bereits eine neuere Version verfügbar ist.

▶ autoremove

   deinstalliert alle nicht mehr benötigten Pakete, die aufgrund von Abhängigkeiten installiert wurden.

▶ check

   aktualisiert den Cache aller installierten Pakete und stellt eventuell vorhandene Paketkonflikte und ungelöste Abhängigkeiten fest. Das ist nur erforderlich, wenn Pakete ohne APT (de)installiert wurden und in der Folge Konflikte aufgetreten sind.

▶ clean

   entfernt alle heruntergeladenen Pakete aus dem Paket-Cache.

- `dist-upgrade`

  funktioniert ähnlich wie `upgrade`, installiert bei Bedarf aber auch neue Pakete.

- `install name1 name2 ...`

  sucht die Pakete `name1`, `name2` etc. auf allen APT-Paketquellen, lädt sie herunter und installiert sie. Gegebenenfalls werden auch weitere Pakete geladen und installiert oder aktualisiert, um Paketabhängigkeiten zu erfüllen. Bei `name1`, `name2` etc. darf es sich auch um lokale Debian-Dateien handeln. Damit werden diese Pakete installiert, wobei zur Auflösung der Paketabhängigkeiten weiterhin alle APT-Paketquellen genutzt werden.

- `remove name1 name 2 ...`

  deinstalliert die angegebenen Pakete.

- `source name`

  installiert den Quellcode des Pakets in das aktuelle Verzeichnis.

- `update`

  aktualisiert die Paketlisten der in `sources.list` angegebenen Archive. Dabei werden nur die Metadaten der Paketquellen gelesen und in APT-Cache-Dateien eingetragen. Es werden aber keine Pakete heruntergeladen oder aktualisiert! Der einzige Zweck dieses Kommandos ist, dass `apt-get` weiß, welche Pakete im Internet zur Verfügung stehen. Das Kommando sollte vor jedem anderen `apt`-Kommando ausgeführt werden.

- `upgrade`

  aktualisiert alle installierten Pakete, soweit in den Paketquellen neuere Versionen zur Verfügung stehen.

Das Detailverhalten bei der Ausführung der Kommandos wird durch Optionen gesteuert:

- `-d` bzw. `--download-only`

  lädt die Pakete nur in das Verzeichnis `/var/cache/apt/archives` herunter, installiert sie aber nicht.

- `--no-install-recommends`

  verzichtet auf die Installation empfohlener Pakete.

- `-s` bzw. `--simulate`

  simuliert die Installation, führt aber keine tatsächlichen Veränderungen durch.

A

▶ -y bzw. --assume-yes

beantwortet alle Fragen mit *yes* und ermöglicht so die Verwendung des Kommandos in einem Script.

Beispiel

Die folgenden Kommandos zeigen die Anwendung von apt-get:

```
root#  apt-get update        (Paketquellen aktualisieren)
root#  apt-get dist-upgrade  (alle installierten Pakete aktualisieren)
root#  apt-get install jmacs (das Paket jmacs installieren)
```

apt-key kommando

Das Debian- und Ubuntu-spezifische Kommando apt-key verwaltet die öffentlichen Schlüssel von APT-Paketquellen. apt-key kennt unter anderem die folgenden Befehle:

▶ add schlüsseldatei.gpg

fügt den Schlüssel aus der angegebenen Datei zur Liste der APT-Schlüssel hinzu.

▶ del id

löscht den anhand der ID-Nummer spezifizierten Schlüssel aus der Liste der APT-Schlüssel.

▶ list

liefert eine Liste aller dem APT-System bekannten Schlüssel.

Beispiel

Die beiden folgenden Kommandos laden den Schlüssel für die VirtualBox-Paketquelle von Oracle herunter und fügen ihn zur Liste der APT-Schlüssel hinzu:

```
root#  wget -q http://download.virtualbox.org/virtualbox/debian/oracle_vbox.asc
root#  apt-key add oracle_vbox.asc
```

aptitude [optionen] [kommando]

Das Debian-spezifische Kommando aptitude installiert, aktualisiert und entfernt Pakete und greift dabei wie apt-get auf die APT-Infrastruktur zurück. Der Vorteil im Vergleich zu apt-get besteht darin, dass sich aptitude bei der Installation abhängige Pakete merkt und diese bei der Deinstallation automatisch wieder entfernt.

Sämtliche Paketverwaltungsfunktionen werden in Form von Kommandos durchgeführt (z. B. aptitude install paketname). Die elementaren Kommandos stimmen mit denen von apt-get überein und sind bei diesem Kommando beschrieben. Die Kommandos check und autoremove sind in aptitude allerdings nicht verfügbar.

Alternativ können Sie das Programm auch mit einer Text-Benutzeroberfläche in einer Konsole nutzen, indem Sie das Programm einfach ohne weitere Parameter starten. Zur Menüauswahl verwenden Sie die Tastenkombination ⌗Strg⌗+⌗T⌗. Wirklich intuitiv ist aptitude aber trotz des Menüs nicht zu bedienen; die meisten Anwender verwenden aptitude daher wie apt-get einfach zum Ausführen einzelner Kommandos.

Beispiel

Die beiden folgenden Kommandos installieren zuerst das Paket mysql-server und entfernen es dann wieder. Bemerkenswert ist, dass beim zweiten Kommando die zahlreichen zusammen mit mysql-server installierten abhängigen Pakete ebenfalls wieder entfernt werden.

```
root#  aptitude install mysql-server
Die folgenden NEUEN Pakete werden zusätzlich installiert:
  libaio1a libdbd-mysql-perla libdbi-perla libhtml-template-perla
  libmysqlclient18a libnet-daemon-perla libplrpc-perla
  mysql-client-5.5a mysql-commona mysql-server mysql-server-5.5a
  mysql-server-core-5.5a
0 Pakete aktualisiert, 12 zusätzlich installiert, 0 werden entfernt
root#  aptitude remove mysql-server
Die folgenden Pakete werden ENTFERNT:
  libaio1u ... mysql-server-core-5.5u
0 Pakete aktualisiert, 0 zusätzlich installiert, 12 werden entfernt
```

---

at [optionen] zeitpunkt

Mit at geben Sie an, dass ein oder mehrere Kommandos zu einem späteren Zeitpunkt ausgeführt werden sollen. Die Kommandos werden im Anschluss an den at-Befehl interaktiv eingegeben; die Eingabe endet mit ⌗Strg⌗+⌗D⌗.

Sofern der Job eine Standardausgabe produziert, wird die Ausgabe nach der Erledigung des Auftrags per E-Mail an den Benutzer versendet, der at ausgeführt hat. Das setzt voraus, dass auf dem Rechner /usr/sbin/sendmail installiert ist.

Zeitangabe

Für die Zeitangabe gibt es eine Menge Varianten, von denen im Folgenden die wichtigsten anhand von Beispielen vorgestellt werden:

▶ `3:45 [tomorrow]`

führt die Kommandos um 3:45 aus – und zwar heute, wenn es früher ist, oder morgen, wenn 3:45 bereits vorbei ist. Mit dem nachgestellten `tomorrow` können Sie explizit einen Zeitpunkt am nächsten Tag angeben.

▶ `[16:30] [2013-]12-31`

führt die Kommandos am angegebenen Tag und zum angegebenen Zeitpunkt aus. Die Jahres- und die Zeitangabe sind optional. Wenn diese Daten fehlen, wird das aktuelle Jahr und die aktuelle Zeit verwendet. `at 11-30` bedeutet also: am 30. November dieses Jahres zur gleichen Uhrzeit, zu der das `at`-Kommando ausgeführt wurde.

▶ `noon | teatime | midnight`

entspricht den Zeitangaben 12:00, 16:00 und 0:00.

▶ `now`

führt die Kommandos sofort aus. `now` wird oft mit `+ xxx` kombiniert.

▶ `... + 2 days`

fügt der vorangegangenen Zeitangabe zwei Tage hinzu. Zulässige Zeiteinheiten sind `minutes`, `hours`, `days` und `weeks`. Die grammatikalisch fragwürdige Angabe `at now + 1 hours` bedeutet somit: in einer Stunde. (Zeiteinheiten sind immer im Plural anzugeben.)

Optionen

▶ `-b`

entspricht `batch`.

▶ `-c n`

gibt an, welche Kommandos durch den Job mit der angegebenen Nummer ausgeführt werden. Die Jobnummern können Sie mit `atq` ermitteln.

▶ `-d oder -r n`

entfernt den durch seine Nummer angegebenen Job aus der Liste der vorgemerkten Aufträge. `at -d` bzw. `at -r` entsprechen `atrm`.

▶ `-f datei`

liest die auszuführenden Kommandos aus der angegebenen Datei, nicht aus der Standardeingabe.

- ▶ `-l`

  entspricht `atq`.

- ▶ `-m`

  immer eine Mail senden, auch wenn der Job keine Ausgabe liefert.

- ▶ `-M`

  keine Mail nach Vollendung des Jobs senden.

- ▶ `-q`*x*

  ordnet den Job der Warteschlange *x* zu. Dabei ist *x* ein Klein- oder Großbuchstabe. Die Buchstaben `a` und `b` werden für gewöhnliche at-Jobs sowie für `batch`-Jobs verwendet. Je höher der Warteschlangenbuchstabe gewählt wird, desto höher ist der `nice`-Wert, mit dem der Job ausgeführt wird. `-qz` eignet sich also für Jobs mit sehr geringer Dringlichkeit.

- ▶ `-t` *YYYYMMDDhhmm*

  führt den Job zur angegebenen Zeit aus. Die Option `-t` ist eine Alternative zu den anderen Formen der Zeitangabe.

Beispiel

Es wurden Änderungen an der Konfiguration des Webservers durchgeführt, die erst mit einem Neustart wirksam werden. Um zu vermeiden, dass gerade aktive Benutzer der Website Session-Daten verlieren, soll der Webserver aber nicht sofort, sondern erst am nächsten Tag um 1 Uhr morgens neu gestartet werden. Der Service-Name `apache2` gilt dabei für Debian und Ubuntu. Unter Fedora und RHEL geben Sie stattdessen `httpd` an.

```
root#  at 1:00
service apache2 restart
<Strg>+<D>
```

atq

`atq` listet alle Jobs auf, die mit `at` für die Ausführung zu einem zukünftigen Zeitpunkt eingerichtet wurden. Wenn `atq` von `root` ausgeführt wird, zeigt es die Jobs aller Benutzer an, andernfalls nur eigene Jobs.

atrm n

atrm löscht den durch seine Nummer angegebenen Job. Die Nummern aller Jobs, die für eine zukünftige Ausführung eingerichtet wurden, ermitteln Sie mit atq.

attr [optionen] dateien

attr ermittelt bzw. verändert die erweiterten Zugriffsattribute der angegebenen Dateien bzw. Verzeichnisse. Das funktioniert nur, wenn das Dateisystem EAs (*Extended Attributes*) unterstützt. Bei ext3/ext4-Dateisystemen muss dazu die mount-Option user_xattr verwendet werden.

Anstelle von attr sollten Sie nach Möglichkeit die Kommandos getfattr bzw. setfattr vorziehen. attr steht nur aus Kompatibilitätsgründen zu IRIX SGI zur Verfügung.

avconv [inopts] [-i infile] [outopts] outfile

Das Kommando avconv aus dem Paket libav-tools ersetzt auf manchen Distributionen das populäre Kommando ffmpeg. avconv ist ein Fork von ffmpeg. Die Syntax beider Kommandos ist nahezu identisch und wird bei ffmpeg beschrieben.

awk [optionen] 'code' textdateien
awk [optionen] -f codedatei textdateien

awk ist kein simples Kommando, sondern eine eigene Programmiersprache, die bei der Verarbeitung und Auswertung strukturierter Texte hilft. Sie können damit z. B. eine Textdatei nach Schlüsselwörtern durchsuchen und aus dem nachfolgenden Textabschnitt eine Textspalte extrahieren. Den Programmcode geben Sie wahlweise direkt ein oder lesen ihn mit der Option -f aus einer Codedatei. awk verarbeitet dann alle als Parameter übergebenen Textdateien zeilenweise und schreibt das Ergebnis in die Standardausgabe.

Der von awk zu verarbeitende Programmcode folgt dieser vereinfachten Syntax:

```
/suchmuster1/ {aktionen}
/suchmuster2/ {weitere aktionen}
bedingung     {noch mehr aktionen}
```

Für den Aufbau des Suchmusters gelten dieselben Regeln, die beim Kommando grep beschrieben sind. Mehrere Aktionen werden durch Semikola getrennt. Wenn das Suchmuster fehlt, gilt die Aktion für jede Zeile der Textdatei. Wenn umgekehrt die Aktion fehlt, wird der durch das Muster erfasste Text einfach ausgegeben.

Eine umfassende Beschreibung von awk und seinen Möglichkeiten ist hier aus Platzgründen ausgeschlossen. Stattdessen beschränke ich mich auf einige Beispiele. Wenn Sie sich intensiver in awk einarbeiten möchten, bietet sich dieses Tutorial als Einführung an:

http://www.grymoire.com/Unix/Awk.html

Der offizielle *User's Guide* geht mehr ins Detail, kann mit fast 500 Seiten Umfang aber Einsteiger abschrecken:

http://www.gnu.org/software/gawk/manual/gawk.pdf

Beispiele

Als Ausgangspunkt für die folgenden Beispiele dient der folgende Auszug aus /etc/passwd:

```
root:x:0:0:root:/root:/bin/bash
bin:x:1:1:bin:/bin:/sbin/nologin
daemon:x:2:2:daemon:/sbin:/sbin/nologin
adm:x:3:4:adm:/var/adm:/sbin/nologin
lp:x:4:7:lp:/var/spool/lpd:/sbin/nologin
...
```

Das erste awk-Beispiel liefert nur die erste und die siebte Spalte aus /etc/passwd, also den Login-Namen und die zugeordnete Shell. Die Option -F gibt an, dass die Spalten durch Doppelpunkte getrennt sind und nicht durch Leer- und Tabulatorzeichen:

```
user$ awk -F':' 'print $1,$7' /etc/passwd
root /bin/bash
bin /sbin/nologin
daemon /sbin/nologin
...
```

Das zweite Beispiel ermittelt das Heimatverzeichnis und die Shell von kofler:

```
user$ awk -F':' '/kofler/ print $6; print $7;' /etc/passwd
/home/kofler
/bin/bash
```

Das dritte Beispiel gibt die Login-Namen aller Benutzer mit einer UID größer gleich 1000 aus:

```
user$  awk -F':' '$3>=1000 print $1' /etc/passwd
nfsnobody
kofler
test
```

Das letzte Beispiel extrahiert aus der Ausgabe von ls -l die Dateigröße und den Dateinamen. Beachten Sie aber, dass das nur für Dateinamen funktioniert, die keine Leerzeichen enthalten.

```
user$  ls -l *.txt | awk 'print $5,$9'
123 datei1.txt
213231 datei2.txt
...
```

badblocks device

badblocks führt eine Low-Level-Überprüfung des Datenträgers durch. Das ist nur zweckmäßig, wenn Sie den Verdacht schöpfen, dass die Festplatte defekt sein könnte. Wenn Sie vorhaben, auf der Festplatte(npartition) ein ext-Dateisystem einzurichten, ist es besser, die Überprüfung mit mke2fs -c im Rahmen der Formatierung durchzuführen.

badblocks zerstört normalerweise keine Daten und führt nur einen Read-only-Test durch. Gründlichere Tests können Sie mit den Optionen -n oder -w durchführen:

▶ -n

führt auch Schreibtests durch, stellt den ursprünglichen Inhalt der Datenblöcke aber wieder her. Die Option kann nicht verwendet werden, wenn der Datenträger bzw. die Partition gerade verwendet wird, also mit mount in den Verzeichnisbaum eingebunden ist.

▶ -w

führt Schreibtests mit Bitmustern durch. Vorsicht: Der Inhalt des Datenträgers bzw. der Partition wird dadurch gelöscht!

basename zeichenkette [endung]

basename liefert den Dateinamen des übergebenen Pfads. basename /etc/X11/Xmodmap führt also zum Ergebnis Xmodmap. Wenn als zusätzlicher Parameter eine Dateiendung angegeben wird, so wird diese Dateiendung (falls vorhanden) aus dem Dateinamen entfernt.

Beispiel

basename eliminiert den Pfad und die Kennung .jpg. Übrig bleibt white.

```
user$  basename /home/kofler/Bilder/Wallpapers/white.jpg .jpg
white
```

batch

batch merkt einen Job-Auftrag für die spätere Ausführung vor. Wie bei at werden die auszuführenden Kommandos anschließend interaktiv eingegeben. Die Eingabe wird mit `Strg`+`D` abgeschlossen. Anders als bei at entfällt die Zeitangabe, wann der Job ausgeführt werden soll. Vielmehr wartet der Hintergrunddämon atd so lang, bis das System eine geringe Auslastung hat. Die Schwelle ist mit einem load-Durchschnitt von 1,5 definiert. Wenn der Job eine Ausgabe liefert, wird diese per Mail an den Benutzer gesendet. Das erfordert, dass auf dem Rechner /usr/sbin/sendmail zur Verfügung steht.

batch verarbeitet weiter Optionen noch Parameter. Wenn Sie den Jobauftrag aus einer Datei lesen möchten, führen Sie at -qb -f datei now aus.

Beispiel

Mit der Ausführung des Backup-Scripts wird begonnen, sobald die Systemauslastung gering ist:

```
user$  batch
./backup-script
<Strg>+<D>
```

bg [prozess]

Das Shell-Kommando bg setzt einen unterbrochenen Prozess im Hintergrund fort. Wenn keine Prozessnummer angegeben wird, gilt bg für den zuletzt mit `Strg`+`Z` unterbrochenen Prozess. Andernfalls muss der Prozess durch seinen Namen oder durch die bash-interne Jobnummer (nicht durch die PID!) angegeben werden.

blkid [optionen] [device]

blkid liefert Informationen über das durch den Device-Namen angegebene Block-Device, also z.B. über Festplattenpartitionen, Logical Volumes oder RAID-Geräte. blkid gibt hierfür den Dateisystemtyp, die UUID und den Namen (Label) des Dateisystems an. Wenn die Device-Angabe beim Aufruf von blkid fehlt, liefert blkid diese

Informationen für alle aktiven Partitionen und Logical Volumes. Durch die Angabe von Optionen kann gezielt nach bestimmten Dateisystemen gesucht werden:

► `-k`

 listet alle vom Kernel unterstützten Dateisystemtypen auf.

► `-L label`

 sucht nach Dateisystemen mit dem angegebenen Namen.

► `-n fstyp1,fstyp2,fstyp3`

 sucht nach Dateisystemen, die den angegebenen Typen entsprechen.

► `-t name=wert`

 sucht nach Dateisystemen, die dem Suchkriterium entsprechen. Zulässige Kriterien sind TYPE (Dateisystemtyp), LABEL (Name des Dateisystems), PARTLABEL (Name der Partition), UUID (UUID des Dateisystems) und PARTUUID (UUID der Partition). `blkid -t TYPE=ext4` entspricht `blkid -n ext4` und liefert eine Liste aller ext4-Dateisysteme.

► `-U uuid`

 sucht nach Dateisystemen mit der angegebenen UUID.

Beispiele

Die Partition /dev/sda1 enthält ein ext4-Dateisystem mit der UUID 2716...19e4:

```
root#  blkid /dev/sda1
/dev/sda1: UUID="27162884-8fe9-4fa9-8b5e-712ab82d19e4" TYPE="ext4"
```

Die Suche nach einer Partition mit dem Label lvm2 liefert als Ergebnis /dev/sdb2:

```
root#  blkid -t PARTLABEL=lvm2
/dev/sdb2: PARTLABEL="lvm2" PARTUUID="371cc374-847f-407a-bb5b-7ff015722383"
```

`bluez-simple-agent` [hciX] bt-mac [remove]

Das Python-Script `bluez-simple-agent` wird von manchen Distributionen (z.B. Debian, Ubuntu) durch das Paket `bluez` zur Verfügung gestellt. Es hilft dabei, externe Bluetooth-Geräte durch das sogenannte *Pairing* mit dem lokalen Rechner dauerhaft zu verbinden. Bei vielen Bluetooth-Geräten müssen Sie im Verlauf dieses Prozesses einen PIN-Code eingeben. Mit dem zusätzlichen Parameter `remove` können Sie eine bereits vorhandene Verbindung wieder lösen.

hciX gibt das Device des lokalen Bluetooth-Adapters an, in der Regel `hci0`. Wenn dieser Parameter fehlt, verwendet `bluez-simple-agent` den ersten Bluetooth-Adapter, den es vorfindet. *bt-mac* ist die MAC-Adresse des externen Bluetooth-Geräts. Diese Adresse können Sie mit `hcitool scan` ermitteln.

break [*n*]

Das bash-Kommando `break` bricht in Shell-Scripts eine `for`-, `while`- oder `until`-Schleife vorzeitig ab. Das Shell-Programm wird beim nächsten Kommando nach dem Schleifenende fortgesetzt. Durch die Angabe eines optionalen Zahlenwerts können *n* Schleifenebenen abgebrochen werden.

btrfs kommando

`btrfs` ist das zentrale Administrationskommando für `btrfs`-Dateisysteme. Sofern keine Doppeldeutigkeiten auftreten, können Sie die im Folgenden beschriebenen Kommandos abkürzen und damit eine Menge Tipparbeit sparen. `btrfs fi sh` entspricht also `btrfs filesystem show`.

▶ `device scan`

   analysiert alle Festplattenpartitionen und Logical Volumes und stellt fest, ob sich darin `btrfs`-Dateisysteme befinden. Das ist erforderlich, damit `btrfs`-RAID-Verbunde korrekt erkannt werden. Deswegen muss `btrfs device scan` unmittelbar nach dem Rechnerstart ausgeführt werden (noch bevor die Dateisysteme eingebunden werden).

▶ `device add devicename mountverzeichnis`

   fügt einem aktiven `btrfs`-Dateisystem ein weiteres Device hinzu und vergrößert so dessen Datenpool.

▶ `device delete devicename mountverzeichnis`

   entfernt ein Device aus dem Datenpool eines `btrfs`-Dateisystems. Die auf dem Device enthaltenen Daten werden dabei auf andere Devices des Dateisystems übertragen, was bei großen Dateisystemen natürlich lange dauert.

   Wenn Sie ein defektes (nicht mehr verfügbares) Device entfernen möchten, geben Sie als Device-Namen `missing` an. Bei RAID-1-Systemen müssen Sie vorher ein Ersatz-Device hinzufügen und `btrfs filesystem balance` ausführen!

▶ `filesystem defragment datei/verzeichnis`

defragmentiert die angegebene Datei bzw. das angegebene Verzeichnis mit seinem gesamten Inhalt. Wird das `mount`-Verzeichnis angegeben, defragmentiert `btrfs` das gesamte Dateisystem.

▶ `filesystem balance mountverzeichnis`

verteilt die Daten gleichmäßig über alle Devices des Dateisystems. Dieser Vorgang dauert sehr lange. Er kann auch mit `btrfs-vol -b` initiiert werden.

▶ `filesystem resize [+/-]size mountverzeichnis`

vergrößert oder verkleinert das Dateisystem im laufenden Betrieb. Die neue Größe kann wahlweise absolut oder relativ angegeben werden. Dabei sind die Kürzel `k`, `m` und `g` für kByte, MByte und GByte erlaubt. Als Größenangabe ist auch `max` zulässig – dann nutzt das Dateisystem in Zukunft die gesamte Größe des zugrunde liegenden Devices. Denken Sie daran, dass Sie die Größe des zugrunde liegenden Devices (in der Regel ein Logical Volume) *vor* der Vergrößerung des Dateisystems, aber *nach* einer Verkleinerung anpassen müssen! `btrfs filesystem resize` ist gleichwertig mit `btrfsctl -r`.

▶ `filesystem df mountverzeichnis`

zeigt detaillierte Informationen darüber an, wie viel Platz für Daten, Metadaten und Systemdaten reserviert ist und wie viel Platz davon bereits genutzt ist. Das Kommando liefert allerdings keine Informationen darüber, wie viel nicht reservierter Speicherplatz noch zur Verfügung steht.

▶ `filesystem show [device]`

sucht auf allen angeschlossenen Datenträgern bzw. am angegebenen Device nach `btrfs`-Dateisystemen und zeigt deren Eckdaten an.

▶ `filesystem sync verzeichnis`

synchronisiert den Inhalt des Dateisystems bzw. eines seiner Verzeichnisse.

▶ `scrub start|cancel|resume|status devicename`

steuert den Scrub-Vorgang. Durch `scrub start` werden alle Dateien des Dateisystems gelesen, und ihre Integrität wird anhand von Prüfsummen kontrolliert. Dieser Prozess läuft im Hintergrund. Sein Fortschritt kann mit `scrub status` überprüft werden. `scrub cancel` unterbricht den Scrub-Vorgang, `scrub resume` setzt ihn wieder fort.

▶ `subvolume create verzeichnis/name`

erzeugt das Subvolume `name`. Als Verzeichnis muss das `mount`-Verzeichnis oder ein Verzeichnis innerhalb des `btrfs`-Dateisystems angegeben werden. Wenn kein Verzeichnis angegeben wird, verwendet `btrfs` das aktuelle Verzeichnis.

▶ `subvolume delete verzeichnis/name`

löscht das angegebene Subvolume oder den angegebenen Snapshot. Der belegte Speicher wird allerdings erst allmählich vom Hintergrundprozess `btrfs-cleaner` freigegeben.

▶ `subvolume list` *mountverzeichnis*

listet alle Subvolumes und Snapshots auf. Als Verzeichnis wird das `mount`-Verzeichnis des Dateisystems angegeben.

▶ `subvolume set-default id mountverzeichnis`

bestimmt, welches Subvolume bzw. welcher Snapshot in Zukunft standardmäßig von `mount` verwendet wird. Die Volume-ID können Sie mit `btrfs subvolume list` ermitteln.

▶ `subvolume snapshot [-r] quellverzeichnis zielverzeichnis/name`

erzeugt den Snapshot `name`. Als Quellverzeichnis muss das `mount`-Verzeichnis des Dateisystems oder das Verzeichnis eines vorhandenen Subvolumes oder Snapshots angegeben werden. Das Zielverzeichnis muss sich innerhalb des `btrfs`-Dateisystems befinden. Der Snapshot ist normalerweise veränderlich (d. h., das Dateisystem wird in zwei Zweige gespalten, die beide getrennt voneinander veränderlich sind). Wenn Sie für Backups einen Read-only-Snapshot wünschen, verwenden Sie die Option `-r`.

Beispiel

Das folgende `btrfs`-Kommando richtet einen Snapshot des im Verzeichnis /var aktiven `btrfs`-Dateisystems ein (physikalische Partition /dev/sdb1). `mount` bindet den Snapshot unter /media/snap1 in den Verzeichnisbaum ein. `btrfs subvolume delete` löst den Snapshot wieder auf.

```
root#   btrfs subvolume snapshot /var/ /var/snap1
root#   mkdir /media/snap1
root#   mount -o subvol=snap1 /dev/sdb1 /media/snap1/
root#   ... Backup durchführen ...
root#   umount /media/snap1/
root#   btrfs subvolume delete /var/snap1
```

---

bunzip2 `datei.bz2`

`bunzip2` dekomprimiert eine zuvor mit `bzip2` komprimierte Datei. Dabei wird automatisch die Kennung `.bz2` im Dateinamen entfernt. `bunzip` ist ein Link auf `bzip2`, wobei automatisch die Option `-d` aktiviert ist.

---

bzip2 `datei`

`bzip2` komprimiert die angegebenen Dateien und fügt ihnen die Endung `.bz2` hinzu. Das Kommando liefert im Regelfall um 20 bis 30 Prozent kleinere Dateien als durch `gzip` komprimierte Dateien. Allerdings ist die zum Komprimieren erforderliche Rechenzeit bei `bzip2` deutlich länger.

▶ `-c` bzw. `--stdout` oder `--to-stdout`

lässt die zu (de)komprimierende Datei unverändert und leitet das Ergebnis auf die Standardausgabe um. Von dort kann es mit > in eine beliebige Datei umgeleitet werden.

▶ `-d` bzw. `--decompress` oder `--uncompress`

dekomprimiert die angegebene Datei, anstatt sie zu komprimieren (entspricht `bunzip2`).

▶ `-1` bis `-9`

gibt an, wie viel Speicherplatz (RAM) der Komprimieralgorithmus nutzen darf. Die Grundeinstellung lautet `-9` und liefert die besten Ergebnisse. Wenn nur wenig RAM zur Verfügung steht, sollten Sie einen kleineren Wert wählen; allerdings wird dann auch die Komprimierung etwas schlechter.

Beispiel

Das erste Kommando komprimiert `datei.eps`. Der neue Dateiname lautet nun `datei.eps.bz2`. Das zweite Kommando stellt die ursprüngliche Datei wieder her.

```
user$  bzip2 datei.eps
user$  bunzip2 datei.eps.bz2
```

```
case ausdruck in
  muster1 ) kommandos;;
  muster2 ) kommandos;;
  ...
esac
```

Das Konstrukt case der bash-Shell bildet in Scripts Mehrfachverzweigungen, wobei als Kriterium für die Verzweigung eine Zeichenkette angegeben wird – oft eine Variable oder ein Parameter, der dem Shell-Programm übergeben wird. Diese Zeichenkette wird der Reihe nach mit den Mustern verglichen, wobei in diesen Mustern die Jokerzeichen für Dateinamen (*?[]) verwendet werden können. In einem case-Zweig können auch mehrere durch | getrennte Muster angegeben werden. Sobald ein Muster zutrifft, werden die Kommandos ausgeführt, die zwischen der runden Klammer) und den beiden Strichpunkten folgen. Anschließend wird das Programm nach esac fortgesetzt.

Beispiel

Im folgenden Listing wird case eingesetzt, um die übergebenen Parameter in Dateinamen und Optionen zu klassifizieren. Innerhalb einer Schleife wird jeder einzelne Parameter mit case analysiert. Wenn der Parameter mit einem Bindestrich beginnt, wird der Parameter an das Ende der Variablen opt angefügt, andernfalls an das Ende von dat.

```
#!/bin/bash
for i do       # Schleife für alle übergebenen Parameter
  case "$i" in
   -* ) opt="$opt $i";;
    * ) dat="$dat $i";;
  esac
done           # Ende der Schleife
echo "Optionen: $opt"
echo "Dateien:  $dat"
```

cat [optionen] [dateien]

cat zeigt den Inhalt der angegebenen Textdatei an. cat wird häufig auch dazu verwendet, mehrere Dateien zu einer größeren Datei zusammenzusetzen. Dazu muss die Standardausgabe mit > in eine Datei umgeleitet werden (siehe Beispiel). Wenn cat aus der Standardeingabe lesen soll, verzichten Sie auf die Nennung eines Dateinamens oder geben das Zeichen - an.

Bei längeren Texten sollten Sie statt cat das Kommando less verwenden: Damit können Sie zeilen- bzw. seitenweise durch den Text blättern. Zu cat existiert auch die

Variante tac. Dieses Kommando gibt die Zeilen der Textdatei in umgekehrter Reihenfolge aus, also die letzte Zeile zuerst.

▶ -s

reduziert mehrere leere Zeilen auf eine einzige leere Zeile.

▶ -T

zeigt Tabulatorzeichen in der Form ^I an.

▶ -v

zeigt nicht druckbare Zeichen in der ^xxx-Schreibweise an.

Beispiele

Das folgende Kommando setzt die Einzeldateien teil1.tex, teil2.tex etc. zu einer Gesamtdatei total.tex zusammen. Die Einzeldateien werden in alphabetischer Reihenfolge verarbeitet.

```
user$  cat teil*.tex > total.tex
```

Im zweiten Beispiel wird die Standardeingabe in eine neue Datei umgeleitet. Nachdem Sie das Kommando mit ⏎ bestätigt haben, werden alle weiteren Eingaben in die neue Datei geschrieben. [Strg]+[D] beendet die Eingabe. In dieser Form kann cat also dazu verwendet werden, um ohne einen Editor eine neue Textdatei zu erzeugen.

```
root#  cat > neuedatei
Zeile 1
Zeile 2
<Strg>+<D>
```

cd [verzeichnis]

Das Shell-Kommando cd wechselt in das angegebene Verzeichnis. Wenn kein Verzeichnis angegeben wird, wechselt cd in das Heimatverzeichnis. Wenn als Verzeichnis - angegeben wird, wechselt cd in das zuletzt gültige Verzeichnis. pwd zeigt den Pfad des gerade aktuellen Verzeichnisses an.

cdrdao kommando [optionen] toc-datei

cdrdao schreibt eine CD im Disk-at-once-Modus (DAO). In der Praxis besteht die gebräuchlichste Anwendung von cdrdao darin, Audio-CDs zu kopieren.

Beispiel

Das erste `cdrdao`-Kommando erzeugt die Dateien `data.bin` (Inhalt der CD) und `data.toc` (Inhaltsverzeichnis). Das zweite Kommando schreibt diese Daten auf eine CD.

```
user$  cdrdao read-cd --device /dev/sg0 data.toc
user$  cdrdao write   --device /dev/sg0 --buffers 64 data.toc
```

chacl [optionen] dateien

`chacl` ermittelt bzw. verändert die erweiterten Zugriffsrechte der angegebenen Dateien bzw. Verzeichnisse. Das funktioniert nur, wenn das Dateisystem ACLs (*Access Control Lists*) unterstützt. Bei `ext3`/`ext4`-Dateisystemen muss dazu die `mount`-Option `acl` verwendet werden.

Statt `chacl` sollten Sie nach Möglichkeit `getfacl` bzw. `setfacl` einsetzen. `chacl` steht nur aus Kompatibilitätsgründen zu IRIX SGI zur Verfügung.

chage [optionen] loginname

Mit `chage` stellen Sie ein, wie lange ein Benutzerkonto verwendet werden darf, wann dessen Passwort abläuft und verändert werden muss und wie oft das Passwort verändert werden darf bzw. muss.

▶ `-d` *datum*

setzt das Datum fest, an dem das Passwort zuletzt verändert wurde. Das Datum wird in der Schreibweise JJJJ-MM-TT (also z. B. 2014-12-31) angegeben. `-d 0` bewirkt, dass der Benutzer sofort nach dem ersten Login sein Passwort ändern muss. Der Benutzer kann kein Kommando ausführen, bevor das Passwort verändert ist.

▶ `-E` *datum*

setzt das Datum fest, an dem das Konto abläuft. Ab diesem Datum ist kein Login mehr möglich. Mit `-E -1` gibt es kein Ablaufdatum. Abgelaufene Konten können mit `passwd -u` wieder aktiviert werden.

▶ `-I` *n*

gibt an, wie viele Tage nach Ablauf des Passworts ein Konto deaktiviert wird. `-I -1` verhindert eine Deaktivierung.

▶ `-l`

zeigt die aktuellen Einstellungen an.

▶ `-m` *n*

legt fest, wie viele Tage mindestens verstreichen müssen, bevor ein geändertes Passwort neuerlich verändert werden kann. Die Standardeinstellung 0 bedeutet, dass der Benutzer sein Passwort jederzeit ändern darf.

▶ `-M` *n*

legt fest, nach wie vielen Tagen das Passwort spätestens geändert werden muss. `-1` bedeutet, dass das Passwort unbeschränkt gültig bleibt. `183` bedeutet, dass das Passwort zweimal pro Jahr verändert werden muss.

▶ `-W` *n*

gibt an, wie viele Tage vor dem Ablauf des Passworts eine Warnung angezeigt wird (standardmäßig 7).

Beispiel

Mit den folgenden Kommandos richten Sie einen neuen Benutzer ein, legen dessen Startpasswort fest und zwingen ihn, sein Passwort sofort beim ersten Login sowie in Zukunft zumindest einmal jährlich zu ändern. Die Warnung vor dem Ablauf des Passworts erscheint jeweils einen Monat im Voraus.

```
root#  useradd peter
root#  passwd peter
New password: ********
Retype new password: ********
root#  chage -d 0 -M 365 -W 31 peter
```

`chattr` [optionen] +-=[ASacDdIijsTtu] dateien

In den Dateisystemen ext2, ext3 und ext4 können mit jeder Datei neben den Benutzerinformationen (siehe chmod und chown) einige zusätzliche Attribute gespeichert werden. Diese Attribute enthalten beispielsweise Informationen über den Journaling-Status oder über eine eventuelle Komprimierung der Datei. Eine kurze Beschreibung der Attribute gibt man chattr. Allerdings werden momentan nur wenige der vorgesehenen Attribute tatsächlich genutzt.

```
chcon [optionen] kontext dateien
chcon [optionen] --reference=referenzdatei dateien
chcon [optionen] [-u benutzer] [-r rolle] [-t typ] [-1 level] dateien
```

chcon verändert den SELinux-Kontext der angegebenen Dateien. Der neue Kontext kann auf drei Arten angegeben werden: in der Schreibweise benutzer:rolle:typ:level, durch die Angabe einer Referenzdatei oder mit den Optionen -u, -r, -l und -t. Die dritte Variante hat den Vorteil, dass damit nur ein Teil des gesamten Kontexts verändert werden kann.

Eine manuelle Einstellung des SELinux-Kontexts ist normalerweise dann erforderlich, wenn Sie Dateien oder Verzeichnisse an anderen Orten speichern, als die SELinux-Regeln dies vorsehen – also beispielsweise Apache-Dateien in /disk2/var/www/html anstelle von /var/www/html. Wenn es Ihnen nur darum geht, den SELinux-Kontext von Dateien zu korrigieren, die sich ohnedies im vorgesehenen Verzeichnis befinden, führt restorecon unkomplizierter zum Ziel. Um den SELinux-Kontext vorhandener Dateien festzustellen, verwenden Sie das Kommando ls mit der Option -Z.

▶ -1 level

  verändert den Level des SELinux-Kontexts. In den unter RHEL und Fedora üblicherweise geltenden Regeln (Targeted Security) werden Level nicht genutzt. Der Kontext-Level lautet generell s0 (siehe auch die Datei /etc/selinux/targeted/setrans.conf).

▶ -r role

  verändert die Rolle des SELinux-Kontexts. SELinux-Rollen legen fest, welcher »Domäne« die Datei zugeordnet wird. SELinux-Domänen bestimmen wiederum, welche Rechte ein Prozess hat.

▶ --reference=referenzdatei

  liest den SELinux-Kontext der Referenzdatei und überträgt diesen auf die weiteren angegebenen Dateien.

▶ -R

  berücksichtigt auch alle Unterverzeichnisse (*recursive*).

▶ -t typ

  verändert den Typ des SELinux-Kontexts. SELinux-Typen bestimmen die Rechte einer Datei, so wie SELinux-Domänen die Rechte eines Prozesses steuern.

▶ -u benutzer

verändert die Benutzerinformation des SELinux-Kontexts. Der SELinux-Benutzer ist eine den SELinux-Regeln bekannte Identität. Gewöhnliche Linux-Benutzer sind durch SELinux-Regeln mit SELinux-Identitäten verbunden (»gemappt«).

▶ -v

zeigt die durchgeführten Änderungen an (*verbose*).

Beispiel

Das folgende Kommando macht HTML-Dateien im Verzeichnis `/disk2/var/www/html` für Apache zugänglich:

```
root#  chcon -R system_u:object_r:httpd_sys_content_t:s0 /disk2/var/www/html/*
```

chgrp [optionen] gruppe dateien

chgrp ändert die Gruppenzugehörigkeit von Dateien. Der Besitzer einer Datei kann diese Datei nur seinen eigenen Gruppen zuordnen. root kann beliebige Zuordnungen treffen.

▶ -R bzw. --recursive

verändert auch die Gruppenzuordnung von Dateien in allen Unterverzeichnissen. Die Option ist nur dann sinnvoll, wenn die Dateien durch Jokerzeichen beschrieben werden (etwa *.tex).

Beispiel

Das folgende Kommando ordnet alle Dateien im Verzeichnis `/var/www` der Gruppe www-data zu. Unter diesem Account läuft unter Debian und Apache der Webserver Apache.

```
root#  chgrp -R www-data /var/www/
```

chkconfig optionen

chkconfig ist ein Red-Hat- bzw. Fedora-spezifisches Kommando zum Einrichten bzw. Löschen von Init-V-Runlevel-Links. Sofern xinetd installiert ist, können auch dessen Dienste mit chkconfig gesteuert werden. Das Kommando steht aus Kompatibilitätsgründen vereinzelt auch für andere Distributionen in gleicher oder ähnlicher Syntax zur Verfügung.

- `--add name`

  richtet Links auf das Init-V-Script in den dafür vorgesehenen Standard-Runleveln ein. Diese Information stammt aus den Kommentarzeilen am Beginn des Scripts. Die neuen Links werden erst beim nächsten Runlevel-Wechsel bzw. Neustart berücksichtigt. Das Init-V-Script wird also nicht gestartet.

- `--del name`

  entfernt alle Init-V-Links für das Script.

- `[--level n] name on|off`

  richtet Init-V-Links nur für die angegebenen Runlevel ein bzw. entfernt sie. Wenn die `--level`-Option fehlt (also z. B. `chkconfig name on`), dann werden automatisch die in `/etc/init.d/name` vordefinierten Default-Level berücksichtigt. `chkconfig name on` entspricht somit `chkconfig --add name`, und `chkconfig name off` entspricht `chkconfig --del name`.

- `--list`

  liefert eine Liste aller installierten Init-V-Scripts sowie Informationen darüber, in welchen Runleveln die Scripts gestartet werden.

Beachten Sie, dass unter Fedora bzw. ab RHEL 7 anstelle von Init-V das Programm Systemd für das Hochfahren des Rechners sowie für die Ausführung von Hintergrunddiensten verantwortlich ist. Systemd wird durch das Kommando `systemctl` gesteuert.

Beispiel

Das folgende Kommando richtet Start-Links für den Webserver Apache (Dämon `httpd`) in den Runleveln 3 und 5 ein:

```
root#  chkconfig --level 35 httpd on
```

Dabei werden diese zwei Links erzeugt:

```
/etc/rc3.d/S85httpd -> ../init.d/httpd
/etc/rc5.d/S85httpd -> ../init.d/httpd
```

---

chmod `[optionen] änderungen dateien`

`chmod` ändert die neun Zugriffsbits von Dateien. Zusammen mit jeder Datei wird gespeichert, ob der Besitzer (*user*), die Gruppenmitglieder (*group*) und andere Benutzer (*others*) die Datei lesen, schreiben und ausführen dürfen. Die Änderung der

Zugriffsbits erfolgt durch die Zeichenkombination *Gruppe +/- Zugriffstyp*, also beispielsweise g+w, um allen Gruppenmitgliedern eine Schreiberlaubnis zu geben. Die Gruppe geben Sie durch u (*user*), g (*group*), o (*others*) oder a (*all*) an, den Zugriffstyp durch r (*read*), w (*write*) oder x (*execute*).

Setuid-, setgid- und sticky-Bits

Das setuid-Bit (oft auch suid-Bit genannt) bewirkt, dass Programme so ausgeführt werden, als hätte der Besitzer selbst das Programm gestartet. Wenn der Besitzer eines Programms root ist, dann kann jeder das Programm ausführen, als wäre er selbst root.

Das setgid-Bit hat bei Programmen dieselbe Funktion wie setuid, aber eben für die Gruppenzugehörigkeit. Bei Verzeichnissen bewirkt das setgid-Bit, dass in diesem Verzeichnis neu erzeugte Dateien der Gruppe des Verzeichnisses angehören, und nicht, wie sonst üblich, der Gruppe des Benutzers, der die Datei erzeugt.

Das sticky-Bit bewirkt bei Verzeichnissen, in denen alle die Dateien ändern dürfen, dass jeder nur seine eigenen Dateien löschen darf (und nicht auch Dateien anderer Benutzer). Das Bit ist beispielsweise beim /tmp-Verzeichnis gesetzt. In diesem Verzeichnis darf jeder Benutzer temporäre Dateien anlegen. Es muss aber vermieden werden, dass auch jeder Benutzer nach Belieben fremde Dateien umbenennen oder löschen kann.

Um mit chmod die Spezialbits setuid, setgid und sticky zu setzen, sind die folgenden Zeichenkombinationen vorgesehen:

setuid: u+s
setgid: g+s
sticky: +t

Damit setuid wirkt, muss auch das x-Bit für den Besitzer gesetzt sein (u+x). Damit setgid wirkt, muss auch das x-Bit für die Gruppe gesetzt sein (g+x).

Oktale Schreibweise

Statt mit Buchstaben kann der Zugriffstyp auch durch eine maximal vierstellige Oktalzahl angegeben werden. Bei den Zugriffsbits ist u, g und o jeweils eine Ziffer zugeordnet. Jede Ziffer ist aus den Werten 4, 2 und 1 für r, w und x zusammengesetzt. 660 bedeutet daher rw-rw----, 777 steht für rwxrwxrwx. Die drei Spezialbits setuid, setgid und sticky haben die Oktalwerte 4000, 2000 und 1000.

Optionen

▶ `-f` bzw. `--silent` bzw. `--quiet`

zeigt keine Fehlermeldungen an.

▶ `-R` bzw. `--recursive`

verändert auch die Zugriffsrechte von Dateien in allen Unterverzeichnissen.

Beispiele

Die Datei `sichere` kann nun von allen Benutzern ausgeführt werden. `sichere` kann etwa ein Shell-Script zur Erstellung eines Backups sein.

```
user$  chmod a+rx sichere
```

Das folgende Kommando entzieht allen Benutzern außerhalb der eigenen Gruppe die Lese- und Schreiberlaubnis für alle `*.odt`-Dateien im aktuellen Verzeichnis:

```
user$  chmod o-rw *.odt
```

chown [optionen] user[:gruppe] dateien

`chown` ändert den Besitzer und (optional) auch die Gruppenzugehörigkeit einer Datei. Der Besitzer einer Datei kann nur von `root` verändert werden, während die Gruppe auch von anderen Benutzern eingestellt werden kann (siehe `chgrp`).

▶ `-R` bzw. `--recursive`

verändert auch die Gruppenzuordnung von Dateien in allen Unterverzeichnissen.

Beispiel

Die folgenden Kommandos stellen sicher, dass alle Dateien innerhalb von `/var/lib/mysql` dem Benutzer und der Gruppe `mysql` zugeordnet sind, sodass nur der MySQL-Server-Prozess die Dateien lesen und verändern darf:

```
root#  chown -R mysql:mysql /var/lib/mysql
root#  chmod -R o-rwx /var/lib/mysql
```

chroot verzeichnis [kommando]

Ohne weitere Parameter startet chroot eine neue Shell, die das angegebene Verzeichnis als Wurzelverzeichnis / verwendet. In dieser Shell können Sie interaktiv arbeiten. exit führt zurück in die ursprüngliche Shell.

Wenn Sie optional ein Kommando angeben, wird dieses Kommando statt der Shell gestartet. Während der Ausführung des Kommandos gilt abermals das angegebene Verzeichnis als Wurzelverzeichnis.

chsh [user] shell

chsh verändert die Standard-Shell, die automatisch nach dem Einloggen aufgerufen wird. Zur Auswahl stehen alle in /etc/shells eingetragenen Shells, normalerweise /bin/bash, /bin/csh und /bin/ksh. Das Kommando chsh verändert die Datei /etc/passwd und trägt dort die neue Shell ein.

Jeder Anwender kann seine eigene Default-Shell nach Belieben verändern. Die Shell eines anderen Anwenders kann nur von root verändert werden. Die neue Shell muss mit dem vollständigen Verzeichnis angegeben werden. Die Änderung wird mit dem nächsten Login wirksam.

cksum datei

cksum ermittelt die Prüfsumme und die Länge der Datei in Bytes. Die Prüfsumme kann verwendet werden, um rasch festzustellen, ob zwei Dateien identisch sind. cksum liefert zuverlässigere Ergebnisse als das verwandte Kommando sum. Mathematisch noch sicherer sind md5sum oder sha512sum.

clear

clear bzw. Strg+L löscht den Inhalt der Konsole.

cmp [optionen] datei1 datei2

cmp vergleicht zwei Dateien Byte für Byte und liefert die Position der ersten Abweichung. Wenn die Dateien identisch sind, zeigt das Kommando überhaupt keine Meldung an. Zum Vergleich von Textdateien eignet sich diff in der Regel besser als cmp.

▶ `-c` bzw. `--show-chars`

zeigt das jeweils erste Textzeichen an, bei dem sich die Dateien voneinander unterscheiden.

▶ `-l` bzw. `--verbose`

liefert eine Liste aller Abweichungen.

compress [optionen] datei

`compress` komprimiert bzw. dekomprimiert die angegebene Datei. Bei komprimierten Dateien wird die Kennung `.Z` an den Dateinamen angehängt.

`compress` existiert nur noch aus Kompatibilitätsgründen. Wesentlich leistungsfähiger sind `bzip2`, `gzip` und `xz`.

continue [n]

Das `bash`-Konstrukt `continue` überspringt in Shell-Scripts den Körper einer `for`-, `while`- oder `until`-Schleife und setzt die Schleife mit dem nächsten Durchlauf fort. Durch den optionalen Zahlenwert kann dieser Vorgang für mehrere Schleifenebenen durchgeführt werden.

convert [optionen] bildalt bildneu

`convert` aus dem Image-Magick-Paket konvertiert Bilddateien von einem Format in ein anderes. In der einfachsten Form wird es in der Art `convert name.tif name.jpg` aufgerufen, um die angegebene TIF-Datei in eine JPEG-Datei zu konvertieren. Die ursprüngliche Datei bleibt dabei erhalten. Mit über 100 Optionen können gleichzeitig diverse Bildparameter verändert werden. Die folgende Liste ist daher nur eine Auswahl.

▶ `-blur` *radius*

verwischt das Bild.

▶ `-colors` *n*

reduziert die Anzahl der RGB-Farben auf *n*.

- ► `-colorspace CMYK|GRAY|RGB|Transparent|YUV`

  gibt das gewünschte Farbmodell an (wobei zahlreiche weitere Modelle zur Auswahl stehen).

- ► `-compress None|BZip|Fax|Group4|JPEG|JPEG2000|Lossless|LZW|RLE|Zip`

  gibt das gewünschte Kompressionsformat an. Welche Formate tatsächlich zur Auswahl stehen, hängt allerdings vom Bildformat ab.

- ► `-contrast` **bzw.** `+contrast`

  verringert bzw. vergrößert den Kontrast des Bilds.

- ► `-crop` *geometry*

  schneidet den gewünschten Teil des Bilds aus. Beispielsweise beschreibt `-crop 50x50+100+100` ein 50 mal 50 Pixel großes Gebiet, das an der Koordinatenposition (100, 100) beginnt.

- ► `-filter Point|Box|Triangle|Hermite|Hanning|Hamming ...`

  wendet den gewünschten Filter auf das Bild an.

- ► `-gaussian` *radius*

  verwischt den Filter mit dem Gauß-Operator.

- ► `-normalize`

  normalisiert die Farbverteilung im Bild.

- ► `-quality` *n*

  gibt die gewünschte Kompressionsqualität an. Die zulässigen Werte für *n* hängen vom Bildformat ab (z. B. 0 bis 100 bei JPEG).

- ► `-resize` *NxN* **bzw.** `-resize` *n%*

  verändert die Auflösung des Bildes.

- ► `-rotate` *winkel*

  dreht das Bild im Uhrzeigersinn um den angegebenen Winkel in Grad.

- ► `-trim`

  schneidet einfarbige Bildränder ab, wenn sie dieselbe Farbe wie die Eckpunkte des Bilds haben.

Beispiel

Die drei folgenden Beispiele zeigen mögliche Anwendungen des Kommandos:

```
user$  convert -resize 100x100  in.jpg out.png
user$  convert -type Grayscale  in.jpg out.eps
user$  convert -quality 80      in.bmp out.jpg
```

convmv [optionen] dateien

Das Perl-Script convmv von der Website *http://j3e.de/linux/convmv* bzw. aus dem Paket convmv ändert den Zeichensatz der angegebenen Dateinamen. Das Programm ist eine große Hilfe, wenn nach einer Zeichensatzumstellung Dateinamen falsch dargestellt werden.

▶ -f *zeichensatz*

gibt den ursprünglichen Zeichensatz der Dateinamen an. (convmv --list liefert eine Liste aller unterstützten Zeichensätze.)

▶ --notest

ändert die Dateinamen tatsächlich. Ohne diese Option zeigt convmv lediglich die geplanten Änderungen an, ohne diese aber tatsächlich durchzuführen. Wenn Sie convmv rekursiv ausführen, ist ein Testlauf (also ohne --notest) unbedingt empfehlenswert!

▶ -i

ändert Dateinamen erst nach einer Rückfrage. Die Option ist nur in Kombination mit --notest zweckmäßig.

▶ -r

wendet das Kommando rekursiv auf Unterverzeichnisse an.

▶ -t *zeichensatz*

gibt den neuen Zeichensatz an.

convmv verändert nur den Namen, nicht den Inhalt der Dateien! Wenn Sie den Inhalt von Textdateien von einem Zeichensatz in einen anderen ändern möchten, greifen Sie am besten auf die Kommandos iconv oder recode zurück.

Beispiel

Um rekursiv alle Dateien eines Verzeichnisses vom Zeichensatz Latin-1 auf UTF-8 umzustellen (mit Rückfrage für jede einzelne Änderung), rufen Sie convmv so auf:

```
user$  convmv -r -i --notest -f iso-8859-1 -t utf8 verzeichnisname
```

```
cp [optionen] quelle ziel
cp [optionen] dateien zielverzeichnis
```

cp kopiert Dateien und Verzeichnisse. Einzelne Dateien können beim Kopieren umbenannt werden. Bei der Bearbeitung mehrerer Dateien (z. B. durch die Angabe von Jokerzeichen) können diese lediglich in ein anderes Verzeichnis kopiert, nicht aber umbenannt werden. Anweisungen der Art cp *.tex *.bak sind nicht zulässig. Mit cp vergleichbare Kommandos sind mv zum Verschieben und Umbenennen von Dateien sowie ln zur Herstellung von Links. cp unterstützt unter anderem folgende Optionen:

▶ -a bzw. --archive

behält möglichst alle Attribute der Dateien bei. -a ist eine Abkürzung für -dpR.

▶ -b bzw. --backup

benennt bereits vorhandene Dateien in Backup-Dateien um (Dateiname plus ~), anstatt sie zu überschreiben.

▶ -d bzw. --dereference

kopiert bei Links nur den Verweis, nicht aber die Datei, auf die der Link zeigt.

▶ -i bzw. --interactive

fragt, bevor vorhandene Dateien überschrieben werden.

▶ -l bzw. --link

erstellt feste Links (*Hard Links*), anstatt die Dateien zu kopieren. Wenn cp mit dieser Option verwendet wird, hat es dieselbe Funktionalität wie ln.

▶ -p bzw. --preserve

lässt die Informationen über den Besitzer, die Gruppenzugehörigkeit, die Zugriffsrechte und den Zeitpunkt der letzten Änderung unverändert. Ohne diese Option gehört die Kopie demjenigen, der cp ausführt (Benutzer und Gruppe), und die Zeitangabe wird auf die aktuelle Zeit gesetzt.

▶ -r bzw. -R bzw. --recursive

kopiert auch Unterverzeichnisse und die darin enthaltenen Dateien.

- ▶ `-s` bzw. `--symbolic-link`

  erstellt symbolische Links, anstatt die Dateien oder Verzeichnisse zu kopieren. `cp` hat damit die Funktionalität von `ln -s`.

- ▶ `-u` bzw. `--update`

  kopiert Dateien nur dann, wenn dabei keine gleichnamige Datei mit neuerem Datum überschrieben wird.

Verzeichnisse kopieren

Wenn Sie ein ganzes Verzeichnis mit allen darin enthaltenen Dateien und Unterverzeichnissen kopieren möchten, führen Sie `cp -r quellverzeichnis zielverzeichnis` aus. Damit werden auch versteckte Dateien und Unterverzeichnisse kopiert. Wenn Sie möchten, dass beim Kopieren die Zugriffsrechte und -zeiten erhalten bleiben, verwenden Sie statt `-r` die Option `-a`.

Etwas diffizil ist die Frage, ob das Quellverzeichnis selbst oder nur sein Inhalt kopiert wird. Wenn es das Zielverzeichnis bereits gibt, wird darin das neue Unterverzeichnis `quellverzeichnis` erzeugt und dorthin der gesamte Inhalt des Quellverzeichnisses kopiert. Wenn es das Zielverzeichnis hingegen noch nicht gibt, wird es erzeugt; in diesem Fall wird nur der Inhalt des Quellverzeichnisses in das neu erzeugte Zielverzeichnis kopiert, nicht aber das Quellverzeichnis selbst. Zum Kopieren ganzer Verzeichnisbäume eignen sich auch `cpio`, `rsync` und `tar`.

Beispiele

Das folgende Kommando kopiert alle `*.tex`-Dateien aus dem Unterverzeichnis `buch` in das aktuelle Verzeichnis. Der Punkt gibt dabei als Zielverzeichnis das aktuelle Verzeichnis an:

```
user$  cp buch/*.tex .
```

Das zweite Kommando erstellt eine Backup-Kopie des gesamten Verzeichnisses `buch`:

```
user$  cp -a buch bak-buch
```

`cp` kann nicht dazu verwendet werden, mehrere Dateien beim Kopieren umzubenennen. `cp *.xxx *.yyy` kopiert also nicht alle `*.xxx`-Dateien in `*.yyy`-Dateien. Um solche Operationen durchzuführen, müssen Sie `for` oder `sed` zu Hilfe nehmen. Im folgenden Kommando bildet `for` eine Schleife über alle `*.xxx`-Dateien. Der Ausdruck `${i%.xxx}.yyy` entfernt die Endung `*.xxx` und ersetzt sie durch `.yyy`. Wenn Sie `cp` durch `mv` ersetzen, werden die Dateien nicht kopiert, sondern umbenannt.

```
user$  for i in *.xxx; do cp $i ${i%.xxx}.yyy; done
```

Etwas komplizierter ist die Vorgehensweise mit sed: ls liefert die Liste der Datei-en, die kopiert werden sollen, und gibt sie an sed weiter. sed bildet daraus mit dem Kommando s (*regular find and replace*) eine Liste von cp-Kommandos und gibt diese wiederum an eine neue Shell sh weiter, die die Kommandos schließlich ausführt.

```
user$  ls *.xxx | sed 's/\(.*\)\.xxx$/cp & \1.yyy/' | sh
```

cpio kommando [optionen]

cpio fasst mehrere Dateien zu einem Archiv zusammen und kopiert sie auf einen anderen Datenträger, auf einen Streamer oder in ein anderes Verzeichnis. Analog kann das Kommando auch zum Wiedereinlesen solcher Daten verwendet werden. Unter Linux ist cpio eher ungebräuchlich, stattdessen wird zumeist tar verwendet. Die zentralen cpio-Kommandos sind:

► -i

(*input*) liest ein Archiv aus der Standardeingabe und extrahiert die darin enthal-tenen Dateien.

► -o

(*output*) fasst Dateien in ein Archiv zusammen und schreibt diese an die Stan-dardausgabe. Die zu verarbeitenden Dateien werden üblicherweise durch find ermittelt und dann über eine Pipe an cpio weitergegeben.

► -p

(*pass through*) überträgt Archive zwischen verschiedenen Verzeichnissen.

► -t

zeigt den Inhalt eines Archivs aus der Standardeingabe an.

Details dieser Aktionen können durch weitere Optionen gesteuert werden.

Beispiel

Mit den folgenden Kommandos werden zuerst alle Dateien aus dem Verzeichnis /etc archiviert. cpio -t zeigt danach als Kontrolle die Liste der gesicherten Dateien.

```
root#  cd /etc
root#  find . | cpio -o > /tmp/etc-backup.cpio
root#  cpio -t < /tmp/etc-backup.cpio
```

`crontab` [optionen]

Das Kommando `crontab` hilft bei der Administration eigener Cron-Jobs in der Datei `/var/spool/cron/`*benutzername*. Cron-Jobs werden zu den vorgesehenen Zeiten automatisch im Hintergrund ausgeführt, z. B. einmal stündlich oder an jedem Sonntag Abend.

▶ `-e`

öffnet einen Editor zur Bearbeitung der Crontab-Datei. Als Editor kommt normalerweise `vi` zum Einsatz. Wenn Sie einen anderen Editor wünschen, müssen Sie die Umgebungsvariable `EDITOR` entsprechend einstellen. `crontab` überprüft beim Speichern die Einhaltung der Crontab-Syntaxregeln.

▶ `-l`

listet die aktuellen Crontab-Einträge auf.

▶ `-r`

löscht alle Crontab-Einträge.

▶ `-u` *benutzername*

bearbeitet die Crontab-Datei des angegebenen Benutzers. Die Option `-u` steht nur `root` zur Verfügung.

`cryptsetup` [optionen] `kommando`

`cryptsetup` aus dem gleichnamigen Paket greift auf Funktionen des Kernelmoduls `dm_crypt` zurück. Es richtet Crypto-Devices ein, aktiviert und deaktiviert sie. An dieser Stelle werden nur die wichtigsten LUKS-spezifischen Kommandos von `cryptsetup` beschrieben.

▶ `luksAddKey` *device*

richtet ein zusätzliches Passwort ein, das Zugriff auf den Crypto-Container gibt. Zur Ausführung des Kommandos muss ein bereits existierendes Passwort angegeben werden (egal welches). Insgesamt sind maximal acht Passwörter erlaubt.

▶ `luksClose` *device mappingname*

deaktiviert ein Crypto-Device.

▶ `luksDump` *device*

liefert Metainformationen über den Crypto-Container (z. B. den Verschlüsselungsalgorithmus).

▶ luksFormat *device*

richtet im angegebenen Device einen Crypto-Container ein. Dabei müssen Sie zweimal die *passphrase* angeben, die aus Sicherheitsgründen zumindest 20 Zeichen lang sein sollte. Standardmäßig wird zur Verschlüsselung der AES-Algorithmus im Modus cbc-essiv:sha256 mit einer Schlüssellänge von 128 Bit verwendet. Einen anderen Algorithmus können Sie mit -c angeben, eine andere Schlüssellänge mit -s. Welche Algorithmen der Kernel versteht, verrät die Pseudodatei /proc/crypto.

▶ luksOpen *device mappingname*

aktiviert den Crypto-Container im angegebenen Device und weist ihm einen Namen zu. Das resultierende Crypto-Device kann nun über /dev/mapper/*mappingname* genutzt werden.

Beispiel

Die folgenden Kommandos zeigen, wie Sie einen USB-Stick (/dev/sdh1) zuerst als Crypto-Device formatieren (luksFormat) und das Device dann unter dem willkürlich gewählten Namen mycontainer aktivieren (luksOpen). Naturgemäß sind Ihre Daten nur so sicher wie Ihr Passwort bzw. Ihre aus mehreren Wörtern bestehende Passphrase. Empfohlen wird eine Passwortlänge von zumindest 20 Zeichen.

Anschließend können Sie /dev/mapper/mycontainer wie eine Festplattenpartition oder ein Logical Volume nutzen – also ein Dateisystem einrichten, dieses in den Verzeichnisbaum einbinden etc. Nach umount müssen Sie daran denken, das Crypto-Device wieder zu deaktivieren (luksClose), um /dev/sdh1 freizugeben. Erst jetzt dürfen Sie den USB-Stick ausstecken.

```
root#  cryptsetup luksFormat /dev/sdh1
Daten auf /dev/sdh1 werden unwiderruflich überschrieben.
Are you sure? (Type uppercase yes): YES
Enter LUKS passphrase: **********
Verify passphrase: **********
Command successful.
root#  cryptsetup luksOpen /dev/sdh1 mycontainer
Enter LUKS passphrase: **********
root#  mkfs.ext4 /dev/mapper/mycontainer
root#  mount /dev/mapper/mycontainer /test
root#  ... das verschlüsselte Dateisystem nutzen ...
root#  umount /test/
root#  cryptsetup luksClose mycontainer
```

`csplit` [optionen] datei trennposition

`csplit` zerlegt eine Textdatei an vorgegebenen Stellen in mehrere Einzeldateien. Die Trennposition kann entweder durch eine direkte Zeilenangabe oder durch ein Suchmuster angegeben werden. Das Kommando liefert als Ergebnis die Dateien xx00, xx01 etc. und gibt auf dem Bildschirm deren Längen aus. Durch die Angabe entsprechender Optionen sind natürlich auch »schönere« Dateinamen möglich.

`cat` kann aus diesen Einzeldateien wieder die Originaldatei zusammensetzen. Anstelle von `csplit` bietet sich zum Zerlegen binärer Dateien das Kommando `split` an.

Angabe der Trennpositionen

Die Trennpositionen werden entweder durch eine Zeilenanzahl oder durch ein Suchmuster angegeben. Im einen Fall wird die Datei nach n Zeilen zerlegt, im anderen Fall vor oder nach dem Auftreten des Suchmusters. Wenn `csplit` die Datei mehrfach zerlegen soll, was zumeist der Fall ist, muss hinter der Zeilenanzahl bzw. dem Trennmuster angegeben werden, wie oft die Operation wiederholt werden soll.

▶ *n*

   trennt die Datei nach n Zeilen.

▶ */muster/*

   trennt die Datei in der Zeile vor dem Auftreten des Musters. (Die Zeile mit dem gefundenen Muster wird zur ersten Zeile der nächsten Datei.)

▶ */muster/+n*
   /muster/-n

   trennt die Datei n Zeilen nach (+) oder vor (-) dem Auftreten des Musters.

▶ *{n}*

   zerlegt die Datei in $n+1$ Einzeldateien (und nicht nur in zwei Dateien).

▶ *{*}*

   zerlegt die Datei bei jedem Auftreten des Suchmusters bzw. jedes Mal nach n Zeilen in die entsprechende Anzahl von Einzeldateien.

Optionen

▶ -f *datei* bzw. --prefix=*datei*

   verwendet den angegebenen Dateinamen zur Benennung der Ausgabedateien.

▶ -k bzw. --keep-files

Bereits erzeugte Dateien werden beim Auftreten eines Fehlers nicht wieder gelöscht. Die Option muss insbesondere bei Musterangaben in der Form *n* {*} verwendet werden. Die Musterangabe erfolgt wie bei grep.

▶ -z bzw. --elide-empty-files

verhindert die Erzeugung leerer Dateien. Ohne diese Option können leere Dateien insbesondere dann auftreten, wenn bereits die erste Zeile der Ausgangsdatei dem Suchmuster entspricht.

Beispiel

csplit zerlegt total.txt in die Dateien teil.00, teil.01 etc. Die Einzeldateien sind jeweils 100 Zeilen lang. cat bildet daraus anschließend eine Kopie der Originaldatei.

```
user$  csplit -k -f teil. total.txt 100 {*}
user$  cat teil.* > kopie.txt
```

Im zweiten Beispiel zerlegt csplit die Datei total.txt in kleinere Dateien, wobei die Trennung immer dann erfolgt, wenn eine Zeile mit dem Text % === beginnt.

```
user$  csplit -k -f teil. total.txt '/^% ===/' {*}
```

---

curl [optionen] [url]

curl hilft bei der Übertragung von Dateien von oder zu einem Server, wobei alle erdenklichen Protokolle unterstützt werden (HTTP, HTTPS, FTP, SFTP, SCP etc.). Die externe Datei bzw. das externe Verzeichnis wird durch eine URL-Zeichenkette (*Uniform Resource Locator*) angegeben, die mit dem Protokollnamen beginnt (z. B. http://server.de/datei).

▶ --limit-rate *n*

begrenzt die Übertragungsgeschwindigkeit auf die angegebene Byteanzahl pro Sekunde. n kann der Buchstabe k oder m hintangestellt werden, um die Übertragungsrate auf *n* kByte oder MByte pro Sekunde zu limitieren.

▶ -o *datei*

speichert die heruntergeladenen Daten in der angegebenen Datei, anstatt sie an die Standardausgabe weiterzuleiten.

▶ -r *n1-n2*

überträgt den angegebenen Bytebereich der Datei.

▶ -T *datei*

überträgt die angegebene Datei zum Server (*upload*). Statt des Dateinamens kann auch das Zeichen - angegeben werden, um Daten aus der Standardeingabe zu verarbeiten.

▶ -u *name:password*

gibt den Login-Namen und das Passwort an.

Beispiele

Das folgende Kommando überträgt die angegebene Datei zum FTP-Server backupserver und speichert sie im Verzeichnis verz:

```
user$   curl -T datei -u username:password ftp://backupserver/verz
```

Um Daten aus dem Standardeingabekanal zu verarbeiten, geben Sie mit -T als Dateinamen einen Bindestrich an. Das folgende Kommando speichert das aus dem tar-Kommando resultierende Ergebnis direkt in der Datei name.tgz auf dem FTP-Server:

```
user$   tar czf - verz/ | curl -T - -u usern:pw ftp://bserver/name.tgz
```

---

cut [optionen] datei

cut extrahiert aus jeder Zeile eines Textes die durch Optionen angegebenen Spalten.

▶ -b *liste* bzw. --bytes *liste*

extrahiert die in einer Liste angegebenen Zeichen. Einzelne Einträge dürfen durch Kommata (aber nicht durch Leerzeichen) getrennt werden. Statt einzelner Zeichen dürfen auch ganze Bereiche angegeben werden, etwa -b 3-6,9,11-15.

▶ -d *zeichen* bzw. --delimiter *zeichen*

gibt das Trennzeichen für -f an, das statt des Tabulatorzeichens verwendet werden soll.

▶ -f *liste* bzw. --fields *liste*

wie -b, aber jetzt für Felder (Datensätze), die durch Tabulatorzeichen getrennt sein müssen.

▶ -s bzw. --only-delimited

eliminiert alle Zeilen, die keine Daten enthalten, die der Option -f entsprechen. Kann nicht zusammen mit -b verwendet werden.

In der Praxis gelingt die Extraktion einzelner Textspalten mit awk oft wesentlich unkomplizierter als mit cut.

Beispiel

Im folgenden Beispiel liest cut aus der Datei /etc/passwd die erste, die dritte und die siebte Spalte, also den Benutzernamen, die UID-Nummer und die Default-Shell. Das Trennzeichen in dieser Datei ist der Doppelpunkt.

```
root#  cut -d\: -f1,3,7 /etc/passwd
root:0:/bin/bash
bin:1:/sbin/nologin
daemon:2:/sbin/nologin
adm:3:/sbin/nologin
...
```

date [optionen] [+format]

date liefert das aktuelle Datum und die Uhrzeit bzw. verändert diese Daten. Eine Veränderung darf nur von root vorgenommen werden. date kann die Zeit in den verschiedensten Formaten anzeigen.

▶ -s *neuezeit*

verändert das Datum und/oder die Uhrzeit.

Die folgende Aufzählung nennt die wichtigsten Formatcodes. Die Formatzeichenkette muss in Anführungszeichen gesetzt werden.

▶ %Y

das Jahr als vierstellige Zahl.

▶ %l

der Monat als Zahl (1 bis 12).

▶ %m

der Monat als zweistellige Zahl (01 bis 12).

▶ %b

der Monat als kurze Zeichenkette (Jan bis Dez).

▶ %B

der Monat als lange Zeichenkette (Januar bis Dezember).

► %d

der Tag des Monats als zweistellige Zahl (01 bis 31).

► %e

der Tag des Monats als Zahl (1 bis 31), wobei einstelligen Zahlen ein Leerzeichen vorangestellt wird.

► %H

die Stunde als zweistellige Zahl (00 bis 23).

► %M

die Minute als zweistellige Zahl (00 bis 59).

Beispiel

Das folgende Script erzeugt ein komprimiertes tar-Archiv des Verzeichnisses /home/kofler/data. Das Archiv wird unter zwei Dateinamen gespeichert: mydata-day-dd.tar.gz und mydata-month-mm.tar.gz. Wenn das Script täglich ausgeführt wird, haben Sie mit der Zeit 43 Backup-Versionen, die den Zustand des Backup-Verzeichnisses für die letzten 28 bis 31 Tage sowie für die letzten 12 Monate widerspiegeln.

```
#!/bin/bash
fname1=/backup/mydata-day-$(date "+%d").tar.gz
fname2=/backup/mydata-month-$(date "+%m").tar.gz
tar czf $fname1 /home/kofler/data
cp $fname1 $fname2
chmod 600 $fname1 $fname2
```

dcfldd optionen

dcfldd aus dem gleichnamigen Paket ist eine Alternative zum Low-Level-Kopierkommando dd. Im Unterschied zu dd kann dcfldd ein optisches Feedback während der Ausführung zeitaufwendiger Kopierkommandos geben. Eine wirklich präzise Fortschrittsanzeige kann aber auch dcfldd nicht bieten, weil die Ergebnisse durch das I/O-Caching verfälscht werden: Zuerst scheint alles ganz schnell zu gehen, dann dauert es aber doch recht lange, bis der Vorgang abgeschlossen ist.

dcfldd wird durch dieselben Optionen wie dd gesteuert. Darüber hinaus gibt es ein paar zusätzliche Optionen, deren wichtigste statusinterval lautet:

► statusinterval=n

gibt an, nach wie vielen Blöcke jeweils der Kopierfortschritt angezeigt werden soll. Standardmäßig beträgt n 256.

Beispiel

Das folgende Kommando kopiert die Image-Datei der Raspberry-Pi-Distribution Raspian auf eine SD-Karte:

```
root#  dcfldd if=raspbian.img of=/dev/sdb bs=4M statusinterval=10
```

dd optionen

dd überträgt Daten zwischen verschiedenen Speichermedien (Festplatte, USB-Stick etc.) und führt dabei auf Wunsch eine Konvertierung der Daten durch. Das Kommando kann dazu eingesetzt werden, Daten zwischen verschiedenen Rechnerarchitekturen auszutauschen.

dd kann nicht nur einzelne Dateien kopieren, sondern auch direkt auf Devices zugreifen. Damit können ganze Festplatten(partitionen) kopiert werden und kann der Bootsektor der Festplatte verändert werden etc. Auf dem Datenträger muss kein Dateisystem eingerichtet werden. Wenn dd ohne Optionen verwendet wird, liest es die Daten aus der Standardeingabe (Ende mit Strg+Z) und schreibt in die Standardausgabe. Die Optionen von dd werden ohne vorangehende Minus-Zeichen angegeben!

▶ bs=*n*

bestimmt die Blockgröße für die Ein- und Ausgabedatei. (Die Blockgröße gibt an, wie viele Bytes jeweils in einem Durchgang gelesen bzw. geschrieben werden.) Vorsicht: Standardmäßig verwendet dd eine Blockgröße von nur 512 Byte. Das ist extrem ineffizient! Wenn Sie mit dd Festplatten oder SSDs auslesen bzw. beschreiben, sollten Sie zumindest mit bs=1M arbeiten. Das Suffix M steht für 1024 × 1024 Byte, K für 1024 Byte.

▶ conv=*modus*

konvertiert die Daten während des Kopierens. Für *modus* sind verschiedene Einstellungen erlaubt, unter anderem lcase (Großbuchstaben in Kleinbuchstaben umwandeln), ucase (Klein- in Großbuchstaben umwandeln), swab (jeweils zwei Byte vertauschen) etc.

▶ count=*n*

kopiert nur *n* Blöcke (und nicht die gesamten Daten).

▶ ibs=*n*

bestimmt die Blockgröße der Quelldatei.

- `if=`*`quelldatei`*

  gibt die Quelldatei (statt der Standardeingabe) an.

- `obs=`*`n`*

  bestimmt die Blockgröße der Zieldatei.

- `of=`*`zieldatei`*

  gibt die Zieldatei (statt der Standardausgabe) an.

- `seek=`*`n`*

  überspringt *n* Blöcke, bevor die Ausgabe gestartet wird.

- `skip=`*`n`*

  überspringt *n* Blöcke, bevor mit dem Lesen begonnen wird.

Beachten Sie, dass der direkte Zugriff auf Devices (z. B. in der Form `cat /dev/xxx >`) oft schneller ist als `dd`. Außerdem müssen Sie sich dann keine Gedanken über die optimale Blockgröße machen.

Beispiel

Durch das folgende Kommando wird die Image-Datei `opensuse.img` direkt auf den Datenträger mit dem Device `/dev/sdc` übertragen, also beispielsweise auf einen USB-Stick. Beachten Sie, dass dabei alle bisher gespeicherten Daten auf diesem Datenträger verloren gehen! Stellen Sie deswegen sicher, dass Sie den richtigen Device-Namen angeben. Wenn das mit `of` angegebene Device Ihre aktuelle Festplatte ist, verlieren Sie deren Inhalt!

```
root#  dd if=opensuse.img of=/dev/sdc bs=1M
```

---

declare `[optionen] var[=wert]`

Das `bash`-Kommando `declare` weist Shell-Variablen einen neuen Wert und/oder diverse Eigenschaften zu. Das Kommando wird vor allem in Shell-Scripts verwendet. Wenn es ohne Parameter aufgerufen wird, werden alle bekannten Variablen mit ihrem Inhalt aufgelistet. Vor und nach dem Gleichheitszeichen dürfen keine Leerzeichen angegeben werden!

- `-A`

  deklariert die Variable als assoziatives Array.

▶ -r

deklariert die Variable read-only. Die Variable darf nur noch gelesen, aber nicht mehr verändert werden.

▶ -x

deklariert die Variable als Umgebungsvariable (wie durch export). Die Variable steht damit auch anderen Kommandos bzw. in Subshells zur Verfügung.

D

delgroup [optionen] name

delgroup löscht auf Debian- und Ubuntu-Systemen die angegebene Gruppe und befolgt dabei die Regeln aus /etc/deluser.conf. Bei Fedora und Red Hat ist delgroup ein Link auf das Kommando groupdel, das aber andere Optionen kennt.

▶ --only-if-empty

löscht die Gruppe nur, wenn ihr keine Benutzer zugeordnet sind.

▶ --system

löscht die Gruppe nur, wenn es sich um eine Systemgruppe handelt.

deluser [optionen] name

deluser löscht auf Debian- und Ubuntu-Systemen den angegebenen Benutzer und befolgt dabei die Regeln aus /etc/deluser.conf. Demzufolge wird das Heimatverzeichnis normalerweise nicht gelöscht. Bei Fedora und Red Hat ist deluser ein Link auf das Kommando userdel mit anderen Optionen.

▶ --remove-all-files

löscht das Heimatverzeichnis sowie alle anderen Dateien des Benutzers (z. B. diverse Spool- und Mail-Dateien).

▶ --remove-home

löscht auch das Heimatverzeichnis des Benutzers.

▶ --system

löscht den Benutzer nur, wenn es sich um einen Systembenutzer handelt.

depmod [optionen]

depmod erzeugt die Modulabhängigkeitsdatei modules.dep sowie diverse *.map-Dateien im Verzeichnis /lib/modules/*kernelversion*/. Die *-map-Dateien geben an, bei welcher Hardware-Komponente welches Kernelmodul geladen werden soll.

▶ -A bzw. --quick

testet zuerst, ob bereits existierende *.dep- und *.map-Dateien noch aktuell sind. In diesem Fall verzichtet depmod darauf, die Dateien neu zu generieren.

▶ -b *verzeichnis* bzw. --basedir *verzeichnis*

gibt an, für welches Verzeichnis die *.dep- und *.map-Dateien erzeugt werden sollen. Standardmäßig aktualisiert das Kommando die Dateien für den laufenden Kernel.

df [optionen] [verzeichnis]

df gibt Auskunft darüber, an welcher Stelle im Dateibaum Festplatten(partitionen) oder andere Laufwerke eingebunden sind und wie viel Speicherplatz darauf verfügbar ist. Normalerweise liefert df eine Liste aller aktiven Partitionen. Wenn Sie an das Kommando ein Verzeichnis übergeben, zeigt es hingegen nur die Daten der Partition an, in der sich dieses Verzeichnis physikalisch befindet. Bei Systemen mit vielen Partitionen können Sie auf diese Weise einfach feststellen, in welcher Partition ein bestimmtes Verzeichnis gespeichert wird.

▶ -h

gibt den Speicherplatz in leicht lesbarer Form in MByte oder GByte an.

▶ -i bzw. --inodes

gibt Informationen über die verfügbaren I-Nodes an (statt des freien Speicherplatzes in kByte).

▶ -T

gibt für jede Partition bzw. für jeden Datenträger das Dateisystem an.

Beispiel

Auf dem Beispielsystem sind in der Systempartition / noch mehr als 7 GByte Speicherplatz frei, in der Bootpartition noch ca. 80 MByte. Die meisten anderen Dateisysteme dienen nur Verwaltungszwecken und sind überwiegend als temporäre Dateisysteme ausgeführt (tmpfs), deren Inhalt beim Herunterfahren des Rechners verloren geht. Schließlich ist ist noch eine Daten-DVD in den Verzeichnisbaum eingebunden.

```
root#  df -h
Dateisystem              Größe Benutzt Verf. Verw% Eingehängt auf
/dev/mapper/fedora-root    14G    5,9G  7,4G   45% /
devtmpfs                  490M       0  490M    0% /dev
tmpfs                     497M    168K  496M    1% /dev/shm
tmpfs                     497M    1,5M  495M    1% /run
tmpfs                     497M       0  497M    0% /sys/fs/cgroup
tmpfs                     497M    1,8M  495M    1% /tmp
/dev/sda1                 190M     99M   82M   55% /boot
/dev/sr0                  4,2G    4,2G     0  100% /run/media/kofler/Fedora19
```

dhclient schnittstelle

Das Kommando dhclient aus dem dhcp-client-Paket bezieht bei den meisten Distributionen die Parameter für die Netzwerkkonfiguration von einem DHCP-Server. Das Kommando eignet sich ideal für eine Ad-hoc-Netzwerkkonfiguration bei neuen Server-Installationen. Bei älteren Debian- und Ubuntu-Distributionen müssen Sie stattdessen dhclient3 ausführen, unter SUSE dhcpcd.

Beispiel

Das folgende Kommando führt eine automatische Netzwerkkonfiguration für die Schnittstelle eth0 durch:

```
root#   dhclient eth0
```

diff [optionen] datei1 datei2

diff vergleicht zwei Textdateien. Das Ergebnis ist eine Liste aller Zeilen, die voneinander abweichen. Das Kommando ist relativ »intelligent«, d. h., wenn in einer Datei gegenüber der anderen einige Zeilen eingefügt sind, so wird nur diese Abweichung gemeldet. Weitere Zeilen werden wieder als identisch erkannt, obwohl jetzt unterschiedliche Zeilennummern vorliegen. Das Kommando kann also dazu verwendet werden, die Abweichungen zwischen zwei Versionen eines Programmlistings rasch zu dokumentieren.

▶ -b

betrachtet mehrfache Leerzeichen und -zeilen wie einfache Leerzeichen bzw. -zeilen.

▶ -w

ignoriert Leerzeichen und Leerzeilen ganz.

Beispiel

Das folgende Kommando vergleicht den Inhalt der eigenen MySQL-Konfigurations-datei mit der vom Paket vorgeschlagenen Konfiguration. Die mit < beginnenden Zeilen zeigen den aktuellen Zustand an (also Text aus der ersten an diff übergebe-nen Datei), die mit > beginnenden Zeilen zeigen die entsprechende Passage aus der zweiten Datei.

```
root#  diff /etc/mysql/my.cnf /etc/mysql/my.cnf.dpkg-dist
100,101c87,88
< server-id              = 100
< log_bin                          = /var/log/mysql/mysql-bin.log
---
> #server-id             = 1
> #log_bin                         = /var/log/mysql/mysql-bin.log
...
```

dirname zeichenkette

dirname liefert den Pfad eines vollständigen Dateinamens. dirname /usr/bin/groff lie-fert also /usr/bin.

dirs

Das bash-Kommando dirs liefert die Liste aller durch pushd gespeicherten Verzeich-nisse. Das Kommando ist primär zur Script-Programmierung gedacht.

disown [optionen] [jobspec]

Das bash-Kommando disown löst den angegebenen Prozess von der Shell. Damit läuft der Prozess weiter, selbst wenn die Shell beendet wird. Der Prozess wird wahlwei-se durch die Prozess-ID-Nummer (PID) oder durch die Shell-Jobnummer angegeben, wobei der Shell-Jobnummer das Zeichen % vorangestellt werden muss. Ohne die Angabe einer Jobnummer ist der aktuelle (Hintergrund-)Prozess gemeint.

Wenn Sie von vornherein planen, ein Programm losgelöst von der Shell auszufüh-ren, können Sie bereits beim Start auf nohup zurückgreifen und sparen sich so den späteren Aufruf von disown.

D

> ▸ `-a`
>
> löst alle in der Shell gestarteten Prozesse.

> ▸ `-r`
>
> löst alle in der Shell gestarteten Prozesse, die zurzeit ausgeführt werden.

Beispiel

Im folgenden Beispiel wird zuerst ein längerer Download-Prozess gestartet. `Strg`+`Z` unterbricht den Download, `bg` setzt ihn im Hintergrund fort. `disown` löst den Download-Prozess von der Shell, sodass der Download auch nach dem Shell-Logout fortgesetzt wird.

```
user$  wget -q http://mirror.switch.ch/.../CentOS-DVD1.iso
user$  <Strg>+<Z>
user$  bg
user$  disown
```

`dmesg` [optionen]

`dmesg` gibt die im Pufferspeicher enthaltenen Kernelmeldungen aus.

> ▸ `-c`
>
> löscht nach der Ausgabe den Pufferspeicher für die Kernelmeldungen. Diese Option erfordert `root`-Rechte.

`dnf` [optionen] kommando

`dnf` wird voraussichtlich ab Fedora 21 das Paketverwaltungskommando `yum` ersetzen. Obwohl `dnf` vollkommen neu implementiert wurde, ist seine Bedienung syntax-kompatibel zu `yum`. Die Beschreibung der wichtigsten Paketverwaltungsbefehle und Optionen finden Sie deswegen beim Kommando `yum`.

`dpkg` optionen [dateiname/paketname]

`dpkg` erledigt die Low-Level-Paketverwaltung in allen Debian- und Ubuntu-basierten Distributionen. Der Benutzer verwendet aber in der Regel nicht `dpkg` zur Paketinstallation, sondern ein darauf aufbauendes Kommando, meist `apt-get`.

▶ `--configure paketname`

führt die Konfigurations-Scripts des angegebenen Pakets aus. Normalerweise geschieht das bereits während der Installation; in manchen Fällen kann es aber notwendig sein, diesen Schritt explizit auszuführen.

Bei manchen Paketen gibt es zusätzlich zu den automatischen Konfigurations-Scripts interaktive Setup-Programme. Wenn Sie ein derartiges Setup-Programm später nochmals benötigen, müssen Sie `dpkg-reconfigure paketname` ausführen.

▶ `--get-selections`

liefert ähnlich wie `--list` eine Liste aller installierten Pakete. Das Ergebnis enthält aber weniger Detailinformationen und ist damit viel übersichtlicher. Wenn Sie die Liste in eine Textdatei umleiten und speichern, können Sie alle Pakete später auf einem anderen Rechner mit `--set-selections` installieren.

▶ `--install dateiname.deb`

installiert die angegebene(n) Paketdatei(en). Wenn bereits eine ältere Version installiert ist, wird diese deinstalliert und durch die neue Version ersetzt. Während der Installation werden auch die im Paket vorgesehenen Konfigurations-Scripts ausgeführt. Vor der Installation wird sichergestellt, dass alle Paketabhängigkeiten erfüllt sind. Wenn das nicht der Fall ist, geht aus der Fehlermeldung zumeist hervor, welche Pakete fehlen.

`dpkg` lässt normalerweise nur die Installation von Paketen in der zur Distribution passenden Architektur zu. Wenn Sie mit einer 64-Bit-Linux-Distribution arbeiten, ein Programm aber nur als 32-Bit-Paket verfügbar ist, können Sie die Installation mit `--force-architecture` erzwingen. Ob das Programm dann tatsächlich funktioniert, ist eine andere Frage. Auf jeden Fall müssen Sie auch alle erforderlichen 32-Bit-Bibliotheken installieren.

▶ `--list`

liefert eine Liste aller installierten Pakete.

▶ `--list 'muster'`

liefert eine Liste der installierten und verfügbaren Pakete. Bei der Paketliste wird in der ersten Spalte ein Code aus zwei Buchstaben angegeben. Der erste Buchstabe gibt den gewünschten Status des Pakets an (`i` = installieren, `n` = nicht installieren, `r/p` = entfernen, `h` = halten), der zweite Buchstabe den tatsächlichen Status (`i` = installiert, `n` = nicht installiert, `c` = konfiguriert, `u` = entpackt, aber noch nicht konfiguriert, `f` = fehlgeschlagen).

Die Informationen stammen aus der Debian-Paketdatenbank, einer Sammlung von Dateien im Verzeichnis /var/lib/dpkg. Dort werden Meta-Informationen über alle installierten und verfügbaren Pakete gespeichert.

▶ --listfiles paketname

liefert eine Liste aller Dateien des angegebenen Pakets. Das funktioniert nur für bereits installierte Pakete. Den Inhalt nicht installierter Pakete ermitteln Sie mit dem Kommando dpkg-deb --contents dateiname.

▶ --purge paketname

entfernt das angegebene Paket inklusive aller Paketdateien (auch wenn diese von Ihnen verändert wurden).

▶ --remove paketname

entfernt das angegebene Paket.

▶ --search dateiname

ermittelt das Paket, aus dem die angegebene Datei stammt.

Beispiel

Das erste dpkg-Kommando installiert ein neues Paket. dpkg --search ermittelt das Paket, von dem die Datei /etc/sensors3.conf stammt. dpkg --listfiles liefert eine Liste aller Dateien dieses Pakets.

```
root#  dpkg --install paketname.deb
root#  dpkg --search /etc/sensors3.conf
libsensors4: /etc/sensors3.conf
root#  dpkg --listfiles libsensors4
...
/usr/lib
/usr/lib/libsensors.so.4.2.1
/etc
/etc/sensors3.conf
/etc/sensors.d
...
```

dracut [optionen] initrd-datei kernelversion

dracut ist in aktuellen Fedora- und RHEL-Versionen für das Erzeugen einer Initrd-Datei zuständig. Wenn dracut ohne weitere Parameter ausgeführt wird, erzeugt es für den neuesten Kernel im Verzeichnis /boot eine Initrd-Datei mit dem Namen /boot/initrd-*kernelversion*. dracut berücksichtigt die Einstellungen in /etc/dracut.conf sowie zahllose Optionen, die in man dracut beschrieben sind. Hier sind nur die beiden wichtigsten Optionen zusammengefasst:

▶ -d a,b,c

baut die Kernelmodule a, b und c in die Initrd-Datei ein. Normalerweise ist diese Option nicht erforderlich. dracut erkennt selbstständig, welche Module für den Startprozess erforderlich sind.

▶ -f

überschreibt eine vorhandene Initrd-Datei.

▶ --regenerate-all

erzeugt neue Initrd-Dateien zu allen auf dem System installierten Kernel-Versionen.

Bei älteren Fedora- und RHEL-Versionen sowie unter (open)SUSE kommt anstelle von dracut das Kommando mkinitrd zum Einsatz. Debian und Ubuntu verwenden stattdessen update-initramfs.

Beispiel

Um für einen selbst kompilierten Kernel 3.12.3 in der Datei /boot/vmlinuz-3.12.3 manuell eine Initrd-Datei zu erzeugen, führen Sie das folgende Kommando aus:

```
root#  dracut /boot/initrd-3.12.3  3.12.3
```

du [optionen] [verzeichnis]

du gibt Informationen über den Speicherbedarf von Dateien bzw. von Verzeichnissen aus. Wenn im Verzeichnisparameter eine Dateispezifikation angegeben wird (etwa * oder *.tex), dann liefert du eine Liste mit der Größe aller Dateien. Wird dagegen nur ein Verzeichnis angegeben, ermittelt du den Speicherbedarf für alle untergeordneten Verzeichnisse. Die Speicherangaben umfassen auch den Speicherbedarf aller untergeordneten Verzeichnisse. Der letzte Zahlenwert gibt den Gesamtspeicherbedarf aller Dateien und Unterverzeichnisse ab dem angegebenen Verzeichnis an. Alle Angaben erfolgen in kByte. du bietet keine Möglichkeit, das Ergebnis zu sortieren.

▶ -b bzw. --bytes

zeigt die Größenangaben in Byte (statt in kByte) an.

▶ -c bzw. --total

zeigt als abschließenden Wert die Endsumme an. Diese Option ist nur notwendig,

D

wenn du auf Dateien (und nicht auf Verzeichnisse) angewandt wird. Mit dieser Option kann relativ einfach festgestellt werden, wie viel Speicher alle Dateien mit einer bestimmten Kennung (z. B. *.pdf) beanspruchen.

▶ -h bzw. --human-readable

zeigt die Größenangaben in einer gut lesbaren Form an. K, M und G gelten als Abkürzungen für kByte, MByte oder GByte.

▶ --max-depth=n bzw. --max n

gibt die Verzeichnisgröße nur für die angegebene Anzahl von Verzeichnisebenen aus.

▶ -s bzw. --summarize

zeigt *nur* die Endsumme an. Diese Option ist nur dann sinnvoll, wenn der Speicherbedarf von Verzeichnissen angezeigt wird.

▶ -S bzw. --dereference

zeigt nur den Speicherbedarf unmittelbar im Verzeichnis an. Der Speicherbedarf in Unterverzeichnissen wird *nicht* berücksichtigt.

Beispiel

du ermittelt, welche Verzeichnisse wie viel Platz beanspruchen. Mit --max 1 werden Unterverzeichnisse nicht einzeln angeführt, sind aber im Ergebnis berücksichtigt.

```
user$  du -h --max 1
15M     ./Downloads
29M     ./Videos
69M     ./.mozilla
...
```

dumpe2fs device

dumpe2fs liefert unzählige interne Informationen über den Zustand eines ext-Dateisystems, insbesondere über die so genannten Superblöcke sowie über die Organisation der Blockgruppen des Datenträgers.

▶ -b

listet nur defekte Blöcke des Datenträgers auf.

▶ -h

liefert nur eine Zusammenfassung der Daten des Superblocks.

`dvd+rw-format` [optionen] device

`dvd+rw-format` formatiert DVD+RW-, DVD-RW- und DVD-RAM-Medien.

▶ `-blank`

formatiert DVD-RW-Medien im Modus *incremental sequential* (anstatt standard-mäßig im Modus *restricted overwrite*). Das hat den Vorteil, dass eine höhere Kompatibilität für die Verwendung als Video-DVD erreicht wird. Allerdings dauert das Formatieren sehr lange; außerdem kann `growisofs` vorhandene Daten nicht überschreiben. Die Option ist ausschließlich für DVD-RWs vorgesehen.

▶ `-force`

erzwingt die Formatierung einer bereits formatierten DVD-RW oder DVD+RW.

▶ `-format=full`

erzwingt die vollständige Formatierung einer bereits formatierten DVD-RAM.

▶ `-lead-out`

schreibt einen *Lead-out*-Bereich auf eine bereits beschriebene DVD+RW. Diese Option ist nur für DVD+RWs gedacht und erhöht die Kompatibilität zu manchen DVD-Lesegeräten. Wenn Sie diese Option verwenden, wird die DVD nicht formatiert!

`dvd+rw-mediainfo` device

`dvd+rw-mediainfo` liefert Informationen über den im Laufwerk enthaltenen Datenträger (DVD-Typ, Formatierung, Session-Informationen etc.).

`dvips` [optionen] name.dvi

`dvips` erzeugt aus einer *.dvi-Datei eine PostScript-Datei. Wenn `dvips` ohne die Option `-o` eingesetzt wird, leitet das Kommando die resultierende PostScript-Datei an den Standarddrucker weiter.

▶ `-A`

wandelt nur ungerade Seiten um.

▶ `-B`

wandelt nur gerade Seiten um.

- -D *n*

  verwendet bei der Erzeugung von LaTeX-Bitmap-Schriften eine Auflösung von *n* dpi (dots per inch). Die Standardauflösung beträgt meist 600 dpi (siehe /etc/ texmf/config.ps). Alternativ darf *n* auch 300, 400 oder 1270 betragen (siehe /usr/bin/mktexpk). Die Option ist nur für Bitmap-Schriften relevant. PostScript-Schriften sind immer auflösungsunabhängig.

- -E

  erzeugt eine EPS-Datei (Encapsulated PostScript) mit einer Boundingbox, die nur den tatsächlich genutzten Teil der Seite umfasst. Das ist nur sinnvoll, wenn die DVI-Datei nur eine Seite umfasst und die resultierende EPS-Datei anschließend in ein anderes Dokument eingebettet werden soll.

- -i -S *n*

  zerlegt die Ausgabe in Dateien zu je *n* Seiten. Die Dateien werden automatisch durchnummeriert.

- -l *letzteseite*

  beendet die Umwandlung mit der angegebenen Seite.

- -o *zieldatei*

  schreibt das Ergebnis in die angegebene Datei (anstatt es an das Programm lpr weiterzuleiten).

- -p *ersteseite*

  beginnt die Umwandlung mit der angegebenen Seite.

- -pp *n1,n2-n3,n4,n5,n6-n7*

  druckt die angegebenen Seiten. Beachten Sie, dass in der Seitenliste keine Leerzeichen vorkommen dürfen.

Globale Standardeinstellungen für dvips sind in der Datei config.ps definiert. Diese Datei befindet sich je nach Distribution z. B. im Verzeichnis /etc/texmf oder in /usr/ share/texlive/texmf-dist/dvips/config.

echo [optionen] zeichenkette

Das bash-Kommando echo gibt die angegebene Zeichenkette aus. Wenn die Zeichenkette Leer- oder Sonderzeichen enthält, muss sie in doppelte oder einfache Apostrophe eingeschlossen werden, je nachdem, ob Shell-Variablen ausgegeben werden sollen oder nicht.

▶ -e

interpretiert diverse Backslash-Zeichenkombinationen, z. B. \a als Signalton, \n als Zeilenende und \t als Tabulator (siehe auch help echo). Somit gibt echo -e "\a" einen Warnton aus.

▶ -n

wechselt beim Ende der Ausgabe nicht in eine neue Zeile. Die Ausgabe kann durch eine weitere echo-Anweisung fortgesetzt werden.

Beispiel

Das folgende Kommando zeigt den aktuellen Inhalt der $PATH-Variablen an:

user$ echo "Die PATH-Variable enthält: $PATH"

---

efibootmgr [optionen]

In Linux-Systemen, die im EFI-Modus installiert und gestartet wurden, können über das Kommando efibootmgr diverse EFI-Einstellungen verändert werden. Diese Einstellungen werden in einem nichtflüchtigen Speicher (NVRAM) des Mainboards gespeichert. efibootmgr dient primär dazu, neue EFI-Boot-Einträge einzurichten, vorhandene Einträge zu entfernen und die Standard-Boot-Reihenfolge festzulegen. Das Kommando setzt voraus, dass das Kernelmodul efivars geladen ist. Sollte das nicht der Fall sein, führen Sie modprobe efivars aus.

Beachten Sie, dass das efivars-Modul nur verwendet werden kann, wenn Linux im EFI-Modus gebootet wurde (nicht im BIOS-Modus!). Verwenden Sie für Reparaturarbeiten gegebenenfalls ein Linux-Live-System, das sich im EFI-Modus starten lässt.

▶ -b *n* -B

löscht den angegebenen EFI-Booteintrag. Die Nummern der EFI-Booteinträge ermitteln Sie, indem Sie efibootmgr ohne Parameter ausführen.

▶ -c -l \EFI*distrib**grubdatei*.efi -L *name*

erzeugt einen neuen EFI-Booteintrag (-c) und gibt an, an welchem Ort sich die dazugehörende Bootloader-Datei befindet. Die Pfadangabe ist relativ zur EFI-Partition /boot/efi, und als Verzeichnistrenner muss \ verwendet werden. -L gibt den Namen des EFI-Booteintrags an (üblicherweise den Distributionsnamen, standardmäßig Linux).

Der neue Eintrag wird automatisch zum Default-Eintrag. Optional können Sie mit -p die Nummer der EFI-Boot-Partition (normalerweise 1) und mit -d den Device-Namen der ersten Festplatte/SSD angeben (normalerweise /dev/sda).

► -n *n*

   bestimmt, welcher EFI-Boot-Eintrag beim nächsten Neustart verwendet wird. Die Einstellung ist nicht bleibend, sondern gilt nur für den nächsten Rechnerstart.

► -N

   löscht die mit -n festgelegte Einstellung für den nächsten Neustart.

► -o *n1,n2,n3,...*

   legt die neue Reihenfolge der EFI-Booteinträge bleibend fest. Wenn Sie nur den Eintrag an der ersten Stelle festlegen möchten, reicht es aus, dessen Nummer anzugeben.

► -p *n*

   legt fest, in welcher Partition sich die EFI-Boot-Partition befindet (normalerweise in der ersten).

► -q

   keine Ausgaben durchführen (*quiet*).

► -t

   gibt an, wie lange EFI bei einem Neustart mit der Aktivierung des Default-Boot-Eintrags warten soll (in Sekunden). Es hängt allerdings von der EFI-Implementierung ab, ob das EFI-Menü in dieser Wartezeit automatisch angezeigt wird. Auf einem meiner Testrechner wird das EFI-Menü generell nur angezeigt, wenn ich eine entsprechende Taste drücke ([F8], Asus-Mainboard P8H67-M Evo).

► -T

   löscht die mit -t eingestellte Wartezeiteinstellung, d. h., der Default-Booteintrag wird sofort aktiviert.

Beispiel

Wenn das Kommando ohne weitere Optionen ausgeführt wird, listet es die EFI-Boot-Einträge sowie einige weitere Parameter des EFI-Bootloaders auf:

```
root#  efibootmgr
BootCurrent: 0000
Timeout: 1 seconds
BootOrder: 0000,0005,0003,0001,0002
Boot0000* ubuntu
Boot0001* Hard Drive
Boot0002* CD/DVD-Laufwerk
Boot0003* Windows Boot Manager
Boot0005* Fedora
```

Beim nächsten Neustart soll Fedora gestartet werden (abweichend von der gespeicherten Bootreihenfolge, in der Ubuntu an erster Stelle steht):

```
root#  efibootmgr -n 5
```

Das nächste Kommando erzeugt einen neuen EFI-Booteintrag. Die Verdoppelung der \-Zeichen ist erforderlich, weil die Shell ein einfaches \-Zeichen zur Kennzeichnung von Sonderzeichen interpretiert.

```
root#  efibootmgr -c -l \\EFI\\test\\abc.efi -L abc
```

eject [name]

eject ohne Parameter wirft normalerweise die eingelegte CD/DVD aus. Falls die CD/DVD in das Dateisystem eingebunden war, führt eject vorher umount aus. Falls es im Rechner mehrere Datenträger gibt, die ausgeworfen werden können (z. B. Magnetbänder), werden diese Möglichkeiten der Reihe nach getestet; der erste gefundene Datenträger wird ausgeworfen. Optional kann der Datenträger durch den Device-Namen oder das Mount-Verzeichnis angegeben werden.

enscript [optionen] quelldatei -p zieldatei

Das Kommando enscript aus dem gleichnamigen Paket wandelt eine Textdatei wahlweise in die Formate PostScript, HTML oder RTF um.

▶ --color

Syntaxhervorhebung mit Farben durchführen (muss mit -E kombiniert werden).

▶ -E

führt bei Programmcode eine Syntaxhervorhebung durch (fett, kursiv).

▶ -f font

verwendet die angegebene Schriftart (standardmäßig Courier in einer Größe von 10 Punkt).

▶ -M papierformat

verwendet das angegebene Papierformat (z. B. A3, A4 oder Letter).

▶ --n

formatiert den Text mit n Spalten. -2 bewirkt somit eine zweispaltige Formatierung.

▶ -r bzw. --landscape

füllt das Blatt im Querformat.

▶ -W *format* bzw. --language=*format*

gibt das gewünschte Format an. Zur Auswahl stehen unter anderem PostScript (gilt standardmäßig), html und rtf.

▶ -X *charset*

gibt den Zeichensatz des Texts an (z. B. ascii, latin*n*). Unicode wird leider nicht unterstützt. Um Unicode-Texte in das PostScript-Format zu konvertieren, verwenden Sie das Kommando paps.

epstopdf [optionen] datei.eps

epstopdf wandelt die EPS-Datei in eine PDF-Datei um und speichert das Ergebnis unter dem Namen datei.pdf.

▶ --exact

wertet die ExactBoundingBox aus (anstatt der normalen Boundingbox).

▶ --hires

wertet die HiresBoundingBox aus (anstatt der normalen Boundingbox).

▶ --nocompress

verzichtet auf eine Komprimierung der PDF-Daten.

▶ --outfile=*name*

speichert das Ergebnis unter dem angegebenen Dateinamen.

ethtool [optionen] device [parameter]

ethtool ermittelt bzw. verändert (Hardware-)Parameter von Ethernet-Adaptern. Wenn Sie an das Kommando einfach einen Schnittstellennamen ohne weitere Optionen übergeben, erhalten Sie eine Auflistung der wichtigsten Eckdaten. Dazu zählen die unterstützten Ports, die Link-Modi, die Geschwindigkeit, der Duplex-Modus etc.

▶ -p *device n*

schaltet für *n* Sekunden die LED der Schnittstelle ein. Bei Servern mit mehreren Adaptern vereinfacht das die Identifizierung der Steckerbuchse. Bei manchen

Adaptern blinkt die LED dann für die angegebene Zeit. Andere Adapter unterstützen gar keine LED-Steuerung – dann kommt es zur Fehlermeldung *operation not supported.*

▶ `-s` *device para1 value1 para2 value2 ...*

verändert mehrere Parameter der Schnittstelle. Zulässige Parameternamen sind unter anderem `speed`, `duplex`, `port`, `mdix`, `autoneg` und `advertise`.

Beispiel

Das folgende Kommando stellt die Geschwindigkeit des Netzwerkadapters explizit mit 100 MBit/Sekunde ein, aktiviert den Duplex-Modus und deaktiviert die Auto-Negotiate-Funktion:

```
root#  ethtool -s eth0 speed 100 duplex full autoneg off
```

eval $var

Das `bash`-Kommando `eval` interpretiert den Inhalt der Variablen als Kommandozeile, wertet diese Zeile mit allen bekannten Substitutionsmechanismen aus und führt das Kommando schließlich aus. `eval` ist immer dann erforderlich, wenn ein in einer Variable gespeichertes Kommando ausgeführt werden soll und dieses Kommando diverse Sonderzeichen der Shell enthält.

Beispiel

Erst mit der Verwendung von `eval` kann das in der Variablen `kom` gespeicherte Kommando ausgeführt werden. Der erste Versuch, das Kommando auszuführen, scheitert, weil die `bash` das Pipe-Zeichen | nicht mehr auswertet, nachdem sie `$kom` durch seinen Inhalt ersetzt hat.

```
user$  kom="ls | more"
user$  $kom
ls: |: No such file or directory
ls: more: No such file or directory
user$  eval $kom
```

exec kommando

Das `bash`-Kommando `exec` startet das im Parameter angegebene Kommando als Ersatz zur laufenden Shell. Das Kommando kann beispielsweise dazu verwendet werden, eine andere Shell zu starten. Die laufende Shell wird dadurch beendet. Bei einem normalen Kommandostart ohne exec läuft die Shell hingegen weiter und nimmt nach dem Ende des Kommandos weitere Eingaben entgegen bzw. setzt das laufende Script fort.

exit [rückgabewert]

Das bash-Kommando exit beendet ein Shell-Script bzw. die laufende Shell. Wenn kein Rückgabewert angegeben wird, gibt die Shell 0 zurück, also »OK«.

expand [optionen] datei

expand ersetzt in der angegebenen Textdatei alle Tabulator-Zeichen durch eine entsprechende Zahl von Leerzeichen. Wenn keine Optionen angegeben werden, nimmt expand einen Tabulator-Abstand von acht Zeichen an. Die Ergebnis wird zur Standardausgabe geleitet.

▶ -n

   verändert den Tabulator-Abstand auf n Zeichen.

Beispiel

Das folgende Kommando entfernt die Tabulatorzeichen in test.java und speichert das Ergebnis in test-no-tabs.java. Die ursprüngliche Datei wurde mit einem Editor verfasst, der Tabulatorzeichen mit vier Leerzeichen gleichsetzte.

```
user$  expand -n 4 test.java > test-no-tabs.java
```

export [optionen] variable [=wert]

Das bash-Kommando export deklariert die angegebene Shell-Variable als Umgebungsvariable. Damit ist die Variable auch in allen aufgerufenen Kommandos und Subshells verfügbar. Optional kann dabei auch eine Variablenzuweisung erfolgen. Wenn das Kommando ohne Parameter aufgerufen wird, werden alle Umgebungsvariablen angezeigt.

▶ -n

   macht eine Umgebungsvariable wieder zu einer normalen Shell-Variablen. Das Kommando hat damit genau die umgekehrte Wirkung wie bei der Verwendung ohne Optionen.

---

exportfs [optionen]

Das Kommando `exportfs -a` meldet Änderungen in der NFS-Konfigurationsdatei `/etc/exports` an den laufenden NFS-Server. Das Kommando muss also ausgeführt werden, damit in `/etc/exportfs` durchgeführte Änderungen wirksam werden.

---

expr ausdruck
expr zeichenkette : muster

`expr` wertet den angegebenen Ausdruck arithmetisch aus oder führt einen Mustervergleich für Zeichenketten aus. Zwischen den angegebenen Variablen, Zahlen und Operatoren müssen jeweils Leerzeichen stehen! Eine kurze Beschreibung aller zulässigen Operatoren finden Sie in den man-Seiten zu `expr`. Beachten Sie, dass viele Operatorzeichen in der Shell durch das Zeichen \ vor der unmittelbaren Auswertung geschützt werden müssen.

Wenn Sie die bash als Shell verwenden, können Sie darin auch ohne `expr` rechnen: Arithmetische Ausdrücke können dort in der Form $[ausdruck] angegeben werden. Im Muster können die bei grep beschriebenen Jokerzeichen verwendet werden. Das Muster muss normalerweise in Apostrophe gestellt werden, um eine Auswertung der Sonderzeichen durch die Shell zu vermeiden.

Beispiele

Das erste `expr`-Kommando führt eine einfache Berechnung durch. Das zweite Kommando liefert die Anzahl der Zeichen, die dem Musterausdruck maximal entsprechen. Das dritte Kommando extrahiert den geklammerten Teil des Musters aus einer Zeichenkette.

```
user$  expr 3 + 7 \* 19
136
user$  expr abcdefghi : 'a.*g'
7
user$  expr abc_efg_hij : '.*_\(.*\)_.*'
efg
```

---

fc-list [muster]

`fc-list` listet unter X alle skalierbaren Schriftarten auf, die dem (optionalen) Suchmuster entsprechen. Das Ergebnis kann mit | sort sortiert werden.

```
fdformat [-n] laufwerk
```

fdformat führt eine Low-Level-Formatierung einer Diskette durch. Auf die so vorbereitete Diskette kann anschließend mit mformat oder mit mkfs ein Dateisystem installiert werden. Die Option -n verhindert eine anschließende Überprüfung der Diskette auf Fehler (*verify*).

```
fdisk [optionen] [device]
```

fdisk ist ein interaktives Programm zur Partitionierung von Festplatten. Wenn beim Start keine Device-Datei angegeben wird, bezieht sich fdisk automatisch auf die erste Festplatte. fdisk kann nur Datenträger mit MBR-Partitionstabellen bearbeiten. Wenn die Festplatte oder SSD eine GUID-Partitionstabelle (GPT) enthält, müssen Sie anstatt von fdisk die Kommandos gdisk oder parted zur Partitionierung verwenden.

▶ -c

  deaktiviert den DOS-Kompatibilitätsmodus. Bei aktuellen fdisk-Optionen gilt diese Option standardmäßig. Die Option ist unbedingt erforderlich, wenn Sie eine neue Festplatte mit 4-kByte-Sektoren partitionieren!

▶ -l

  listet alle Partitionen aller Festplatten auf und beendet fdisk anschließend.

▶ -s *device*

  liefert die Größe der angegebenen Partitionen in Blöcken und beendet fdisk anschließend.

▶ -u

  verwendet für Größenangaben Sektoren (in der Regel zu 512 Byte) anstatt von Zylindern. Bei aktuellen fdisk-Versionen gilt diese Option standardmäßig. Das ist insofern zweckmäßig, als die von Festplatten gelieferten Zylinderangaben schon lange nicht mehr dem realen Aufbau von Festplatten entsprechen.

Tastaturkommandos

fdisk wird interaktiv durch Tastaturkommandos gesteuert (siehe Tabelle 10 im Abschnitt *Tastenkürzel*). Sämtliche Änderungen werden erst mit dem Kommando W (*write*) ausgeführt. Vorher können Sie mit V (*verify*) überprüfen, ob alle internen Informationen mit der Platte übereinstimmen. Das ist eine zusätzliche Sicherheitskontrolle. Normalerweise besteht die Reaktion auf V nur darin, dass die Anzahl der 512-Byte-Sektoren angezeigt wird, die von keiner primären oder logischen Partition erfasst und somit noch ungenutzt sind. Wenn Sie sich unsicher sind, können Sie fdisk jederzeit mit Q (*quit*) oder auch mit Strg+C verlassen – Ihr Datenträger bleibt dann so, wie er momentan ist.

Beispiel

Die folgenden Zeilen zeigen, wie auf einer 1,5 TByte großen Festplatte mit zwei Partitionen eine dritte, 30 GByte große Partition eingerichtet wird. P listet die Partitionen auf, N erzeugt eine neue Partition, W speichert die Änderungen.

```
root#  fdisk -c -u /dev/sda
Befehl (m für Hilfe):  p
Platte /dev/sda: 1500.3 GByte, 1500301910016 Byte
255 Köpfe, 63 Sektoren/Spur, 182401 Zylinder, zusammen 2930277168 Sektoren
Einheiten = Sektoren von 1 × 512 = 512 Bytes
Sector size (logical/physical): 512 bytes / 512 bytes
I/O size (minimum/optimal): 512 bytes / 512 bytes
Disk identifier: 0x0004b057


   Gerät  boot.    Anfang        Ende      Blöcke   Id  System
/dev/sda1    *       2048    97656831    48827392   83  Linux
/dev/sda2         97656832   101562367    1952768   82  Linux Swap / Solaris
Befehl (m für Hilfe):  n
Befehl  Aktion
   e       Erweiterte
   p       Primäre Partition (1-4)
 p
Partitionsnummer (1-4):  3
Erster Sektor (101562368-2930277167, Vorgabe: 101562368):  <return>
Benutze den Standardwert 101562368
Last Sektor, +Sektoren or +sizeK,M,G (101562368-2930277167,
   Vorgabe: 2930277167):  +30G

Befehl (m für Hilfe): p
   Gerät  boot.    Anfang        Ende      Blöcke   Id  System
/dev/sda1    *       2048    97656831    48827392   83  Linux
/dev/sda2         97656832   101562367    1952768   82  Linux Swap / Solaris
/dev/sda3        101562368   164476927   31457280   83  Linux
Command (m for help):  w
Die Partitionstabelle wurde verändert!
Rufe ioctl() um Partitionstabelle neu einzulesen.
WARNING: Re-reading the partition table failed with error 16: Device or
resource busy. The kernel still uses the old table. The new table will be
used at the next reboot or after you run partprobe(8) or kpartx(8)
Synchronisiere Platten.
```

Im obigen Beispiel weist fdisk darauf hin, dass die neue Partitionstabelle erst nach einem Neustart des Rechners wirksam wird. Den Neustart können Sie sich aber in der Regel ersparen, indem Sie stattdessen das Kommando `partprobe` aus dem `parted`-Paket ausführen. Sollte allerdings auch `partprobe` eine entsprechende Warnung anzeigen, müssen Sie tatsächlich einen Neustart durchführen.

```
ffmpeg [inopts] [-i infile] [outopts] outfile
```

Das Kommando `ffmpeg` aus dem gleichnamigen Paket konvertiert Video-Dateien von einem Format in ein anderes. Bei der Angabe von Optionen ist zu beachten, dass diese nur für die als Nächstes angegebene Video-Datei gelten. Die Reihenfolge der Optionen ist daher entscheidend für die korrekte Funktion des Kommandos. Sofern Sie keine abweichenden Einstellungen vornehmen, verwendet `ffmpeg` für die Ergebnisdatei dieselben Codecs und Einstellungen wie in der Quelldatei.

Neben den hier aufgezählten Optionen gibt es unzählige weitere. Die optimale Einstellung der Optionen ist eine eigene Wissenschaft. Wenn Sie sich damit nicht auseinandersetzen möchten, ist es empfehlenswert, zur Video-Recodierung eine grafische Benutzeroberfläche einzusetzen, z. B. HandBrake oder traGtor.

▸ `-acodec`/`-vcodec` *type*

  legt den gewünschten Audio- bzw. Video-Codec fest. Eine Liste der verfügbaren Codecs liefert `ffmpeg -codecs`.

▸ `-b` *n*

  gibt die gewünschte Bitrate in Bits pro Sekunde an (standardmäßig 200 kBit/s).

▸ `-f` *format*

  verwendet das angegebene Format.

▸ `-formats`

  listet die unterstützten Formate, Codecs, Filter etc. auf.

▸ `-r` *n*

  gibt die gewünschte Frame-Rate an (standardmäßig 25 Frames pro Sekunde).

▸ `-s` *size*

  gibt die gewünschte Frame-Größe in der Form *w*x*h* an (z. B. `800x600`). Alternativ können Sie eine vordefinierte Zeichenkette angeben (z. B. `vga` oder `hd720`, siehe `man ffmpeg`).

▶ -ss *position*

startet die Konvertierung zum angegebenen Zeitpunkt. Die Zeitangabe erfolgt wahlweise in Sekunden oder in der Form hh:mm:ss[.xxx].

▶ -t *duration*

konvertiert nur die angegebene Zeitspanne (und nicht die gesamte Datei). Die Angabe der Zeitspanne erfolgt wie bei der Option -ss.

▶ -target *type*

gibt das gewünschte Zieldateiformat an (z. B. vcd, dvd etc.).

▶ -vpre *quality*

wählt eine Datei mit vordefinierten Optionen (Presets) für den angegebenen Codec aus (z. B. default, medium, max oder fast). Die zur Auswahl stehenden Preset-Dateien befinden sich üblicherweise im Verzeichnis /usr/share/ffmpeg.

▶ -y

überschreibt bereits vorhandene Dateien.

Beispiel

Das folgende Kommando erstellt eine Filmdatei in DVD-Auflösung:

```
user$  ffmpeg -i in.avi -target pal-dvd -y out.avi
```

Das zweite Beispiel wandelt eine OGV-Filmdatei in eine YouTube-taugliche MPEG-Datei um:

```
user$  ffmpeg -i in.ogv -vcodec libx264 -vpre medium -acodec copy -y out.mpg
```

fg [prozess]

Das bash-Kommando fg setzt einen mit Strg+Z unterbrochenen Prozess im Vordergrund fort. Wenn kein Prozess angegeben wird, gilt fg für den zuletzt unterbrochenen bzw. für den zuletzt im Hintergrund gestarteten Prozess. Andernfalls muss der Prozess durch seinen Namen oder durch die bash-interne Jobnummer (nicht PID) angegeben werden. Das Kommando kann auch in der Kurzschreibweise %prozess verwendet werden.

`file` [optionen] datei

file versucht festzustellen, welchen Dateityp die angegebene Datei hat. Als Ergebnis liefert file eine Zeichenkette mit dem Dateinamen und dem Typ der Datei. file wertet nicht den Dateinamen bzw. dessen Kennung aus, sondern den Inhalt der Datei!

▶ -z

versucht, den Datentyp einer komprimierten Datei zu erkennen.

Beispiel

name.jpg enthält, wie der Dateiname erwarten lässt, eine JPEG-Bitmap-Datei:

```
user$ file name.jpg
name.jpg: JPEG image data, JFIF standard 1.02
```

`find` [pfadangabe] [suchoptionen]

find hilft bei der Suche nach Dateien. Dabei können verschiedene Suchkriterien (Muster für den Dateinamen, Dateigröße, Datum der Erstellung oder des letzten Zugriffs etc.) bei der Suche berücksichtigt werden. Es besteht sogar die Möglichkeit, auf alle Dateien, die diese Bedingungen erfüllen, mit einem anderen Programm (etwa grep) weitere Selektionskriterien anzuwenden. Auf diese Weise könnten beispielsweise alle *.tex-Dateien gefunden werden, die in den letzten drei Tagen bearbeitet wurden und die den Text »Grafikprogrammierung« enthalten. Aufgrund der großen Anzahl möglicher Suchkriterien liefert man find eine viele Seiten lange Beschreibung des Kommandos.

Die folgende Syntaxbeschreibung bezieht sich explizit auf die unter Linux gebräuchliche GNU-find-Implementierung. Sie zeichnet sich durch einige kleinere Syntaxunterschiede gegenüber den find-Varianten anderer Unix-Systeme aus: Dort *muss* eine Pfadangabe erfolgen, während GNU-find das aktuelle Verzeichnis als Startverzeichnis verwendet. Außerdem verlangen die meisten find-Implementierungen den Einsatz der Option -print zur Anzeige der Suchergebnisse, was bei GNU-find nicht erforderlich ist.

Allgemeine Optionen

Im Gegensatz zu den meisten anderen Kommandos durchsucht find automatisch alle Unterverzeichnisse. Wenn das nicht erwünscht ist, muss die Anzahl der Unterverzeichnisse durch -maxdepth eingeschränkt werden.

▶ `-depth`

bearbeitet zuerst das aktuelle Verzeichnis und erst dann die Unterverzeichnisse. (Je nachdem, wo Sie die gesuchte Datei vermuten, kann diese Vorgehensweise erheblich schneller sein.)

▶ `-follow`

bearbeitet auch Verzeichnisse, die durch symbolische Links erfasst werden.

▶ `-maxdepth` *n*

schränkt die Suche auf *n* Verzeichnisebenen ein. Mit `-maxdepth 1` werden überhaupt keine Unterverzeichnisse berücksichtigt.

Suchkriterien

Es können mehrere Suchkriterien gleichzeitig genannt werden. Diese Kriterien werden logisch mit UND verknüpft. Die Suche wird abgebrochen, sobald das erste Kriterium nicht erfüllt ist – die Reihenfolge der Kriterien kann also Einfluss auf die Geschwindigkeit des Kommandos haben. Kriterien können mit `\(` und `\)` gruppiert, mit `!` negiert und mit `-o` logisch ODER-verknüpft werden.

▶ `-group` *gruppenname* oder `-nogroup` *gruppenname*

findet Dateien, die der angegebenen Gruppe angehören (bzw. die ihr nicht angehören).

▶ `-mmin` *n*

funktioniert wie `mtime`, allerdings erfolgt die Zeitangabe in Minuten.

▶ `-mtime` *n*

findet Dateien, deren Inhalt zuletzt vor genau *n* Tagen verändert wurde. Wenn vor der Zahl ein + angegeben wird, dann werden alle Dateien erfasst, die älter als *n* Tage sind. Ein vorangestelltes - liefert Dateien, die jünger als *n* Tage sind. `-mtime` 0 liefert Dateien, die in den letzten 24 Stunden verändert wurden.

▶ `-name` *suchmuster*

findet Dateien, die dem angegebenen Suchmuster entsprechen. Wenn das Suchmuster Jokerzeichen enthält, muss es in Apostrophe gestellt werden. Wenn `find` nicht zwischen Groß- und Kleinschreibung unterscheiden soll, verwenden Sie statt `-name` die Option `-iname`.

▶ -path *suchmuster*

findet Dateien, die dem angegebenen Suchmuster entsprechen. Die Option geht über -name hinaus, weil das Suchmuster jetzt nicht nur den Dateinamen, sondern auch den Pfad dorthin betrifft. Diese Option ist flexibler als die direkte Pfadangabe im ersten Argument von find, weil hier die Jokerzeichen auch das Zeichen / erfassen.

▶ -perm *zugriffsbits*

findet Dateien, deren Zugriffsbits genau dem angegebenen Oktalwert (siehe chmod) entsprechen. Wenn dem Oktalwert ein - vorangestellt wird, dann reicht es, wenn die Datei mindestens eines dieser Zugriffsbits enthält. Wenn ein + vorangestellt wird, darf die Datei auch darüber hinausgehende Zugriffsrechte haben.

▶ -size *dateigröße*

gibt die gewünschte Dateigröße vor. Die Angabe erfolgt standardmäßig in Vielfachen von 512. 3 bezeichnet also Dateien zwischen 1024 und 1536 Bytes. Durch die zusätzlichen Zeichen c oder k kann die Größe in Byte oder kByte angegeben werden. Ein vorangestelltes + erfasst alle größeren Dateien, ein vorangestelltes - alle kleineren Dateien. -size +10k liefert daher alle Dateien, die größer als 10 kByte sind.

▶ -type *zeichen*

schränkt die Suche auf bestimmte Dateitypen ein. Die wichtigsten Zeichen sind f für reguläre Dateien, d für Verzeichnisse (*directories*) und l für symbolische Links.

▶ -user *username* oder -nouser *username*

findet Dateien, die dem angegebenen Benutzer gehören (bzw. die ihm nicht gehören).

Aktionen beim Finden einer Datei

▶ -exec *kommando [optionen]* {} \;

ruft das angegebene Kommando auf und übergibt den Dateinamen der gefundenen Datei, die alle bisher verarbeiteten Kriterien erfüllt hat. Das Kommando kann nun einen Test durchführen, ob die Datei weiteren Kriterien entspricht. Ein typisches Programm, das durch -exec aufgerufen wird, ist grep. {} steht als Platzhalter für den Dateinamen. ; schließt den Kommandoaufruf ab, d. h., dahinter können weitere find-Optionen angegeben werden. \ ist innerhalb der Shell erforderlich, um die Interpretation von ; als Sonderzeichen zu verhindern.

▶ `-print`

gibt die gefundenen Dateinamen auf dem Bildschirm aus. Diese Option ist die Standardeinstellung, sofern nicht `-exec` verwendet wird.

▶ `-print0`

trennt die Dateinamen der Ergebnisliste durch 0-Bytes. Das ermöglicht eine Weiterverarbeitung von Dateinamen mit Leerzeichen durch `xargs`.

▶ `-printf` *format*

gibt die gefundenen Dateinamen und andere Informationen auf dem Bildschirm aus. In der Formatzeichenkette kann angegeben werden, in welcher Form die Ausgabe erfolgt und welche Zusatzinformationen mit ausgegeben werden (etwa die Dateigröße, das Datum der letzten Änderung etc.). Die Syntax für die Formatzeichenkette ist in den `man`-Seiten beschrieben.

Beispiele

Das erste `find`-Kommando liefert alle Dateien im aktuellen Verzeichnis (auch versteckte Dateien, aber keine Dateien aus Unterverzeichnissen); das zweite Kommando liefert nur gewöhnliche Dateien (aber keine unsichtbaren Dateien):

```
user$  find -maxdepth 1 -type f -name '*'
user$  find -maxdepth 1 -type f -name '[!.]*'
```

Das folgende Kommando durchsucht das `/etc`-Verzeichnis nach Dateien, die in den letzten zwei Wochen verändert wurden. Das Kommando muss mit `root`-Rechten ausgeführt werden, weil einige Dateien in `/etc` nicht von gewöhnlichen Benutzern gelesen werden dürfen:

```
root#  sudo find /etc -mtime -14
```

Das folgende Kommando löscht alle Backup-Dateien, die durch das Zeichen ~ am Ende des Dateinamens gekennzeichnet sind. `find` berücksichtigt dabei auch alle Unterverzeichnisse. Die Liste der zu löschenden Dateien wird durch Kommandosubstitution `$(kommando)` an `rm` weitergeleitet.

```
root#  rm $(find . -name '*~')
```

Falls es sich um sehr viele Dateien handelt, tritt bei der Ausführung des obigen Kommandos ein Fehler auf: Die Kommandozeile mit allen *~-Dateien wird so lang, dass sie die maximale Kommandozeilenlänge überschreitet. In solchen Fällen müssen Sie entweder die `-exec`-Option des `find`-Kommandos oder das Kommando `xargs` zu Hilfe nehmen. Dies `xargs`-Variante hat den Vorteil, dass sie auch mit Dateinamen zurechtkommt, die Leerzeichen enthalten.

```
user$  find -name '*~.jpg' -exec rm {} \;
```

Weitere find-Beispiele finden Sie bei der Beschreibung der Kommandos grep und xargs.

findmnt [optionen] [device/mountpoint]

findmnt ohne Parameter liefert eine baumförmige Liste aller im Verzeichnisbaum integrierten Dateisysteme. Das Ergebnis enthält mehr Einträge als bei mount oder df, weil findmnt auch diverse /dev-, proc-, sys- und /run-Dateisysteme zum internen Informationsaustausch berücksichtigt, also sogenannte Pseudo-Dateisysteme.

Durch die Angabe eines Devices oder mount-Punktes reduziert sich die Liste auf alle so ausgewählten Dateisysteme. Weitere zulässige Angaben sind die UUID oder der Name (Label) eines Dateisystems bzw. die Major- und Minor-Nummer des Devices in der Schreibweise major:minor.

▶ -A

  zeigt alle Dateisysteme an.

▶ -l

  zeigt das Ergebnis als Tabelle an (nicht als Baum).

▶ --mtab bzw. --fstab

  berücksichtigt nur die Einträge von /etc/mtab bzw. /etc/fstab. Standardmäßig berücksichtigt findmnt die Mount-Tabelle des Kernels in der Pseudo-Datei /proc/self/mountinfo.

▶ -o spalten bzw. --output spalten

  gibt nur die in spalten angegebenen Informationen spaltenweise aus. Zulässige Spaltencodes sind unter anderem:

  SOURCE: **Device**
  TARGET: mount-**Pfad**
  FSTYPE: **Dateisystemtyp**
  OPTIONS: **alle** mount-**Optionen**
  SIZE: **Größe des Dateisystems**

  Weitere Codes liefert fndmnt --help. Die Spaltencodes werden durch Kommas getrennt, beispielsweise -o SOURCE,TARGET,FSTYPE. Leerzeichen sind nicht zulässig!

▶ `-t typliste` **bzw.** `--types typeliste`

liefert nur Dateisysteme des angegebenen Typs. Mit `-t ext2,ext3,ext4` werden somit nur `ext`-Dateisysteme in den Versionen 2, 3 und 4 berücksichtigt.

Beispiel

`findmnt` **zeigt alle aktiven Dateisysteme des Testrechners:**

```
root#
TARGET                          SOURCE      FSTYPE       OPTIONS
/                               /dev/mapper/fedora-root
                                            ext4         rw,relatime,...
  /proc                         proc        proc         rw,nosuid,...
    /proc/sys/fs/binfmt_misc    systemd-1   autofs       rw,relatime,...
  /sys                          sysfs       sysfs        rw,nosuid,...
    /sys/kernel/security        securityfs  securityfs   rw,nosuid,...
    /sys/fs/selinux             selinuxfs   selinuxfs    rw,relatime
...
```

`firewall-cmd` optionen

`firewall-cmd` liest bzw. verändert die Firewall-Konfiguration unter Fedora und voraussichtlich auch unter RHEL 7. `firewall-cmd` kommuniziert mit dem im Hintergrund laufenden Programm `firewalld`. Dieses Programm ordnet jeder Netzwerkschnittstelle eine Zone zu. Eine »Zone« im Sinne von `firewalld` ist eine Sammlung von Regeln für einen bestimmten Anwendungszweck. Die folgende Aufzählung beschreibt die wichtigsten Zonen:

▶ `block`

blockiert jeden Netzwerkverkehr; der Absender erhält eine ICMP-Fehlermeldung.

▶ `drop`

blockiert jeden Netzwerkverkehr; der Absender wird nicht informiert.

▶ `external`

blockiert die meisten Ports und aktiviert Masquerading (IPv4). Bei einem Router ist diese Zone für die Schnittstelle vorgesehen, die die Verbindung zum Internet herstellt.

▶ `home` **und** `internal`

blockiert die meisten Ports, akzeptiert aber Samba (nur als Client), CUPS und Zeroconf/Avahi/mdns. Beide Zonen sind für Rechner in einem als einigermaßen sicher geltenden lokalen Netzwerk gedacht. Wenn Sie diese Zone nutzen und selbst Windows-Netzwerkverzeichnisse freigeben möchten, müssen Sie außerdem den Dienst SAMBA freischalten.

▶ public

ähnlich wie home, blockiert aber auch CUPS und Samba-Client-Funktionen. Die Zone ist für die Internet-Nutzung in unsicheren Netzwerken gedacht, z. B. in einem öffentlichen WLAN.

▶ trusted

erlaubt jeden Netzwerkverkehr. Diese Zone ist für gut gesicherte lokale Netzwerke gedacht, aber nicht für WLAN-Verbindungen.

firewall-cmd führt die Änderungen normalerweise nur dynamisch durch. Wenn Änderungen dauerhaft gelten sollen, müssen Sie die Option --permanent angeben. Die Regeln werden dann im Verzeichnis /etc/firewalld gespeichert.

Optionen

▶ --add-interface=*name* bzw. --remove-interface=*name*

ordnet die angegebene Schnittstelle der Default-Zone oder der durch die Option --zone angegebenen Zone zu bzw. löst diese Zuordnung wieder. Bevor eine Schnittstelle einer neuen Zone zugeordnet werden kann, muss die bisherige Zuordnung explizit entfernt werden!

▶ --add-prot=*name* bzw. --remove-port=*name*

erlaubt die Nutzung eines TCP-Ports in der mit --zone angegebenen Zone bzw. blockiert den Port.

▶ --add-service=*name* bzw. --remove-service=*name*

erlaubt die Nutzung eines Netzwerkdiensts (z. B. https oder ssh) in der mit --zone angegebenen Zone bzw. blockiert den Dienst.

▶ --get-active-zones

listet alle Zonen auf, die momentan in Verwendung sind, und gibt an, welche Netzwerkschnittstellen den Zonen zugeordnet sind.

▶ --get-default-zone

ermittelt die Default-Zone.

▶ --get-zone-of-interface=*name*

ermittelt die Zone, die der angegebenen Netzwerkschnittstelle zugeordnet ist.

F

- `--list-all-zones`

  liefert die Eckdaten aller definierten Firewall-Zonen und gibt an, welche Netzwerkschnittstellen den Zonen zugeordnet sind.

- `--permanent`

  speichert Änderungen an der Firewall-Konfiguration bleibend. Die Änderungen werden aber nicht direkt angewendet. Wenn Sie eine Änderung sofort *und* bleibend durchführen möchten, müssen Sie das betreffende Kommando *zweimal* ausführen: einmal mit `--permanent` und einmal ohne diese Option.

- `--set-default-zone=`*name*

  definiert die Default-Zone. Diese gilt für alle Netzwerkschnittstellen, denen nicht explizit eine andere Zone zugewiesen wird.

- `--state`

  ermittelt, ob `firewalld` läuft oder nicht.

- `--zone=`*name*

  gibt an, welche Zone verändert, bearbeitet oder gelesen werden soll.

Beispiel

Die folgenden Kommandos ermitteln zuerst, welcher Zone die Netzwerkschnittstelle `p5p1` zugeordnet ist, und ordnen die Schnittstelle dann der Zone `trusted` zu. Die Änderungen sind nicht permanent, gelten also nur bis zum nächsten Neustart des Rechners bzw. des Firewall-Dämons.

```
root#  firewall-cmd --get-zone-of-interface=p5p1
public
root#  firewall-cmd --zone=public --remove-interface=p5p1
success
root#  firewall-cmd --zone=trusted --add-interface=p5p1
success
```

`fold` [optionen] datei

`fold` umbricht Textzeilen bei einer Länge von 80 Zeichen und zeigt das Ergebnis auf dem Bildschirm an.

- `-s` bzw. `--spaces`

  versucht, den Umbruch an der Stelle eines Leerzeichens (also zwischen zwei Wörtern) durchzuführen. Die Zeilen werden damit kürzer oder gleich *n* Zeichen.

▶ -w *n* bzw. --width *n*

stellt eine maximale Textbreite von *n* Zeichen ein.

---

for *var* [**in** *liste*;] **do**
    kommandos
done

for bildet Schleifen in bash-Scripts. In die angegebene Variable werden der Reihe nach alle Listenelemente eingesetzt. Die Liste kann auch mit Jokerzeichen für Dateinamen oder mit {...}-Elementen zur Zusammensetzung von Dateinamen gebildet werden. Wenn auf die Angabe der Liste verzichtet wird, durchläuft die Variable alle der Shell-Datei übergebenen Parameter (also in $*).

Beispiel

for kann nicht nur in Shell-Scripts verwendet werden, sondern auch im Terminal, um einige Kommandos auf eine Reihe von Dateien anzuwenden. Das folgende Kommando gibt die Dateinamen aller *.jpg-Dateien aus. Sie können nun echo durch ein anderes Kommando ersetzen, das die *.jpg-Dateien druckt, skaliert etc.

```
user$  for i in *.jpg; do echo $i; done
```

Ein weiteres for-Beispiel finden Sie bei der Beschreibung des cp-Kommandos.

---

free [*optionen*]

free zeigt an, wie der verfügbare Speicherplatz (RAM und Swap-Speicher) genutzt ist. Als Einheit werden normalerweise kByte verwendet. Mit der Option -m rechnet free in MByte.

Beispiel

Im folgenden Beispiel ist scheinbar beinahe der gesamte Speicher (1 GByte) genutzt. Tatsächlich werden aber rund 330 MByte vom Betriebssystem zur Zwischenspeicherung von Dateien verwendet, sodass insgesamt noch ca. 420 MByte für Anwendungsprogramme bereitstehen (zweite Zeile). Der Swap-Speicherplatz wird bis auf wenige MByte nicht genutzt.

```
user  free
                total      used      free    shared   buffers    cached
Mem:          1024008    933712     90296         0     45744    284836
-/+ buffers/cache:        603132    420876
Swap:          407544     20268    387276
```

---

fsck [optionen] device

---

fsck überprüft die Konsistenz des Dateisystems und führt gegebenenfalls Reparaturen durch. Es darf nur von root ausgeführt werden. Je nach Typ des Dateisystems ruft fsck die Programme fsck.ext3, fsck.ext4 etc. auf. Lesen Sie vor der Ausführung von fsck unbedingt die man-Seiten dieses und des dateisystemspezifischen Kommandos!

Vor der Überprüfung eines Dateisystems müssen Sie umount ausführen. Zur Überprüfung des root-Dateisystems führen Sie zuerst touch /forcefsck aus und starten dann den Rechner neu. Fehlerhafte Dateien bzw. Dateifragmente werden im Verzeichnis lost+found gespeichert.

▶ -A

überprüft alle in /etc/fstab genannten Dateisysteme.

▶ -t typ

gibt den Typ des Dateisystems an (etwa ext3, xfs).

---

fsck.ext2 [optionen] device
fsck.ext3 [optionen] device
fsck.ext4 [optionen] device

---

fsck.ext2/3/4 bzw. e2fsck überprüft die Konsistenz eines ext-Dateisystems und führt gegebenenfalls Reparaturen durch. Das Kommando kann auch via fsck gestartet werden.

▶ -b n

liest den alternativen Superblock n.

▶ -n

beantwortet alle Rückfragen mit n (no), führt keine Änderungen durch.

▶ -p

führt Reparaturen (Änderungen) im Dateisystem ohne Rückfrage durch.

▶ -y

beantwortet alle Rückfragen mit yes, führt Änderungen durch.

`fstrim` [optionen] mount-verzeichnis

`fstrim` führt ein Trim-Kommando für das durch den `mount`-Punkt angegebene Dateisystem aus. Dabei werden standardmäßig alle nicht mehr vom Dateisystem genutzten Datenblöcke an den Datenträger gemeldet.

Das Kommando ist nur zweckmäßig, wenn es sich bei dem Datenträger um eine Solid State Disk (SSD) handelt und das Dateisystem nicht ohnedies bei jedem Löschvorgang automatisch Trim-Kommandos ausführt (siehe die `mount`-Option `discard` bei den Dateisystemen `ext4`, `btrfs` und `xfs`). `fstrim` kann täglich oder wöchentlich durch einen Cron-Job ausgeführt werden, um Performance-Verluste durch zu häufige oder aber gar nicht ausgeführte Trim-Kommandos zu vermeiden.

▶ `-o` bzw. `--offset n`

  meldet ungenutzte Blöcke erst ab dem angegebenen Offset (gerechnet vom Beginn des Dateisystems). Die Angabe kann durch ein entsprechendes Suffix in binären kByte, MByte, GByte oder TByte (`K`, `M`, `G` oder `T`) oder in dezimalen kByte, MByte etc. angegeben werden (`KB`, `MB`, `GB` oder `TB`).

▶ `-l` bzw. `--length n`

  meldet ungenutzte Blöcke nur für den angegebenen Bereich.

▶ `-m` bzw. `--minimum n`

  meldet ungenutzte zusammenhängende Blöcke nur, wenn sie zumindest `n` Byte groß sind. Das kann die Ausführung des Kommandos erheblich beschleunigen.

▶ `-v` bzw. `--verbose`

  liefert die Summe der mit dem Trim-Kommando gemeldeten Bytes.

Beispiel

Das folgende Kommando meldet alle zumindest 64 KByte großen freien Datenblöcke an die SSD:

```
root#  fstrim -m 64K /
/: 13493051392 bytes were trimmed
```

`ftp` [optionen] ftpserver

`ftp` stellt eine Verbindung zum angegebenen FTP-Server her. Nach dem Login können Sie interaktiv Dateien zwischen dem lokalen Rechner und dem FTP-Server übertragen. Im Folgenden sind die wichtigsten Kommandos für die interaktive Nutzung zusammengefasst:

▶ ?

zeigt eine Liste aller FTP-Kommandos an.

▶ !

ermöglicht die Ausführung von Shell-Kommandos.

▶ `ascii`

wechselt in den Textmodus.

▶ `binary`

wechselt in den Binärmodus.

▶ `bye` **oder** `quit`

beendet FTP.

▶ `cd verz`

wechselt in das angegebene FTP-Verzeichnis.

▶ `get datei`

überträgt die Datei vom FTP-Archiv in das aktuelle Verzeichnis.

▶ `lcd verz`

wechselt das aktuelle Verzeichnis auf dem lokalen Rechner.

▶ `ls`

zeigt die Liste der Dateien auf dem FTP-Server an.

▶ `lls`

zeigt die Liste der Dateien auf dem lokalen Rechner an.

▶ `mget *.muster`

überträgt alle passenden Dateien vom FTP-Archiv in das aktuelle Verzeichnis (siehe auch `prompt`).

▶ `open`

stellt die Verbindung zum fremden Rechner her (wenn es beim ersten Versuch nicht geklappt hat).

▶ `prompt`

aktiviert bzw. deaktiviert die Rückfrage vor der Übertragung jeder Datei durch `mget`.

▶ put datei

überträgt die Datei vom aktuellen Verzeichnis in das FTP-Archiv (*upload*).

▶ reget datei

setzt die Übertragung einer bereits teilweise übertragenen Datei fort.

[**function**] *name*
  {*kommandos*}

Das optionale Schlüsselwort function definiert in bash-Scripts eine Subfunktion, die wie ein neues Kommando aufgerufen werden kann. Innerhalb der Funktion können mit local lokale Variablen definiert werden. Funktionen können rekursiv aufgerufen werden. Funktionen müssen *vor* ihrem ersten Aufruf deklariert werden!

An Funktionen können Parameter übergeben werden. Anders als bei vielen Programmiersprachen dürfen die Parameter nicht in Klammern gestellt werden. Innerhalb der Funktion können die Parameter den Variablen $1, $2 etc. entnommen werden.

Beispiel

Das folgende Mini-Script gibt *Hello World, abc!* aus:

```
#!/bin/bash

function myfunc {
  echo "Hello World, $1!"
}

myfunc "abc"
```

fuser dateiname

fuser ermittelt das Programm, das auf die angegebene Datei zugreift und diese möglicherweise für andere Programme blockiert. fuser liefert normalerweise nur die Prozessnummer (PID) des Programms.

▶ -k

beendet alle Prozesse, die auf die Datei zugreifen.

▶ -m

listet alle Prozesse auf, die auf *irgendeine* Datei des als Device oder durch eine Datei spezifizierten Dateisystems zugreifen.

- -v

    gibt auch an, welcher Benutzer den Prozess ausführt (*verbose mode*).

Bei der Ausgabe folgt der Prozessnummer ein Buchstabe, der die Art des Zugriffs angibt:

- c

    Der Prozess hat das Verzeichnis als aktuelles Verzeichnis eingestellt (*current directory*).

- e

    Die Datei wird ausgeführt (*executable being run*).

- f

    Die Datei ist für den Lesezugriff geöffnet (*open file*). Dieser Buchstabe wird nur im *verbose mode* angezeigt.

- F

    Die Datei ist für den Schreibzugriff geöffnet. Auch F wird nur im *verbose mode* angezeigt.

- m

    Die Datei wird als Bibliothek oder durch Memory-Mapping genutzt.

- r

    Das Verzeichnis wird als Wurzelverzeichnis genutzt (*root directory*).

Eine Alternative zu fuser ist das Kommando lsof.

Beispiel

Der Versuch, eine DVD durch umount aus dem Dateisystem zu lösen, scheitert. Schuld ist der Prozess 32664 des Benutzers kofler, der mit less gerade eine Textdatei der DVD liest.

```
root# umount /run/media/kofler/myBackupDvd
umount: /run/media/kofler/myBackupDvd: target is busy.
root# fuser -v -m /run/media/kofler/myBackupDvd
                     BEN.       PID ZUGR.  BEFEHL
/run/media/kofler/myBackupDvd
                     kofler   32664 f.... less
```

gconftool-2 kommando

Das Gnome-2-Kommando gconftool-2 liest Werte aus der gconf-Datenbank bzw. speichert Einstellungen dort. Die gconf-Datenbank besteht aus zahlreichen kleinen XML-Dateien im Verzeichnis .gconf. Die Datenbank wird von älteren Gnome-Programmen zur Speicherung diverser Einstellungen verwendet.

▶ -get *pfad*

  liefert den Wert für den durch den Pfad angegebenen Parameter. Der Pfad ergibt sich aus dem Verzeichnis und dem Schlüsselnamen.

▶ -set *pfad* -type *datentyp wert*

  speichert einen neuen Wert. Zulässige Datentypen sind int, bool, float und string.

Als Alternative zu gconftool-2 können Sie auch den grafischen Einstellungs-Editor gconf-editor verwenden. Die meisten Gnome-3-Programme speichern ihre Einstellungen hingegen in der binären dconf-Datenbank. Diese kann mit dem Kommando gsettings oder mit der grafischen Benutzeroberfläche dconf-editor verändert werden.

gdisk [optionen] [device]

gdisk ist ein interaktives Programm zur Partitionierung von Festplatten mit einer GUID-Partitionstabelle (GPT). gdisk ist das Gegenstück zum Kommando fdisk für MBR-Partitionstabellen. Die Bedienung von gdisk weist daher viele Ähnlichkeiten zu fdisk auf. Alle in Tabelle 10 beschriebenen Tastaturkürzel gelten auch für gdisk.

Beachten Sie, dass gdisk nach einer Rückfrage eventuell existierende MBR-Partitionstabellen durch eine neue GUID-Partitionstabelle ersetzt. gdisk ist weit weniger populär als fdisk. Als Standardwerkzeug zur Partitionierung von GPT-Datenträgern gilt parted oder dessen grafische Benutzeroberfläche gparted.

genisoimage [optionen] verzeichnis1 verzeichnis2

genisoimage (ehemals mkisofs) erzeugt ein ISO-Image, das anschließend auf eine CD oder DVD gebrannt werden kann, z. B. mit wodim. Grundsätzlich werden an genisoimage alle Verzeichnisse übergeben, deren Inhalt in das Wurzelverzeichnis des ISO-9660-Dateisystems eingefügt werden soll. Die Verzeichnisse selbst werden nicht Teil des ISO-Dateisystems! Wenn Sie das möchten, müssen Sie die Option -graft-points verwenden und die Verzeichnisse in der Form verz1=verz1 verz2=verz2 angeben.

G

genisoimage schreibt die resultierende ISO-Datei in die Standardausgabe. Oft wird die Ausgabe mit `-o dateiname` in eine Datei umgeleitet. Daneben gibt es zahllose weitere Optionen, von denen hier nur die wichtigsten erwähnt sind.

- `-apple`

  nutzt die Apple-Extension, sodass die resultierende CD auch auf Apple-Rechnern gelesen werden kann. (Alternativ können Sie auch die Option `-hfs` einsetzen – siehe unten.)

- `-b datei`

  nutzt die angegebene Datei als Boot-Image. Beim Rechnerstart wird diese Datei automatisch ausgeführt (sofern das BIOS entsprechend konfiguriert ist). Normalerweise erwartet genisoimage ein Disketten-Image (1,2, 1,44 oder 2,88 MByte). Wenn die Boot-Datei eine andere Größe bzw. ein anderes Format hat, müssen Sie zusätzlich die Option `-hard-disk-boot` oder `-no-emul-boot` angeben. Die Dateiangabe erfolgt relativ zum Dateisystem der zu brennenden CD (nicht relativ zum aktuellen Dateisystem auf der Festplatte!).

- `-boot-info-table`

  integriert einen 56 Byte langen Informationsblock (die sogenannte *El Torito boot info table*) in die Boot-Image-Datei. Die Option ist nur in Kombination mit `-b` sinnvoll.

  Vorsicht: Dadurch wird die Boot-Image-Datei auf der Festplatte verändert! Erstellen Sie gegebenenfalls vorher eine Sicherheitskopie.

- `-boot-load-size n`

  gibt an, wie viele 512-Byte-Sektoren des Boot-Images gelesen werden sollen. Die Option ist nur in Kombination mit `-b` und `-no-emul-boot` zweckmäßig. Normalerweise wird dann die gesamte Boot-Datei gelesen. Manche BIOS-Versionen verlangen, dass *n* ein Vielfaches von 4 ist.

- `-c name`

  gibt an, unter welchem Dateinamen der sogenannte Bootkatalog auf der CD gespeichert werden soll. Der Katalog wird von genisoimage erzeugt. Sie müssen bei der Angabe des Namens lediglich darauf achten, dass es keinen Konflikt mit einer vorhandenen Datei gibt. (Der man-Text rät dazu, den Namen `boot.catalog` zu verwenden.)

- `-D`

  erlaubt mehr als acht Verzeichnisebenen. Das widerspricht dem ISO-Standard und kann auf manchen Systemen, die eine exakte Einhaltung des ISO-Standards verlangen, zu Problemen führen. Ohne diese Option hält sich `genisoimage` an den Standard und verändert gegebenenfalls die Verzeichnishierarchie und die Namen der betroffenen Dateien.

▶ `-dvd-video`

berücksichtigt die Regeln für Video-DVDs (UDF-Unterstützung, korrekte Sortierung der Dateien etc.). Achten Sie darauf, dass die Dateinamen der Video-Dateien in Großbuchstaben angegeben werden müssen!

▶ `-f`

verfolgt symbolische Links. Der Inhalt der so angegebenen Dateien oder Unterverzeichnisse wird in das ISO-Image mit aufgenommen. (Ohne diese Option wird nur der Link an sich im ISO-Image gespeichert. Symbolische Links können allerdings nur auf CDs mit Rockridge-Extension abgebildet werden.)

▶ `-graft-points`

erlaubt Verzeichnisangaben in der Form `iso=real`. Das bedeutet, dass das Verzeichnis `real` im ISO-Image den Namen `iso` bekommt. Sie können mit diesem Mechanismus auch den Pfad von Verzeichnissen ändern oder einzelne Dateien umbenennen. Beispielsweise erreichen Sie mit der folgenden Option, dass der Inhalt des Verzeichnisses `/data/fotos/2014/2014-01-diverse` auf der CD oder DVD im Verzeichnis `2014-01` gespeichert wird:

```
-graft-points 2014-01=/data/fotos/2014/2014-01-diverse
```

Oft wird die Option nur deswegen verwendet, um zu erreichen, dass das zu speichernde Verzeichnis an sich (und nicht nur sein Inhalt) in das ISO-Image aufgenommen wird. In diesem Fall stimmen der ISO-Name und der reale Name überein (`verz1=verz1 verz2=verz2`).

▶ `-hard-disk-boot`

gibt an, dass das mit `-b` angegebene Boot-Image ein Festplatten-Image ist. Die Image-Datei muss mit einem MBR (*Master Boot Record*) beginnen und eine Partition enthalten.

▶ `-hfs`

erzeugt eine Hybrid-CD, die sowohl das ISO-9660- als auch das unter Mac OS X übliche HFS-Dateisystem verwendet. Die eigentlichen Dateien werden aber nur einmal gespeichert. Durch diverse weitere Optionen können Sie diverse HFS-Details einstellen. Eine umfassende Beschreibung aller HFS-Optionen gibt `man genisoimage`.

- `-input-charset` *name*

  gibt an, welchen Zeichensatz die Dateinamen im vorhandenen Dateisystem nutzen. Normalerweise verändert genisoimage die Zeichensatzcodierung für das Standard-ISO-Format und für die Rockridge-Extension nicht. Eine Liste der möglichen Zeichensätze liefert genisoimage -input-charset help.

- `-J`

  nutzt die Joliet-Extension (Microsoft), um Informationen über lange Dateinamen zu speichern. Dateinamen werden in Unicode (UTF-16) codiert. Die Option kann auch in Kombination mit -R verwendet werden – dann ist das Ergebnis eine Hybrid-CD, bei der lange Dateinamen sowohl unter Unix als auch unter Windows sichtbar sind.

- `-joliet-long`

  erlaubt bis zu 103 Zeichen in Dateinamen. (Die Joliet-Extension beschränkt Dateinamen normalerweise auf 64 Zeichen.)

- `-nobak`

  ignoriert alle Dateien, die die Zeichen # oder ~ enthalten oder mit .bak enden.

- `-no-emul-boot`

  gibt an, dass das Boot-Image (Option -b) ein sogenanntes *no emulation image* ist. Die Datei wird beim Booten direkt von der CD/DVD gelesen, ohne dabei eine Diskette oder eine Festplatte zu emulieren.

- `-o` *datei*

  speichert das ISO-Image in der angegebenen Datei.

- `-output-charset` *name*

  gibt an, welchen Zeichensatz die Dateinamen im ISO-Image nutzen sollen. Die Einstellung gilt nur für das Standard-ISO-Format und die Rockridge-Extension. Normalerweise belässt genisoimage die Zeichencodierung so, wie sie ist. Die Option hat keine Konsequenzen für die Joliet-Extension – dort kommt immer Unicode zum Einsatz.

- `-R`

  nutzt die Rockridge-Extension (Unix), um Informationen über lange Dateinamen zu speichern. Die Option kann auch in Kombination mit -J verwendet werden – dann ist das Ergebnis eine Hybrid-CD.

▶ -r

hat dieselbe Wirkung wie -R, setzt aber für alle Dateien die UID und GID auf 0 (entspricht root). Gleichzeitig werden alle R-Zugriffsbits gesetzt, außerdem alle X-Zugriffsbits, wenn in der ursprünglichen Datei zumindest ein X-Bit gesetzt war (siehe auch die Beschreibung des chmod-Kommandos). Das Ergebnis: Jeder darf alle Dateien und Verzeichnisse lesen und Programme ausführen. Wenn Sie die Zugriffsrechte exakter steuern möchten, können Sie dies mit den Optionen -uid, -gid, -dir-mode, -file-mode und -new-file-mode tun (siehe man genisoimage).

▶ -udf

ergänzt das ISO-Image um UDF-Verwaltungsinformationen.

▶ -V name

gibt den Namen der CD/DVD an (die sogenannte »Volume-ID«).

Beispiele

Das folgende Kommando schreibt alle Dateien innerhalb des data-Verzeichnisses in die Datei /tmp/master.iso. Das Verzeichnis data ist selbst *kein* Verzeichnis im ISO-Image. Das ISO-Image nutzt sowohl die Rockridge-Extension (Option -r) als auch die Joliet-Extension (Option -J) und bekommt den Namen Linux (Option -V). Wenn Sie aus dem ISO-Image eine CD brennen, gilt diese Zeichenkette als CD-Name.

```
user$  genisoimage -o /tmp/master.iso -r -J -V Linux data
```

Das zweite Beispiel ist dem ersten ähnlich, allerdings wird diesmal eine bootfähige CD erstellt:

```
user$  genisoimage -o /tmp/master.iso -r -J data -b images/boot.img \
       -c boot.catalog
```

Im dritten Beispiel ist das Verzeichnis data nun selbst ein Verzeichnis im ISO-Image (Option -graft-points):

```
user$  genisoimage -o /tmp/master.iso -r -graft-points /data=/data
```

`getcap [optionen] dateiname`

getcap aus dem Paket libcap-ng-utils ermittelt bei ausführbaren Dateien, welche Operationen für das Programm zulässig sind (Capabilities). Obwohl Capabilities bereits seit Kernel 2.6.24 unterstützt werden, gibt es momentan (im Herbst 2013) keine Distribution, die diese Funktion zur Verbesserung der Sicherheit verwendet.

Capabilities setzen ein Dateisystem mit Extended Attributes voraus. Bei ext-Dateisystemen muss die mount-Option user_xattr verwendet werden. Ein Beispiel zu getcap finden bei der Beschreibung des setcap-Kommandos.

getenforce

getenforce liefert den Zustand des SELinux-Systems. Die möglichen Ergebnisse sind Enforcing, Permissive oder Disabled. Zur Veränderung des Zustands verwenden Sie das Kommando setenforce.

getfacl [optionen] dateiname

getfacl ermittelt die erweiterten Zugriffsrechte der angegebenen Dateien bzw. Verzeichnisse. Das funktioniert nur, wenn das Dateisystem ACLs (*Access Control Lists*) unterstützt. Bei ext3/ext4-Dateisystemen muss dazu die mount-Option acl verwendet werden. Ein Beispiel finden Sie bei der Beschreibung des Kommandos setfacl.

▶ -d

zeigt die Standard-ACLs an.

▶ -R

zeigt die ACLs aller Dateien in allen Unterverzeichnissen an.

▶ --skip-base

liefert keine Ergebnisse bei Dateien, für die nur die gewöhnlichen Unix-Zugriffsrechte gelten, aber keine ACL-Regeln.

▶ --tabular

zeigt die ACLs in Tabellenform an.

getfattr [optionen] dateiname

getfattr ermittelt die erweiterten Attribute der angegebenen Dateien bzw. Verzeichnisse. Das funktioniert nur, wenn das Dateisystem *Extended Attributes* unterstützt (mount-Option user_xattr bei ext-Dateisystemen).

▶ -d

liefert eine Liste aller Benutzer-Attribute und ihrer Einstellungen. Als Standardmuster für den Attributnamen gilt »user«.

► `-m` *attributmuster*

liefert die Attribute, deren Namen dem angegebenen Muster entsprechen.

► `-n` *attributname*

liefert den Wert des angegebenen Attributs. Es muss der vollständige Attributsname angegeben werden, beispielsweise `user.attrname`.

► `-R`

zeigt die EAs aller Dateien in allen Unterverzeichnissen an.

Ein Beispiel finden Sie bei der Beschreibung des Kommandos `setfattr`.

`git` kommando [optionen/parameter]

Das Kommando `git` aus dem gleichnamigen Paket steuert das Versionsverwaltungssystem Git. Es wurde ursprünglich nur zur Kernelentwicklung konzipiert, zählt heute aber neben Subversion zu den am weitesten verbreiteten Versionsverwaltungssystemen. Anders als bei Subversion hat jeder Git-Nutzer ein eigenes, lokales Git-Repository, die sogenannte *working copy*. Auch Repository-Zweige (*branches*) sind lokal!

Dateien in Git-Repositories können drei Zustände annehmen:

► *committed*: Die lokale Datei ist im Repository gespeichert und wurde seither nicht mehr verändert.

► *modified*: Die lokale Datei wurde verändert, die Veränderungen wurden aber noch nicht durch einen Commit im Repository gespeichert.

► *staged*: Eine veränderte Datei (*modified*) soll beim nächsten Commit berücksichtigt werden.

Kommandos

► `add` *dateien/verzeichnisse*

fügt Dateien oder Verzeichnisse dem Repository hinzu bzw. kennzeichnet bereits im Repository befindliche, lokal veränderte Dateien für den nächsten Commit. Damit ändert sich der Status der Dateien von *modified* zu *staged*.

► `branch` `[-v]`

listet die lokalen Repository-Zweige auf und markiert den aktuellen Zweig mit einem vorangestellten Stern. Mit der Option `-v` zeigt `git` zusätzlich den letzten Commit in jedem Branch an.

▶ branch *zweigname*

erzeugt einen neuen Repository-Zweig. Um in diesen Zweig zu wechseln, müssen Sie außerdem `git checkout zweigname` ausführen! Bis zu diesem Zeitpunkt gelten alle Commits für den Default-Zweig `master` bzw. für den zuletzt eingestellten Zweig.

Repository-Zweige sind in Git nicht einfach Verzeichnisse. Zweige dienen vielmehr dazu, den Kontext für Commits bzw. die daraus resultierenden Snapshots festzulegen.

▶ branch -d *zweigname*

löscht den angegebenen Zweig. Das Kommando wird nur ausgeführt, wenn der Zweig vorher mit einem anderen Zweig oder mit `HEAD` verbunden wurde. Um einen Zweig unabhängig vom Merge-Status zu löschen, verwenden Sie die Option -D.

▶ branch -u *reponame/zweigname*

richtet eine Verknüpfung (in der Git-Nomenklatur: einen *track*) zwischen dem gerade aktuellen lokalen Zweig und dem externen Zweig `reponame/zweigname` ein. Wenn es nur ein externes Git-Repository gibt, ersetzen Sie `reponame` durch `origin`. Im Regelfall werden der lokale und der externe Zweigname übereinstimmen, das ist aber nicht zwingend erforderlich. Die Verknüpfung bewirkt, dass die betreffenden lokalen Zweige durch `git pull` und `git push` automatisch verbunden werden, und erspart so manuelle `merge`-Kommandos.

Die hier beschriebene Syntax gilt seit der Git-Version 1.8. In Version 1.7 heißt das entsprechende Kommando `git branch --set-upstream lokalerzweig reponame/zweigname`.

▶ checkout [-b] *zweigname*

wechselt in den angegebenen Zweig. Damit werden alle Dateien im Arbeitsverzeichnis in den Zustand versetzt, den sie beim letzten Commit in diesem Zweig hatten. Mit der Option -b wird der angegebene Branch zuerst erzeugt und dann aktiviert. `git checkout -b b1` entspricht also `git branch b1; git checkout b1`.

▶ clone *repo-url* [*verzeichnis*]

lädt ein externes Git-Repository herunter und erstellt eine lokale Kopie im aktuellen bzw. im angegebenen Verzeichnis. Git-URLs haben z. B. die Form *git://host.com/sample/sample.git* oder *ssh://host.com/sample/sample.git*. Das externe Repository wird zukünftig unter dem Namen `origin` angesprochen. Git erlaubt die Verwendung mehrerer externer Repositories, die mit `git remote` verwaltet werden.

▶ commit [-a] -m 'snapshot beschreibung'

erstellt einen neuen, lokalen Snapshot im Git-Repository. Darin werden alle Änderungen seit dem letzten Commit gespeichert, aber nur, sofern der Status der Dateien *staged* ist. Sie müssen also vorher alle zu speichernden Dateien mit git add als *staged* kennzeichnen.

Mit der zusätzlichen Option -a können Sie sich diese Mühe sparen – git commit berücksichtigt nun *alle* Änderungen und führt für die betroffenen Dateien automatisch git add aus. Damit verhält sich git commit -a ähnlich wie svn commit.

Der letzte Snapshot hat immer den Namen HEAD. Der vorletzte Snapshot kann mit HEAD^ angesprochen werden, der vorvorletzte mit HEAD^2 etc. Vor dem ersten Commit müssen Sie Ihren Namen und Ihre E-Mail-Adresse mit git config in der Git-Konfiguration speichern.

▶ config [--global] *parameter wert*

speichert die Einstellung eines Git-Parameters in der Datei .git/config der lokalen Git-Repositories. Mit --global wird der Parameter in der globalen Git-Konfigurationsdatei .gitconfig gespeichert und gilt für somit als Default für mehrere Repositories.

▶ diff

ohne weitere Parameter zeigt alle seit dem letzten Commit durchgeführten Änderungen, die nicht für den nächsten Commit gekennzeichnet sind. git diff zeigt also nur die Änderungen von Dateien im Status *modified*, berücksichtigt aber keine Dateien im Status *staged*.

▶ diff --cached

zeigt alle *staged*-Änderungen – also alle Änderungen, die beim nächsten Commit als Snapshot im Git-Repository gespeichert werden.

▶ diff HEAD

zeigt alle Änderungen seit dem letzten Commit, sowohl *modified* als auch *staged*.

▶ fetch [*reponame*]

lädt die zuletzt durchgeführten Änderungen von einem externen Git-Repository herunter. Standardmäßig wird dazu das bei clone angegebene Repository ausgelesen, also origin. git fetch aktualisiert also das lokale Repository und integriert alle neuen externen Commits, Zweige und Tags. Um Namenskonflikte zu vermeiden, bekommen neue externe Zweige den Namen origin/zweigname bzw. reponame/zweigname.

G

Zu `git fetch` gibt es die Variante `git pull`: Damit werden die externen Änderungen nicht nur heruntergeladen, sondern auch gleich mit dem lokalen Zweig verbunden. `git pull` entspricht `git fetch; git merge`. Dabei verbindet `merge` lokale Zweige mit den verfolgten Remote-Zweigen (*tracked remote branch*, siehe auch `git branch -u`).

▶ `init`

richtet für das aktuelle Verzeichnis ein Git-Repository ein.

▶ `log [--oneline] [--graph] [`*zweig/tag* `[^`*nichtzweig*`]]`

liefert eine Liste der zuletzt durchgeführten Commits. Die Option `--oneline` verkürzt die Ausgabe pro Commit auf eine Zeile. `--graph` visualisiert, wie Zweige miteinander verbunden wurden.

Wenn Sie als optionalen Parameter einen Zweig oder einen Markierungspunkt (Tag) angeben, erscheinen nur solche Commits, die Einfluss auf diesen Zweig hatten. Dabei kann es sich durchaus auch um Commits handeln, die *vor* dem Anlegen dieses Zweigs erfolgten, weil diese den Ausgangspunkt des Zweiges formten. Um die von `git log` `zweigname` produzierte Commit-Liste weiter zu reduzieren, können Sie mit ^`nichtzweig` Commits des angegebenen Zweigs ausblenden. `git log bugfix ^master` liefert somit nur solche Commits des `bugfix`-Zweigs, die noch *nicht* mit `master` verbunden wurden.

Die Ausgabe wird durch `less` geleitet, sodass Sie mit den Cursortasten durch das zumeist seitenlange Ergebnis blättern können. Dieses Verhalten können Sie bei allen `git`-Kommandos durch die Option `--no-pager` unterbinden.

▶ `merge` *zweigname*

verbindet den angegebenen Zweig mit dem gerade aktuellen Zweig. Die sich daraus ergebenden Änderungen werden wie bei `git commit` in einem neuen Snapshot gespeichert. Um extern durchgeführte Änderungen zu verbinden, laden Sie diese zuerst herunter (`git fetch`) und führen dann `git merge` `reponame/zweigname` bzw. `git merge origin/zweigname` aus.

▶ `pull [`*reponame*`]`

entspricht `git fetch; git merge`. Die Details sind beim `fetch`-Kommando beschrieben. Häufig ist es zweckmäßiger, `fetch` und `merge` getrennt auszuführen, um Missverständnisse zu vermeiden, welcher Zweig womit verbunden wird.

▶ `push [-u] [`*reponame* `[`*zweigname*`]]`

lädt lokal durchgeführte Commits für `zweigname` in das externe Git-Repository `reponame` hoch und verbindet sie dort (`merge`). Beispielsweise verbindet `git push` origin master alle eigenen Commits im master-Zweig mit dem gleichnamigen Zweig des externen Repositorys origin. Wenn zweigname im externen Repository nicht existiert, wird der Zweig dort automatisch eingerichtet. Durch die Option -u werden der lokale Zweig und der gleichnamige externe Zweig verknüpft (wie durch git branch -u).

Das push-Kommando scheitert, wenn es externe Commits gibt, die lokal noch nicht durchgeführt sind. Für das vorige Beispiel müssten Sie vorher git fetch und git merge origin/master ausführen.

Wenn Sie git push ausführen, ohne Repository- und Zweignamen anzugeben, kommuniziert git mit dem Default-Repository (zumeist origin) und synchronisiert den aktuellen verknüpften Zweig (siehe das Kommando branch -u).

▶ remote [-v]

listet alle externen Repositories auf. Mit -v zeigt git auch die URL jedes Repositorys an. Das Stamm-Repository origin wird durch git clone definiert. Weitere Repositories können mit Kommandos wie git remote add oder git remote remove verwaltet werden.

▶ reset HEAD -- *datei*

ändert den Status einer irrtümlich als *staged* gekennzeichneten Datei zurück zu *modified*.

▶ reset [--hard] *xxx*

macht Änderungen rückgängig und führt zurück in eine alte Version des Repositories. *xxx* gibt die gewünschte Version an: HEAD führt zurück zum letzten Commit, HEAD^ zum vorletzten, HEAD^2 zum vorvorletzten etc. Alternativ können Sie auch die Anfangsziffern der hexadezimalen SHA1-Prüfsumme des Commits angeben. reset origin/master widerruft alle lokalen Änderungen und synchronisiert den lokalen Zweig mit dem master-Zeig des Default-Repositories. Die Option --hard bewirkt, dass lokale Änderungen unwiderruflich überschrieben werden.

▶ rm *datei*

löscht die Datei aus dem lokalen Verzeichnis und entfernt sie aus dem *staging*-Bereich.

▶ status [-s]

liefert Informationen über den aktuellen Git-Zweig sowie über den Status veränderter Dateien. Die Option -s macht die Statusausgabe kompakter. Allen Dateinamen werden zwei Buchstaben vorangestellt, wobei der erste Buchstabe den *staging*- und der zweite den *modifying*-Zustand angibt.

▶ `tag -a 'marker-text' [-m 'kommentar'] [commitid]`

fügt dem letzten Commit ein *tag* hinzu, also eine Markierung, eine Art Lesezeichen. Diese Funktion eignet sich gut, um z. B. eine Release-Version zu kennzeichnen. Wenn Sie nachträglich einen älteren Commit markieren möchten, müssen Sie dessen ID angeben. Das ist eine achtstellige hexadezimale Zahl, die Sie z. B. mit `git log` ermitteln können. Wird `git tag` ohne weitere Parameter ausgeführt, liefert das Kommando eine alphabetische Liste aller Tags.

Zu `git` gibt es nicht eine `man`-Seite, sondern eine ganze Menge: Jedes `git`-Kommando ist in einer eigenen Seite dokumentiert. Beispielsweise gibt `man git-clone` eine umfassende Beschreibung zu `git clone`.

Beispiel

Das Beispiel zeigt, wie Sie einen schnellen Bugfix im `master`-Zweig durchführen. Die ersten drei `git`-Kommandos stellen sicher, dass Sie den lokalen `master`-Zweig verwenden und dass dieser aktuell ist. `git commit` erzeugt einen neuen lokalen Snapshot für alle geänderten Dateien. `git push` lädt die durchgeführten Änderungen in das `origin`-Repository hoch und verbindet sie mit dessen `master`-Zweig.

```
user$  git checkout master
user$  git fetch
user$  git merge origin/master master
user$  meinlieblingseditor dateien ...
user$  git commit -a -m 'Bugfix Login-Authentifizierung'
user$  git push origin master
```

gpg[2] [optionen/kommandos]

`gpg` verschlüsselt, entschlüsselt oder signiert Dateien und verwaltet Schlüssel. `gpg` wird durch unzählige Optionen gesteuert und ist für den manuellen Einsatz nur bedingt geeignet. Das Kommando wird unter anderem von E-Mail-Clients zur Verschlüsselung und Signierung von Nachrichten sowie von Paketverwaltungswerkzeugen zur Verifizierung der Integrität von Paketen und Paketquellen eingesetzt.

Mit den Optionen `-c` und `-d` kann `gpg` zur symmetrischen Ver- und Entschlüsselung von Dateien verwendet werden. Das ist einfach, aber sicherheitstechnisch nicht optimal. Alle anderen Optionen gehen davon aus, dass Sie eine asymmetrische Verschlüsselung verwenden möchten: Die Verschlüsselung erfolgt dann mit dem öffentlichen Teil des Schlüssels Ihres Kommunikationspartners, die Entschlüsselung mit dem privaten Teil Ihres eigenen Schlüssels. Das setzt voraus, dass Sie `gpg` auch zur Schlüsselverwaltung verwenden.

gpg ist für den Server- und Embedded-Einsatz gedacht und greift auf weniger externe Bibliotheken zurück. gpg2 ist hingegen für den Desktop-Einsatz konzipiert. Diese Version unterstützt zusätzlich S/MIME. Davon abgesehen unterstützen beide Kommandos dieselben Optionen.

▶ -c *datei* bzw. --symmetric *datei*

fordert zur Eingabe eines Passworts auf, verschlüsselt dann die angegebene Datei und speichert das Ergebnis unter dem Namen datei.gpg.

▶ -d *datei*.gpg bzw. --decrypt *datei*.gpg

fordert zur Eingabe eines Passworts auf, entschlüsselt dann die angegebene Datei und schreibt das Ergebnis in die Standardausgabe.

▶ --decrypt datei > klartext

entschlüsselt die angegebene Datei und leitet die Ausgabe in die Datei klartext um. Die Datei muss mit dem öffentlichen Teil Ihres eigenen Schlüssels verschlüsselt sein. Zum Entschlüsseln müssen Sie das Passwort Ihres Schlüssels angeben.

▶ --encrypt datei

verschlüsselt die angegebene Datei und speichert sie als datei.gpg. Die E-Mail-Adresse des Schlüssels geben Sie interaktiv an. Der Schlüssel muss gegebenenfalls zuvor mit --import in der Schlüsseldatenbank gespeichert werden. Wenn Sie vor der Option --encrypt zusätzlich --armor angeben, wird die verschlüsselte Datei im ASCII-Format gespeichert. Das erfordert mehr Platz, vereinfacht aber die Weitergabe per E-Mail.

▶ --export name@host > public.bin

speichert eine Binärdarstellung des öffentlichen Teils des Schlüssels für name@host in der angegebenen Datei. Diese Datei müssen Sie an Personen weitergeben, die Ihnen verschlüsselte Dateien oder E-Mails senden sollen. Wenn Sie vor der Option --export zusätzlich --armor angeben, wird der öffentliche Schlüssel in einer E-Mail-tauglichen Textdarstellung gespeichert.

▶ --gen-key

erzeugt einen neuen Schlüssel und speichert diesen in .gnupg/pubring.gpg. Dabei müssen Sie diverse Daten angeben – die gewünschte Art und Länge des Schlüssels, Ihren Namen, die E-Mail-Adresse, ein Passwort etc.

▶ --import public-key-file

importiert den öffentlichen Teil eines Schlüssels einer anderen Person in die eigene Schlüsselsammlung. Das ist notwendig, um dieser Person verschlüsselte Dateien bzw. E-Mails zu senden.

▸ `-k` bzw. `--list-keys`

listet alle in `.gnupg/pubring.gpg` gespeicherten Schlüssel auf.

▸ `--version`

zeigt die Version von `gpg` und liefert eine Liste aller unterstützten Verschlüsselungs- und Hash-Algorithmen.

Beispiel

Das folgende Kommando führt eine symmetrische Verschlüsselung des Dokuments `geheim.odt` durch:

```
user  gpg -c geheim.odt
Geben Sie die Passphrase ein:  ***********
Geben Sie die Passphrase nochmals ein:  **********
```

`gpg` erzeugt damit die neue Datei `geheim.odt.gpg`. Die ursprüngliche Datei `geheim.odt` wird nicht verändert. Wenn Sie den Zugriff auf diese Datei im lokalen Dateisystem verhindern möchten, müssen Sie die Datei sowie deren Backups explizit löschen! Um die verschlüsselte Datei wiederherzustellen, gehen Sie so vor:

```
user  gpg -d geheim.odt.gpg > geheim.odt
Geben Sie die Passphrase ein:  **********
```

grep [optionen] suchmuster datei

`grep` durchsucht die angegebene Textdatei nach einem Suchmuster und zeigt die gefundenen Textpassagen an oder gibt einfach nur an, wo bzw. in wie vielen Zeilen das Muster gefunden wurde. `grep` kann mit `find` kombiniert werden, um alle Dateien, die bestimmten Bedingungen entsprechen, nach Texten zu durchsuchen.

▸ `-n`

zeigt nicht nur die Zeile mit dem gefundenen Text an, sondern zusätzlich die n unmittelbar vorangehenden und nachfolgenden Zeilen.

▸ `-c`

gibt nur die Anzahl der Zeilen an, in denen das Suchmuster gefunden wurde, nicht aber die Zeilen selbst.

▸ `--color=auto`

kennzeichnet die Übereinstimmungen bei der Ausgabe farbig. Das funktioniert nur, wenn Sie das `grep`-Ergebnis direkt in einer Konsole anzeigen, nicht aber, wenn Sie das Ergebnis mit einem anderen Kommando weiterverarbeiten (z. B. mit sort oder less).

▶ -E

aktiviert *Extended Regular Expressions* (EREs). Diese erweiterte Syntax erlaubt die Zeichen ? (null oder einmal), + (mindestens einmal) und | (logisches Oder) im Suchmuster.

▶ -f *Dateiname*

liest die hier aufgezählten Optionen der angegebenen Datei (für komplexe oder häufig benötigte Suchmuster).

▶ -i

unterscheidet nicht zwischen Groß- und Kleinschreibung.

▶ -l

zeigt nur die Dateinamen an, in denen das Suchmuster gefunden wurde.

▶ -n

gibt bei der Ausgabe jeder Zeile auch deren Zeilennummer an.

▶ -P

interpretiert das reguläre Muster gemäß Perl-Regeln.

▶ -q

liefert keine Bildschirmausgaben und gibt lediglich den Rückgabewert 0 (Suchtext gefunden) oder 1 (nicht gefunden) zurück. Diese Option ist sinnvoll, wenn grep von anderen Programmen aufgerufen wird (siehe das Beispiel bei find).

▶ -v

inverse Wirkung: grep liefert alle Zeilen, die dem Suchmuster *nicht* entsprechen. grep -v '^#' datei | cat -s liefert alle Zeilen der Datei, die nicht mit # beginnen (wobei cat -s mehrere Leerzeilen auf eine einzige reduziert).

▶ -w

findet nur ganze Wörter. Wenn diese Option angegeben ist, wird das Suchmuster »die« im Wort »dieser« nicht mehr erkannt.

Das Suchmuster besteht aus zwei Komponenten: aus der Angabe, wonach gesucht wird, und aus der Angabe, wie oft der Suchausdruck auftreten darf. Tabelle 1 fasst die Bedeutungen der wichtigsten Zeichen zusammen. Das Kürzel ERE markiert dabei Zeichen für die *Extended Regular Expressions* (Option -E oder Kommando egrep).

Wenn Sonderzeichen wie ? * + [ ] ( ) # oder ! im Suchmuster verwendet werden sollen, muss \ vorangestellt werden. Für manche Zeichengruppen sind bereits Muster vordefiniert, etwa [:digit:] für Ziffern oder [:space:] für *White Space* (also Leer- und Tabulatorzeichen, siehe man-Seite).

Zeichen	Bedeutung
abc	die Zeichenkette »abc«
[abc]	eines der Zeichen a, b oder c
[^abc]	keines der Zeichen a, b oder c (also ein beliebiges anderes Zeichen)
[a-z]	eines der Zeichen zwischen a und z
.	ein beliebiges Zeichen
?	Das vorangegangene Zeichen darf gar nicht oder einmal auftreten (ERE).
*	Das Zeichen darf beliebig oft (auch gar nicht) auftreten.
+	Das Zeichen darf beliebig oft, muss aber mindestens einmal auftreten (ERE).
{n}	Das Zeichen muss genau *n*-mal auftreten.
{,n}	Das Zeichen darf höchstens *n*-mal auftreten.
{n,}	Das Zeichen muss mindestens *n*-mal auftreten.
{n,m}	Das Zeichen muss mindestens *n*- und höchstens *m*-mal auftreten.
^	Zeilenanfang
$	Zeilenende
|	Logisches Oder (ERE)

Tabelle 1 Aufbau von grep-Suchmustern

Einige Beispiele für Suchmuster: 'abc' sucht nach genau dieser Zeichenkette. '[a-z][0-9]+' sucht nach Zeichenketten, die mit einem Kleinbuchstaben beginnen und in denen eine oder mehrere Ziffern folgen. '\(.*\)' sucht nach beliebigen Zeichenketten, die in zwei runde Klammern eingeschlossen sind.

grep wendet das Suchmuster nur zeilenweise an. Textpassagen, die durch einen Zeilenumbruch unterbrochen sind, können nicht erkannt werden.

Beispiele

Das folgende Kommando sucht aus der Apache-Logging-Datei /var/log/apache2/access.log alle Zeilen heraus, die die IP-Adresse 1.2.3.4 enthalten. Das Kommando muss mit root-Rechten ausgeführt werden, weil gewöhnliche Benutzer kein Zugriffsrecht auf die Apache-Logging-Dateien haben.

```
root#  grep 1.2.3.4 /var/log/apache2/access.log
```

Das folgende Kommando ermittelt, wie oft die Zeichenkette mysql in beliebiger Groß- und Kleinschreibung in einer PHP-Datei verwendet wurde:

```
user$  grep -c -i mysql code.php
```

Manche Konfigurationsdateien im Verzeichnis /etc sehen so aus, als hätten die Autoren die Datei mit dem Handbuch verwechselt. Zwischen Hunderten, bisweilen Tausenden von Kommentarzeilen sind wenige tatsächlich wirksame Einstellungen versteckt. Die folgenden Kommandos eliminieren alle Zeilen, die mit # oder ; beginnen bzw. die leer sind:

```
root#  cd /etc/samba
root#  cp smb.conf smb.conf.orig
root#  grep -Ev '^#|^;|^$' smb.conf.orig > smb.conf
```

Um auch Kommentare zu eliminieren, bei denen # oder ; nicht am Zeilenanfang steht, sowie leere Zeilen mit Whitespace (Leerzeichen, Tabulator-Zeichen), formulieren Sie das grep-Kommando so:

```
root#  grep -Ev '^[[:space:]]*#|^[[:space:]]*;|^[[:space:]]*$' \
         smb.conf.orig > smb.conf
```

Sie können find und grep auch kombinieren, um besonders wirkungsvolle Suchen durchzuführen. Im folgenden Kommando sucht find nach *.php-Dateien. grep überprüft, ob in ihnen die Zeichenkette mysql vorkommt. Wenn das der Fall ist, wird der Dateiname auf dem Bildschirm ausgegeben. Beachten Sie, dass die Option -print nach -exec angegeben werden muss.

```
root#  user$ find -name '*.php' -exec grep -q -i mysql {} \; -print
```

Varianten zu grep

▶ egrep entspricht grep -E und unterstützt eine erweiterte Syntax für das Suchmuster. Beispielsweise liefert egrep 'muster1|muster2' datei alle Zeilen der angegebenen Datei, die eines der beiden Muster enthält.

▶ fgrep entspricht grep -F und liest die Suchmuster zeilenweise aus einer angegebenen Datei.

▶ grepmail hilft dabei, E-Mail-Archive im mbox-Format nach Zeichenketten zu durchsuchen. Der Vorteil gegenüber grep besteht darin, dass nicht eine einzelne Zeile, sondern die gesamte E-Mail aus der Datei extrahiert wird.

▶ zgrep durchsucht komprimierte Dateien.

groupadd name

groupadd **richtet eine neue Gruppe ein.**

▶ -g *n*

verwendet *n* **als neue GID-Nummer (Group Identification).**

groupdel name

groupdel **löscht die angegebene Gruppe.**

groupmod [optionen] name

groupmod **verändert die GID-Nummer und/oder den Gruppennamen der Gruppe.**

▶ -g *n*

bestimmt die neue GID-Nummer (Group Identification).

▶ -n *name*

bestimmt den neuen Gruppennamen.

Beispiel

Das folgende Kommando gibt der Gruppe mysqladmins **den neuen Namen** dbadmins:

```
root#  groupmod -n dbadmins mysqladmins
```

groups [benutzername]

groups **zeigt eine Liste aller Gruppen an, denen der aktuelle bzw. der angegebene Benutzer angehört. Dabei handelt es sich um die in** /etc/passwd **angegebene Hauptgruppe sowie um die optional in** /etc/group **angegebenen Gruppen.**

Beispiel

Der aktuelle Benutzer gehört zu den Gruppen kofler, docuteam **und** wheel. **Mitglieder der** wheel**-Gruppe dürfen in RHEL 6 administrative Aufgaben erledigen.**

```
user$  groups
kofler docuteam wheel
```

```
growisofs [optionen] verzeichnis1 verzeichnis2 ...
growisofs [optionen] -Z device=iso-datei
```

growisofs speichert die angegebenen Verzeichnisse bzw. die ISO-Datei auf einer DVD oder einer Blu-ray-Disc. Das Kommando greift auf genisoimage zurück und nutzt bis auf wenige Ausnahmen dieselben Optionen. Es gibt nur wenige neue Optionen:

▶ -dry-run

führt einen Probelauf durch, ohne tatsächlich Daten zu schreiben.

▶ -dvd-compat

erhöht die Kompatibilität zu DVD-ROM-Laufwerken. DVD-Rs bzw. DVD+Rs werden abgeschlossen (und können daher nicht durch weitere Sessions erweitert werden). Bei DVD+RWs wird nach den Daten der (an sich optionale) *Lead-out*-Bereich geschrieben.

▶ -M *device*

gibt ebenfalls das DVD-Device an. Bei Multi-Session-DVDs verwenden Sie bei der ersten Session -Z, bei allen weiteren Sessions -M. growisofs kümmert sich selbstständig darum, dass genisoimage die Session an der korrekten Position beginnt.

Achten Sie darauf, dass Sie bei Multi-Sessions immer dieselbe Kombination von Optionen angeben, die einen Einfluss auf das ISO-Dateisystem haben (Joliet- und Rockridge-Erweiterungen etc.).

▶ -speed=*n*

gibt die gewünschte Schreibgeschwindigkeit an. Das ist normalerweise nicht notwendig – das Laufwerk bestimmt selbst die korrekte Geschwindigkeit. Sie können aber durch -speed=1 ein langsameres Brennen erzwingen.

▶ -Z *device*

gibt das DVD-Device an.

Beispiele

Das folgende Kommando speichert den Inhalt des Verzeichnisses data auf einer DVD. Die Optionen -r und -J bewirken, dass die DVD lange Dateinamen entsprechend den Rockridge- und Joliet-Erweiterungen aufweist.

```
user$  growisofs -r -J -Z /dev/sr0 data/
```

Eine zweite Session fügen Sie so hinzu (Option -M statt -Z):

```
user$  growisofs -r -J -M /dev/sr0 moredata/
```

Dieses Kommando schreibt den Inhalt der ISO-Datei `daten.iso` auf die DVD:

```
user$  growisofs -Z /dev/sr0=daten.iso
```

grub

Das Kommando `grub` steht bei Distributionen zur Verfügung, die die alte GRUB-Version 0.97 als Bootloader verwenden. Das Kommando startet eine interaktive GRUB-Shell. Darin führen Sie Kommandos zur Installation von GRUB aus. Alternativ können Sie GRUB auch in der Form `grub < commandfile` starten, um alle in `commandfile` enthaltenen GRUB-Kommandos auszuführen.

Beim Start von `grub` können Sie diverse Optionen übergeben, von denen hier aber nur die allerwichtigsten aufgezählt sind:

▶ `--config-file=name`

gibt den Namen der GRUB-Konfigurationsdatei an (normalerweise `/boot/grub/menu.lst`, bei Fedora und Red Hat `/boot/grub/grub.conf`).

▶ `--no-floppy`

verzichtet auf die Suche nach einem Diskettenlaufwerk.

▶ `--read-only`

startet GRUB im Testmodus. GRUB führt keinerlei Schreiboperationen aus.

Beispiel

Die folgenden Kommandos schreiben GRUB in den MBR der ersten Festplatte. Die Boot-Partition mit der GRUB-Konfigurationsdatei ist `/dev/sda2`, also `(hd0,1)` in der GRUB-Nomenklatur. Ich setze hier voraus, dass die GRUB-Konfigurationsdatei `/boot/grub/menu.lst` vorher korrekt eingerichtet wurde.

```
root#   grub
grub>   root (hd0,1)
grub>   setup (hd0)
grub>   quit
```

grub-install [device]

Das Kommando `grub-install` (Ubuntu, Debian) bzw. `grub2-install` (Fedora, open-SUSE, RHEL 7) steht bei Distributionen zur Verfügung, die GRUB 2 als Bootloader verwenden. `grub-install` installiert den Boot-Loader in den Bootsektor des angegebenen Festplatten-Devices bzw. bei EFI-Rechnern in die EFI-Partition. `grub-install` setzt voraus, dass zuvor die GRUB-Konfigurationsdatei `/boot/grub/grub.cfg` eingerichtet wurde, in der Regel durch den Aufruf von `update-grub` (Debian, Ubuntu) oder mit `grub-mkconfig` (Fedora, openSUSE).

Beispiel

Unter Ubuntu erstellt das Kommando `update-grub` die GRUB-Konfigurationsdatei `/boot/grub/grub.cfg`, wobei automatisch Einträge für alle auf dem Rechner gefundenen Betriebssysteme angelegt werden. `grub-install` installiert GRUB 2 bei BIOS-Rechner in den Bootsektor der ersten Festplatte.

```
root#  update-grub
root#  grub-install /dev/sda
```

Bei einem EFI-Rechner entfällt die Device-Angabe. `grub-install` setzt voraus, dass die EFI-Partition im Verzeichnis `/boot/efi` in den Verzeichnisbaum eingebunden ist.

```
root#  update-grub
root#  grub-install /dev/sda
```

Unter Fedora, openSUSE und RHEL 7 müssen Sie stattdessen diese Kommandos ausführen, mit oder ohne Device-Angabe bei `grub2-install`, je nachdem, ob es sich um eine BIOS- oder um eine EFI-Installation handelt:

```
root#  grub2-mkconfig -o /boot/grub2/grub.cfg
root#  grub2-install [/dev/sda]
```

`grub-mkconfig` [optionen]

`grub-mkconfig` (Ubuntu, Debian) bzw. `grub2-mkconfig` (Fedora, openSUSE, RHEL 7) steht nur bei Distributionen zur Verfügung, die GRUB 2 als Bootloader verwenden. Das Kommando wertet die GRUB-Konfigurationsdateien in `/etc/grub.d` aus und analysiert alle Festplattenpartitionen. Aus diesen Informationen erzeugt das Kommando eine neue GRUB-Konfigurationsdatei und gibt diese aus.

▶ `-o datei`

speichert die resultierende Konfiguration in die angegebene Datei.

`gsettings` kommando

`gsettings` liest Werte aus der dconf-Datenbank bzw. speichert Einstellungen dort. Die dconf-Datenbank befindet sich üblicherweise in der Datei `.config/dconf/user` und liegt in einem Binärformat vor. Die Datenbank wird zur Speicherung diverser Einstellungen von neueren Gnome-Programmen verwendet.

▶ `get` *schema schlüssel*

ermittelt den Wert des Parameters `schlüssel` für das angegebene Schema. Das »Schema« enthält den Software-Anbieter, den Programmnamen und (optional) ein Einstellungsverzeichnis. Beispielsweise sind alle Nautilus-Einstellungen für die Icon-Ansicht dem Schema `org.gnome.nautilus.icon-view` zugeordnet.

▶ `list-keys` *schema*

liefert eine Liste aller Schlüssel für das angegebene Schema.

▶ `list-schemas`

liefert eine nicht sortierte Liste aller Schemata.

▶ `set` *schema schlüssel wert*

weist dem Parameter `schlüssel` einen neuen Wert zu.

Beispiel

Das folgende Kommando bewirkt, dass Nautilus beim Löschen von Dateien nicht mehr nachfragt:

```
user$  gsettings set org.gnome.nautilus.preferences confirm-trash false
```

Wenn Sie die Ubuntu-spezifische Darstellung der Fensterbuttons am linken Fensterrand nicht mögen, stellen Sie mit dem nächsten Kommando die übliche Platzierung der Buttons wieder her:

```
user$  gsettings set org.gnome.desktop.wm.preferences \
          button-layout ':minimize,maximize,close'
```

`gtf` x y freq

`gtf` berechnet eine Generalized Timing Formula, also eine Sequenz von Zahlen, die einen VESA-Grafikmodus beschreibt. Die Zahlensequenz kann zur Definition eines Grafikmodus in der Konfigurationsdatei `/etc/X11/xorg.conf` bzw. durch das Kommando `xrandr` verwendet werden.

Beispiel

Das folgende Kommando berechnet die GTF-Parameter für den Grafikmodus 1280×720 bei einer Bildfrequenz von 60 Hertz:

```
user$  gtf 1280 720 60
  # 1280x720 @ 60.00 Hz (GTF) hsync: 44.76 kHz; pclk: 74.48 MHz
  Modeline "1280x720_60.00"  74.48  1280 1336 1472 1664  720 721 724 746 \
          -HSync +Vsync
```

gunzip datei

Dekomprimiert die angegebene Datei, unabhängig davon, ob sie mit gzip oder mit compress komprimiert wurde. Dabei wird automatisch die Kennung .gz bzw. .Z im Dateinamen entfernt. gunzip ist ein Link auf gzip, wobei automatisch die Option -d aktiviert ist.

gzip [optionen] datei

gzip komprimiert bzw. dekomprimiert die angegebene Datei. Komprimierten Dateien wird automatisch die Kennung .gz angehängt. gzip eignet sich nur zur Komprimierung einzelner Dateien. Wenn Sie mehrere Dateien (oder ganze Verzeichnisse) in einer komprimierten Datei speichern möchten, müssen Sie zusätzlich das Kommando tar verwenden.

▶ -c bzw. --stdout oder --to-stdout

 lässt die zu (de)komprimierende Datei unverändert und leitet das Ergebnis auf die Standardausgabe (in der Regel auf den Bildschirm) um. Von dort kann es mit > in eine beliebige Datei umgeleitet werden (siehe Beispiel unten).

▶ -d bzw. --decompress oder --uncompress

 dekomprimiert die angegebene Datei, anstatt sie zu komprimieren (entspricht gunzip).

▶ -r bzw. --recursive

 (de)komprimiert auch Dateien in allen Unterverzeichnissen.

▶ -n, --fast, --best

 steuert die Geschwindigkeit und Qualität der Kompression. -1 entspricht --fast und bewirkt eine schnelle Kompression, aber etwas größere Dateien. -9 entspricht --best und führt zu höheren Rechenzeiten, aber kleineren Dateien. Die Grundeinstellung ist -6.

Beispiele

Das folgende Kommando komprimiert alle *.tif-Dateien des aktuellen Verzeichnisses. Das Ergebnis sind lauter *.tif.gz-Dateien.

```
user$  gzip *.tif
```

Im zweiten Beispiel komprimiert gzip die angegebene Datei, lässt diese aber unverändert und schreibt das Ergebnis in backup.gz:

```
user$  gzip -c datei > backup.gz
```

halt [optionen]

halt beendet alle laufenden Prozesse und fährt den Rechner dann herunter. halt entspricht shutdown -h now.

▶ -p

schaltet den Rechner nach dem Shutdown aus (*poweroff*). Bei vielen Systemen erfolgt das Ausschalten automatisch. Die Option ist nur erforderlich, wenn dies nicht der Fall ist.

hash [option]

Das bash-Kommando hash zeigt den Inhalt der Hash-Tabelle an. Dabei handelt es sich um eine Tabelle, in der sich die Shell die Pfadnamen aller bereits ausgeführten Kommandos merkt. Dadurch wird die abermalige Ausführung eines bereits bekannten Kommandos beschleunigt, weil jetzt nicht mehr alle PATH-Verzeichnisse nach dem Programm durchsucht werden müssen.

▶ -r

löscht die Hash-Tabelle der bash. Das ist notwendig, wenn sich das Verzeichnis eines Programms ändert, das sich in der Hash-Tabelle befindet. Die bash findet das Kommando sonst nicht mehr. In der tcsh muss statt hash -r das Kommando rehash verwendet werden.

hciconfig [hcidevice] [kommando]

hciconfig aus dem Paket bluez hilft bei der Konfiguration lokaler Bluetooth-Adapter über das Host Controller Interface (HCI). Sofern kein HCI-Device-Name angegeben wird (üblicherweise hci0 oder hci1), kommuniziert hciconfig mit allen lokalen

Bluetooth-Geräten. Wenn das Kommando ohne Parameter ausgeführt wird, listet es Informationen über alle lokalen Bluetooth-Adapter auf.

▶ `reset`

initiiert einen Neustart des Bluetooth-Adapters.

▶ `up/down`

aktiviert bzw. deaktiviert den Bluetooth-Adapter. Wenn dabei die Fehlermeldung *Operation not possible due to RF-kill* angezeigt wird, können Sie versuchen, den Adapter vorher mit `rfkill unblock` einzuschalten.

H

`hcitool` [optionen] [kommando]

Das Kommando `hcitool` aus dem Paket `bluez` hilft beim Scannen und Einrichten von Bluetooth-Geräten.

▶ `-h`

listet alle unterstützten Kommandos auf.

▶ `-i hciX`

wendet das folgende Kommando auf das angegebene Bluetooth-Device an. Ohne diese Option wird das Kommando an das erste verfügbare Bluetooth-Gerät gesendet.

Kommandos

▶ `cc` *bt-mac*

stellt eine Verbindung zum Bluetooth-Gerät mit der angegebenen MAC-Adresse her.

▶ `dc` *bt-mac*

beendet die angegebene Verbindung wieder.

▶ `dev`

liefert eine Liste der lokalen Bluetooth-Geräte. Normalerweise handelt es sich dabei um den eingebauten Bluetooth-Adapter, dem in der Regel der Device-Name `hci0` zugewiesen ist.

▶ `scan`

listet alle in Funkreichweite befindlichen externen Bluetooth-Geräte inklusive ihrer MAC-Adressen auf.

Beispiel

Es gibt nur einen lokalen Bluetooth-Adapter mit dem Device-Namen hci0. Alle weiteren Kommandos werden daher automatisch an diesen Adapter gesendet, die Option -i kann entfallen. In Funkreichweite befinden sich unter anderem ein Android-Smartphone und eine Maus.

```
user$  hcitool dev
Devices:
        hci0    00:1F:CF:41:00:A2
user$  hcitool scan
 60:FB:42:FC:BB:8C   Michael Koflers Maus
 10:68:3F:25:68:18   Nexus 4
 ...
```

hdparm [optionen] device

hdparm liest bzw. verändert Parameter von IDE-Festplatten und IDE-CD/DVD-Laufwerken. Das Kommando eignet sich mit Einschränkungen auch zur Konfiguration von SATA- und SCSI-Festplatten.

▶ -d

ermittelt, ob der DMA-Modus aktiv ist.

▶ -d1 bzw. -d0

aktiviert bzw. deaktiviert den DMA-Modus.

▶ -i

liefert die wichtigsten Daten und Einstellungen des Laufwerks. Die Daten wurden bereits während des Systemstarts gelesen und werden in einer kompakten Kurzform dargestellt.

▶ -I

liefert detaillierte Informationen zum Laufwerk. Die Daten werden bei der Ausführung des Kommandos vom Laufwerk abgefragt und sind daher aktueller als bei hdparm -i.

▶ -S n

stellt ein, nach welcher Zeit ohne Aktivität die Festplatte abgeschaltet wird (Spin-Down). Die Option ist vor allem bei Notebooks interessant, um Energie zu sparen. Die Interpretation von n ist recht merkwürdig:

- 0 deaktiviert diese Funktion, d. h., die Festplatte wird nie ausgeschaltet.
- 1 bis 240 entsprechen *n* * 5 Sekunden (also 5 Sekunden bis 20 Minuten).
- 241 bis 251 entsprechen *(n-240)* * *30* Minuten (also 30 Minuten bis fünfeinhalb Stunden).
- 252 entspricht einer Spin-Down-Zeit von 21 Minuten.
- 253 aktiviert die herstellerspezifische Spin-Down-Zeit, die zwischen 8 und 12 Stunden liegt.
- 254 ist reserviert.
- 255 entspricht einer Spin-Down-Zeit von 21 Minuten und 15 Sekunden.

▶ -t und -T

ermittelt die Datenübertragungsrate von der Festplatte zum Rechner, wobei die Daten bei -t tatsächlich vom Datenträger, bei -T hingegen aus dem Cache-Speicher gelesen werden.

▶ -W1 bzw. -W0

aktiviert bzw. deaktiviert den Write-Cache der Festplatte.

head [optionen] datei

head gibt die ersten zehn Zeilen einer Textdatei auf dem Bildschirm aus.

▶ -n *zeilen*

gibt die angegebene Anzahl von Zeilen aus.

help name

help zeigt eine kurze Beschreibung des angegebenen bash-Kommandos an. help funktioniert nur für Kommandos, die in die bash integriert sind, beispielsweise alias, cd oder type.

host [optionen] name/ip-adresse

host liefert die IP-Adresse zum angegebenen Netzwerknamen bzw. den Netzwerknamen zur angegebenen IP-Adresse. Bei vielen Distributionen ist host ein Bestandteil eines bind-Pakets, z. B. bind-utils oder bind9-host.

▶ -a

liefert zusätzliche Informationen, die eventuell helfen, Fehler in der Nameserver-Konfiguration zu finden.

Beispiel

Dem Hostnamen `kofler.info` sind die IP-Adressen 5.9.22.28 und 2a01:4f8:161:107::3 zugewiesen. Der Mail-Server hat den Domainnamen `mail.kofler.info`.

```
user$  host kofler.info
kofler.info has address 5.9.22.28
kofler.info has IPv6 address 2a01:4f8:161:107::3
kofler.info mail is handled by 10 mail.kofler.info.
user$  host 5.9.22.28
28.22.9.5.in-addr.arpa domain name pointer kofler.info.
user$  host 2a01:4f8:161:107::3
3.0.0.0.0.0.0.0.0.0.0.0.0.0.0.0.7.0.1.0.1.6.1.0.8.f.4.0.1.0.a.2.ip6.arpa
  domain name pointer kofler.info.
```

hostname [name]

`hostname` liefert den aktuellen Netzwerknamen des Systems bzw. verändert ihn bis zum nächsten Neustart. Die Veränderung wird also nicht bleibend gespeichert!

▶ -d

liefert den Domainnamen anstelle des Hostnamens.

hostnamectl [optionen] [kommando]

Mit dem Kommando `hostnamectl` kann bei Distributionen mit dem Init-System Systemd der Hostname neu eingestellt werden. Im Gegensatz zum `hostname`-Kommando wird die neue Einstellung bleibend gespeichert.

▶ sethostname name

stellt den neuen Hostnamen ein. Damit die Änderung wirksam wird, müssen Sie sich aus- und neu einloggen. Der neue Hostname wird gleichzeitig in /etc/hostname gespeichert.

▶ status

zeigt den aktuellen Hostnamen sowie diverse Angaben über das laufende System an, darunter den Distributionsnamen und die Kernelversion.

Beispiel

Das folgende Kommando stellt den Hostnamen `arbeitsplatz` und den Domainnamen `mylan` ein:

```
root#  hostnamectl arbeitsplatz.mylan
```

---

htpasswd [optionen] passwortdatei benutzername [passwort]

htpasswd bzw. bei manchen Distributionen htpasswd2 erzeugt eine Passwortdatei für den Apache-Webserver oder ändert Einträge in einer bereits vorhandenen Passwortdatei.

Die Datei kann zur Basic-Authentifizierung verwendet werden (AuthType Basic). Ihr Ort muss in einer Apache-Konfigurationsdatei (z. B. httpd.conf oder .htaccess) mit dem Schlüsselwort AuthUserFile angegeben werden. Aus Sicherheitsgründen sollten Sie unbedingt darauf achten, dass der Webserver die Datei zwar lesen kann, aber nicht via HTTP ausliefern darf!

▶ -b

   erwartet das Passwort als Parameter. Das vereinfacht die Erzeugung von Passworteinträgen per Script, ist aber unsicher.

▶ -c

   erzeugt eine neue Passwortdatei.

▶ -D

   löscht einen Benutzer aus der Passwortdatei.

▶ -l

   sperrt den Account vorübergehend.

▶ -u

   aktiviert einen gesperrten Account wieder.

Beispiel

Mit den folgenden Kommandos wird die neue Passwortdatei passwords.pwd erzeugt und dort ein Eintrag für den Benutzer name1 eingefügt. Weitere Benutzername/Passwort-Paare werden ohne die Option -c hinzugefügt:

```
user$  htpasswd -c passwords.pwd name1
New password:  ********
```

```
user$  htpasswd passwords.pwd name2
New password:  ********
```

---

iconv -f zeichensatz1 -t zeichensatz2 in.txt > out.txt

iconv führt eine Zeichensatzkonvertierung von Zeichensatz 1 nach Zeichensatz 2 durch. iconv --list liefert eine umfangreiche Liste aller unterstützten Zeichensätze.

Beispiel

Das folgende Kommando erzeugt aus einer Latin-1-codierten Textdatei eine entsprechende UTF-8-Datei:

```
user$  iconv -f latin1 -t utf-8 latin1dat > utf8dat
```

---

id

id gibt den Namen und die ID-Nummer des Benutzers, seiner primären Gruppe und der weiteren zugeordneten Gruppen an. Unter Fedora und RHEL liefert das Kommando auch den SELinux-Kontext.

Beispiel

Der Benutzer kofler hat die UID 1000, gehört der primären Gruppe kofler mit der GID 1000 an und ist Mitglied der Gruppe wheel mit der GID 10:

```
root#  id
uid=1000(kofler) gid=1000(kofler) Gruppen=1000(kofler),10(wheel)
  Kontext=unconfined_u:unconfined_r:unconfined_t:s0-s0:c0.c1023
```

```
if bedingung; then
   kommandos
[elif bedingung; then
   kommandos]
[else
   kommandos]
fi
```

if bildet Verzweigungen in bash-Scripts. Der Block nach then wird nur ausgeführt, wenn die Bedingung erfüllt ist. Andernfalls werden (beliebig viele optionale) elif-Bedingungen ausgewertet. Gegebenenfalls wird der ebenfalls optionale else-Block ausgeführt.

Als Bedingung können mehrere Kommandos angegeben werden. Nach dem letzten Kommando muss ein Strichpunkt folgen. Als Kriterium gilt der Rückgabewert des letzten Kommandos. Vergleiche und andere Tests können mit dem Kommando `test` durchgeführt werden. Statt `test` ist auch eine Kurzschreibweise in eckigen Klammern zulässig. Dabei muss aber nach [und vor] jeweils ein Leerzeichen angegeben werden.

```
ifconfig [-a]
ifconfig schnittstelle
ifconfig schnittstelle [optionen] [ip-adresse]
```

In der ersten Syntaxvariante liefert `ifconfig` Informationen über alle Netzwerkschnittstellen (ohne `-a` nur für aktive Schnittstellen, mit `-a` auch für noch nicht aktive Schnittstellen). In der zweiten Syntaxvariante zeigt `ifconfig` Informationen über die angegebene Netzwerkschnittstelle an. In der dritten Syntaxvariante richtet das Kommando eine neue Schnittstelle ein bzw. entfernt diese wieder. Die folgenden Optionen gelten nur für die dritte Syntaxvariante:

▶ `up/down`

aktiviert bzw. deaktiviert die Schnittstelle.

▶ `mtu n`

stellt den Parameter *maximum transfer unit* ein.

▶ `netmask n`

gibt die Netzwerkmaske an. Das ist nur notwendig, wenn die Maske von der Standardmaske für die gewählte Adresse abweicht.

Beachten Sie bitte, dass das `ifconfig`-Kommando als veraltet gilt. Verwenden Sie stattdessen das Kommando `ip`, das in dieser Kommandoreferenz wesentlich ausführlicher beschrieben wird!

Beispiel

Die beiden folgenden Kommandos aktivieren die Netzwerkschnittstelle `eth0` und weisen ihr die Adresse 192.168.0.2 zu. Für eine manuelle Einbindung des Rechners in ein lokales Netzwerk ist darüber hinaus auch eine Nameserver-Konfiguration in der Datei `/etc/resolv.conf` sowie die Einrichtung einer Default-Route mit dem Kommando `route` erforderlich.

```
root#  ifconfig eth0 up
root#  ifconfig eth0 192.168.0.2
```

ifup schnittstelle
ifdown schnittstelle

ifup aktiviert die angegebene Schnittstelle, ifdown deaktiviert sie wieder. Die Kommandos werden vom Init-System zur Netzwerkinitialisierung aufgerufen und greifen auf die distributionsspezifischen Konfigurationsdateien zurück. Daher variiert die Implementierung der Kommandos je nach Distribution; auch die verfügbaren Optionen und deren Bedeutung hängen von der Distribution ab (siehe man ifup/ifdown).

Beispiel

Die beiden folgenden Kommandos fahren die Netzwerkschnittstelle eth0 zuerst herunter und dann wieder hoch – beispielsweise, um eine geänderte Konfiguration zu aktivieren:

```
root#   ifdown eth0
root#   ifup eth0
```

info [kommandoname]

info startet das gleichnamige Online-Hilfesystem. Zur Navigation im Hilfetext verwenden Sie die in Tabelle 13 zusammengefassten Tastenkürzel. info-Texte können Sie alternativ auch mit dem Kommando pinfo aus dem gleichnamigen Paket, mit dem Editor Emacs oder in den Hilfesystemen von Gnome und KDE lesen. Alle Varianten bieten mehr Komfort als das Original.

▸ -f datei

   lädt die angegebene Datei statt einer Datei aus /usr/share/info. Wenn der info-Text auf mehrere Dateien verteilt ist, muss die erste Datei angegeben werden (etwa elisp-1.gz).

init [n]

init aktiviert den durch *n* angegebenen Runlevel. Das funktioniert sowohl bei Distributionen, die das traditionelle Init-V-System einsetzen, als auch bei Linux-Versionen, die auf Upstart setzen (z. B. RHEL 6 und Ubuntu).

Bei Distributionen mit Systemd als Init-System verändern Sie den Runlevel bzw. genau genommen das »Target« mit dem Kommando systemctl isolate. Die Datei /usr/sbin/init ist in diesem Fall ein Link auf systemd.

initctl [optionen] kommando

initctl steuert das Upstart-System, generiert Upstart-Ereignisse etc.

▶ emit *name*

erzeugt ein Ereignis mit dem angegebenen Namen.

▶ list

liefert Statusinformationen zu allen Upstart-Jobs.

▶ start *name*

startet den angegebenen Upstart-Job.

▶ status *name*

liefert Statusinformationen zum angegebenen Upstart-Job.

▶ stop *name*

stoppt den angegebenen Upstart-Job.

inotifywait [optionen] [dateien/verzeichnisse]

inotifywait aus dem Paket inotify-tools überwacht die Veränderungen von Dateien bzw. deren Metadaten. In der einfachsten Form übergeben Sie an das Kommando einen oder mehrere Dateinamen. In diesem Fall wartet das Kommando, bis für eine dieser Dateien ein inotify-Event auftritt, also z. B. eine Veränderung der Datei, ein Lesezugriff etc. Damit endet das Kommando. Das Kommando wird so häufig in Scripts eingesetzt, um automatisiert auf Änderungen von Dateien zu reagieren. Alternativ können Sie die Überwachung auch unbegrenzt durchführen und die aufgetretenen Ereignisse protokollieren.

▶ -d bzw. -m

arbeitet als Hintergrundprozess (-d, *daemon*) oder im Vordergrund (-m, *monitor*). inotifywait endet nun nicht beim ersten auftretenden Ereignis, sondern läuft, bis es explizit beendet wird, z. B. durch kill oder ⌈Strg⌋+⌈C⌋.

▶ -e *event*

reagiert nur auf das angegebene Ereignis. Standardmäßig verarbeitet das Kommando alle inotify-Ereignisse. Die Option -e kann mehrfach angegeben werden, um mehrere Ereignisse auszuwählen. Zu den wichtigsten Ereignissen zählen access, close, create, delete, modify, move und open. Eine detaillierte Beschreibung aller Ereignisse gibt die man-Seite.

▶ `--fromfile datei.txt`

liest die Liste der zu überwachenden Dateien oder Verzeichnisse zeilenweise aus `datei.txt`.

▶ `-q`

verzichtet auf unnötige Ausgaben (*quiet*).

▶ `-r`

beobachtet rekursiv auch alle Unterverzeichnisse des angegebenen Startverzeichnisses. Dabei wird für jede einzelne Datei eine `inotify`-Überwachung eingerichtet. Bei Verzeichnissen mit vielen Dateien dauert das eine Weile und erfordert relativ hohe Ressourcen. Die Maximalanzahl der Überwachungen ist normalerweise mit 8192 festgelegt. Dieser Wert kann bei Bedarf in der Datei `/proc/sys/fs/inotify/max_user_watches` verändert werden.

▶ `-t` *n*

endet in jedem Fall nach *n* Sekunden, auch wenn kein Ereignis auftritt.

Beispiel

Das folgende Shell-Script überwacht die Dateien `*.text` im aktuellen Verzeichnis. Bei jeder Veränderung in einer dieser Dateien überprüft es, ob es eine `*.text`-Datei gibt, die aktueller ist als die entsprechende `*.pdf`-Datei. In diesem Fall wird das betreffende PDF-Dokument mit `pandoc` neu erzeugt.

```
#!/bin/bash
while :
do
  for mdfile in *.text; do
    pdffile=${mdfile%.text}.pdf
    if [ $mdfile -nt $pdffile ]; then
      echo $mdfile
      pandoc -t beamer -H header.tex $mdfile -o $pdffile
    fi
  done
  inotifywait -e modify -q *.text
done
```

insmod `[optionen] moduldatei [parameter=wert ...]`

insmod lädt das angegebene Kernelmodul. Dabei muss der vollständige Dateiname übergeben werden. Zusätzlich können Parameter (Optionen) an das Modul übergeben werden. Falls Sie hexadezimale Werte angeben möchten, müssen Sie 0x voranstellen, also etwa `option=0xff`. Die zur Auswahl stehenden Parameter des Moduls können Sie mit `modinfo` ermitteln.

▶ `-f`

versucht, das Modul selbst dann zu laden, wenn es nicht für die laufende Kernel-version kompiliert wurde. Ob das tatsächlich funktioniert, hängt davon ab, ob es zwischen der Kernel- und der Modulversion irgendwelche Inkompatibilitäten gibt. Die Option ist vor allem dann sinnvoll, wenn Hardware-Hersteller ein Modul nur als Binärversion (ohne Quellcode) zur Verfügung stellen. Die Option ist aber natürlich keine Garantie dafür, dass das Modul tatsächlich kompatibel zu Ihrer Kernelversion ist.

`insserv` kommando

`insserv` ist ein Kommando zum Einrichten bzw. Löschen von Init-V-Runlevel-Links. Es steht schon seit vielen Jahren unter SUSE zur Verfügung, seit Version 6 auch unter Debian.

Das Kommando setzt voraus, dass im Kommentarblock am Beginn jedes Init-V-Scripts Informationen über abhängige Dienste enthalten sind. Jedes Mal, wenn Links für einen zusätzlichen Init-V-Dienst eingerichtet bzw. Links entfernt werden, nummeriert `insserv` sämtliche Scripts neu und erzeugt die Dateien `.depend.*`, die für die parallele Ausführung der Scripts erforderlich sind. Aus diesem Grund muss bei SUSE jede Veränderung der Init-V-Runlevel-Links mit `insserv` erfolgen. Eine direkte Manipulation der Links ist nicht empfehlenswert.

`insserv` hat keine unmittelbare Auswirkung auf den angegebenen Dienst, sondern steuert nur, ob das Programm in Zukunft automatisch gestartet werden soll oder nicht. Um einen Systemdienst unmittelbar zu starten bzw. zu stoppen, führen Sie entweder das betreffende Init-V-Script direkt aus oder greifen auf das Kommando `service` zurück.

▶ *name*

richtet Links auf das angegebene Init-V-Script in den dafür vorgesehenen Standard-Runleveln ein. Auch diese Information geht aus dem Kommentarblock im Script hervor.

▶ `-r` bzw. `--remove` *name*

entfernt alle Links für das angegebene Init-V-Script.

Beispiel

Die beiden folgenden Kommandos starten auf Init-V-basierten Distributionen den MySQL-Server unmittelbar und sorgen dafür, dass das Programm auch in Zukunft automatisch gestartet wird:

```
root#  service mysqld start
root#  insserv mysqld
```

Analog wird der MySQL-Server durch die beiden folgenden Kommandos heruntergefahren und auch in Zukunft nicht mehr gestartet:

```
root#  service mysqld stop
root#  insserv -r mysqld
```

invoke.rc name kommando

invoke.rc führt auf Debian-basierten Systemen ein Init-V-Script aus. invoke.rc apache2 start entspricht /etc/init.d/apache2 start.

ionice [optionen] [kommando]

ionice führt das angegebene Kommando mit einer veränderten I/O-Priorität aus. ionice hat damit eine ähnliche Funktion wie nice, beeinflusst aber I/O-Operationen und nicht die CPU-Auslastung.

▶ -c *n*

gibt die gewünschte Scheduling-Klasse an. Zulässige Einstellungen sind:

– 0: keine Präferenzen

– 1: *realtime*, also maximale I/O-Geschwindigkeit

– 2: *best-effort*, gilt standardmäßig.

– 3: *idle*, also I/O-Operationen nur durchführen, wenn das System gerade nicht ausgelastet ist

▶ -n *n*

gibt die Prioritätsstufe innerhalb der gewählten Scheduling-Klasse an. Die zulässigen Werte reichen von 0 (maximale Priorotät) bis 7 (minimale Piorität). Prioritätsstufen sind nur für die Scheduling-Klassen 1 und 2 vorgesehen und erlauben eine Differenzierung innerhalb der Klasse.

▶ -p *pid*

verändert die I/O-Priorität des durch die ID-Nummer angegebenen Prozesses.

Beispiel

Das folgende Kommando startet ein Backup-Script mit minimaler I/O-Priorität:

```
root#  ionice -c 3 backupscript
```

iotop

`iotop` aus dem gleichnamigen Paket zeigt die IO-Aktivität aller laufenden Prozesse an. Das hilft bei der Suche nach Prozessen, die die Festplatte oder andere Datenträger besonders stark beanspruchen.

▶ `-o`

zeigt nur Prozesse an, die tatsächlich IO-aktiv sind (und nicht standardmäßig alle laufenden Prozesse).

▶ `-u` bzw. `--user=`*user*

zeigt nur die Prozesse des angegebenen Benutzers.

ip [optionen] objekt kommando

`ip` ist ein ungemein vielseitiges Kommando, um Informationen über Netzwerk-Devices, Tunnel, Routing-Regeln etc. zu ermitteln bzw. diese Einstellungen zu ändern. `ip` sollte anstelle von `ifconfig` und `route` verwendet werden, da diese beiden Kommandos als veraltet gelten.

▶ `-f` *fam* bzw. `-family` *fam*

bestimmt das gewünschte Netzwerkprotokoll (`inet`, `inet6` oder `link`). Statt `-f inet` ist die Kurzschreibweise `-4` zulässig, statt `-f inet6` die Option `-6`, statt `-f link` die Option `-0`.

▶ `-o` bzw. `-oneline`

fasst zusammengehörende Ausgaben in einer Zeile zusammen. Das reduziert die Lesbarkeit, vereinfacht aber die Weiterverarbeitung durch `grep` oder `wc`.

▶ `-r` bzw. `-resolve`

löst IP-Adressen auf und zeigt stattdessen die Hostnamen an. Das erfordert einen Nameserver.

Als `objekt` muss eines der folgenden Schlüsselwörter angegeben werden: `addr`, `addr-label`, `link` (also eine Netzwerkschnittstelle), `maddr` (eine Multicast-Adresse), `mroute`, `monitor`, `neighbor` (ein ARP- oder NDISC-Cache-Eintrag), `route`, `rule` oder `tunnel`. Diese Schlüsselwörter dürfen abgekürzt werden. Für die meisten Objekte stehen die Kommandos `add`, `delete` und `list` = `show` zur Auswahl. Die weiteren Kommandos sind objektspezifisch. In der folgenden Referenz beschränke ich mich auf die wichtigsten Kommandos für die Objekte `addr`, `link` und `route`.

▶ `ip addr [show dev xxx]`

zeigt die IP-Adressen aller Schnittstellen. Die Ausgabe umfasst normalerweise mehrere Zeilen. Die mit `link/ether` beginnende Zeile gibt die MAC-Adresse der Schnittstelle an. Die mit `inet` beginnende Zeile enthält die IPv4-Adresse samt Maske in der Kurzschreibweise /n sowie die Broadcast-Adresse. Die mit `inet6` beginnenden Zeilen geben die IPv6-Adressen an; das können mehrere sein.

Mit -4 oder -6 kann die Ausgabe auf IPv4 oder IPv6 eingeschränkt werden. `ip addr show dev xxx` liefert nur Informationen zur angegebenen Schnittstelle.

▶ `ip addr add n/m dev xxx`

fügt die IP-Adresse n mit der Maske m der Schnittstelle xxx hinzu. Eine zulässige IPv4-Adresse samt Maske wäre z. B. 10.0.45.34/24.

▶ `ip addr del n/m dev xxx`

macht die Adresszuweisung zur Schnittstelle xxx rückgängig. Es müssen exakt dieselben Parameter wie bei `ip addr add` angegeben werden.

▶ `ip addr flush dev xxx`

löscht *alle* Adresszuweisungen der Schnittstelle xxx.

▶ `ip link [show dev xxx]`

liefert eine Liste aller Netzwerkschnittstellen, im Gegensatz zu `ip addr show` aber ohne die Angabe von IP-Adressen.

▶ `ip link set xxx up/down`

aktiviert bzw. deaktiviert die Netzwerkschnittstelle.

▶ `ip neigh`

liefert eine Liste aller anderen im lokalen Netzwerk bekannten IP-Adressen, also eine Aufzählung der »Nachbarn«.

▶ `ip route [list]`

gibt die IPv4-Routing-Tabelle aus. Wenn Sie IPv6-Daten wünschen, müssen Sie die Option -6 angeben. Die Gateway-Adresse geht aus der mit `default` beginnenden Zeile hervor.

▶ ip route add default via n

legt die IP-Adresse n als Default-Gateway fest.

▶ ip route add n1/m via n2 dev xxx

definiert für den Adressbereich n1/m die Routing-Adresse n2. Die IP-Pakete werden über die Schnittstelle xxx geleitet.

▶ ip route del ...

entfernt den angegebenen Routing-Eintrag. Die Parameter müssen exakt mit denen des Kommandos ip route add übereinstimmen.

Die Dokumentation des ip-Kommandos ist über mehrere man-Seiten verteilt. man ip gibt lediglich einen Überblick. ip-address liefert Details zu ip addr, ip-route zu ip route etc. Außerdem können Sie mit ip objekt command help eine Syntaxbeschreibung eines bestimmten Kommandos ermitteln, also beispielsweise mit ip addr del die Syntax zum Auflösen einer Adresszuordnung.

Beispiel

Das folgende Kommando zeigt die aktuelle Routing-Tabelle an:

```
user$  ip route show
10.0.0.0/24 dev eth0  proto kernel  scope link  src 10.0.0.41  metric 1
default via 10.0.0.138 dev eth0  proto static
```

Um der Schnittstelle eth0 die Adresse 10.0.0.41 zuzuweisen und das Gateway 10.0.0.138 einzurichten, führen Sie die folgenden Kommandos aus:

```
root#  ip route add 10.0.0.41/24 dev eth0
root#  ip route add default via 10.0.0.138 dev eth0
```

Die folgenden Kommandos zeigen eine IPv6-Konfiguration:

```
root#  ip -6 addr add 2a01:4f8:161:107::2/64 dev eth0
root#  ip -6 route add default via fe80::1 dev eth0
```

Eine kompakte Liste aller Netzwerkschnittstellen liefert ip -o link:

```
root#  ip -o link
1: lo:     <LOOPBACK,UP,LOWER_UP>             mtu 16436 ...
2: eth0:   <BROADCAST,MULTICAST,UP,LOWER_UP>  mtu 1500 ...
3: br0:    <BROADCAST,MULTICAST,UP,LOWER_UP>  mtu 1500 ...
4: virbr0: <NO-CARRIER,BROADCAST,MULTICAST,UP> mtu 1500 ...
5: vnet0:  <BROADCAST,MULTICAST,UP,LOWER_UP>  mtu 1500 ...
```

> `iptables` [optionen]
> `ip6tables` [optionen]

`iptables` konfiguriert den Filter für Netzwerkpakete (kurz *Netfilter*) des Linux-Kernels. Die `iptables`-Optionen folgen einem einfachen Schema: Eine Option in Großbuchstaben gibt die durchzuführende Aktion an (beispielsweise `-P` zur Einstellung des Standardverhaltens). Weitere Optionen in Kleinbuchstaben steuern die Details dieser Aktion. Diese Syntaxzusammenfassung ist nach Aktionen gegliedert.

Beachten Sie, dass der Linux-Kernel vollkommen getrennte Filtertabellen für IPv4 und für IPv6 verwaltet. Dementsprechend gibt es auch zwei Konfigurationskommandos: `iptables` für IPv4 und `ip6tables` für IPv6. Die folgende Beschreibung gilt gleichermaßen für beide Kommandovarianten.

`iptables -P` chain policy [-t table]

`iptables -P` (*policy*) definiert das Standardverhalten für die angegebene Regelkette. Mögliche Verhalten sind:

ACCEPT: Paket weiterleiten (Grundeinstellung)
DROP: Paket löschen
RETURN: Paket zurücksenden (selten)
QUEUE: Paket an ein Programm außerhalb des Kernels weiterleiten (selten)

Standardmäßig gilt das Kommando für *Filter*-Regelketten oder für selbst definierte Regelketten. Falls eine *NAT*- oder *Mangle*-Regelkette verändert werden soll, muss der Tabellenname mit der Option `-t` angegeben werden, z. B. `iptables -P POSTROUTING ACCEPT -t nat`.

Es ist nicht möglich, ein Standardverhalten für selbst definierte Regelketten zu definieren. Sie können das Standardverhalten aber bei Bedarf durch die letzte Regel definieren, z. B. durch `iptables -A mychain -j DROP`.

`iptables -A` chain [-t table] options

`iptables -A` (*add*) fügt der angegebenen Regelkette eine neue Regel hinzu. Generell gilt eine Regel für alle möglichen Fälle (d. h. für alle IP-Protokolle, für alle Ports, für alle Absender- und Zieladressen, für alle Interfaces etc.).

Durch Optionen kann die Gültigkeit eingeschränkt werden. Die meisten Optionen können mit einem Ausrufezeichen auch verneint eingesetzt werden. Mit `-p udp` gilt eine Regel also beispielsweise nur für UDP-Pakete. Mit `-p ! udp` gilt sie hingegen für alle Pakete außer für UDP-Pakete.

Nicht alle möglichen Kombinationen der Optionen sind zulässig. Beispielsweise dürfen die Optionen -d und -s nur für tcp-Pakete verwendet werden, also in Kombination mit -p tcp.

▶ -d *ipadresse*

gibt die Zieladresse an (*destination*). Adressbereiche können in der Form 192.168.0.0/24 oder 192.168.0.0/255.255.255.0 angegeben werden. In beiden Fällen sind alle IP-Nummern 192.168.0.* gemeint.

▶ --dport *port[:port]*

gibt den Port oder Port-Bereich (z. B. 0:1023) der Zieladresse an.

▶ -i *interface*

gibt das Interface an, aus dem das IP-Paket kommt (nur für *Input-*, *Forward-* und *Prerouting-*Regelketten). Beim Interface-Namen ist das Sonderzeichen + als Platzhalter für alle Interface-Nummern erlaubt, also ppp+ für ppp0, ppp1 etc.

▶ -j ACCEPT/DROP/mychain/..

gibt an, was mit dem Paket geschehen soll (*jump*). Hier wird meistens eines der vorgegebenen Verfahren (ACCEPT, DROP etc.) angegeben. Für Spezialanwendungen sieht iptables REDIRECT oder MASQUERADE vor.

Anstelle eines der vordefinierten Schlüsselwörter kann auch eine selbst definierte Regelkette angegeben werden. In diesem Fall werden alle Regeln dieser Kette angewandt. Falls keine Regel der selbst definierten Regelkette zutrifft, kommt die nächste Regel der ursprünglichen Regelkette zur Anwendung. In der prozeduralen Programmierung würde das einem Unterprogrammaufruf entsprechen.

▶ -m *module*

gibt an, dass ein Zusatzmodul verwendet werden soll. In der Folge dürfen spezielle Optionen verwendet werden, die durch dieses Zusatzmodul definiert sind. Ein besonders wichtiges Zusatzmodul ist state. Damit können Pakete nach ihrem Verbindungsstatus ausgewählt werden. Beispielsweise gilt eine Regel mit -m state --state NEW nur für IP-Pakete, die neue Verbindungen initiieren. Mit --state können folgende Statusschlüsselwörter angegeben werden:

NEW:	Das Paket initiiert eine neue Verbindung.
ESTABLISHED:	Das Paket gehört zu einer schon existierenden Verbindung.
RELATED:	Das Paket initiiert eine neue Verbindung, gehört aber zu einer schon existierenden Verbindung.
INVALID:	Das Paket gehört zu keiner vorhandenen Verbindung und initiiert auch keine neue Verbindung.

▶ `-o interface`

gibt das Interface an, zu dem das IP-Paket unterwegs ist (nur für *Output-*, *Forward-* und *Postrouting*-Regelketten).

▶ `-p protocol`

bestimmt das Protokoll (z. B. `tcp`, `udp` oder `icmp`).

▶ `-s ipadresse`

gibt die Absenderadresse an (*source*).

▶ `--sport port[:port]`

gibt den Port oder Port-Bereich für den Absender an.

▶ `--syn`

gibt an, dass die Regel nur für solche TCP-Pakete gelten soll, bei denen das SYN-Bit gesetzt ist. Derartige Pakete werden verwendet, um eine Verbindung zu initiieren (etwa für alle TCP-Wrapper-Funktionen, für HTTP etc.).

`iptables` bietet die Möglichkeit, die Wirksamkeit einzelner Regeln durch `syslogd` zu protokollieren. Dazu geben Sie bei der Regel als Aktion `LOG` an. Damit eine Regel sowohl wirksam ist als auch protokolliert wird, muss sie zweimal angegeben werden: einmal mit `-j LOG` und ein zweites Mal mit `-j ACCEPT` bzw. `-J DROP`! Beachten Sie, dass durch Logging-Regeln sehr rasch riesige Protokolldateien entstehen können.

iptables **-N** mychain

`iptables -N` (*new*) erzeugt eine neue Regelkette mit dem Namen *mychain*.

iptables **-L** [chain] [-t table] [-v]

`iptables -L` (*list*) liefert ohne weitere Optionen eine Liste aller Regeln für die drei Regelketten der *Filter*-Tabelle sowie für alle selbst definierten Regelketten. Mit den weiteren Optionen können Sie die gewünschte Regelkette genau spezifizieren (z. B. `iptables -L mychain` oder `iptables -L POSTROUTING -t nat`). Die Zusatzoption `-v` bewirkt detailliertere Informationen. `-n` führt dazu, dass bei der Ausgabe IP- und Port-Nummern angezeigt werden (statt Netzwerk- bzw. Port-Namen).

iptables **-D** chain [-t table] options

`iptables -D` (*delete*) löscht die Regel aus der Regelkette. Es müssen exakt dieselben Optionen wie bei `iptables -A` angegeben werden.

iptables -F chain [-t table]

iptables -F (*flush*) löscht alle Regeln aus der angegebenen Regelkette.

iptables -X [mychain]

iptables -X löscht die angegebene eigene Regelkette. Wenn keine Regelkette angegeben wird, werden alle selbst definierten Regelketten gelöscht.

Beispiel

Die folgenden iptable-Kommandos definieren eine Mini-Firewall für IPv4. Dabei werden eintreffende Pakete nur dann akzeptiert, wenn sie entweder einer bereits existierenden Verbindung zuzuordnen sind oder *nicht* von der Schnittstelle eth0 stammen, über die der Rechner mit dem Internet verbunden ist. Das Beispiel geht davon aus, dass sich die iptables-Tabellen anfänglich im Defaultzustand befinden, also alle Pakete akzeptieren, und dass es nur eine Schnittstelle zum Internet gibt.

```
root#  iptables -N wall
root#  iptables -A wall -m state --state ESTABLISHED,RELATED -j ACCEPT
root#  iptables -A wall -m state --state NEW ! -i eth0 -j ACCEPT
root#  iptables -A wall -j DROP
root#  iptables -A INPUT -j wall
root#  iptables -A FORWARD -j wall
```

isohybrid datei.iso

Das Kommando isohybrid aus dem Paket syslinux manipuliert ein bootfähiges ISO-Image so, dass das BIOS das Image auch von einem USB-Stick oder einer USB-Festplatte booten kann.

Beispiel

Die beiden folgenden Kommandos wandeln das ISO-Image zuerst in den Hybrid-Modus um, sodass ein Systemstart sowohl von einer CD/DVD als auch von einem USB-Datenträger möglich ist. Anschließend überträgt dd die Image-Datei auf einen USB-Stick, der über den Device-Namen /dev/sdb angesprochen wird. Stellen Sie unbedingt sicher, dass Sie beim dd-Kommando mit of nicht irrtümlich Ihre lokale Festplatte angeben und diese so löschen!

```
user$  isohybrid mylinux.iso
root#  dd if=mylinux.iso of=/dev/sdb bs=1M
```

```
iw objekt kommando
```

Mit dem Kommando iw steuern Sie WLAN-Adapter, die die nl80211-Schnittstelle unterstützen. Das ist bei den meisten aktuellen WLAN-Adaptern der Fall, deren Treiber auf dem mac80211-Framework basieren.

Zur Angabe des zu steuernden Objekts bestehen mehrere Varianten. Dabei darf das Kürzel dev bzw. phy weggelassen werden, wenn der Schnittstellen- oder Gerätename eindeutig ist.

▶ dev *name*

gibt den Schnittstellennamen an (z. B. dev wlan0).

▶ phy *name* bzw. phy #*n*

gibt den Namen bzw. die Indexnummer des Geräts an. Bei Notebooks mit einem WLAN-Adapter lautet der Gerätename immer phy0.

▶ reg

steuert den *regulatory agent*, also ein Regelwerk für nationale Funkstandards.

Die zur Auswahl stehenden Kommandos hängen vom Objekttyp ab. Im Folgenden stelle ich nur einige ausgewählte Kommandos vor:

▶ dev *name* connect *ssid*

stellt eine Verbindung zum angegebenen WLAN-Netzwerk her. Das gelingt nur bei Netzwerken ohne Verschlüsselung. Wenn das Funknetzwerk durch WEP abgesichert ist, geben Sie den Schlüssel durch den optionalen Parameter keys an (z. B. keys 0:0011223344). Der Schlüssel wird wahlweise in Form von 5 oder 13 ASCII-Zeichen bzw. durch 10 oder 26 hexeadezimale Ziffern angegeben. Wenn das Netzwerk durch WPA abgesichert ist, müssen Sie den Schlüssel vorweg an das Kommando wpa_supplicant übergeben.

▶ dev *name* del

entfernt (löscht) die Schnittstelle. Wenn die Schnittstelle später wieder verwendet werden soll, muss sie mit interface add neu eingerichtet werden.

▶ dev *name* disconnect

beendet die Verbindung.

▶ dev *name* info

gibt allgemeine Informationen über die Schnittstelle an.

▶ dev *name* link

liefert Informationen zur aktiven Netzwerkverbindung bzw. *not connected*.

▶ dev *name* scan

liefert detaillierte Informationen zu allen in Reichweite befindlichen Funknetzen.

▶ phy phy0 interface add wlan0 type managed

richtet die Schnittstelle wlan0 für das Gerät phy0 ein. Andere Schnittstellentypen sind monitor, wds, mesh bzw. mp sowie ibss bzw. adhoc. Die neue Schnittstelle muss anschließend mit ifconfig wlan0 up aktiviert werden.

Zur Fehlersuche ist es häufig zweckmäßig, in einem zweiten Fenster oder einer Konsole das Kommando iw event auszuführen. Es liefert bis zum Ende durch ⌃Strg+C alle Status- und Fehlermeldungen.

Beispiel

Die folgenden Kommandos stellen manuell eine Netzwerkverbindung zu einem nicht durch ein Passwort geschützten Funknetzwerk her:

```
root#   iw phy phy0 interface add wlan0 type managed
root#   ifconfig wlan0 up
root#   iw dev wlan0 connect hotel-wlan
root#   dhclient wlan0
```

iwconfig [schnittstelle]
iwconfig schnittstelle [optionen]

Das Kommando iwconfig zählt zu den veralteten Linux-Wireless-Tools. Nach Möglichkeit (d. h., wenn es für Ihren WLAN-Adapter einen modernen Treiber gibt, der die nl80211-Schnittstelle unterstützt) sollten Sie das neuere Kommando iw vorziehen.

In der ersten Syntaxvariante liefert iwconfig Informationen über alle WLAN-Schnittstellen bzw. über die angegebene Schnittstelle. In der zweiten Syntaxvariante stellt das Kommando die Parameter der WLAN-Schnittstelle ein (z. B. den Netzwerknamen, den WEP-Schlüssel etc.). iwconfig ist Teil der Wireless-Tools. Die eigentliche Aktivierung der Schnittstelle erfolgt anschließend wie bei LAN-Schnittstellen durch ip oder ifconfig.

▶ channel *n*

wählt den Frequenzkanal aus. Mit channel auto sucht der WLAN-Controller selbst einen geeigneten Kanal. Eine Kanalliste liefert iwlist channel.

▸ essid *name*

gibt den Namen des WLAN-Netzes an. Oft funktioniert auch die Einstellung any.

▸ key *schlüssel*

stellt den aktuellen WEP-Schlüssel ein. Der Schlüssel wird normalerweise als hexadezimale Zahl ohne vorangestelltes 0x angegeben. Mit key [*n*] wählen Sie den gerade aktuellen Schlüssel, wobei *n* zwischen 1 und 4 liegt. ifconfig key ist ungeeignet, um WPA-Schlüssel einzustellen! Der WPA-Schlüsselaustausch erfolgt durch das Hinterprogramm wpa_supplicant, das separat konfiguriert werden muss.

▸ mode *modus*

bestimmt den Netzwerkmodus. Zur Auswahl stehen je nach Hardware Managed, Ad-Hoc, Master, Repeater, Secondary, Monitor oder Auto. Wenn Sie mit Ihrem WLAN-Controller auf einen WLAN-Router oder -Access-Point zugreifen möchten, lautet die richtige Einstellung Managed.

iwlist [schnittstelle] modus

iwlist liefert für alle bzw. für die angegebene WLAN-Schnittstelle die möglichen Frequenzkanäle, die zulässigen Verschlüsselungsverfahren etc. Die wichtigsten Schlüsselwörter für modus sind:

channel	Frequenzkanäle
frequency	Frequenzen
key	zulässige Verschlüsselungsverfahren und eingestellte Schlüssel
rate	unterstützte Bruttoübertragungsraten des WLAN-Controllers
scan	Liste der erreichbaren Netze mit ESSID, Qualität, Frequenz etc.

j verzeichnis

Das Kommando j aus dem Paket autojump hilft dabei, besonders effizient in ein anderes Verzeichnis zu wechseln. j ist gewissermaßen eine mitlernende Variante zum cd-Kommando. Wenn Sie beispielsweise einmal j /etc/X11/xorg.conf.d ausgeführt haben, reicht beim zweiten Mal j xorg.conf.d, also die Angabe des letzten Teils des Verzeichnispfads (vorausgesetzt, dieser ist eindeutig). Mit der Vervollständigung durch ⇥ können Sie die Eingabe weiter verkürzen, z. B. in der Form j xorg ⇥. Wenn mehrere Verzeichnisse passen, drücken Sie einfach mehrfach ⇥. Eine Statistik aller zuletzt besuchter Verzeichnisse liefert bei Bedarf das Kommando jumpstats.

kill [-s signal] prozessnr

Das bash-Kommando kill versendet Signale an einen laufenden Prozess. Wenn kill ohne die -s-Option verwendet wird, wird standardmäßig das SIGTERM-Signal (15) gesendet, um den Prozess zu beenden (zu *killen*, daher auch der Name des Kommandos). Bei besonders hartnäckigen Fällen hilft -9 bzw. -s SIGKILL oder -KILL. Der Prozess hat dann allerdings keine Chance, noch irgendwelche Aufräumarbeiten zu erledigen.

kill kann aber auch zum Versenden harmloserer Signale verwendet werden. Recht häufig wird -1 bzw. -s SIGHUP bzw. -HUP verwendet, um einen Dämon dazu aufzufordern, seine Konfigurationsdateien neu einzulesen. Auf diese Weise können Sie bei manchen Programmen eine neue Konfiguration aktivieren, ohne den Dämon vollständig stoppen und neu starten zu müssen.

Die erforderliche Prozessnummer (PID) wird am einfachsten mit dem Kommando ps ermittelt. Unter X gibt es mit xkill eine bequeme Variante zu kill: Das Programm, das beendet werden soll, kann damit einfach per Maus »abgeschossen« werden.

killall [-signal] prozessname

killall funktioniert beinahe wie das kill-Kommando. Der Unterschied besteht darin, dass nicht die Prozessnummer (PID), sondern der Name des Prozesses angegeben wird. Wenn es mehrere Prozesse dieses Namens gibt, erhalten alle das angegebene Signal (standardmäßig wieder SIGTERM). Das gewünschte Signal wird entweder als Nummer -n oder mit einem Namen wie -HUP angegeben. Eine Liste aller Signalnamen erhalten Sie mit killall -l.

Beispiel

Das folgende Beispiel beendet alle laufenden Firefox-Instanzen des aktuellen Benutzers. Wird das killall-Kommando von root ausgeführt, beendet es alle laufenden Firefox-Prozesse *aller* Benutzer.

```
user  killall firefox
```

kpartx [diskdevice]

Das Low-Level-Kommando kpartx aus dem gleichnamigen Paket ermittelt alle Partitionen des angegebenen Datenträgers und erzeugt die dazugehörigen Device-Dateien. Normalerweise werden die Device-Dateien durch das udev-System automatisch erzeugt, sobald ein neuer Datenträger erkannt wird – z. B. beim Anschließen einer USB-Festplatte. kpartx ist primär zur Bearbeitung von virtuellen Datenträgern bzw. von Image-Dateien virtueller Maschinen gedacht.

▶ -a

erzeugt neue Device-Dateien für den angegebenen Datenträger (*add*).

▶ -d

entfernt die Device-Dateien für den Datenträger (*delete*).

▶ -l

liest die Partitionen des Datenträgers, erzeugt aber keine Device-Dateien.

▶ -u

aktualisiert die Device-Dateien für einen veränderten Datenträger (*update*).

▶ -v

gibt Informationen über die durchgeführten Aktionen aus.

Beispiel

Das folgende Kommando verbindet alle in der RAW-Image-Datei enthaltenen Partitionen mit Loop-Devices:

```
root#  kpartx -av image.raw
add map loop0p1 (252:12): 0 1024000 linear /dev/loop0 2048
add map loop0p2 (252:13): 0 19945472 linear /dev/loop0 1026048
```

Die ganze virtuelle Festplatte kann anschließend über das Device /dev/mapper/loop0 angesprochen werden.

```
kvm [optionen] [imagedatei]
qemu [optionen] [imagedatei]
qemu-kvm [optionen] [imagedatei]
```

kvm (Debian, Ubuntu) bzw. qemu-kvm (Fedora, Red Hat) führt eine virtuelle Maschine aus. Unter RHEL befindet sich das Kommando qemu-kvm im Verzeichnis /usr/libexec/. Bei manchen Distributionen starten Sie KVM schließlich mit qemu -enable-kvm.

Wenn Sie den Datenträger der Image-Datei am Ende des KVM-Kommandos angeben, emuliert KVM eine IDE-Festplatte. Wünschen Sie andere Einstellungen oder mehrere Datenträger, verwenden Sie dazu die Optionen -drive oder -hda, -hdb etc. In diesem Fall kann die direkte Angabe der Image-Datei im KVM-Kommando entfallen.

▶ `-boot order=xxx,once=xxx,menu=on/off`

gibt an, in welcher Reihenfolge die Datenträger für den Bootprozess berücksichtigt werden sollen. Dabei ist xxx eine Buchstabenfolge, die die Reihenfolge der Datenträger ausdrückt (z. B. adc: zuerst das Diskettenlaufwerk, dann das CD/DVD-Laufwerk, danach die erste Festplatte). Die Buchstaben a bis d entsprechen den DOS/Windows-Laufwerksbuchstaben.

once=xxx gibt die Bootreihenfolge nur für den *ersten* Bootvorgang an. Wenn die virtuelle Maschine also beispielsweise beim ersten Versuch vom CD/DVD-Laufwerk booten soll, bei weiteren Neustarts aber von der Festplatte, geben Sie -boot order=c,once=d oder schlicht -boot once=d an.

menu=on zeigt zum Beginn des Bootmenüs die Meldung *Press F12 for boot menu* an. Mit `F12` kann dann der Boot-Datenträger interaktiv ausgewählt werden.

▶ `-cdrom iso-datei`

verwendet die angegebene ISO-Datei als Datenquelle für das virtuelle CD/DVD-Laufwerk. Die Option entspricht -drive file=iso-datei,index=2,media=cdrom.

▶ `-cpu host`

gibt alle Eigenschaften der Host-CPU an den Gast weiter. Standardmäßig ist das nicht der Fall: Es wird nur ein Subset weitergegeben, um die Kompatibilität virtueller Maschinen zwischen unterschiedlichen CPUs zu maximieren. Wenn Sie auf einem 64-Bit-Host arbeiten, dem Gast aber nur eine 32-Bit-CPU zur Verfügung stellen möchten, verwenden Sie -cpu kvm32.

▶ `-device gerät`

fügt der virtuellen Maschine ein zusätzliches Gerät hinzu. Eine Liste aller unterstützten Geräte liefert kvm -device ?. Beim Gerätenamen wird zwischen Groß- und Kleinschreibung unterschieden! Die für ein bestimmtes Gerät verfügbaren Optionen ermitteln Sie mit kvm -device gerät,?, also z. B. kvm -device isa-serial,?.

Beachten Sie, dass Sie die meisten Komponenten einer virtuellen Maschine auf zwei Arten definieren können: Mit der hier beschriebenen, sehr universellen Option -device oder mit gerätespezifischen Optionen (z. B. -drive, -soundhw, -usb-device oder -vga).

▶ `-drive details`

definiert die Eigenschaften einer virtuellen Festplatte. Die Detailparameter werden nur durch Kommata voneinander getrennt (ohne Leerzeichen!). Die Option kann mehrfach verwendet werden, wenn die virtuelle Maschine mit mehreren Datenträgern ausgestattet werden soll.

K

`if=ide/scsi/virtio` gibt an, über welche Schnittstelle die virtuelle Maschine den Datenträger sehen soll (standardmäßig `ide`). Bei Linux-Gästen ist `virtio` effizienter.

`media=disk/cdrom` gibt an, ob es sich um eine Festplatte (gilt standardmäßig) oder um ein CD/DVD-Laufwerk handeln soll.

`index=n` bestimmt die Nummerierung der Datenträger einer Schnittstelle. Der Parameter ist nur erforderlich, wenn die Datenträger nicht der Reihe nach angegeben werden.

`file=fname` gibt den Dateinamen der Image- oder ISO-Datei bzw. den Device-Namen eines Logical Volumes an.

`boot=on/off` gibt an, ob der Datenträger beim Booten berücksichtigt werden soll. Bei IDE- und SCSI-Laufwerken gilt automatisch `boot=on`. Damit KVM auch von einem virtio-Laufwerk booten kann, muss `boot=on` explizit angegeben werden.

`cache=writethrough/writeback/none` gibt an, ob und wie Schreibzugriffe zwischengespeichert werden. Standardmäßig gilt `writethrough`: Im Gastsystem erscheint ein Schreibzugriff erst dann als abgeschlossen, wenn das Hostsystem den Speichervorgang quittiert hat.

▶ `-enable-kvm`

aktiviert KVM. Bei manchen Distributionen ist diese Option automatisch aktiv, aber nicht bei allen! Ohne diese Option wird die virtuelle Maschine dann ohne CPU-Unterstützung emuliert, was sehr ineffizient ist.

▶ `-full-screen`

startet die virtuelle Maschine im Vollbildmodus. Diese Option ist wirkungslos, wenn Sie VNC einsetzen (siehe die Option `-vnc`).

▶ `-hda/-hdb/-hdc/-hdd` *details*

gibt eine virtuelle IDE-Festplatte an.
`-hda fname` entspricht `-drive file=fname,index=0,media=disk`,
`-hdb fname` entspricht `-drive file=fname,index=1,media=disk` etc.

▶ `-k` *sprachkürzel*

verwendet das angegebene Tastaturlayout. Zulässige Kürzel sind unter anderem `de` (Deutsch) und `en-us` (US-Englisch). Die Option ist nur erforderlich, wenn die virtuelle Maschine durch einen externen VNC-Client bedient wird. Die VNC-Clients des Virtual Maschine Managers bzw. des Kommandos `virt-viewer` erkennen die Tastatureinstellung selbstständig.

▶ `-localtime`

initialisiert die virtuelle CMOS-Uhr des Gastsystems mit der lokalen Zeit (statt standardmäßig mit der UTC-Zeit).

▶ `-m n`

stellt die Speichergröße der virtuellen Maschine ein (in MByte). Die Defaulteinstellung variiert je nach Distribution.

▶ `-monitor device`

leitet die Ein- und Ausgabe des QEMU-Monitors in das angegebene Device um. Wenn Sie den Monitor über die aktuelle Konsole bedienen möchten, geben Sie als Device `stdio` an. Mit `pty` legt `kvm` beim Start ein neues Pseudo-TTY-Device an und verwendet dieses für die Kommunikation.

▶ `-net nic,details`

konfiguriert einen virtuellen Netzwerkadapter. Wenn diese Option nicht angegeben wird, emuliert KVM standardmäßig eine RTL-8139-kompatible Netzwerkkarte.

`model=ne2k_pci/i82551/i82557b/i82559er/rtl8139/e1000/pcnet/virtio` legt fest, welchen Netzwerkadapter KVM emulieren soll. Für Linux-Gäste erzielen Sie mit `model=virtio` die besten Resultate. `macaddr=52:54:00:nn:nn:nn` gibt die gewünschte MAC-Adresse an.

▶ `-net user,details`

verwendet Usermode-Networking (gilt standardmäßig): Das Gastsystem kann zwar dank NAT und Masquerading die Internetverbindung des Hostsystems nutzen, es ist aber keine direkte Netzwerkverbindung zwischen Gast und Host möglich.

▶ `-nographic`

startet die virtuelle Maschine ohne Grafiksystem. Die Kommunikation mit der virtuellen Maschine erfolgt direkt in der aktiven Konsole über die serielle Schnittstelle des Gastsystems. Die Option `-nographic` ermöglicht also die Nutzung einer virtuellen Maschine im Textmodus, setzt aber voraus, dass im Gastsystem ein `getty`-Prozess mit der seriellen Schnittstelle kommuniziert.

▶ `-rtc base=utc/localtime`

gibt an, welche Startzeit die Uhr der virtuellen Maschine haben soll. `utc` ist die korrekte Einstellung für Linux-Gäste, während `localtime` für Windows-Gäste geeignet ist. Standardmäßig ist die Uhr immer synchron mit jener des Host-

K

rechners. Wenn Sie das nicht wünschen, können Sie den zusätzlichen Parameter `clock=vm` angeben.

▶ `-smp` *n* bzw. `-smp cores=`*c*`,threads=`*t*`,sockets=`*s*

gibt in der Kurzform an, wie viele CPU(-Cores) der virtuellen Maschine zugewiesen werden sollen (standardmäßig nur ein Core). Bei Hostsystemen mit mehreren CPUs gibt *c* an, wie viele Cores pro CPU genutzt werden sollen. *t* gibt die gewünschte Anzahl der Threads pro Core an; sinnvoll ist hier zumeist der Wert 2 bei Intel-CPUs, die Hyperthreading unterstützen. *s* legt schließlich fest, wie viele CPUs (Sockets) verwendet werden sollen. $c*t*s$ ergibt die Anzahl der CPUs, die die virtuelle Maschine sieht.

▶ `-soundhw ac97/es1370/hda/sb16/all`

fügt der virtuellen Maschine eines der angegebenen Audio-Geräte hinzu (oder alle, wenn Sie `all` verwenden). `ac97` steht für Intel 82801AA AC97, `es1370` für Ensoniq AudioPCI ES1370, `hda` für Intel High Definition Audio und `sb16` für Creative Sound Blaster 16.

▶ `-spice port=`*n*`[,optionen]`

aktiviert das Grafiksystem Spice. Dazu muss zumindest der gewünschte Port angegeben werden. Mit `password=`*xxxx* kann die Verbindung zudem durch ein Passwort abgesichert werden. Wenn kein Passwort verwendet werden soll, muss explizit die Option `disable-ticketing` angegeben werden.

▶ `-usbdevice mouse/tablet/disk/host...`

fügt der virtuellen Maschine ein USB-Gerät hinzu. Am häufigsten werden Sie die Option `-usbdevice tablet` benötigen. Sie ersetzt die standardmäßig emulierte PS/2-Maus durch ein virtuelles USB-Zeigegerät, das absolute Koordinaten versteht und so die Synchronisation der Mausposition des Gasts mit dem VNC- oder Spice-Client ermöglicht.

`-usbdevice disk` ermöglicht es, eine Image-Datei des Hosts so an den Gast weiterzugeben, dass dieser einen USB-Datenträger sieht.

`-usbdevice host:bus.addr` bzw. `-usbdevice host:vendorid:productid` leitet ein USB-Gerät des Hosts an den Gast weiter. Das USB-Gerät darf vom Host nicht genutzt werden. Die Bus- und Device-Nummer bzw. die Vendor- und Produkt-IDs ermitteln Sie auf dem Hostrecher am einfachsten mit `lsusb`.

▶ `-vga cirrus/qxl/std/vmware`

gibt den gewünschten Typ der virtuellen Grafikkarte an. Standardmäßig emuliert KVM eine Cirrus-kompatible Grafikkarte mit einer Auflösung von bis zu

1024 × 768 Pixeln. Dieses Grafiksystem wird von nahezu allen Gastsystemen korrekt erkannt und in einer akzeptablen Geschwindigkeit ausgeführt. Die Grafikkarte `qxl` kann nur in Kombination mit `-spice` eingesetzt werden.

▶ `-vnc n.n.n.n:n[,optionen]`

führt einen VNC-Server aus, über den Clients den Inhalt der virtuellen Grafikkarte darstellen können. Mit *n.n.n.n* geben Sie an, von welcher IP-Adresse aus der Verbindungsaufbau zum VNC-Server erfolgen darf (z. B. 127.0.0.1 für Verbindungen von `localhost`). `:n` gibt die Display-Nummer an. Der Port für den VNC-Server ergibt sich aus n+5900. Wenn Sie nur die Display-Nummer ohne IP-Adresse angeben (also z. B. `:0`), kann der Verbindungsaufbau durch jeden beliebigen Rechner erfolgen.

Beispiel

Im folgenden Beispiel wird zuerst eine 10 GByte große Image-Datei erzeugt, die dann als virtuelle Festplatte zur Installation eines Ubuntu-Servers von einer ISO-Datei genutzt wird:

```
root#  qemu-img create -f qcow2 disk.img 10G
root#  kvm -enable-kvm -m 1024 -smp 2 -boot once=d -cdrom ubuntu-server.iso \
         -drive file=disk.img,if=virtio,format=qcow2 \
         -net user -net nic,macaddr=52:54:00:12:e4:4e,model=virtio \
         -vga cirrus -vnc 127.0.0.1:0 -k de -usb -usbdevice tablet
```

Um die virtuelle Maschine zu bedienen, müssen Sie nun noch einen VNC-Client starten, z. B. das Programm `vncviewer`:

```
user$  vncviewer localhost:0
```

l2ping [optionen] bluetoothmac

`l2ping` aus dem `bluez`-Paket sendet L2CAP-Echo-Anfragen an das durch seine MAC-Adresse angegebene Bluetooth-Gerät. Auf diese Weise kann getestet werden, ob prinzipiell eine Verbindung zwischen dem lokalen Bluetooth-Adapter und dem externen Gerät möglich ist. Die MAC-Adresse externer Bluetooth-Geräte ermitteln Sie mit `hcitool scan`. `l2ping` muss mit `root`-Rechten ausgeführt werden.

lame [optionen] in out.mp3

Das Acronym LAME steht für *LAME Ain't an MP3 Encoder*. Tatsächlich dient das Kommando `lame` aber sehr wohl dazu, WAV-Dateien in komprimierte Audio-Dateien

umzuwandeln, die zum MP3-Format kompatibel sind. Aufgrund von Patentschwie-
rigkeiten steht `lame` bei vielen Distributionen nicht standardmäßig zur Verfügung
und muss extra installiert werden, oft aus nicht-offiziellen Paketquellen. Alternativen zu `lame` sind `toolame` oder `twolame`, die beide Dateien im Format MPEG-1 Layer 2
(also MP2) erzeugen. Auch derartige Dateien werden von den meisten MP3-Playern
problemlos abgespielt.

▸ `-r`

   die Quelldatei liegt im RAW PCM-Format vor (nicht als WAV-Datei).

▸ `-s 8/11.025/12/16/22.05/24/32/44.1/48`

   gibt die Sampling-Frequenz innerhalb der RAW-Datei an. Die Option ist bei WAV-
   Dateien nicht erforderlich.

Beispiel

Das folgende Kommando erzeugt die MP3-kompatible Audio-Datei `title.mp3`:

```
user$  lame title.wav title.mp3
```

`last` [optionen]

`last` liefert eine Liste der Benutzer, die zuletzt auf diesem Rechner eingeloggt waren.

▸ `-i`

   zeigt bei SSH-Logins die IP-Adresse anstelle der Hostnamens des entfernten Rechners an.

▸ `-n` oder `-n` *n*

   steuert, wie viele Einträge angezeigt werden sollen, z. B. 100 mit `-100`.

▸ `-t` YYYYMMDDhhmmss

   gibt an, wer zum angegebenen Zeitpunkt eingeloggt war.

Beispiel

Auf dem Testrechner hat zuletzt nur der Benutzer `kofler` gearbeitet:

```
user$  last
kofler   pts/0  62-47-230-2.adsl  Tue Sep 24 13:51    still logged in
kofler   pts/0  212-183-46-83.ad  Mon Sep 23 19:50 - 20:22  (00:32)
kofler   pts/1  91-115-236-11.ad  Fri Sep 13 15:39 - 17:51  (02:11)
kofler   pts/0  91-115-236-11.ad  Fri Sep 13 15:31 - 17:51  (02:20)
```

ldconfig

ldconfig aktualisiert die Links zu allen Bibliotheken und erstellt die Cache-Datei /etc/ld.so.cache, die bei der effizienten Suche nach Bibliotheken hilft. ldconfig wertet die Konfigurationsdatei /etc/ld.so.conf aus. Das Kommando muss nach der manuellen Installation von Bibliotheken ausgeführt werden.

ldd programm

ldd liefert eine Liste aller Bibliotheken, die zur Ausführung des angegebenen Programms erforderlich sind. Mit dem Kommando stellen Sie auch fest, ob auf dem Rechner alle notwendigen Bibliotheken verfügbar sind.

Beispiel

Der Gnome-Editor greift unter Fedora 19 auf mehr als 60 Bibliotheken zurück! Die folgenden Zeilen zeigen die ersten drei davon in alphabetischer Ordnung:

```
root#  ldd /usr/bin/gedit  | sort
  /lib64/ld-linux-x86-64.so.2 (0x00000030a6e00000)
  libatk-1.0.so.0 => /lib64/libatk-1.0.so.0 (0x00000030b2e00000)
  libatk-bridge-2.0.so.0 => /lib64/libatk-bridge-2.0.so.0 (0x0000003d87e00000)
  ...
```

less [optionen] datei

less zeigt die angegebene Textdatei seitenweise an. Das Kommando wird häufig als Filter verwendet, beispielsweise ls -l | less zur seitenweisen Anzeige einer langen Dateiliste.

▶ -m

zeigt in der Statuszeile die aktuelle Textposition in Prozent an.

▶ -M

zeigt in der Statuszeile den Dateinamen und die Textposition in Zeilen an.

▶ -p *suchtext*

zeigt die erste Zeile an, in der der zu suchende Text gefunden wurde.

▶ -s

reduziert mehrere Leerzeilen zu einer Zeile.

Die wichtigsten Kommandos während der Verwendung von less sind: Ⓗ zur Anzeige eines kurzen Hilfetextes, die Cursortasten zum Bewegen im Text, ⏎, um eine Zeile nach unten zu scrollen, ⬚, um eine Seite nach unten zu scrollen, Ⓑ, um eine Seite zurückzuscrollen, ⬚ und ⬚, um zum Anfang bzw. Ende des Texts zu springen, ⬚ zur Eingabe eines Suchtextes sowie Ⓠ zum Beenden von less.

`lftp` [optionen] [site]

lftp ist ein interaktiver FTP-Client. lftp kann aber auch in Scripts eingesetzt werden und durch Kommandos gesteuert werden.

▶ `-c "kommando"`

führt die in einer Zeichenkette angegebenen und durch Strichpunkte getrennten FTP-Kommandos aus (z. B. `lftp -c "open -u user,passw server; mirror -R verz"`).

▶ `-f datei`

liest die auszuführenden Kommandos zeilenweise aus einer Datei.

Beispiel

Das folgende Kommando lädt eine Datei auf einen FTP-Server hoch:

```
root#  lftp -c "open -u username,password backupserver; put datei"
```

Um statt einer Datei ein ganzes Verzeichnis zum Backup-Server zu übertragen, verwenden Sie das Kommando `mirror -R`. mirror kopiert normalerweise Verzeichnisse vom FTP-Server auf den lokalen Rechner. `-R` dreht die Übertragungsrichtung um. Auch hierzu ein Beispiel:

```
root#  lftp -c "open -u usern,passw bserver; mirror -R verzeichnis"
```

`lilo` [optionen]

Das Kommando lilo steht nur bei Distributionen zur Verfügung, die den nicht mehr gebräuchlichen Boot-Loader LILO verwenden. Wenn lilo ohne Parameter ausgeführt wird, wertet das Kommando /etc/lilo.conf aus und installiert LILO an den dort angegebenen Ort, üblicherweise den Startsektor der ersten Festplatte. lilo muss auch nach jeder Änderung an den Kerneldateien neu ausgeführt werden!

Es existieren eine Menge lilo-Optionen, von denen viele den Schlüsselwörtern in lilo.conf entsprechen. In der Regel ist es übersichtlicher, LILO-Einstellungen in `lilo.conf` durchzuführen, anstatt die entsprechende Option zu übergeben. Im Folgenden werden nur die wichtigsten Optionen aufgezählt, die Spezialfunktionen von `lilo` steuern:

▶ `-A device [n]`

ermittelt die aktive Partition der angegebenen Festplatte bzw. legt sie fest.

▶ `-C dateiname`

verwendet die angegebene Datei (statt `/etc/lilo.conf`) als Konfigurationsdatei.

▶ `-s dateiname`

speichert eine Sicherheitskopie des Bootsektors in die angegebene Datei. Ohne diese Option wird die Sicherheitskopie in `/boot/boot.n` gespeichert, sofern diese Datei noch nicht existiert, wobei *n* die interne Device-Nummer ist (Major- und Minor-Code).

▶ `-t`

startet `lilo` im Testmodus. Es werden keine Schreiboperationen vorgenommen.

▶ `-u`

deinstalliert LILO. Das funktioniert nur, wenn `lilo` eine Sicherheitskopie des Bootsektors findet (`/boot/boot.n`). In diesem Fall wird der LILO-Installationsort, z. B. der Startsektor der Festplatte, mit den Daten aus der Sicherheitskopie dieses Sektors überschrieben.

```
ln [optionen] quelle [ziel]
ln [optionen] dateien zielverzeichnis
```

`ln` richtet feste oder symbolische Links auf Dateien und Verzeichnisse ein. Die gleiche Funktionalität wie `ln` hat auch das Kommando `cp`, wenn dort die Optionen `-l` oder `-s` angegeben werden.

▶ `-b` bzw. `--backup`

benennt bereits vorhandene gleichnamige Dateien in Backup-Dateien (Name plus ~-Zeichen) um, anstatt sie zu überschreiben.

▶ `-d` bzw. `--directory`

erzeugt einen festen Link für ein Verzeichnis. Diese Operation ist nur `root` gestattet. Alle anderen Anwender können symbolische Links auf Verzeichnisse erzeugen.

▶ -s bzw. --symbolic

    erzeugt symbolische Links. (Ohne diese Option liefert ln feste Links.)

Beispiel

Das folgende Kommando erzeugt den symbolischen Link xyz auf die bereits vorhandene Datei abc:

```
user$  ln -s abc xyz
```

loadkeys [optionen] filename

Das Low-Level-Kommando loadkeys lädt eine Tastaturtabelle für den Textmodus. Die erforderlichen Einstellungsdateien befinden sich üblicherweise im Verzeichnis /lib/kbd/keymaps. Wenn Sie einen Dateinamen ohne Pfad angeben, versucht das Kommando selbst, eine geeignete Datei mit der Kennung .map.gz zu finden.

Die so veränderten Tastatureinstellungen gelten also nur, wenn Sie in einer Textkonsole arbeiten. Die Einstellungen für den Grafikmodus müssen hingegen im Rahmen der X-Konfiguration verändert werden; bei Distributionen mit Systemd können Sie dazu auch das Kommando localectl verwenden.

▶ -d

    lädt die Default-Tastaturtabelle, in der Regel die Datei /lib/kbd/keymaps/defkeymap.map.

Beispiel

Das folgende Kommando aktiviert in den Textkonsolen das deutsche Tastaturlayout:

```
root#  loadkeys de-latin1
Lade /lib/kbd/keymaps/i386/qwertz/de.map.gz
```

local var[=wert]

Das bash-Kommando local definiert in Funktionen innerhalb von Shell-Scripts eine lokale Variable. Das Kommando kann nur in selbst definierten Funktionen verwendet werden (siehe function). Vor und nach dem Gleichheitszeichen dürfen keine Leerzeichen angegeben werden.

```
localectl [optionen] [kommando]
```

Das Kommando localectl dient bei Distributionen mit dem Init-System Systemd zur Steuerung der Sprach- und Tastatureinstellungen. Es verändert die Dateien /etc/locale.conf, /etc/vconsole.conf sowie /etc/X11/xorg.conf/00-keyboard.conf.

Optionen

▶ --no-convert

verändert nur die Tastatur für die Konsole (Kommando set-keymap) bzw. für den Grafikmodus (Kommando set-x11-keymap). Standardmäßig versucht localectl, die Tastatureinstellungen sowohl für den Text- als auch für den Grafikmodus zugleich zu verändern. Die betreffenden Dateien haben aber eine unterschiedliche Syntax, weswegen die Konvertierung der Parameter mitunter scheitert.

▶ --no-pager

führt Ausgaben direkt auf der Standardausgabe aus, anstatt less zu verwenden.

Kommandos

▶ list-keymaps

ermittelt eine Liste aller möglichen Tastatur-Layouts für den Textmodus.

▶ list-locales

ermittelt eine Liste aller möglichen Spracheinstellungen.

▶ list-x11-keymap-models
list-x11-keymap-layouts
list-x11-keymap-variants [layout]
list-x11-keymap-options

ermittelt die zulässigen Parameter für die Einstellung des Tastaturlayouts im Grafiksystem X.

▶ set-keymap name

aktiviert das angegebene Tastaturlayout.

▶ set-locale name

aktiviert die angegebene Spracheinstellung.

▶ set-x11-keymap layout [modell variante optionen]

aktiviert das angegebene Tastaturlayout für den Grafikmodus.

▶ status

zeigt die aktuellen Sprach- und Tastatureinstellungen an.

Beispiel

Die beiden folgenden Kommandos stellen die Sprache Deutsch, den Zeichensatz UTF8 sowie ein deutsches Tastaturlayout ein, wobei die Besonderheiten einer Apple-Tastatur berücksichtigt werden:

```
root#  localectl set-locale de_DE.UTF-8
root#  localectl set-x11-keymap de de mac grp:alt_shift_toggle
```

locate muster

locate ermöglicht eine besonders schnelle Suche nach Dateien. Es durchsucht eine zumeist einmal täglich aktualisierte Dateidatenbank, in der das angegebene Muster im vollständigen Dateinamen (inklusive Pfad) vorkommt. Dateien, die nach der letzten Datenbankaktualisierung entstanden sind oder verändert wurden, können aber natürlich nicht gefunden werden.

Zumeist müssen locate und das zugrunde liegende updatedb-System extra installiert und oft auch konfiguriert werden. Die erforderlichen Pakete heißen mlocate oder findutils-locate (openSUSE).

logname

logname zeigt den Login-Namen (Benutzernamen) an.

logout

logout oder noch kürzer einfach ⎡Strg⎤+⎡D⎤ beendet die Sitzung in einer Konsole oder in einem Terminalfenster.

lpadmin [optionen]

lpadmin richtet einen neuen Drucker für das CUPS-Drucksystem ein, verändert dessen Zugriffsrechte für den Netzwerkbetrieb bzw. löscht ihn wieder.

▶ -d name

definiert den angegebenen Drucker als Standarddrucker.

▶ -E *name*

　　aktiviert den angegebenen Drucker.

▶ -p *name*

　　richtet einen neuen Drucker ein. Mit diversen weiteren Optionen geben Sie die Konfigurationsparameter an (siehe man lpadmin).

▶ -x *name*

　　löscht die Konfiguration für den angegebenen Drucker.

lpinfo [optionen]

lpinfo listet die für CUPS verfügbaren Devices und Treiber auf.

▶ -l

　　liefert besonders ausführliche Informationen. Die Option muss mit -m oder -v kombiniert werden.

▶ -m

　　liefert eine Liste aller verfügbaren Druckertreiber.

▶ -v

　　liefert eine Liste aller bekannten Druck-Devices.

lpoptions [optionen]

lpoptions zeigt die Optionen von CUPS-Druckern an bzw. verändert sie.

▶ -l

　　liefert eine Liste der verfügbaren Optionen und deren aktueller Einstellung.

▶ -o *optionsname=wert*

　　verändert die Einstellung der angegebenen Option.

▶ -p *name*

　　gibt den gewünschten Drucker an. (Ohne die Option bezieht sich lpoptions auf den Standarddrucker.)

L

`lpq` [optionen]

`lpq` liefert eine Liste aller zwischengespeicherten Dateien bzw. Druckaufträge. Dabei werden auch die Größe der Datei sowie eine Jobnummer angegeben. Diese Jobnummer können Sie als Parameter von `lprm` angeben, um eine Datei aus dem Drucker-Spooler zu entfernen.

▶ `-a`

zeigt die Druckjobs aller Warteschlangen an.

▶ `-P`*name*

zeigt die Druckjobs der angegebenen Warteschlange *name* an.

`lpr` datei

`lpr` druckt die angegebene Datei aus.

▶ `-l`

umgeht das Filtersystem und sendet die Druckerdaten unverändert an den Drucker. Die Option ist dann sinnvoll, wenn eine Druckdatei bereits im druckerspezifischen Format vorliegt.

▶ `-o options`

übergibt diverse Zusatzparameter, z. B. `-o media=A4` oder `-o page-ranges=23-27, 29,31`. Zahlreiche Beispiele finden Sie hier in der CUPS-Dokumentation:

http://www.cups.org/documentation.php/options.html

▶ `-P`*name*

verwendet die Warteschlange *name* statt des Standarddruckers. Beachten Sie, dass der Option kein Leerzeichen folgt!

`lprm` [optionen] [id]

`lprm` bricht den aktuellen bzw. den durch die ID-Nummer angegebenen Druckjob ab.

▶ `-P`*name*

gibt die Warteschlange an.

lpstat [optionen]

lpstat zeigt Informationen über CUPS-Klassen, -Drucker und deren Druckjobs an. lpstat funktioniert gleichermaßen für lokale Drucker wie für Netzwerkdrucker.

▶ -a

zeigt für alle Drucker an, ob sie bereit sind, Druckaufträge entgegenzunehmen.

▶ -c

zeigt alle Klassen an.

▶ -d

zeigt den Standarddrucker an.

▶ -s

zeigt eine Statusübersicht an (Standarddrucker, Liste aller Klassen und Drucker etc.).

▶ -t

zeigt alle verfügbaren Informationen an.

▶ -v

zeigt alle Drucker an.

ls [-optionen] [pfad]

ls zeigt eine Liste aller Dateien und Verzeichnisse an. Wenn ls ohne weitere Parameter oder Optionen verwendet wird, liefert das Kommando eine mehrspaltige, nach Dateinamen sortierte Tabelle, in der alle Dateien, Links und Verzeichnisse im aktuellen Verzeichnis angezeigt werden.

▶ -a bzw. -all

zeigt auch Dateien an, die mit . beginnen. Eine ganz ähnliche Wirkung hat die Option -A. Der einzige Unterschied besteht darin, dass die Dateien . und .. (Verweis auf das aktuelle und das übergeordnete Verzeichnis) nicht angezeigt werden.

▶ --color

verwendet unterschiedliche Farben für unterschiedliche Dateitypen (Links, Verzeichnisse etc.). Details dazu finden Sie im man-Text.

- ▶ -d bzw. --directory

  zeigt nur den Namen des Verzeichnisses, nicht aber seinen Inhalt an. Die Option ist beispielsweise dann sinnvoll, wenn als Pfad ein Verzeichnisname angegeben wird und die Zugriffsrechte dieses Verzeichnisses überprüft werden sollen (und nicht sein Inhalt).

- ▶ -h

  zeigt die Dateigrößen in kByte, MByte und GByte an (*human readable*).

- ▶ -i bzw. --inode

  zeigt zusätzlich zu den restlichen Informationen auch den I-Node der Datei an. (Der I-Node ist eine interne Identifikationsnummer der Datei, die zur Linux-internen Dateiverwaltung benötigt wird.) Die Option kann zur Erkennung von Links eingesetzt werden. (Durch Links verknüpfte Dateien haben denselben I-Node.)

- ▶ -I *datei* bzw. --ignore *datei*

- ▶ -I *muster*

  schließt die angegebenen Dateien von der Anzeige aus. -I*ps verhindert beispielsweise, dass Dateien mit der Endung ps angezeigt werden. Wenn nach -I nicht eine einzelne Datei, sondern ein Dateimuster angegeben wird, dann darf zwischen -I und dem Muster kein Leerzeichen eingegeben werden!

- ▶ -l bzw. --format=long oder --format=verbose

  zeigt zusätzlich zum Dateinamen weitere Informationen an: die Dateigröße in Bytes, die Zugriffsrechte etc. Zur Anzeige jeder Datei wird eine eigene Zeile verwendet (statt der platzsparenden mehrspaltigen Auflistung).

- ▶ -L bzw. --dereference

  zeigt bei einem symbolischen Link auf ein Verzeichnis nicht den Pfad des Links, sondern den Inhalt des Ursprungsverzeichnisses an.

- ▶ -o bzw. --no-color

  verzichtet auf unterschiedliche Farben oder Schriftarten.

- ▶ -p bzw. -F

  hängt an die Dateinamen ein Sonderzeichen an, das den Typ der Datei kennzeichnet. Diese Option wird bei manchen Linux-Distributionen in /etc/profile durch eine alias-Abkürzung standardmäßig aktiviert. Die wichtigsten Sonderzeichen

sind: / für Verzeichnisse, @ für symbolische Links, * für ausführbare Dateien und
| für FIFOs.

▶ -r bzw. --reverse

dreht die Sortierreihenfolge um. Die Option wird oft in Kombination mit -t oder
-S verwendet.

▶ -R bzw. --recursive

erfasst auch Dateien in Unterverzeichnissen.

▶ -S bzw. --sort=size

sortiert die Dateien nach ihrer Größe (die größte Datei zuerst).

▶ -t bzw. --sort=time

sortiert die Dateien nach Datum und Uhrzeit der letzten Änderung (die neueste
Datei zuerst).

▶ -u bzw. --sort=access

sortiert die Dateien nach Datum und Uhrzeit des letzten Lesezugriffs. Die Option
muss zusammen mit -t angegeben werden (sonst sortiert ls überhaupt nicht).

▶ -X bzw. --sort=extension

sortiert die Dateien nach ihrer Kennung (d. h. nach der Buchstabenkombination
nach dem letzten . im Dateinamen).

▶ -Z bzw. --context

zeigt die SELinux-Kontextinformationen. Mehr Informationen liefert --lcontext,
weniger Informationen gibt --scontext.

ls zeigt leider nicht den gesamten Speicherbedarf aller aufgelisteten Daten an. Diese
Aufgabe übernimmt das Kommando du. ls ist nicht in der Lage, die Zugriffsbits einer
Datei oktal anzuzeigen. Dazu verwenden Sie das Kommando stat.

Beispiel

Das folgende Kommando zeigt alle Dateien im aktuellen Verzeichnis an und sortiert
sie nach dem Datum (die neueste Datei zuletzt).

```
user$  ls -ltr
-rw-r--r-- 1 kofler kofler 1681276 2014-03-02 10:01 cimg3079.jpg
-rw-r--r-- 1 kofler kofler 1582496 2014-03-02 10:01 cimg3014.jpg
-rw-r--r-- 1 kofler kofler 1615070 2014-03-02 10:01 cimg2965.jpg
...
```

Kurz einige Anmerkungen zur Interpretation des ls-Ergebnisses: Die zehn Zeichen am Beginn der Zeile geben den Dateityp und die Zugriffsbits an. Als Dateityp kommen infrage: der Bindestrich - für eine normale Datei, d für ein Verzeichnis (*directory*), b oder c für eine Device-Datei (*block* oder *char*) oder l für einen symbolischen Link.

Die nächsten drei Zeichen (rwx) geben an, ob der Besitzer die Datei lesen, schreiben und ausführen darf. Analoge Informationen folgen für die Mitglieder der Gruppe sowie für alle anderen Systembenutzer.

Die Zahl im Anschluss an die zehn Typ- und Zugriffszeichen gibt an, wie viele Hard-Links auf die Datei verweisen. Die weiteren Spalten geben den Besitzer und die Gruppe der Datei an (hier jeweils kofler), die Größe der Datei, Datum und Uhrzeit der letzten Änderung und zuletzt den Dateinamen.

lsattr [optionen] dateien

lsattr zeigt den Zustand der selten genutzten Zusatzattribute des ext-Dateisystems an (siehe auch die Beschreibung von chattr).

lsblk [optionen] [iodevice]

lsblk liefert eine hierarchische Liste sämtlicher Block-Devices bzw. aller Devices, die sich auf einem Datenträger befinden. Das Kommando ist ausgezeichnet geeignet, um rasch einen guten Überblick über alle Partitionen und Logical Volumes zu erhalten.

▶ -a

bezieht auch leere Devices in das Ergebnis ein.

▶ -b

gibt Größenangaben in Byte an.

▶ -f

zeigt zu jedem Device auch den Dateisystemtyp, den Label und die UUID an.

▶ -p

gibt vollständige Device-Namen an, also z. B. dev/mapper/fedora-swap bei Logical Volumes.

Beispiel

Das folgende `lsblk`-Ergebnis ist auf einem Fedora-Rechner mit zwei Festplatten und einem DVD-Laufwerk entstanden. Das root-Dateisystem und die Swap-Partition befinden sich in Logical Volumes.

```
root#  lsblk
NAME            MAJ:MIN RM  SIZE RO TYPE MOUNTPOINT
sda              8:0    0   15G  0 disk
  sda1           8:1    0  200M  0 part /boot
  sda2           8:2    0 14,8G  0 part
    fedora-swap 253:0   0  500M  0 lvm  [SWAP]
    fedora-root 253:1   0 14,3G  0 lvm  /
sdb              8:16   0    1G  0 disk
  sdb1           8:17   0  476M  0 part
  sdb2           8:18   0  286M  0 part
sr0             11:0    1  4,2G  0 rom  /run/media/kofler/FedoraDVD
```

lshal [optionen]

`lshal` liefert eine Liste aller Komponenten, die dem *Hardware Abstraction Layer* (HAL) bekannt sind. Die Daten werden vom HAL-Dämon `hald` verwaltet und stammen unter anderem vom `udev`-System.

▶ `-m` bzw. `--monitor`

zeigt Hardware-Änderungen an. In dieser Form läuft das Kommando, bis es durch ⌨Strg⌨+⌨C⌨ beendet wird.

▶ `-s` bzw. `--short`

zeigt nur die Kurzfassung an (eine Zeile pro Komponente).

▶ `-t` bzw. `--tree`

rückt die Ergebnisse in einer Baumstruktur ein.

lsmod

`lsmod` liefert eine Liste aller Module, die momentan in den Kernel geladen sind.

lsof [optionen] [datei/schnittstelle]

Ohne weitere Parameter liefert lsof eine zumeist sehr lange Liste aller momentan offenen Dateien bzw. Schnittstellen und der ihnen zugeordneten Prozesse. lsof datei liefert Informationen zum Prozess, der diese Datei offen hält.

▶ -i *adresse*

liefert Informationen zu Prozessen, die die angegebene Netzwerkadresse nutzen. Die Adresse setzt sich in der Form [46][protocol][@hostname|hostaddr][:service| port] zusammen. Beispielsweise liefert -i 4tcp Informationen zu allen Prozessen, die das Protokoll TCP in der IP-Version 4 nutzen.

▶ -n

verzichtet auf die Auflösung von Netzwerknamen.

▶ -N

berücksichtigt auch NFS-Dateien.

▶ -u *user*

liefert nur Informationen zu Dateien/Schnittstellen, die vom angegebenen Benutzer genutzt werden. Es können auch mehrere Benutzer angegeben werden (Name oder UID, getrennt durch Kommas).

▶ -X

ignoriert alle offenen TCP- und UDP-Dateien.

Beispiele

Die beiden folgenden Kommandos zeigen alle Prozesse, die das Protokoll UDP bzw. den Port 22 nutzen:

```
root#  lsof -i udp
ntpd       3696     ntp    16u  IPv4   9026       UDP *:ntp
portmap    4745  daemon    3u   IPv4   12931      UDP *:sunrpc
rpc.statd 4764   statd     5u   IPv4   12962      UDP *:700
...
root#  lsof -i :22
COMMAND   PID USER    FD    TYPE DEVICE SIZE NODE NAME
sshd     5559 root    3u    IPv6 14097         TCP *:ssh (LISTEN)
sshd     7729 root    3r    IPv6 33146         TCP mars.sol:ssh->merkur.sol:45368
                                                    (ESTABLISHED)
```

lspci [optionen]

lspci liefert Informationen über den PCI-Bus und sämtliche daran angeschlossenen Geräte.

▶ -tv

liefert eine baumförmige Geräteliste, die deutlich macht, wie die Geräte miteinander verbunden sind.

▶ -v bzw. -vv bzw. -vvv

liefert noch mehr Details.

lsscsi [optionen]

lsscsi liefert Informationen über alle angeschlossenen SCSI-Geräte.

▶ -c

zeigt die Daten im selben Format wie /proc/scsi/scsi an.

▶ -H

liefert eine Liste der SCSI-Hosts (statt der SCSI-Geräte).

▶ -l

liefert ausführliche Informationen zu jedem Gerät.

lsusb [optionen]

lsusb liefert Informationen über alle angeschlossenen USB-Geräte.

▶ -t

rückt die Ausgabe baumartig ein und verdeutlicht so, an welchem Bus welches Gerät angeschlossen ist.

▶ -v

liefert ausführliche Informationen zu jedem Gerät.

Beispiel

Das folgende Kommando zeigt, dass an den Computer ein USB-WLAN-Adapter angesteckt ist:

```
user$ lsusb
...
Bus 001 Device 004: ID 7392:7811 Edimax Technology Co.,
  Ltd EW-7811Un 802.11n Wireless Adapter [Realtek RTL8188CUS]
```

luksformat [optionen] device

luksformat richtet mit cryptsetup luksFormat einen Crypto-Container ein, aktiviert diesen mit cryptsetup luksOpen und richtet am resultierenden Device ein VFAT-Dateisystem ein. Wenn Sie ein anderes Dateisystem wünschen, verwenden Sie beispielsweise -t ext4.

lvcreate [optionen] name

Das LVM-Kommando lvcreate erzeugt ein neues Logical Volume (LV) innerhalb der durch name angegebenen Volume Group (VG).

- ▶ -i n

  verteilt das LV gleichmäßig über die angegebene Anzahl von PVs (Physical Volumes). Das setzt voraus, dass die VG aus zumindest so vielen PVs besteht. Sofern sich die PVs auf unterschiedlichen Festplatten befinden, erzielen Sie damit einen ähnlichen Effekt wie mit RAID-0 (Striping).

- ▶ -L size

  gibt die gewünschte Größe an. Die Größenangabe erfolgt standardmäßig in MByte, mit dem entsprechenden Suffix aber auch in Byte, kByte, GByte oder TByte (z. B. -L 2G).

- ▶ -n lvname

  gibt den LV-Namen an. Wenn diese Option fehlt, verwendet das Kommando den Namen lvoln.

- ▶ -s

  erzeugt einen Snapshot, also eine statische Kopie eines vorhandenen LVs. name gibt in diesem Fall nicht die VG, sondern das zugrunde liegende LV an. Die Größenangabe -L gibt den Speicher an, der für kopierte Sektoren benötigt wird, wenn sich das zugrunde liegende LV ändert. Ist dieser Speicher erschöpft, endet die Lebensdauer des Snapshots.

174

Beispiel

Das folgende Kommando richtet in der VG `myvg1` ein neues Logical Volume mit dem Namen `myvol1` in der Größe von 50 GByte ein:

```
root#  lvcreate -L 50G -n myvol1 myvg1
  Logical volume "myvol1" created
```

Durch das Kommando wird gleichzeitig auch die Datei `/dev/myvg1/myvol2` erzeugt. Dabei handelt es sich um einen Link auf die Datei `/dev/mapper/myvg1-myvol2`. Das LV kann jetzt unter einem dieser beiden Device-Namen wie eine gewöhnliche Festplattenpartition verwendet werden. Das folgende Kommando richtet dort ein Dateisystem ein:

```
root#  mkfs.ext4 /dev/myvg1/myvol1
```

---

lvdisplay [optionen] lvname

`lvdisplay` zeigt Detailinformationen zu einem LV an.

---

lvextend [optionen] lvname [pvname]

`lvextend` vergrößert den Speicher für das angegebene LV-Device. Den neuen Gesamtspeicher geben Sie mit der Option `-L` an (siehe `lvcreate`). Alternativ können Sie die Schreibweise `-L +size` verwenden, um die gewünschte Änderung anzugeben.

Der benötigte Speicher wird innerhalb derselben VG reserviert, in der sich das LV befindet. Wenn die VG aus mehreren Physical Volumes (PVs) zusammengesetzt ist, können Sie durch die optionale Angabe von `pvname` auswählen, welche PV den Speicher zur Verfügung stellt.

Ein Beispiel zur Anwendung von `lvextend` finden Sie bei der Beschreibung des Kommandos `resize2fs` zur Veränderung der Größe von `ext`-Dateisystemen.

---

lvm [kommando]

`lvm` ist das zentrale Administrationskommando für den Logical Volume Manager. `lvm` befindet sich üblicherweise im Paket `lvm2` und muss bei vielen Distributionen extra installiert werden, wenn nicht bereits bei der Installation ein LVM-System eingerichtet wurde.

Wenn Sie `lvm` ohne weitere Kommandos ausführen, gelangen Sie in eine Shell, in der Sie interaktiv LVM-Kommandos ausführen können. `help` liefert eine Liste aller zur Auswahl stehenden Kommandos. Alternativ können Sie an `lvm` ein Kommando übergeben, das dann sofort ausgeführt wird.

Alle LVM-Kommandos können wahlweise via `lvm` oder direkt ausgeführt werden. Die Kommandos `lvm lvcreate xxx` und `lvcreate xxx` sind daher gleichwertig.

Aus Gründen der Übersichtlichkeit habe ich mich in diesem Buch dazu entschlossen, die wichtigsten LVM-Kommandos separat zu beschreiben. Kommandos zur Bearbeitung von Logical Volumes beginnen mit den Anfangsbuchstaben `lv`, solche zur Administration von Physical Volumes beginnen mit `pv`, und Kommandos zum Verwalten von Volume Groups beginnen mit `vg`.

`lvreduce` [optionen] lvname

`lvreduce` verkleinert den Speicherplatz des angegebenen LV-Device. Wenn das LV ein Dateisystem enthält, muss dieses *vorher* verkleinert werden, andernfalls kommt es zu Datenverlusten! Sie können wahlweise die neue Gesamtgröße in der Form `-L size` angeben oder die gewünschte Änderung in der Form `-L -size`.

`lvremove` [optionen] lvname

`lvremove` löscht das angegebene LV.

▶ `-f`

   verzichtet auf Rückfragen.

`lvrename` oldlvname newlvname

`lvrename` gibt dem LV einen neuen Namen.

`lvscan` [optionen]

`lvscan` listet alle LVs auf.

`lzop` [optionen] [dateiname]

lzop aus dem gleichnamigen Paket komprimiert bzw. dekomprimiert Dateien. lzop erreicht deutlich schlechtere Kompressionsraten als gzip, bzip2 oder xz, ist dafür aber *viel* schneller. Die Syntax von lzop orientiert sich am gzip-Kommando.

lzop ist das perfekte Kommando, wenn Sie Dateien platzsparend sichern möchten (z. B. für ein Backup), dafür aber nicht allzu viel CPU-Leistung investieren möchten. Dabei werden Sie lzop zumeist im Pipe-Modus verwenden, wie bei den beiden tar-Beispielen unten. In den meisten Fällen sparen Sie durch das Komprimieren nicht nur Platz, sondern auch Zeit! Bei vielen Dateien ist die Zeitersparnis bei der Datenspeicherung (I/O) bzw. bei der Netzwerkübertragung größer als die zum Komprimieren erforderliche Zeit.

▶ -c bzw. --stdout oder --to-stdout

   leitet das Ergebnis auf die Standardausgabe um.

▶ -d bzw. --decompress oder --uncompress

   dekomprimiert die angegebene Datei, anstatt sie zu komprimieren.

▶ -*n*

   steuert die Geschwindigkeit und Qualität der Kompression. -1 ist am schnellsten, -9 liefert die kleinsten Dateien. Standardmäßig gilt -3.

▶ -U

   überschreibt die vorhandene Datei. (Standardmäßig bleibt die ursprüngliche Datei erhalten. Die neue, komprimierte Datei erhält das Suffix .lzo.)

Beispiele

Das erste Kommando komprimiert die Datei und liefert datei.lzo. Das zweite Kommando dekomprimiert die Datei wieder.

```
user$  lzop datei
user$  lzop -d datei.lzw
```

Die beiden folgenden Beispiele zeigen die Anwendung von lzop in Kombination mit tar:

```
user$  tar cf -c verz | lzop -c > backup.tar.lzo      (Archiv erstellen)
user$  lzop -d < backup.tar.lzo | tar xf -            (Archiv auspacken)
```

`makepasswd` [optionen]

`makepasswd` aus dem gleichnamigen Paket erzeugt ein neues, zufälliges Passwort. Das Kommando ist gut geeignet, wenn Sie für einen neuen Account ein Passwort benötigen, aber nicht Ihre eigene Fantasie strapazieren möchten.

Unter Fedora und RHEL steht das `makepasswd` nicht zur Verfügung. Dort installieren Sie stattdessen das Paket `expect`, das das Kommando `mkpasswd` enthält.

▶ `--chars` *n*

gibt die gewünschte Passwortlänge an (standardmäßig zehn Zeichen).

▶ `--count` *n*

liefert *n* Passwörter (standardmäßig nur eines).

▶ `--strings` *zeichenkette*

verwendet die in der Zeichenkette enthaltenen Zeichen, um das Passwort zusammenzusetzen. Standardmäßig verwendet das Kommando nur Groß- und -Kleinbuchstaben (ASCII) und Ziffern, aber keine Sonderzeichen.

Beispiel

Das folgende Kommando liefert ein Passwort mit zwölf Zeichen:

```
user$  makepasswd --chars 12
TaQKD1VGYmax
```

`man` [gruppe] [optionen] name

`man` zeigt Online-Informationen zum angegebenen Kommando bzw. zur angegebenen Datei an. Durch die Angabe einer Gruppe kann die Suche eingeschränkt werden. Wichtige Gruppen sind 1 (Benutzerkommandos), 5 (Konfigurationsdateien) und 8 (Kommandos zur Systemadministration). Bei den meisten Distributionen werden die `man`-Texte durch `less` angezeigt, d. h., es gelten die beim Kommando `less` in Tabelle 16 zusammengefassten Tastenkürzel zum Blättern bzw. Suchen im Hilfetext.

▶ `-a`

zeigt der Reihe nach alle gleichnamigen `man`-Seiten an. Ohne diese Option wird gewöhnlich nur die erste von mehreren gleichnamigen Dateien aus unterschiedlichen Themengebieten angezeigt. Bei manchen Linux-Distributionen gilt `-a` als Standardeinstellung.

▶ `-f` *schlüsselwort*

zeigt die Bedeutung eines Schlüsselworts an (einen einzeiligen Text). Mit dieser Option entspricht `man` dem Kommando `whatis` *thema*.

▶ `-k` *schlüsselwort*

zeigt eine Liste aller vorhandenen `man`-Texte an, in denen das Schlüsselwort vorkommt. Dabei wird allerdings keine Volltextsuche durchgeführt. Vielmehr werden nur die Schlüsselwörter jedes `man`-Textes analysiert. Mit dieser Option entspricht `man` dem Kommando `apropos` `thema`.

`md5sum` dateien

`md5sum` berechnet Prüfsummen zu allen angegebenen Dateien. Prüfsummen des *Message-Digest Algorithm 5* werden oft dazu verwendet, um nach der Übertragung einer Datei sicherzustellen, dass die Datei unverändert ist.

`mdadm` [optionen]

Das Kommando `mdadm` aus dem gleichnamigen Paket hilft bei der Verwaltung von Software-RAID-Verbunden. Das Kommando wird durch unzählige Optionen gesteuert. Dabei gibt zumeist eine Option den Modus an (z. B. `--create` bzw. `-C`, um einen neuen RAID-Verbund einzurichten). Die weiteren Optionen steuern Details der gewünschten Operation.

▶ *mddevice* `--add` *device*

fügt dem Verbund eine Partition hinzu.

▶ `--assemble` *mddevice device1 device2 ... devicem*

fügt den Verbund *mddevice* aus den Festplattenpartitionen *device1* bis *devicem* neu zusammen. Das funktioniert nur, wenn *device1* bis *devicem* vorher mit `--create` als Bestandteile eines RAID-Verbunds initialisiert wurden.

▶ `--assemble` `--scan` *mddevice*

setzt die RAID-Partition *mddevice* aus den in `mdadm.conf` angegebenen Festplattenpartitionen zusammen.

▶ `--create` *mddevice* `--level=`*n* `--raid-devices=`*m device1 device2 ... devicem*

erzeugt den neuen Verbund *mddevice* für den RAID-Level *n*, der aus den *m* Festplattenpartitionen *device1* bis *devicem* besteht.

M

▶ `--detail` *mddevice*

liefert Detailinformationen über die RAID-Partition.

▶ `--examine` *device*

liefert Detailinformationen über die angegebene Festplattenpartition, die Bestandteil eines RAID-Verbunds sein muss.

▶ `--examine --scan`

liefert eine Zusammenfassung über alle verfügbaren RAID-Partitionen in der Syntax von `mdadm.conf`.

▶ *mddevice* `--fail` *device*

markiert die Festplattenpartition *device* als fehlerhaft und deaktiviert sie so.

▶ `--grow` *mddevice* `--size=max`

vergrößert den Verbund, sodass die zugrunde liegenden Festplattenpartitionen optimal genutzt werden. Das Kommando ist in dieser Form nur nach einer Vergrößerung der Festplattenpartitionen sinnvoll.

▶ `--grow` *mddevice* `--raid-devices=`*n*

vergrößert die Anzahl der in den Verbund integrierten Festplattenpartitionen (nur für die RAID-Level 1, 5 und 6).

▶ `--monitor` *device*

überwacht die aktiven RAID-Verbunde. Das Kommando wird üblicherweise beim Hochfahren des Rechners gestartet und sendet bei Problemen eine Mail an den Administrator (Option `-m`).

▶ `--query` *device*

testet, ob die Partition eine RAID-Partition bzw. Bestandteil eines RAID-Verbunds ist.

▶ *mddevice* `--remove` *device*

entfernt die Festplattenpartition *device* aus dem RAID-Verbund. *device* darf nicht aktiv sein und muss gegebenenfalls vorher mit `--fail` deaktiviert werden.

▶ `--stop` *mddevice*

deaktiviert den angegebenen Verbund. Der Verbund kann nun mit `--assemble` neu zusammengesetzt werden.

▶ `--zero-superblock` *device*

löscht die RAID-Metadaten einer Festplattenpartition.

Beispiele

Die beiden folgenden Kommandos bilden aus den beiden Partitionen /dev/sda3 und /dev/sdb3 einen RAID-0-Verbund und richten dort ein ext4-Dateisystem ein. Die Partitionen müssen zuvor als RAID-Partitionen gekennzeichnet werden. Wenn Sie zum Partitionieren fdisk verwenden, stellen Sie die Partitions-ID-Nummer mit dem Kommando ⊤ auf den hexadezimalen Wert fd. Bei parted führen Sie set *partitions-nummer* raid on aus.

```
root#  mdadm --create /dev/md0 --level=0 --raid-devices=2 /dev/sda3 /dev/sdb3
mdadm: array /dev/md0 started.
root#  mkfs.ext4 /dev/md0
```

Die Vorgehensweise beim Einrichten eines RAID-1-Verbunds ist exakt dieselbe wie bei RAID-0. Einzig das Kommando zum Einrichten des RAID-Systems sieht ein wenig anders aus und enthält nun --level=1 statt --level=0:

```
root#  mdadm --create /dev/md0 --level=1 --raid-devices=2 /dev/sda3 /dev/sdb3
mdadm: array /dev/md0 started.
root#  mkfs.ext4 /dev/md0
```

Um die Funktionsweise eines RAID-1-Verbunds zu testen, markieren Sie eine Partition als defekt:

```
root#  mdadm /dev/md0 --fail /dev/sdb3
```

Sie können den Verbund weiter nutzen; alle Änderungen werden nun aber nur noch auf der verbleibenden Festplattenpartition gespeichert. Um /dev/sdb3 wieder zu /dev/md0 hinzuzufügen, müssen Sie die als defekt gekennzeichnete Partition zuerst explizit entfernen:

```
root#  mdadm --remove /dev/md0 /dev/sdb3
root#  mdadm --add    /dev/md0 /dev/sdb3
```

Es beginnt nun die automatische Re-Synchronisation der beiden Partitionen, die je nach der Größe des Verbunds geraume Zeit dauert (Richtwert: ca. 20 Minuten pro 100 GByte bei herkömmlichen SATA-Festplatten). Immerhin können Sie in dieser Zeit weiterarbeiten. Das Dateisystem wird allerdings langsamer als sonst reagieren. cat /proc/mdstat gibt Auskunft darüber, wie weit der Synchronisationsprozess fortgeschritten ist.

Um alle durchgeführten Änderungen in der RAID-Konfigurationsdatei mdadm.conf zu speichern, führen Sie das folgende Kommando aus. Anschließend müssen Sie mit einem Editor eventuell schon früher eingetragene RAID-Verbunde aus der Konfigurationsdatei entfernen, damit die Datei frei von Doppelgängern ist.

```
root#  mdadm --examine --scan >> /etc/mdadm/mdadm.conf
```

M

`mformat` laufwerk

Sollten Sie in die Verlegenheit kommen, auf einer uralten Diskette ein Dateisystem einzurichten, verwenden Sie das Kommando `mformat`. Die Diskette muss vorher mit `fdformat` formatiert werden.

`mkdir` verzeichnis

`mkdir` erstellt ein neues Verzeichnis. Die beiden wichtigsten Optionen lauten:

▶ `-m modus` bzw. `--mode=modus`

setzt die Zugriffsrechte des neuen Verzeichnisses wie durch *modus* angegeben (siehe `chmod`).

▶ `-p` bzw. `--parents`

erstellt auch Zwischenverzeichnisse. Wenn Sie `mkdir a/b/c` ausführen und die Verzeichnisse `a` sowie `a/b` noch nicht existieren, werden auch diese Verzeichnisse erstellt.

`mkfifo` datei

`mkfifo` richtet eine FIFO-Datei ein (*First In First Out*). FIFO-Dateien funktionieren im Prinzip wie Pipes und ermöglichen den Datenaustausch zwischen zwei Programmen.

Beispiel

Im folgenden Beispiel richtet `mkfifo` eine FIFO-Datei ein. `ls` leitet das Inhaltsverzeichnis auf diese Datei um. `more` liest es von dort. `ls` muss mit & als Hintergrundprozess gestartet werden, weil der Prozess `ls` erst dann zu Ende ist, wenn `more` alle Daten aus `fifo` gelesen hat. Die Anzeige des Inhaltsverzeichnisses via `more` könnte natürlich viel einfacher auch ohne eine FIFO-Datei bewerkstelligt werden, nämlich durch `ls -l | more`.

```
user$  mkfifo fifo
user$  ls -l > fifo &
user$  more < fifo
```

```
mkfs [optionen] device [blocks]
```

mkfs richtet auf einer zuvor partitionierten Festplatte ein Dateisystem ein. mkfs kann nur von root ausgeführt werden. Das Programm verzweigt je nach angegebenem Dateisystem in das Kommando mkfs.*dateisystemtyp*. Die wichtigsten dateisystem-spezifischen mkfs.xxx-Kommandos werden im Folgenden beschrieben.

▶ -t *dateisystemtyp*

gibt den Typ des Dateisystems an. Infrage kommen z. B. ext4 oder xfs. Die Option -t muss als erste Option angegeben werden! Alle weiteren Optionen werden an das Kommando weitergegeben, das das Dateisystem tatsächlich einrichtet. Sie sind vom Typ des Dateisystems abhängig.

```
mkfs.btrfs [optionen] device1 [device2 device3 ...]
```

M

mkfs.btrfs richtet ein btrfs-Dateisystem ein. Das Kommando ist je nach Distribution Teil des Pakets btrfs-tools, btrfs-progs oder btrfsprogs, das unter Umständen extra installiert werden muss.

▶ -A bzw. --alloc-start *n*

lässt am Begin des Devices *n* Byte ungenutzt (standardmäßig gilt *n*=0).

▶ -d bzw. --data *type*

gibt den gewünschten RAID-Typ für die Daten an. Erlaubte Werte sind momentan raid0, raid1, raid10, raid5, raid6 oder single (gilt standardmäßig). Wenn Sie einen btrfs-RAID-Verbund einrichten, müssen Sie entsprechend viele Devices angeben (zwei für RAID-1, vier für RAID-10).

▶ -L bzw. --label *name*

gibt dem Dateisystem einen Namen.

▶ -m bzw. --data *type*

gibt den gewünschten RAID-Typ für die Metadaten an. Neben den bei der Option -d angegebenen RAID-Varianten gibt es zusätzlich dup. Diese Variante gilt standardmäßig bei Dateisystemen, die nur ein Device umfassen. Alle Metadaten werden daher aus Sicherheitsgründen doppelt gespeichert. Eine Ausnahme sind SSDs, wo bei Ein-Device-Dateisystemen per Default single gilt. dup ist hier nicht zweckmäßig, weil die interne Optimierung vieler SSDs die Redundanz der Daten erkennt und diese nur einfach abspeichert. Damit geht der durch die Duplizierung beabsichtigte Sicherheitsgewinn wieder verloren.

Wenn Sie ein btrfs-Dateisystem ohne weitere Angabe von Optionen über mehrere Devices verteilen, gilt standardmäßig der RAID-Typ raid1. Somit werden die Daten einfach gespeichert, die Metadaten aber mehrfach!

Beim Erstellen eines RAID-Verbunds geben Sie in der Regel mit -m den gleichen RAID-Typ wie bei der Option -d an. Wenn Ihr Dateisystem so schnell wie möglich sein soll, verwenden Sie -d raid0 -m raid0, um alle Redundanzen zu eliminieren.

Beispiel

Ein RAID-1-Dateisystem, das die beiden möglichst gleich großen Partitionen /dev/sdb1 und /dev/sdc1 nutzt, richten Sie mit diesem Kommando ein:

```
root#  mkfs.btrfs -d raid1 -m raid1 /dev/sdb1 /dev/sdc1
```

Sollte ein Device ausfallen, können Sie das Dateisystem mit der zusätzlichen mount-Option degraded weiterverwenden:

```
root#  mount -o degraded /dev/sdb1 /media/btrfs
```

Um den RAID-Verbund wiederherzustellen, fügen Sie dem Dateisystem wieder ein neues Device hinzu. Im folgenden Beispiel ist das wieder /dev/sdc1, wobei diese Partition nun aber von einer neuen Festplatte oder SSD stammt. Um das Dateisystem wieder über beide Devices zu verteilen und somit die RAID-1-Redundanz wiederherzustellen, müssen Sie außerdem btrfs filesystem balance ausführen. Bei großen Dateisystemen dauert die Ausführung dieses Kommandos naturgemäß sehr lange. Immerhin kann das Dateisystem in dieser Zeit genutzt werden, wenn auch mit stark verminderter Geschwindigkeit.

```
root#  btrfs device add /dev/sdc1 /media/btrfs
root#  btrfs filesystem balance /media/btrfs
```

Erst jetzt kann das defekte Device aus dem Dateisystem entfernt werden. Dabei verwenden Sie zur Device-Angabe das Schlüsselwort missing:

```
root#  btrfs device delete missing /media/btrfs
```

```
mke2fs [optionen] device [blocks]
mkfs.ext2 [optionen] device [blocks]
mkfs.ext3 [optionen] device [blocks]
mkfs.ext4 [optionen] device [blocks]
```

mke2fs bzw. mkfs.ext2, mkfs.ext3 oder mkfs.ext4 richten ein ext2-, ext3 oder ext4-Dateisystem ein. Alle vier Kommandos verweisen durch Links auf dasselbe Programm, verwenden aber unterschiedliche Standardoptionen, die in /etc/mk2efs.conf gespeichert sind.

▶ -b *n*

bestimmt die Blockgröße (normalerweise 4096 Bytes). Für n sind die Werte 1024, 2048, 4096 etc. erlaubt (also $2^n \times 1024$).

▶ -c

testet vor dem Einrichten des Datenträgers mit badblocks, ob defekte Blöcke existieren. Derartige Blöcke werden für das Dateisystem nicht genutzt. Der Test erfordert, dass *jeder* Datenblock verändert und wieder gelesen werden muss, und verlängert daher die Zeit zum Einrichten des Dateisystems erheblich.

▶ -i *n*

gibt an, nach jeweils wie vielen Bytes ein I-Node eingerichtet wird. (I-Nodes sind interne Verwaltungseinheiten eines Dateisystems. In einem I-Node werden alle Verwaltungsinformationen einer Datei mit Ausnahme des Namens – also Zugriffsbits, Besitzer, Datum des letzten Zugriffs etc. – gespeichert. Die Anzahl der I-Nodes wird beim Formatieren unveränderlich festgelegt.) Beispielsweise gibt es bei *n*=4096 pro MByte 1.048.576 / 4096 = 256 I-Nodes, d. h., es können pro MByte maximal 256 Dateien oder Verzeichnisse gespeichert werden, egal wie klein die Dateien sind.

Wenn Sie sehr viele sehr kleine Dateien speichern möchten, sollten Sie *n* kleiner wählen. Der Minimalwert beträgt 1024 (das entspricht 2048 Dateien pro MByte). Es ist nicht sinnvoll, den Wert kleiner als die Blockgröße zu wählen, da pro Block ohnedies nur eine Datei gespeichert werden kann. Wenn Sie dagegen nur sehr wenige sehr große Dateien speichern möchten, können Sie *n* auch größer wählen. Sie verringern damit den Verwaltungs-Overhead.

▶ -J

ermöglicht die Übergabe zusätzlicher Parameter, etwa um die Größe der Journaling-Datei einzustellen oder um die Journaling-Datei in einem anderen Device einzurichten. Das kann unter Umständen die Geschwindigkeit des Dateisystems ein wenig verbessern, macht aber gleichzeitig die Administration und die Wiederherstellung des Dateisystems nach einem Crash komplizierter. Die zur Auswahl stehenden Optionen werden in der Manual-Seite von mke2fs ausführlich beschrieben.

▶ -m *n*

gibt an, wie viel Prozent des Datenträgers für Daten von root reserviert werden sollen (standardmäßig 5 Prozent). Dieser Reservespeicher ermöglicht es root selbst dann noch zu arbeiten, wenn das Dateisystem für alle anderen Benutzer bereits restlos voll ist. Es handelt sich also um eine Sicherheitsreserve.

M

▸ -t ext2/ext3/ext4

gibt die gewünschte ext-Version an (nur bei mke2fs erforderlich).

Beispiel

Die beiden folgenden Kommandos richten zuerst ein neues ext4-Dateisystem in der Partition /dev/sda5 ein und deaktivieren dann die automatische Überprüfung des Dateisystems (siehe auch die Beschreibung des Kommandos tune2fs):

```
root#  mkfs.ext4 /dev/sda5
root#  tune2fs -i 0 -c 0 /dev/sda5
```

mkfs.ntfs [optionen] device

mkfs.ntfs richtet ein NTFS-Dateisystem ein, das kompatibel mit allen aktuellen Windows-Versionen ist. Das Kommando ist bei vielen Distributionen Teil des Pakets ntfsprogs und muss extra installiert werden.

▸ -f

führt die Formatierung schnell durch, ohne jeden Datenblock mit 0-Bytes vollzuschreiben. Die Option beschleunigt die Formatierung um ein Vielfaches!

mkfs.vfat [optionen] device

mkfs.vfat richtet ein Windows-Dateisystem ein, das kompatibel mit allen gängigen Windows-Versionen ist. Dieses Format bietet sich vor allem für USB-Sticks und SD-Karten an, die auch unter Windows oder in Kameras verwendet werden.

▸ -I

erlaubt die Formatierung des gesamten Datenträgers, ohne dass eine Partitionstabelle eingerichtet wird (mkfs.vfat -I /dev/sdg). Das ist mitunter bei USB-Sticks üblich (»Superfloppy«-Format).

Beispiel

Das folgende Kommando richtet in der Partition /dev/sdd1 ein VFAT-Dateisystem ein.

```
root#  mkfs.vfat /dev/sdd1
```

mkfs.xfs [optionen] device

mkfs.xfs richtet ein xfs-Dateisystem ein. Dieser Prozess kann durch unzählige Optionen gesteuert werden (man mkfs.xfs), von denen hier die wichtigsten herausgegriffen sind:

▶ -b size=*n*

gibt die gewünschte Blockgröße an (standardmäßig 4096 Byte).

▶ -l logdev=*device*

speichert die Journaling-Daten in einer eigenen Partition.

▶ -l size=*n*

gibt die Größe des Bereichs für die Journaling-Daten an. Ohne diese Option wählt mkfs.xfs selbst eine geeignete Größe.

▶ -L *label*

gibt dem Dateisystem den gewünschten Namen (maximal 12 Zeichen).

mkinitrd

mkinitrd ist bei RHEL bis Version 5.*n* sowie bei SUSE für das Erzeugen einer Initrd-Datei zuständig. Ab Fedora 12 bzw. RHEL 6 verwenden Sie stattdessen dracut, Debian und Ubuntu setzen update-initramfs ein.

Die Initrd-Datei enthält Kernelmodule, die während des Systemstarts durch GRUB geladen werden. mkinitrd wird in der Regel automatisch bei jedem Kernel-Update ausgeführt. Eine manuelle Ausführung ist nur erforderlich, wenn Sie einen eigenen Kernel kompiliert haben oder Änderungen an der Liste der anfänglich verfügbaren Kernelmodule durchführen möchten.

mkinitrd ist ein distributionsspezifisches Kommando, d. h., seine Syntax unterscheidet sich je nach Distribution! Hier wird zuerst die Variante von Red Hat behandelt, anschließend folgen Informationen zur SUSE-Variante.

mkinitrd bei RHEL 5

An das mkinitrd-Kommando von RHEL 5 müssen zumindest der Dateiname der zu erzeugenden Initrd-Datei sowie die Kernelversionsnummer übergeben werden. Das Kommando berücksichtigt automatisch alle Module zum Zugriff auf die Systempartition (Dateisystem-, LVM- und RAID-Module). Wenn sich die Systempartition auf einer SCSI-Festplatte befindet, entnimmt `mkinitrd` das erforderliche SCSI-Modul der Datei `/etc/modprobe.conf`.

▶ `--omit-scsi-modules`, `--omit-raid-modules`, `--omit-lvm-modules`

fügt der Initrd-Datei keine Module für SCSI, RAID bzw. LVM hinzu.

▶ `--with=modul`

fügt der Initrd-Datei das angegebene Modul zusätzlich hinzu. Für jedes Modul ist eine eigene `--with`-Option notwendig.

mkinitrd bei SUSE

Bei SUSE müssen Sie an `mkinitrd` keinerlei Parameter übergeben. Das Kommando erzeugt damit automatisch Initrd-Dateien zu allen Kerneldateien, die es im Verzeichnis `/boot` findet. Die Modulliste entnimmt `mkinitrd` der Variablen `INITRD_MODULES`, die in `/etc/sysconfig/kernel` definiert ist.

▶ `-a acpidatei`

fügt der Initrd-Datei die angegebene ACPI DSDT (*Differentiated System Description Table*) hinzu. Diese ACPI-Tabelle überschreibt beim Systemstart die vom BIOS vorgegebene Tabelle. Damit lassen sich Startprobleme bei fehlerhaften ACPI-Implementierungen umgehen.

▶ `-f funktionen`

berücksichtigt die angegebenen Funktionen. Zulässige Funktionen sind `iscsi`, `mpath`, `md`, `lvm`, `lvm2` und `evms`. Die Option ist nur erforderlich, wenn `mkinitrd` die zum Booten erforderlichen Funktionen nicht von sich aus erkennt.

▶ `-i initdatei`

speichert die Initrd-Datei unter dem angegebenen Namen (statt standardmäßig als `/boot/initrd-nnn`).

▶ `-k version`

erzeugt die Initrd-Datei nur für die angegebene Kernelversion.

▶ `-m module`

fügt die angegebenen Module in die Initrd-Datei ein.

mknod devicedatei {bc} major minor

mknod richtet eine neue Device-Datei ein. Device-Dateien befinden sich im Verzeichnis /dev und ermöglichen den Zugriff auf diverse Hardware-Komponenten. Device-Dateien werden durch drei Informationen charakterisiert: major und minor geben durch zwei Zahlen den Treiber an, mit dessen Hilfe auf die Geräte zugegriffen werden kann (Major- und Minor-Device-Nummer). Die Zeichen b oder c geben an, ob das Gerät gepuffert oder ungepuffert arbeitet.

Bei allen aktuellen Linux-Distributionen werden Device-Dateien automatisch durch das udev-System eingerichtet. Eine manuelle Ausführung von mknod ist daher nicht erforderlich. Eine Liste der wichtigsten Linux-Devices und der dazugehörenden Device-Nummern finden Sie hier:

http://www.kernel.org/doc/Documentation/devices.txt

M

mkpasswd [optionen]

mkpasswd aus dem Paket expect generiert zufällige Passwörter.

▶ -c *n*

gibt an, wie viele Kleinbuchstaben mindestens im Passwort enthalten sein müssen (Default: 2).

▶ -C *n*

gibt an, wie viele Großbuchstaben mindestens im Passwort enthalten sein müssen (Default: 2).

▶ -d *n*

gibt an, wie viele Ziffern mindestens im Passwort enthalten sein müssen (Default: 2).

▶ -l *n*

gibt die gewünschte Zeichenanzahl des Passworts an (standardmäßig 9).

▶ -s *n*

gibt an, wie viele Sonderzeichen mindestens im Passwort enthalten sein müssen.

Beispiel

Das folgende Kommando erzeugt ein Sechs-Zeichen-Passwort ohne Sonderzeichen:

```
root#  mkpasswd -l 6 -s 0
SX39vz
```

mkswap device / datei

mkswap richtet ein Device (z. B. eine Festplattenpartition) oder eine Datei als Swap-Bereich ein. mkswap kann nur von root ausgeführt werden. Der Swap-Bereich kann anschließend mit swapon aktiviert werden. Damit der Swap-Bereich bei jedem Rechnerstart automatisch genutzt wird, muss er in die Datei /etc/fstab eingetragen werden.

Beispiel

Die folgenden Kommandos füllen zuerst eine 512 MByte große Datei mit Nullen, machen die Datei zur Swap-Datei und aktivieren diese schließlich:

```
root#  dd if=/dev/zero of=swapfile bs=1M count=512
root#  chmod 600 swapfile
root#  mkswap swapfile
root#  swapon swapfile
```

mkudffs [optionen] device

mkudffs richtet auf einem optischen Datenträger ein UDF-Dateisystem ein. Der Datenträger muss vorher mit dvd+rw-format formatiert werden.

▶ --media-type=*medientyp*

gibt den Medientyp an. Zulässige Werte sind unter anderem hd (Festplatte), cdrw, dvd (DVD-R[W], DVD+R[W]) und dvdram.

▶ --udfrev=*version*

gibt die gewünschte UDF-Revisionsnummer an. Zulässige Werte sind 0x0102, 0x0150, 0x0200 und 0x0201 (gilt standardmäßig).

▶ --vid=*name*

gibt den Datenträgernamen an (Volume ID).

modinfo modulname

modinfo **liefert Informationen über das angegebene Modul. Dazu zählen der vollständige Dateiname, der Autor, die Lizenz, abhängige Module, eine Kurzbeschreibung sowie eine Liste aller Parameter, die das Modul kennt.**

modprobe [optionen] modulname [parameter=wert ...]

modprobe **lädt das angegebene Modul in den Kernel. Das Kommando ist eine erweiterte Variante von** insmod. **Es beachtet die in** /usr/lib/modules/kernel-version/modules.dep **definierten Modulabhängigkeiten und lädt gegebenenfalls auch Module, die vom gewünschten Modul vorausgesetzt werden. Außerdem berücksichtigt es die in** /etc/modprobe.d/* **angegebenen Modulparameter.**

▶ -c

liefert eine schier endlose Liste aller zurzeit gültigen Moduloptionen und -einstellungen. Diese Einstellungen ergeben sich sowohl aus den Einstellungen des Quelltexts des modutils-Pakets als auch aus den Einstellungen in /etc/modprobe.d/*.

▶ -f

erzwingt das Laden des Moduls selbst dann, wenn es für eine andere Kernelversion kompiliert wurde. Ob das tatsächlich funktioniert, hängt davon ab, ob es zwischen der Kernel- und der Modulversion irgendwelche Inkompatibilitäten gibt.

▶ -r

entfernt das Modul aus dem Kernel (anstatt es zu laden).

mogrify [optionen] bilddatei

mogrify **verändert Parameter einer Bilddatei, beispielsweise die Auflösung oder die Anzahl der Farben. Dabei kommen dieselben Optionen wie bei** convert **zum Einsatz. Im Gegensatz zu** convert, **das eine neue Datei erzeugt, überschreibt** mogrify **die ursprüngliche Datei. Das Kommando ist Teil des Image-Magick-Pakets.**

Beispiel

Das folgende Kommando reduziert die Auflösung eines Bilds auf 800 × 600 Pixel:

```
user$  mogrify -resize 800x600 foto.jpg
```

```
more datei
```

more zeigt den Inhalt einer Textdatei seitenweise an. Nach jeder Seite wird die Anzeige unterbrochen. more wartet jetzt auf eine Tastatureingabe. Die wichtigsten Eingabemöglichkeiten sind ⏎ (eine Zeile nach unten), ⬚ (eine Seite nach unten), B (eine Seite nach oben) und Q (Quit). Statt more wird in der Regel das leistungsfähigere Kommando less eingesetzt.

```
mount
mount [optionen] device verzeichnis
```

mount ohne Parameter liefert eine Liste aller momentan eingebundenen Dateisysteme inklusive des Dateisystemtyps und der mount-Optionen. In der zweiten Syntaxvariante bindet mount einen Datenträger (Partition einer Festplatte, USB-Memorystick, Daten-DVD ...) in das Linux-Dateisystem ein. Dabei müssen Sie die Device-Bezeichnung des Datenträgers (beispielsweise /dev/sdc1) und das Verzeichnis angeben, bei dem das Dateisystem in den Verzeichnisbaum eingebunden wird.

Das Einbinden von Dateisystemen beim Start von Linux wird durch die Datei /etc/fstab gesteuert. Für alle in /etc/fstab verzeichneten Devices kann mount in einer Kurzform verwendet werden, bei der nur die Device-Datei oder das Mount-Verzeichnis angegeben wird. mount liest die fehlenden Daten und Optionen selbstständig aus fstab.

Datenträger werden mit umount wieder aus dem Dateisystem entfernt (siehe umount). Sowohl mount als auch umount dürfen im Regelfall nur von root ausgeführt werden. Eine Ausnahme stellen Laufwerke dar, die in fstab mit der Option user oder users gekennzeichnet sind.

Die folgende Beschreibung allgemeiner und dateisystemspezifischer mount-Optionen erstreckt sich über mehrere Seiten. Im Anschluss daran folgen einige Beispiele.

Allgemeine mount-Optionen

▸ --move *olddir newdir*

ändert das Verzeichnis, an dem ein Dateisystem eingebunden ist.

▸ -o *optionen*

ermöglicht die Angabe zusätzlicher Optionen, z. B. in der Form -o acl,user_xattr. Die so angegebenen Optionen dürfen nicht durch Leerzeichen getrennt werden! Eine Referenz der Dateisystemoptionen folgt unten.

▶ -r

verhindert Schreiboperationen auf dem Datenträger (*read-only*).

▶ -t *dateisystem*

gibt das Dateisystem an. Infrage kommen unter anderem ext2/3/4 für Linux-Partitionen, vfat und ntfs für Windows-Partitionen sowie iso9660 und udf für Daten-CDs und -DVDs.

Allgemeine Dateisystemoptionen

Mit -o können Sie unzählige Optionen übergeben, die das Verhalten des eingebundenen Dateisystems beeinflussen. Im Folgenden werden die Schlüsselwörter für allgemeine Optionen zusammengefasst. Dateisystemspezifische Optionen folgen etwas weiter unten. Alle Optionen für mount -o sind auch in der vierten Spalte von /etc/fstab zulässig. Die folgende Referenz gilt daher auch für /etc/fstab und wurde um einige fstab-spezifische Schlüsselwörter ergänzt, die für das Kommando mount nicht von Bedeutung sind (defaults, noauto, owner, user und users).

▶ atime / noatime / relatime / strictatime

gibt an, unter welchen Umständen die *Inode Access Time* einer Datei aktualisiert wird: bei jedem Lesezugriff (atime bzw. strictatime ab Kernel 2.6.30, POSIX-konform), maximal einmal pro Tag (relatime) oder nie (noatime). Bei Schreibzugriffen wird die *Inode Access Time* in jedem Fall geändert.

Die Option hat einen relativ großen Einfluss auf die Geschwindigkeit von Leseoperationen und auf die Lebensdauer von Flash-Datenspeichern. Standardmäßig gilt bis Kernel 2.6.29 atime, ab Kernel 2.6.30 aber die schnellere Einstellung relatime! Wenn Sie das E-Mail-Programm mutt einsetzen, dürfen Sie die Einstellung noatime **nicht verwenden!** relatime **verursacht hingegen keine Probleme.**

▶ defaults

gibt an, dass das Dateisystem mit den Standardoptionen in den Verzeichnisbaum eingebunden werden soll. defaults wird in der vierten Spalte von /etc/fstab angegeben, wenn keine anderen Optionen verwendet werden sollen. (Die Spalte darf nicht leer bleiben.)

▶ dev / nodev

bewirkt bzw. verhindert, dass Device-Dateien als solche interpretiert werden. Unter Linux können Dateien als Block- oder Character-Devices gekennzeichnet werden. Die Option ist aus Sicherheitsgründen für CD/DVD-Laufwerke sowie für externe Datenträger sinnvoll.

M

► discard

aktiviert bei den Dateisystemen ext4, btrfs und xfs die Trim-Funktion. Der Kernel informiert nun die Solid State Disk, welche Datenblöcke gelöscht wurden, und gibt der SSD so die Möglichkeit, die interne Verwaltung der Speicherzellen zu optimieren. Die Trim-Funktion funktioniert auch in Kombination mit LVM und seit Kernel 3.7 in Kombination mit Software-RAID (mdraid).

Ob man die discard-Option einsetzen soll, ist umstritten: Sie hilft zwar bei der langfristigen Optimierung der SSD, kann aber zu einer starken Verlangsamung von Löschoperationen führen (etwa wenn in kurzer Zeit viele Dateien gelöscht werden sollen, siehe beispielsweise *https://patrick-nagel.net/blog/archives/337*). Eine gute Alternative zur discard-Option ist ein Cron-Job, der einmal täglich oder einmal wöchentlich das Kommando fstrim ausführt und auf diese Weise alle gelöschten Sektoren an die SSD meldet.

► exec / noexec

legt fest, ob auf dem Dateisystem befindliche Programme unter Linux ausgeführt werden dürfen oder nicht. Bei den meisten Dateisystemen gilt standardmäßig die Einstellung exec. Sicherheitsbewusste Administratoren werden für CD/DVD-Laufwerke und externe Datenträger aber die Option noexec angeben. (Wenn Sie die Option user oder users verwenden, gilt noexec. Das kann durch eine exec-Option wieder geändert werden.)

► noauto

ist nur in /etc/fstab zweckmäßig und bewirkt dort, dass der in dieser Zeile genannte Datenträger beim Systemstart *nicht* automatisch eingebunden wird. Dennoch ist es sinnvoll, den Datenträger in fstab einzutragen, weil die Anwender nun bequem mount name durchführen können, ohne dabei alle weiteren mount-Optionen explizit anzugeben. noauto kommt beispielsweise für selten benötigte Datenpartitionen zum Einsatz.

► owner

erlaubt es jedem Benutzer, das betreffende Dateisystem selbst einzubinden bzw. wieder zu lösen. Die Option ist nur in /etc/fstab zweckmäßig. Der Unterschied zu user besteht darin, dass mount bzw. umount nur dann ausgeführt werden darf, wenn der Benutzer Zugriffsrechte auf die betreffende Device-Datei hat (z. B. /dev/fd0).

► remount

ändert die Optionen eines bereits in den Verzeichnisbaum eingebundenen Dateisystems. Diese Option kann nur bei einem direkten Aufruf von mount angegeben werden und ist in /etc/fstab nicht zulässig.

▶ ro / rw

gibt an, dass Dateien nur gelesen bzw. auch verändert werden dürfen. Normalerweise gilt für die meisten Dateisystemtypen rw (also *read-write*).

▶ suid / nosuid

erlaubt bzw. verhindert die Auswertung des sid- und gid-Zugriffsbits. Diese Zugriffsbits erlauben es gewöhnlichen Benutzern, Programme mit root-Rechten auszuführen. Dies ist häufig ein Sicherheitsrisiko. Die Option nosuid verhindert die Auswertung derartiger Zugriffsbits und sollte für CDs, DVDs und externe Datenträger genutzt werden.

▶ sync

bewirkt, dass Änderungen sofort gespeichert werden, anstatt sie für einige Sekunden im RAM zwischenzuspeichern und erst später auf den Datenträger zu übertragen. sync minimiert die Gefahr des Datenverlusts, wenn Sie einen Datenträger (USB-Stick) irrtümlich ohne umount entnehmen bzw. die Kabelverbindung lösen. sync hat allerdings den Nachteil, dass das Schreiben von Daten je nach Datenträger sehr viel ineffizienter erfolgt. Insbesondere bei USB-Memorysticks und -Festplatten sinkt die Geschwindigkeit um den Faktor zehn und mehr!

▶ user

ermöglicht es normalen Benutzern, das betreffende Dateisystem mit umount ab- und mit mount wieder anzumelden. Dazu ist ansonsten nur root in der Lage. Datenträger dürfen nur von dem Benutzer wieder aus dem Dateisystem gelöst werden, der mount veranlasst hat. Die Option ist nur in /etc/fstab zweckmäßig und vor allem für externe Datenträger gedacht. Wenn Sie user verwenden, gelten automatisch auch die Optionen noexec, nosuid und nodev.

▶ users

hat dieselbe Bedeutung wie user, aber mit einem kleinen Unterschied: Jeder Benutzer darf mit users gekennzeichnete Datenträger wieder aus dem Dateisystem entfernen (umount). users erlaubt also, dass der Benutzer A mount ausführt und der Benutzer B später umount aufruft.

btrfs-Optionen

Viele mount-Optionen hängen vom jeweiligen Dateisystem ab. Im Folgenden sind daher die wichtigsten dateisystemspezifischen Optionen zusammengefasst. Wir beginnen mit btrfs.

M

- `compress=zlib|lzo`

  komprimiert alle neuen bzw. veränderten Dateien. Vorhandene Dateien bleiben unverändert, solange sie nur gelesen werden. Was die Kompressionsmethode betrifft, haben Sie die Wahl zwischen dem etwas langsameren, aber besser komprimierenden `zlib`-Algorithmus und dem schnelleren, aber weniger platzsparenden `lzo`-Algorithmus. In Zukunft wird `btrfs` voraussichtlich weitere Kompressionsverfahren unterstützen. Beinahe fertig ist die Integration des `snappy`-Algorithmus, der bei ähnlichen Kompressionsraten etwas schneller als das `lzo`-Verfahren sein soll.

- `compress-force=zlib|lzo`

  komprimiert Dateien selbst dann, wenn dies nicht erfolgversprechend ist. Normalerweise erkennt das `btrfs`-Dateisystem bereits komprimierte Dateien und verzichtet darauf, diese nochmals zu komprimieren, weil dies in der Regel keine Platzersparnis mit sich bringt, aber eine Menge CPU-Zeit kostet. Die Verwendung von `compress-force` statt `compress` deaktiviert diese Erkennung.

- `degraded`

  bindet das Dateisystem selbst dann ein, wenn ein Teil der RAID-Devices fehlt. Das funktioniert nur, wenn aufgrund von RAID-Redundanzen alle Daten zur Verfügung stehen, also ein degradierter RAID-Verbund vorliegt.

- `noacl`

  deaktiviert die ACL-Zugriffsverwaltung.

- `nobarrier`

  deaktiviert die sogenannten *Write Barriers*. Eine Write Barrier blockiert weitere Schreibvorgänge, bis alle bisherigen Schreibvorgänge physikalisch abgeschlossen sind. Ohne Barriers ist das Dateisystem schneller, gleichzeitig steigt aber das Risiko eines Datenverlusts bei einem Crash, insbesondere bei Dateisystemen, die über mehrere Devices verteilt sind (RAID). Barriers funktionieren nur, wenn die Festplatte die Schreibaufforderung auch tatsächlich befolgt – was (aus Performance-Gründen) häufig nicht der Fall ist.

- `ssd`

  optimiert Dateioperationen für Solid State Disks (SSDs). Die Option ist automatisch aktiv, wenn der `btrfs`-Treiber feststellen kann, dass es sich beim Datenträger um eine SSD handelt. Die Option hat allerdings keinen Einfluss auf das Trim-Verhalten, das separat durch die Option `discard` gesteuert wird.

▶ subvolume=name oder subvolid=n

verwendet das angegebene Subvolume (und nicht das Default-Subvolume). Die Volume-ID für subvolid können Sie mit btrfs subvolume list ermitteln.

CIFS-Optionen

Mit dem *Common Internet File System* (CIFS) können Sie Windows-Netzwerkverzeichnisse in das Dateisystem integrieren. CIFS löst SMBFS ab. Damit Sie CIFS nutzen können, muss bei manchen Distributionen ein eigenes Paket installiert werden, z. B. cifs-utils oder smbfs.

Einige Worte zu den Zugriffsrechten: Wenn die Dateien von einem gewöhnlichen Windows-PC stammen, werden sie unter Linux dem Benutzer root zugeordnet. Alle Benutzer dürfen die Dateien lesen, aber nur root darf sie verändern. Wenn die Dateien hingegen von einem Datei-Server stammen, der die CIFS-Unix-Erweiterung unterstützt (das ist der Fall, wenn Samba auf einem Linux-Rechner läuft), dann werden die UIDs, GIDs und Zugriffsbits der Dateien unverändert weitergeleitet. Die Optionen file_mode und dir_mode bleiben dann wirkungslos.

▶ credentials=datei

gibt eine Datei an, die den Benutzernamen und das Passwort für den Login beim Windows- bzw. Samba-Server enthält. Damit vermeiden Sie die Angabe von Passwörtern in /etc/fstab. Die Datei enthält drei Zeilen mit username=xxx (nicht user=xx!), password=xxx und bei Bedarf domain=xxx.

▶ dir_mode=n (dmask bei SMBFS)

gibt an, welche Zugriffsrechte für den Zugriff auf Verzeichnisse gelten. file_mode=0770 gibt dem durch uid angegebenen Benutzer sowie allen Mitgliedern der Gruppe gid uneingeschränkte Rechte (Verzeichnis lesen, öffnen und ändern).

▶ domain=workgroup

gibt die Domäne oder Arbeitsgruppe an.

▶ file_mode=n (fmask bei SMBFS)

gibt an, welche Zugriffsrechte für den Dateizugriff gelten. *n* muss mit einer Null beginnen und enthält die Rechte in der von chmod vertrauten Oktalschreibweise. file_mode=0444 gibt allen Benutzern Lese- und Schreibrechte. Die Einstellung wird ignoriert, wenn der Datei-Server die CIFS-Unix-Erweiterung unterstützt.

M

▶ `iocharset=`*name*

gibt den gewünschten Zeichensatz an. Wenn deutsche Sonderzeichen oder andere Nicht-ASCII-Zeichen in Dateinamen falsch angezeigt werden, hilft in der Regel `iocharset=utf8`.

▶ `nodfs`

deaktiviert die DFS-Funktionen. DFS steht für *Distributed File System* und erlaubt es, auf die Netzwerkverzeichnisse unterschiedlicher Server einheitlich zuzugreifen. Einige marktübliche NAS-Festplatten verwenden alte Samba-Versionen mit bekannten DFS-Fehlern, die insbesondere beim Einsatz des Kommandos `rsync` zu Problemen führen. Abhilfe schafft in solchen Fällen die `nodfs`-Option.

▶ `password=`*pw*

gibt das Passwort für die Authentifizierung beim Windows- bzw. Samba-Server an.

▶ `uid=`*u*`,gid=`*g*

geben wie beim `vfat`-Treiber den Besitzer und die Gruppe der Dateien an. An die Optionen können statt der UID/GID-Nummern auch die Benutzer- bzw. Gruppennamen übergeben werden.

▶ `user=`*name* (`username` bei SMBFS)

gibt den Benutzernamen für die Authentifizierung beim Windows- bzw. Samba-Server an. An die Option können gleichzeitig auch der Arbeitsgruppenname und das Passwort übergeben werden (`user=`*workgroup/name%password*).

ext3/ext4-Optionen

Die folgenden Optionen gelten für das Linux-Standarddateisystem ext3 bzw. ext4:

▶ `acl`

aktiviert die ACL-Zugriffsverwaltung. Das erlaubt die Speicherung von zusätzlichen Zugriffsinformationen in Form von *Access Control Lists*. Die Option ist insbesondere beim Einsatz von Samba in heterogenen Netzwerken sinnvoll.

▶ `barrier=0` (nur für `ext4`)

deaktiviert die sogenannten *Write Barriers*, die sicherstellen, dass Änderungen in der richtigen Reihenfolge auf die Festplatte geschrieben werden. Das erhöht die Geschwindigkeit des Dateisystems, ist aber nur sicher, wenn der Festplatten-Cache durch eine Batterie gegen Stromausfälle und Abstürze abgesichert ist.

▶ commit=*n*

synchronisiert das Journal alle *n* Sekunden (standardmäßig alle 5 Sekunden). Das Paket laptop-mode vergrößert diese Zeitspanne bei Notebooks im Batteriebetrieb, um Energie zu sparen. Bei ext3 mit data=ordered werden gleichzeitig mit dem Journal auch alle Dateiänderungen synchronisiert. Bei ext3 mit data=writeback und bei ext4 mit *Delayed Allocation* gilt das commit-Intervall hingegen nur für das Journal.

▶ data=journal/ordered/writeback

bestimmt den Journaling-Modus (Details dazu folgen gleich). Standardmäßig gilt für ext4 der Modus ordered. Für ext3 gilt standardmäßig für die Kernelversionen 2.6.30 bis 2.6.35 der Modus writeback, für alle Versionen davor und danach der sichere, aber etwas langsamere Modus ordered.

▶ nodelalloc (nur für ext4)

deaktiviert die *delayed allocation*.

▶ noload

ignoriert die vorhandene Journaling-Datei beim mount-Kommando. Das kann zweckmäßig sein, wenn die Journaling-Datei defekt ist.

▶ sb=*n*

verwendet Block *n* als Superblock (statt standardmäßig Block 1). Damit gelingt es in manchen Fällen, ein beschädigtes Dateisystem noch zu lesen. Normalerweise erstellt mke2fs alle 8192 Blöcke eine Kopie des Superblocks. Daher empfiehlt es sich, für *n* die Werte 8193, 16385 etc. einzusetzen.

▶ user_xattr

aktiviert die Unterstützung für erweiterte Dateiattribute.

ext3/ext4-Journaling-Modi

Das ext-Dateisystem kennt drei Verfahren, wie das Journaling durchgeführt wird:

▶ data=ordered

Bei diesem Modus werden im Journal nur Metadaten gespeichert, also Informationen *über* Dateien, keine Inhalte. Im Journal werden Dateien erst dann als *committed* gekennzeichnet, wenn sie vollständig gespeichert wurden. Nach einem Crash kann das Dateisystem rasch wieder in einen konsistenten Zustand gebracht werden, weil unvollständig gespeicherten Dateien anhand des Journals sofort erkannt werden. Es ist aber unmöglich, solche Dateien wiederherzustellen.

Im Modus `data=ordered` wird das Journal alle fünf Sekunden mit der Festplatte synchronisiert. Bei `ext3` hat das zur Folge, dass sämtliche Änderungen an irgendwelchen Dateien innerhalb von fünf Sekunden physikalisch auf der Festplatte gespeichert werden. Dieses Standardverhalten ist zwar nicht besonders effizient, dafür aber sehr sicher: Selbst bei Totalabstürzen und Stromausfällen sind massive Datenverluste äußerst selten. `data=ordered` hat bei `ext3` aber eine unerfreuliche Nebenwirkung: Bei jedem Aufruf der `fsync`-Funktion wird nicht nur eine bestimmte Datei, sondern das gesamte Dateisystem synchronisiert. Das kann zu spürbaren Verzögerungen führen.

Bei `ext4` wird das Journal zwar ebenfalls alle fünf Sekunden synchronisiert, die eigentlichen Datenänderungen werden aber aufgrund der *Delayed Allocation* oft erst viel später gespeichert. Nur ein expliziter Aufruf der `fsync`-Funktion stellt die sofortige physikalische Speicherung einer Datei sicher! Glücklicherweise erfordert `fsync` bei `ext4` nicht, dass das gesamte Dateisystem synchronisiert werden muss. Die Funktion wird daher wesentlich schneller ausgeführt.

▶ `data=writeback`

Dieser Modus ähnelt dem `ordered`-Modus. Der einzige Unterschied besteht darin, dass das Journal und die Dateioperationen nicht immer vollständig synchron sind. Das Dateisystem wartet mit den *committed*-Einträgen im Journal nicht auf den Abschluss der Speicheroperation auf der Festplatte. Damit ist das Dateisystem etwas schneller als im `ordered`-Modus. Nach einem Crash ist die Integrität des Dateisystems weiterhin sichergestellt. Allerdings kann es vorkommen, dass veränderte Dateien alte Daten enthalten. Dieses Problem tritt nicht auf, wenn Anwendungsprogramme – wie im POSIX-Standard vorgesehen – den Speichervorgang mit `fsync` abschließen (siehe oben).

▶ `data=journal`

Anders als in den beiden anderen Modi werden jetzt im Journal auch die tatsächlichen Daten gespeichert. Dadurch müssen alle Änderungen *zweimal* gespeichert werden (zuerst in das Journal und dann in die betroffene Datei). Deswegen ist `ext3` in diesem Modus deutlich langsamer. Dafür können nach einem Crash Dateien wiederhergestellt werden, deren Änderungen bereits vollständig in das Journal (aber noch nicht in die Datei) eingetragen worden sind.

Grundsätzlich wird das Journal alle fünf Sekunden physikalisch auf der Festplatte gespeichert. Diese Zeitspanne kann durch die `mount`-Option `commit` verändert werden. Intern kümmert sich der in den Kernel integrierte Journaling-Dämon `kjournald` um die regelmäßige Aktualisierung der Journaling-Datei.

ISO9660-Optionen (Daten-CDs/DVDs)

Daten-CDs und viele DVDs verwenden das Dateisystem ISO-9660 (-t iso9660).

▶ iocharset=*name*

gibt den Zeichensatz an, mit dem Joliet-Dateinamen unter Linux verarbeitet werden sollen (standardmäßig ISO8859-1). Die Option ist nur bei CDs sinnvoll, die die Joliet-Erweiterung nutzen.

▶ norock, nojoliet

deaktiviert die Rock-Ridge- bzw. die Joliet-Erweiterung. (Der ISO-9660-Treiber erkennt und berücksichtigt diese Erweiterungen automatisch.)

▶ session=*n*

gibt an, welche Session gelesen werden soll (nur bei Multi-Session-CDs).

▶ uid=*u*,gid=*g*

geben den Besitzer und die Gruppe der Dateien an (standardmäßig jeweils root). Die Zugriffsbits können nicht eingestellt werden.

▶ utf8

verwendet Linux-seitig den Zeichensatz UTF8, um Joliet-Dateinamen zu verarbeiten. Auch diese Option ist nur bei Joliet-CDs sinnvoll.

NFS-Optionen

Das Dateisystem NFS (-t nfs) ist der übliche Weg zur Freigabe bzw. Nutzung von Netzwerkverzeichnissen unter Unix/Linux. Beachten Sie, dass sich -t nfs auf die NFS-Versionen 2 und 3 bezieht. Wenn Sie NFS4 nutzen möchten, müssen Sie im mount-Kommando -t nfs4 angeben.

Die meisten NFS-Optionen gelten gleichermaßen für alle NFS-Versionen. Eine umfassende Zusammenfassung aller Optionen inklusive einer Differenzierung zwischen NFS2/3 und NFS4 gibt man nfs.

▶ bg

bewirkt, dass der mount-Prozess im Hintergrund fortgesetzt wird, wenn der NFS-Server nicht erreichbar ist. Diese Option ist nur für /etc/fstab relevant.

▶ hard

bewirkt, dass ein Programm, das auf eine NFS-Datei zugreift, hängen bleibt, wenn der NFS-Server nicht mehr zur Verfügung steht. (Die Alternative zu hard ist soft.

M

Sie bewirkt, dass der Kernel es nach einer Weile aufgibt, die NFS-Datei wiederzufinden. Das klingt zwar sicherer, verursacht aber in der Realität noch mehr Probleme als hard.)

▶ intr

ermöglicht es, ein Programm auch dann durch kill bzw. `Strg`+`C` zu stoppen, wenn eine offene NFS-Datei nicht mehr zur Verfügung steht. Die Option ist nur in Kombination mit hard gültig.

▶ nfsvers=2/3

gibt die gewünschte NFS-Version an (nur für -t nfs).

▶ rsize=n,wsize=n

gibt die Größe der Puffer für Lese- und Schreiboperationen an (in kByte). Der Standardwert lautet jeweils 4096.

Die richtigen mount-Optionen entscheiden maßgeblich über die mit NFS erzielbare Geschwindigkeit! Eine hohe Geschwindigkeit erzielen Sie mit den Optionen hard, intr,rsize=8192,wsize=8192. Wenn die NFS-Geschwindigkeit dennoch unter Ihren Erwartungen liegt, sollten Sie sicherstellen, dass /etc/exports auf dem NFS-Server die Option async verwendet.

NTFS-Optionen

Die folgenden Optionen gelten für den ntfs-3g-Treiber, der bei den meisten Distributionen für den Zugriff auf NTFS-Dateisysteme zum Einsatz kommt.

▶ uid=u,gid=g,umask=m|fmask=f,dmask=d

haben dieselbe Bedeutung wie beim vfat-Treiber (siehe unten). Als Dateibesitzer gilt der Benutzer, der mount ausgeführt hat. Alle Benutzer haben Lese- und Schreibzugriff!

▶ locale=$name$

gibt den lokalen Zeichensatz an (beispielsweise in der Form locale=de_DE.UTF-8). Die Option ist nur in /etc/fstab notwendig, wenn der Zeichensatz beim automatischen Einbinden der Dateisysteme durch den Init-V-Prozess noch nicht konfiguriert ist.

▶ show_sys_files

zeigt auch NTFS-Systemdateien an.

▶ streams_interface=none|windows|xattr

gibt an, wie der Zugriff auf Datei-Streams erfolgen soll: In der Standardeinstellung xattr erfolgt der Zugriff über die Kommandos getfattr bzw. setfattr. windows erlaubt den Zugriff in der unter Windows üblichen Schreibweise dateiname:streamname. Die Standardeinstellung lautet none.

UDF-Optionen (DVDs)

Auf DVDs kommen zumeist die Dateisysteme ISO-9660 (siehe oben) oder UDF (-t udf) zum Einsatz. UDF ist auch das optimale Dateisystem für DVD-RAMs. UDF verwendet überwiegend dieselben Optionen wie ISO-9660. Im Folgenden sind deswegen nur zwei UDF-spezifische Optionen beschrieben:

▶ undelete

gibt Zugriff auf gelöschte Dateien.

▶ unhide

zeigt auch Dateien, die eigentlich versteckt sind.

VFAT-Optionen

Mit mount -t vfat binden Sie Windows-VFAT-Partitionen in allen Varianten (FAT12, FAT16, FAT32) in den Verzeichnisbaum ein. Zahlreiche Optionen steuern, wer welche Zugriffsrechte auf die Dateien hat, wie die unterschiedlichen Zeichensätze in den Dateinamen verarbeitet werden etc.

▶ codepage=*name*

gibt die Codeseite an (eine Art DOS-Zeichensatz), die VFAT-intern für kurze Dateinamen gilt (maximal 8+3 Zeichen). Lange Dateinamen werden auf jeden Fall im Unicode-Format gespeichert; für sie ist diese Option irrelevant. Aktuelle Windows-Versionen speichern auch kurze Dateinamen im VFAT-Format für lange Dateinamen, um so die korrekte Groß- und Kleinschreibung zu erhalten. Aus diesem Grund ist die Option zunehmend unwichtig. Der Standardwert der Option kann beim Kompilieren bestimmt werden und beträgt zumeist cp437.

▶ flush

bewirkt, dass der Treiber sofort damit beginnt, zwischengespeicherte Daten auf dem Datenträger zu speichern. Die Option minimiert bei externen Datenträgern (z. B. einem USB-Memorystick) die Zeit zum Speichern veränderter Daten. Im Gegensatz zur Option sync wartet das Dateisystem nicht auf den Abschluss

M

der Synchronisation. Deswegen hat `flush` keinen negativen Einfluss auf die Geschwindigkeit von Schreiboperationen.

▶ `fmask=f,dmask=d`

stellt die Maske für Dateien (`fmask`) und Verzeichnisse (`dmask`) getrennt ein. Das ist vor allem deswegen praktisch, weil Sie oft für Verzeichnisse das x-Zugriffsbit setzen möchten, für Dateien aber nicht. Damit kann der Benutzer in alle Verzeichnisse wechseln, aber keine Dateien bzw. Programme ausführen.

Eine mögliche Einstellung ist `fmask=177,dmask=077`: Damit kann der Besitzer (uid) Dateien lesen und schreiben (`rw-------`) sowie in Verzeichnisse wechseln (`rwx------`). Alle anderen Benutzer haben keinerlei Zugriff auf die Dateien.

Ebenfalls oft zweckmäßig ist `fmask=133,dmask=022`: Damit gilt für Dateien `rw-r--r--` und für Verzeichnisse `rwxr-xr-x`, d. h., jeder darf alles lesen, aber nur der Besitzer darf etwas verändern.

▶ `iocharset`

gibt den Zeichensatz an, mit dem Windows-Dateinamen unter Linux verarbeitet werden sollen. Die Standardeinstellung lautet `iso8859-1`. Die Option kommt in der Regel nur dann zum Einsatz, wenn Sie unter Linux mit einem 8-Bit-Zeichensatz arbeiten. (VFAT-intern wird für lange Dateinamen in jedem Fall der Unicode-Zeichensatz verwendet. Die Option bestimmt nur, wie die Dateinamen unter Linux dargestellt werden.)

Wenn Sie unter Linux mit dem Zeichensatz UTF8 arbeiten, sollten Sie statt `iocharset` die im Folgenden beschriebene Option `utf8` verwenden! `iocharset=utf8` funktioniert zwar auf den ersten Blick ebenfalls, ist aber nicht empfehlenswert: Der VFAT-Treiber beachtet dann die exakte Groß- und Kleinschreibung, was den Windows-Gepflogenheiten widerspricht.

▶ `shortname=lower|win95|winnt|mixed`

gibt an, in welcher Groß- und Kleinschreibung kurze Dateinamen (maximal 8+3 Zeichen) präsentiert bzw. gespeichert werden. Das diesbezügliche Verhalten variierte unter Windows je nach Version.

Unter Linux gilt standardmäßig die Einstellung `lower`, d. h., kurze Dateinamen werden in Kleinbuchstaben präsentiert. Bei neuen Dateien wird der Name im VFAT-Format für lange Dateinamen gespeichert (auch wenn die DOS-Grenze von 8+3-Zeichen gar nicht überschritten wird), sodass die Groß- und Kleinschreibung erhalten bleibt. Ausgenommen von dieser Regel sind nur kurze Dateinamen, die ausschließlich aus Großbuchstaben bestehen; derartige Namen werden DOS-typisch als kurze Dateinamen gespeichert.

Die Einstellung hat keinerlei Einfluss auf lange Dateinamen, deren Groß- und Kleinschreibung nach dem Erzeugen der Datei auf jeden Fall erhalten bleibt.

▶ uid=*u*,gid=*g*,umask=*m*

bestimmen, wem (uid) und welcher Gruppe (gid) die Windows-Dateien »gehören«, d. h., wer die Dateien lesen bzw. verändern darf. Üblicherweise geben Sie mit uid und gid die gewünschte Benutzer- bzw. Gruppennummer an. An umask übergeben Sie einen oktalen Zahlenwert mit der Bitmaske der *invertierten* Zugriffsbits. umask=0 bedeutet daher, dass jeder alle Dateien lesen, schreiben und ausführen darf (rwxrwxrwx). umask=022 entspricht rwxr-xr-x: Alle dürfen alle Dateien lesen, aber nur der Besitzer darf Dateien ändern.

Wenn diese Optionen nicht angegeben werden, gelten für das vfat-Dateisystem die folgenden Standardwerte:

– uid: UID des Benutzers, der mount ausführt. Normalerweise darf nur root das Kommando mount ausführen, es sei denn, die entsprechende Zeile in /etc/fstab enthält die Optionen user, users oder owner.

– gid: GID des Benutzers, der mount ausführt.

– umask: 022, d. h., alle dürfen alles lesen, aber nur der Besitzer darf Dateien bzw. Verzeichnisse verändern.

Oft enthält fstab die Einstellung gid=users. Damit gilt für gid die Standardgruppe des Benutzers, der mount ausführt. Ohne diese Option ist es möglich, zuerst mit newgrp eine andere Gruppe zu aktivieren, die dann auch für mount gilt.

▶ utf8

bewirkt, dass der Treiber die Dateinamen als UTF8-Zeichenketten an Linux zurückgibt. Die Option ist zur korrekten Darstellung von Nicht-ASCII-Zeichen erforderlich, wenn Sie unter Linux als Zeichensatz UTF8 verwenden.

XFS-Optionen

Die meisten Optionen für das xfs-Dateisystem betreffen selten benutzte Funktionen (siehe man mount). ACLs und *Extended Attributes* stehen beim xfs-Dateisystem standardmäßig zur Verfügung und werden nicht durch Optionen gesteuert.

▶ logdev=*device*

gibt die Partition an, in der die Journaling-Daten gespeichert sind. Die Option ist nur notwendig, wenn beim Einrichten des Dateisystems eine externe Journaling-Partition angegeben wurde.

▶ norecovery

verhindert die Auswertung der Journaling-Daten beim Einbinden des Dateisystems. Gleichzeitig müssen Sie die Option `ro` verwenden (*Read-only*-Zugriff).

Beispiele

Linux-Partitionen können Sie in der Regel ohne explizite Angabe des Dateisystems (also ohne die Option `-t`) in das Dateisystem integrieren:

```
root#  mkdir /windows
root#  mount /dev/sda7 /media/backup-partition
```

Das folgende Beispiel zeigt den Zugriff auf die Daten eines USB-Memorysticks über das Verzeichnis /windows:

```
root#  mkdir /memorystick
root#  mount -t vfat /dev/sdc1 /memorystick
```

Das nächste Kommando bindet das CD-ROM-Laufwerk mit einer Daten-CD (ISO-9660-Dateisystem) im Verzeichnis /media/cdrom in das Dateisystem ein. Das Device /dev/scd0 bedeutet, dass das Beispiellaufwerk über das SCSI-System des Kernels angesprochen wird. Je nach Distribution müssen Sie stattdessen das Device /dev/sr0 angeben.

```
root#  mount -t iso9660 /dev/scd0 /media/cdrom
```

Mit `mount -o remount` können Sie Optionen eines bereits eingebundenen Dateisystems verändern. Das folgende Kommando aktiviert beispielsweise die `exec`-Option für eine DVD, sodass darauf enthaltene Programme ausgeführt werden können:

```
root#  mount /media/dvd -o remount,exec
```

Falls beim Einbinden der Systempartition während des Rechnerstarts Probleme auftreten, wird die Partition nur read-only eingebunden. Um die Fehlerursache – etwa einen falschen Eintrag in /etc/fstab – zu beheben, ist es aber oft erforderlich, Änderungen im Dateisystem durchzuführen. Dazu führen Sie das folgende Kommando aus. Mit ihm wird die Systempartition neu eingebunden, wobei jetzt auch Schreibzugriffe möglich sind.

```
root#  mount -o remount,rw /
```

---

mpage [optionen] quelldateien > zieldatei

`mpage` wandelt eine Textdatei in das PostScript-Format um. `mpage` kann auch vorhandene PostScript-Dateien platzsparend neu formatieren und anschließend beispielsweise mit zwei Seiten pro Blatt ausdrucken. Das funktioniert allerdings nicht mit allen PostScript-Dateien. `mpage` ist leider nicht Unicode-kompatibel.

- -1 -2 -4 -8

  ordnet eine, zwei, vier oder acht Seiten auf einem Blatt an. Bei zwei oder acht wird das Querformat verwendet (normalerweise vier Seiten).

- -bA4

  Ausgabe im DIN-A4-Format (normalerweise US-Letter).

- -C ISO-Latin.1

  verwendet die ISO-Latin-1-Kodierung für den Zeichensatz. Die Option ist für den Ausdruck von Texten mit deutschen Sonderzeichen erforderlich. Andere Kodierungstabellen befinden sich in /usr/lib/mpage.

- -f

  verteilt lange Zeilen auf mehrere Zeilen (statt sie abzuschneiden).

- -j *n-m*

  druckt nur Blatt *n* bis *m* (normalerweise alle).

- -l

  druckt im Querformat mit 55 Zeilen und 132 Spalten und einer entsprechend geringeren Schriftgröße (normalerweise Hochformat mit 66 Zeilen und 80 Spalten).

- -L *n*

  druckt *n* Zeilen pro Seite und passt die Zeichensatzgröße entsprechend an (normalerweise 66 Zeilen).

- -o

  verzichtet auf Rahmenlinien um die Seiten.

- -W *n*

  druckt *n* Spalten pro Seite und passt die Zeichensatzgröße entsprechend an (normalerweise 80 Spalten).

---

mt [-f device] kommando

---

mt steuert Bandlaufwerke (Streamer). Als Standard-Device wird /dev/tape verwendet. Wenn Ihr Streamer nicht unter diesem Namen erreichbar ist, müssen Sie die Device-Datei exakt angeben, etwa durch -f /dev/nst0 für einen SCSI-Streamer. Die häufigste Anwendung von mt ist das Rückspulen von Bändern mit dem Kommando rewind bzw.

das Auswerfen von Bändern mit `offline`. Mit `setblk` kann die Blockgröße verändert werden, und `stat` zeigt Statusinformationen zur Streamer-Einstellung an.

Es gibt zwei `mt`-Varianten: eine GNU-Variante und eine BSD-Variante. Mit den meisten Distributionen wird automatisch die BSD-Variante mitgeliefert. Der GNU-Variante fehlen viele Kommandos der BSD-Variante.

---

mtr [optionen] hostname

Das Kommando `mtr` sendet regelmäßig Netzwerkpakete zum angegebenen Host und analysiert die Antworten. Die Ergebnisliste kombiniert Daten von `ping` und `traceroute`. Beachten Sie, dass es zwei Versionen dieses Programms gibt: das hier beschriebene Textkommando und eine GTK-Variante mit grafischer Benutzeroberfläche. Bei Desktop-Installationen von Debian und Ubuntu ist standardmäßig die GTK-Variante installiert. Um stattdessen die Textversion zu installieren, führen Sie `apt-get install mtr-tiny` **aus.**

▸ `-c n`

   führt *n* Tests aus. (Standardmäßig läuft das Programm, bis es mit Strg+C beendet wird.)

▸ `-n` bzw. `--no-dns`

   verzichtet auf die Namensauflösung und gibt alle Zwischenstationen in Form von IP-Adressen an.

▸ `-r` bzw. `--report`

   liefert nach Abschluss des Tests einen Bericht in Textform. Diese Option muss mit `-c` verbunden werden.

Beispiel

Die folgenden Zeilen zeigen ein typisches `mtr`-Ergebnis, wobei die Verbindung zwischen einem lokalen ADSL-Anschluss und *google.de* getestet wurde:

```
user$  mtr -c 10 -r google.de
HOST: michaels-computer           Loss%   Snt   Last    Avg   Best  Wrst StDev
  1.|-- speedtouch.lan            0.0%    10   42.6   48.5    6.0  95.9  28.9
  2.|-- 178-191-207-254.adsl.high 0.0%    10   18.9   20.4   18.6  23.2   1.9
  3.|-- 195.3.74.129              0.0%    10   19.4   18.8   17.9  19.4   0.5
  4.|-- AUX10-GRAZBC10.highway.te  0.0%    10   21.2   21.3   20.7  22.0   0.3
  5.|-- 195.3.70.154              0.0%    10   21.2   27.3   20.9  81.2  18.9
  ...
  8.|-- 216.239.46.88             0.0%    10   25.8   26.3   25.8  27.7   0.6
  9.|-- bud01s08-in-f23.1e100.net 0.0%    10   25.7   25.8   25.0  26.8   0.5
```

---

multitail [optionen] datei1 [datei2 datei3 ...]

multitail hilft dabei, mehrere Logging-Dateien gleichzeitig zu überwachen. In der einfachsten Form führen Sie multitail datei1 datei2 datei3 ... aus. Damit wird das Terminal in mehrere gleich große Bereiche geteilt, die jeweils die letzten Zeilen der angegebenen Dateien zeigen. Wenn Sie den Dateien -I voranstellen, werden Änderungen mehrerer Dateien in einem Bereich gemeinsam ausgegeben. Das hat allerdings den Nachteil, dass schwer nachzuvollziehen ist, aus welcher Datei welche Änderungen stammen.

---

mv quelle ziel
mv dateien zielverzeichnis

mv benennt eine Datei oder ein Verzeichnis um bzw. verschiebt (eine oder mehrere) Dateien in ein anderes Verzeichnis.

▶ -b bzw. --backup

benennt bereits vorhandene gleichnamige Dateien in Backup-Dateien (Name plus ~-Zeichen) um, anstatt sie zu überschreiben.

▶ -i bzw. --interactive

fragt, bevor vorhandene Dateien überschrieben werden.

Beispiele

Das folgende Kommando verschiebt alle PDF-Dateien im aktuellen Verzeichnis in das Unterverzeichnis pdf:

user$ mv *.pdf pdf/

mv kann nicht dazu verwendet werden, mehrere Dateien umzubenennen. mv *.xxx *.yyy funktioniert also nicht. Um solche Operationen durchzuführen, müssen Sie for oder sed zu Hilfe nehmen. Entsprechende Beispiele finden Sie bei cp.

---

mysql [optionen] [datenbankname] [< name.sql]

Der Kommandointerpreter mysql führt SQL-Kommandos aus, wahlweise interaktiv oder im Batch-Betrieb aus der Standardeingabe. Die Kommandos müssen mit einem Strichpunkt abgeschlossen werden. In der Batch-Variante wird mysql häufig zum Einlesen von Backups verwendet, die mit mysqldump erstellt wurden. Wenn Sie beim Aufruf von mysql keinen Datenbanknamen angeben, müssen Sie die gewünschte Datenbank mit dem Kommando USE einstellen.

Die folgenden Optionen betreffen lediglich den Verbindungsaufbau und gelten in gleicher Form auch für die im Folgenden beschriebenen Kommandos mysqladmin und mysqldump. In der Praxis sind zumeist nur die Optionen -u, -p und -h erforderlich.

- ► --default-character-set=*name*

  gibt an, welcher Zeichensatz für die Kommunikation mit dem MySQL-Server verwendet werden soll (z. B. latin1 oder utf8).

- ► --defaults-extra-file=*dateiname*

  lädt Verbindungsoptionen aus der angegebenen Datei. Das ist beispielsweise zweckmäßig, wenn mysql oder mysqldump regelmäßig durch Cron ausgeführt werden soll und eine interaktive Passworteingabe unmöglich ist.

- ► -h bzw. --host=*hostname*

  gibt den Namen oder die IP-Nummer des Rechners an, auf dem der Server läuft (standardmäßig localhost).

- ► --login-path=*gruppe*

  wertet die Daten von [gruppe] in .mylogin.cnf aus (ab MySQL 5.6).

- ► -P bzw. --port=*n*

  gibt die Port-Nummer für die TCP/IP-Verbindung an (standardmäßig 3306).

- ► -p bzw. --password

  fordert unmittelbar nach dem Start des Kommandos zur Eingabe des Passworts auf. Wenn die Option fehlt, liest mysql das Passwort aus der lokalen Konfigurationsdatei .my.cnf. Wenn diese Datei nicht existiert oder keine Passwortdaten enthält, versucht mysql den Login ohne Passwort.

- ► -p*xxx* bzw. --password=*xxx*

  übergibt das Passwort direkt. Das ist allerdings unsicher, denn das Passwort erscheint in der Prozessliste im Klartext! Bei der Option -p darf im Gegensatz zu anderen Optionen kein Leerraum angegeben werden.

- ► --protocol=tcp/socket

  gibt an, welches Protokoll zur Kommunikation zwischen dem MySQL-Client und dem Datenbank-Server verwendet werden soll. Standardmäßig gilt socket, wenn Client und Server auf demselben Rechner laufen, sonst tcp.

▶ -S bzw. --socket=*name*

gibt den Ort der Socket-Datei an. Diese Option ist nur erforderlich, wenn mysql die Socket-Datei nicht selbstständig findet. Die Datei hat bei den meisten Distributionen den Namen /var/run/mysqld/mysqld.sock. Ihr Ort kann durch die Konfigurationsdatei /etc/my.cnf bzw. /etc/mysql/my.cnf eingestellt werden.

▶ -u bzw. --user=*name*

gibt den MySQL-Benutzernamen an (standardmäßig den aktuellen Benutzernamen).

Außerdem gibt es einige mysql-spezifische Optionen:

▶ -B bzw. --batch

trennt bei der Ausgabe der Ergebnisse die Spalten durch Tabulatorzeichen (statt durch Leerzeichen und Liniengrafik). Außerdem werden nur die Ergebnisse von Abfragen angezeigt, aber keinerlei Statusinformationen.

▶ -e bzw. --execute='*sql-kommando*'

führt das angegebene Kommando aus. Es dürfen auch mehrere, durch Strichpunkte getrennte Kommandos angegeben werden.

▶ -h bzw. --html

formatiert das Abfrageergebnis als HTML-Code.

▶ -r bzw. --raw

gibt die Zeichen 0, Tabulator, Newline und \ in Abfrageergebnissen unverändert aus. (Normalerweise werden diese Zeichen als \0, \t, \n und \\ ausgegeben.) Die Option ist nur in Kombination mit --batch wirksam.

▶ -x bzw. --xml

formatiert das Abfrageergebnis als HTML-Code.

Beispiel

Das folgende Kommando spielt ein Datenbank-Backup auf dem lokalen MySQL-Server ein. Die Datenbank dbname muss bereits existieren.

```
user$  mysql -u name -p dbname < backup.sql
Enter password:  ********
```

```
mysqladmin [optionen] kommando1 kommando2 ...
```

mysqladmin hilft bei diversen administrativen Aufgaben – etwa beim Anlegen neuer Datenbanken. An mysqladmin können mehrere Kommandos übergeben werden, die der Reihe nach ausgeführt werden. Die Namen von mysqladmin-Kommandos können so weit abgekürzt werden, wie sie noch eindeutig erkennbar sind (z. B. flush-l statt flush-logs). Die meisten mysqladmin-Kommandos können auch als SQL-Kommandos ausgeführt werden – etwa durch CREATE DATABASE, DROP DATABASE, FLUSH etc.

Damit mysqladmin eine Verbindung zum MySQL-Server herstellen kann, müssen die beim mysql-Kommando beschriebenen Verbindungsoptionen verwendet werden, also -u, -p, -h etc. Außerdem kennt mysqladmin einige weitere Optionen:

▶ -f bzw. --force

   führt das Kommando ohne Rückfragen aus. Die Ausführung mehrerer Kommandos wird auch dann fortgesetzt, wenn bei einem Kommando ein Fehler auftritt.

▶ -i bzw. --sleep=*n*

   wiederholt das Kommando alle *n* Sekunden (beispielsweise zur regelmäßigen Statusanzeige). mysqladmin läuft nun endlos und muss mit [Strg]+[C] beendet werden.

▶ -r bzw. --relative

   zeigt in Kombination mit -i und dem Kommando extended-status die Veränderung gegenüber dem vorherigen Zustand an.

Im Folgenden sind die wichtigsten mysqladmin-Kommandos beschrieben.

▶ create *dbname*

   erzeugt eine neue Datenbank.

▶ drop *dbname*

   löscht eine vorhandene Datenbank unwiderruflich.

▶ extended-status

   zeigt zahllose Statusvariablen des Servers an.

▶ flush-logs

   schließt alle Logging-Dateien und öffnet sie wieder .

▶ flush-privileges

   liest die Datenbank mit den MySQL-Zugriffsrechten neu ein.

- kill *id1*, *id2* ...

  beendet die angegebenen Threads.

- ping

  testet, ob eine Verbindung zum Datenbank-Server hergestellt werden kann.

- shutdown

  beendet den MySQL-Server.

- status

  zeigt diverse Statusvariablen des MySQL-Servers an.

- variables

  liefert eine Liste der Systemvariablen des MySQL-Servers.

- version

  ermittelt die Version des MySQL-Servers.

Beispiel

Das folgende Kommando erzeugt eine neue Datenbank auf dem lokalen MySQL-Server:

```
user$  mysqladmin -u name -p create neuedb
Enter password:  ********
```

```
mysqldump [optionen] dbname [tabelle1 tabelle2 ...]
mysqldump [optionen] --databases [dbname1 dbname2 ...]
mysqldump [optionen] --all-databases
```

mysqldump ist ein einfaches Backup-Werkzeug für MySQL. Das Kommando liefert eine lange Liste aller SQL-Kommandos, aus denen die Datenbank exakt wiederhergestellt werden kann. mysqldump kennt drei Syntaxvarianten, je nachdem, ob eine Datenbank, mehrere aufgezählte Datenbanken oder alle von MySQL verwalteten Datenbanken gespeichert werden sollen. Nur bei der ersten Variante kann das Backup auf einzelne Tabellen beschränkt werden.

Damit mysqldump eine Verbindung zum MySQL-Server herstellen kann, müssen die beim mysql-Kommando beschriebenen Verbindungsoptionen verwendet werden, also -u, -p, -h etc. Eine Menge weiterer Optionen steuern die Details des Backups.

M

- ► `--add-locks`

  fügt vor dem ersten INSERT-Kommando `LOCK TABLE` und nach dem letzten INSERT-Kommando `UNLOCK` ein. Das beschleunigt das Wiedereinlesen von MyISAM-Tabellen. Die Option ist aber für InnoDB-Tabellen ungeeignet.

- ► `--create-options`

  inkludiert MySQL-spezifische Optionen in das `CREATE-TABLE`-Kommando.

- ► `--disable-keys`

  deaktiviert die automatische Schlüsselaktualisierung während des Wiedereinlesens der Daten. Dadurch werden Indizes erst am Ende des Einfügeprozesses aktualisiert, was schneller ist.

- ► `--extended-insert`

  erzeugt `INSERT`-Kommandos, mit denen jeweils mehrere Datensätze gleichzeitig eingefügt werden.

- ► `-lock-tables`

  führt während des Backups für jede einzelne Tabelle `LOCK TABLE READ` aus, bevor die Daten gelesen werden.

- ► `--lock-all-tables`

  führt für die gesamte Datenbank `LOCK TABLE READ` aus. Das stellt sicher, dass während des gesamten Backups keine Tabelle verändert werden kann. Diese Option ist nur bei MyISAM-Tabellen zweckmäßig. Bei InnoDB-Tabellen verwenden Sie besser `--single-transaction`.

- ► `--no-create-info`

  speichert nur die Daten, aber nicht die Struktur der Datenbank. Im resultierenden Backup gibt es also nur `INSERT`-Kommandos, aber kein `CREATE TABLE`.

- ► `--no-data`

  sichert nur die Struktur (das Schema) der Datenbank, nicht aber die darin enthaltenen Daten.

- ► `--opt`

  ist die Kurzschreibweise für die Optionen `--add-drop-table`, `--add-locks`, `--create-options`, `--disable-keys`, `--extended-insert`, `--lock-tables`, `--quick` und `--set-charset`.

Aus historischen Gründen ist `--opt` standardmäßig aktiv. Tatsächlich sind die resultierenden Einstellungen aber nur dann optimal (daher kommt der Name dieser Option!), wenn Sie ein Backup von MyISAM-Tabellen durchführen.

▶ `--quick`

gibt die zu sichernden Datensätze ohne Zwischenspeicherung im RAM direkt aus.

▶ `--routines`

sichert auch den Code von Stored Procedures.

▶ `--set-charset`

bewirkt, dass am Beginn der `mysqldump`-Ausgabe der aktive Zeichensatz verändert und am Ende der bisher geltende Zeichensatz wiederhergestellt wird.

▶ `--single-transaction`

bewirkt, dass das gesamte Backup im Rahmen einer einzigen Transaktion durchgeführt wird. Das ist bei InnoDB-Tabellen zweckmäßig und schließt aus, dass einzelne Tabellen während des Backups verändert werden. Somit wird sichergestellt, dass das Backup insgesamt konsistent ist.

▶ `--skip-opt`

deaktiviert die standardmäßig aktive Option `--opt`.

▶ `--triggers`

sichert auch den Code von Triggern.

Beispiele

Für ein Backup einer Datenbank mit MyISAM-Tabellen sind nur wenige Optionen erforderlich. Wenn Sie ausschließen möchten, dass einzelne Tabellen während des Backups geändert werden, fügen Sie dem Kommando noch die Option `--lock-all-tables` hinzu. Damit sind während des Backups allerdings alle Schreiboperationen in der Datenbank blockiert.

```
user$  mysqldump -u user -p dbname > backup.sql
Enter password:  ********
```

Die optimale Durchführung eines Backups mit InnoDB-Tabellen erfordert wesentlich mehr Optionen, weil die Standardeinstellungen von `mysqldump` nicht für diesen Fall optimiert sind:

```
user$  mysqldump -u user -p --skip-opt --single-transaction \
       --create-options --quick --extended-insert \
       --disable-keys --add-drop-table dbname > backup.sql
```

Wenn Sie das Backup automatisiert durch einen Cron-Job ausführen, ersetzen Sie `-u user -p` durch die folgende Option und geben die Verbindungsparameter in der nur für `root` lesbaren Datei `/root/.my.cnf` an:

```
# im Backup-Script
mysqldump --defaults-extra-file=/root/.my.cnf ...
```

Um das Backup später wieder einzuspielen, führen Sie diese Kommandos aus:

```
user$  mysqladmin  -u user -p create dbname
user$  mysql  -u user -p --default-character-set=utf8 dbname < backup.sql
```

netstat [optionen]

`netstat` liefert Informationen über die Netzwerkaktivität auf dem lokalen Rechner. Wird das Kommando ohne Optionen aufgerufen, liefert es eine Liste aller offenen Internetverbindungen und Sockets.

▶ `-a`

berücksichtigt auch nicht-aktive Sockets, also Dienste, die auf einem Netzwerk-Port auf eine Verbindung warten (Zustand LISTEN bzw. bei deutscher Lokalisierung HÖREN).

▶ `-e`

gibt bei Internetverbindungen zusätzlich den Benutzer an.

▶ `-n`

liefert numerische Adressen und Port-Nummern anstelle von Host- und Netzwerkdienstnamen.

▶ `-p`

gibt zusätzlich die Prozessnummer (PID) und den Prozessnamen des Programms an, das für die Verbindung verantwortlich ist. `netstat` benötigt `root`-Rechte, damit es Informationen über nichteigene Prozesse liefern kann.

▶ `-t / -u / -w / -X`

schränkt die Ausgabe auf Verbindungen ein, die das Protokoll TCP, UDP, Raw oder Unix nutzen.

Beispiel

Das folgende Kommando listet alle aktiven Verbindungen (established) bzw. überwachten Ports (LISTEN) auf. Die Ausgabe wurde aus Platzgründen stark gekürzt.

```
root#  netstat -atupe
Active Internet connections (servers and established)
Proto Local Address          Foreign Addr   State    User    PID/Prog name
tcp   *:nfs                   *:*            LISTEN   root    -
tcp   *:ldap                  *:*            LISTEN   root    5842/slapd
tcp   *:3142                  *:*            LISTEN   root    5904/perl
tcp   localhost:mysql         *:*            LISTEN   mysql   5785/mysqld
tcp6  [::]:ssh                [::]:*         LISTEN   root    5559/sshd
tcp6  mars.sol:ssh            merkur.so...   ESTAB    root    7729/0
udp   *:nfs                   *:*                     root    -
udp   mars.local:netbios-ns   *:*                     root    6231/nmbd
```

newaliases

Die Datei /etc/aliases enthält eine Alias-Liste für den E-Mail-Server, z. B., dass alle E-Mails, die an postmaster adressiert sind, an root weitergeleitet werden sollen. Damit Änderungen an dieser Datei vom Mail-Server berücksichtigt werden, müssen Sie newaliases ausführen.

newgrp [gruppenname]

Das Kommando newgrp bestimmt die gerade aktive Gruppe eines Benutzers, der mehreren Gruppen angehört. Die aktive Gruppe bestimmt, welcher Gruppe neu erzeugte Dateien angehören. Die zur Auswahl stehenden Gruppen können mit groups ermittelt werden. Wenn kein Gruppenname angegeben wird, wird die primäre Gruppe verwendet. Diese Gruppe gilt auch nach einem Login automatisch als aktive Gruppe.

Beispiel

Im folgenden Beispiel macht das newgroup-Kommando die Gruppe docuteam zur aktiven Gruppe des Benutzers kofler. Die neu erzeugte Datei newfile wird daher der Gruppe docuteam zugeordnet und kann von anderen Mitgliedern des Dokumentations-Teams bearbeitet werden.

```
user$  groups
kofler docuteam wheel
user$  newgroups docuteam
user$  touch newfile
```

newusers datei

newusers liest eine Textdatei und erzeugt für jede Zeile einen neuen Benutzer. Die Textdatei weist prinzipiell dasselbe Format auf wie /etc/passwd. Allerdings müssen die Passwörter unverschlüsselt in der zweiten Spalte angegeben werden. Die meisten weiteren Parameter (UID, GID etc.) sind optional. newusers erzeugt für jeden angegebenen Benutzer einen neuen Account, wobei bei Bedarf auch die dazugehörenden Gruppen angelegt werden. Für fehlende Parameter wählt newusers geeignete Defaultwerte, wobei die Einstellungen in /etc/login.defs berücksichtigt werden.

Beachten Sie, dass newusers zwar neue Heimatverzeichnisse erzeugt, wenn deren Ort in der sechsten Spalte angegeben ist, dass das Kommando sich aber nicht darum kümmert, den Inhalt von /etc/skel dorthin zu kopieren.

Beispiel

Die folgenden Zeilen zeigen die minimalistische Textdatei users.txt, die den Anforderungen von newusers entspricht. Da users.txt Klartextpasswörter enthält, müssen Sie darauf achten, dass niemand außer root die Datei lesen kann, bzw. die Datei nach der Ausführung von newusers wieder löschen.

```
huber:geheim1:::Hermann Huber:/home/huber:/bin/bash
moser:geheim2:::Gabi Moser:/home/moser:/bin/bash
schmidt:geheim3:::Peter Schmidt:/home/schmidt:/bin/bash
```

newusers erzeugt nun die drei neuen Benutzer huber, moser und schmidt sowie gleichnamige primäre Gruppen. newusers entscheidet sich selbst für geeignete UIDs und GIDs.

```
root#  newusers users.txt
```

nice [optionen] programm

nice startet das angegebene Programm mit einer verringerten oder erhöhten Priorität. Das Kommando kann dazu eingesetzt werden, nicht zeitkritische Programme mit kleiner Priorität zu starten, um das restliche System nicht zu stark zu beeinträchtigen.

▶ -n +/-n

gibt den nice-Wert vor. Standardmäßig (also ohne nice) werden Programme mit dem nice-Wert 0 gestartet. Ein Wert von −20 bedeutet »höchste Priorität«, ein Wert von +19 bedeutet »niedrigste Priorität«. Werte kleiner 0 dürfen nur von root angegeben werden, d. h., die meisten Anwender können mit nice nur Programme mit reduzierter Priorität starten. Wenn auf diese Option verzichtet wird, startet `nice` das Programm mit dem `nice`-Wert von +10.

Beachten Sie, dass `nice` nur die CPU-Belastung steuert. Wenn Sie die IO-Belastung eines Kommandos reduzieren möchten, setzen Sie besser `ionice` ein.

Beispiel

Das folgende Kommando startet das Backup-Script `sichere` mit niedrigerer Priorität.

```
user$  nice -n 10 sichere
```

nl [optionen] datei

`nl` nummeriert alle nicht leeren Zeilen der angegebenen Textdatei und schreibt das Ergebnis in die Standardausgabe. Durch die Einstellung der zahlreichen Optionen kann eine seitenweise Nummerierung, eine Nummerierung von Kopf- und Fußzeilen etc. erreicht werden.

nmap [optionen] rechnername/ip-adresse

Das Kommando `nmap` aus dem gleichnamigen Paket führt auf dem angegebenen Rechner einen sogenannten Port-Scan durch und versucht festzustellen, welche Netzwerkdienste aktiv sind. `nmap` sollte ausschließlich zur Analyse eigener Rechner eingesetzt werden. Ein Port-Scan fremder Rechner kann als Einbruchsversuch gewertet werden!

`nmap` wird durch unzählige Optionen gesteuert, deren Beschreibung hier den Rahmen sprengen würde. In vielen Fällen reicht `nmap -v -A name`, um einen ersten Überblick über die Netzwerkdienste des angegebenen Rechners zu bekommen. Fortgeschrittene `nmap`-Anwender finden weitere Details in der umfassenden `man`-Seite oder auf *http://insecure.org/nmap*. Zu `nmap` existiert auch eine grafische Benutzeroberfläche, die sich üblicherweise im Paket `nmap-frontend` befindet.

Beispiel

Die folgenden Zeilen zeigen das stark gekürzte `nmap`-Ergebnis für einen im lokalen Netz laufenden Rechner, auf dem ein SSH- und ein Samba-Server laufen:

```
root#  nmap -v -A mars
Scanning mars (10.0.0.11) [1 port]
...
Discovered open port 445/tcp on 10.0.0.11
```

```
Discovered open port 22/tcp on 10.0.0.11
Discovered open port 139/tcp on 10.0.0.11
...
Host script results:
| nbstat:
|   NetBIOS name: LOCALHOST, NetBIOS user: <unknown>, NetBIOS MAC: <unknown>
| smb-os-discovery:
|   OS: Unix (Samba 3.2.15)
| smb-security-mode:
|   Account that was used for smb scripts: guest
|   User-level authentication
|_smbv2-enabled: Server doesn't support SMBv2 protocol
...
Nmap done: 1 IP address (1 host up) scanned in 19.40 seconds
          Raw packets sent: 1907 (84.702KB) | Rcvd: 1026 (41.582KB)
```

nmcli [optionen] con|dev|nm kommando

Der Network Manager wird üblicherweise durch ein Menü im Gnome- oder KDE-Panel gesteuert. Mit dem Kommando nmcli können Sie Netzwerkverbindungen auch über die Kommandozeile bzw. durch ein Script steuern.

Die zur Auswahl stehenden Kommandos hängen davon ab, auf welches Objekt sie sich beziehen. Mit den Optionen -t, -p etc. kann die Form der nmcli-Ausgaben gesteuert werden – je nachdem, ob die Ausgabe ordentlich formatiert oder durch ein Script weiterverarbeitet werden soll (Details siehe man nmcli).

▶ con list

listet alle konfigurierten Verbindungen auf, wobei zu jeder Verbindung ihr Name und ihre UUID angegeben wird.

▶ con down id *name* **bzw.** con down uuid *n*

deaktiviert die angegebene Verbindung.

▶ con up id *name* **bzw.** con up uuid *n*

aktiviert die angegebene Verbindung.

▶ dev disconnect *name*

beendet die Verbindung für die angegebene Schnittstelle.

▶ dev list

listet alle dem Network Manager bekannten Netzwerkschnittstellen auf und gibt deren Eigenschaften an.

- ▶ `dev wifi list`

  liefert eine Liste aller in Reichweite befindlichen WLAN-Netzwerke.

- ▶ `nm [status]`

  zeigt den Status des Network Managers an.

- ▶ `nm sleep|wakeup`

  versetzt den Network Manager in den Ruhemodus (deaktiviert alle Verbindungen) bzw. weckt ihn wieder auf (aktiviert die Verbindungen).

- ▶ `nm wifi [on|off]`

  zeigt den Status der WLAN-Verbindungen an bzw. aktiviert oder deaktiviert WLAN.

- ▶ `nm wwan [on|off]`

  zeigt den Status von Mobilfunknetzverbindungen (WWAN = *Wireless Wide Area Network*) an bzw. aktiviert oder deaktiviert diese Verbindungen.

Beispiel

Die folgenden Kommandos listen zuerst alle dem Network Manager bekannten Verbindungen auf und aktivieren dann die Verbindung mit dem Namen *System eth0*:

```
root#  nmcli con list
NAME           UUID                                    TYP          ...
System eth0    5fb06bd0-0bb0-7ffb-45f1-d6edd65f3e03    802-3-ethernet  ...
root#  nmcli con up id 'System eth0'
```

nm-tool

`nm-tool` liefert ausführliche Statusinformationen über alle durch den Network Manager verwalteten Verbindungen.

```
user$  nm-tool
State: connected (global)
- Device: eth0  [Kabelnetzwerkverbindung 1]
  Type:          Wired
  Driver:        e1000
  State:         connected
  Default:       yes
  HW Address:    00:1C:42:0A:C0:E3
  Capabilities:
    Carrier Detect:  yes
    Speed:           1000 Mb/s
```

```
Wired Properties
   Carrier:          on
IPv4 Settings:
   Address:          10.0.0.34
   Prefix:           24 (255.255.255.0)
   Gateway:          10.0.0.138
   DNS:              10.0.0.138
```

nohup kommando

Wenn Sie ein Kommando als Hintergrundprozess in einem Shell-Fenster starten und das Fenster dann schließen oder wenn Sie das Kommando in einer Textkonsole starten und sich dann ausloggen, wird der Hintergrundprozess automatisch beendet. Das ist im Regelfall ein sinnvolles Verhalten.

Manchmal möchten Sie aber einen Prozess starten, der nach dem Ausloggen weiterläuft – und genau dazu dient nohup. Das Kommando muss mit seinem vollständigen Pfad angegeben werden. Es kann keine Textausgaben an die Standardausgabe schreiben. Gegebenenfalls werden derartige Ausgaben in die Datei nohup.out im lokalen Verzeichnis umgeleitet.

Beispiel

Im folgenden Beispiel loggt sich ein Administrator via ssh auf einem Server ein, startet dort ein Backup-Script im Hintergrund und loggt sich dann wieder aus. Das Backup-Script läuft weiter.

```
userx@localhost$   ssh usery@remotehost
usery@remotehost$  nohup backup-script &
usery@remotehost$  exit
```

openssl kommando

openssl aus dem gleichnamigen Paket hilft beim Erzeugen und der weiteren Administration von Zertifikaten sowie privaten und öffentlichen Schlüsseln. Das Kommando greift dabei auf die OpenSSL-Bibliothek zurück. Neue Zertifikate oder Schlüssel werden an die Standardausgabe geschrieben, wenn Sie nicht mit -out eine Zieldatei angeben.

- `genrsa [optionen] [bits]`

  erzeugt einen privaten RSA-Schlüssel. Die Schlüssellänge beträgt n Bits (standardmäßig 512). Mit `-des`, `-des3` oder `-idea` geben Sie an, mit welchem Verfahren der Schlüssel selbst verschlüsselt werden soll (standardmäßig gar nicht). `openssl` fordert dann zur Eingabe einer *pass phrase* auf, also eines vorzugsweise aus mehreren Wörtern bestehenden Geheimtexts. `-out datei` gibt an, in welcher Datei der private Schlüssel gespeichert werden soll.

- `list-standard-commands | list-message-digest-commands |`
  `list-cipher-commands | list-cipher-algorithms |`
  `list-message-digest-algorithms | list-public-key-algorithms`

  listet die von `openssl` unterstützten Kommandos, Algorithmen etc. auf.

- `req [optionen]`

  administriert X.509-Schlüssel und erzeugt (selbst)signierte Zertifikate. Mit `-new` geben Sie an, dass ein neues Zertifikat eingerichtet werden soll. `openssl` fragt dann interaktiv nach den Eckdaten, also nach Ihrem Namen, dem Hostnamen (Common Name) etc. `-x509` erzeugt ein selbstsigniertes Zertifikat anstelle einer Zertifikatsanfrage. `-days n` gibt die Gültigkeit des Zertifikats an.

  `-out certdatei` gibt an, in welcher Datei das Zertifikat gespeichert werden soll. `-key datei` gibt an, mit welchem Schlüssel das Zertifikat verschlüsselt werden soll. Ohne diese Option erzeugt `openssl` zu diesem Zweck einen neuen privaten RSA-Schlüssel, der mit `-keyout` in einer eigenen Datei gespeichert werden kann.

- `rsa [optionen]`

  verarbeitet RSA-Schlüssel und konvertiert sie zwischen unterschiedlichen Formen und Formaten. `-in datei` und `-out datei` geben an, aus welcher Datei der ursprüngliche Schlüssel gelesen und wohin der neue Schlüssel geschrieben wird. Werden keine weiteren Optionen angegeben, entfernt `openssl` die Verschlüsselung (*pass phrase*) des Schlüssels. Mit `-inform` und `-outform` kann die Form des Schlüssels spezifiziert werden (standardmäßig PEM, alternativ DER oder NET).

- `x509 [optionen]`

  zeigt Zertifikatdaten an, signiert Zertifikate und konvertiert Zertifikate zwischen verschiedenen Formen. `-in` und `-out` geben wieder die Dateinamen der Quell- und Zielzertifikate an. Mit `-req` erwartet `openssl` eine Zertifikatsanfrage als Eingabe, nicht das Zertifikat selbst. `-CA` gibt an, welches CA-Zertifikat für die Signatur verwendet werden soll. `-CAkey` gibt den dazugehörenden privaten Schlüssel an.

Zu den meisten `openssl`-Kommandos gibt es eigene `man`-Seiten. Beispielsweise beschreibt `man req` die unzähligen Optionen von `openssl req`.

Beispiel

Mit dem folgenden Kommando erzeugen Sie ein eigenes, für 10 Jahre gültiges Zertifikat für einen Mail-Server. Entscheidend ist, dass Sie bei der Ausführung von `openssl` als Common Name den Hostnamen Ihres Servers angeben. Da das Zertifikat selbst signiert ist, wird Ihr Mail-Client bei der Konfiguration darauf hinweisen, dass das Zertifikat nicht vertrauenswürdig ist.

```
root#  openssl req -new -x509 -days 3650 -nodes \
         -out /etc/ssl/certs/postfix.pem \
         -keyout /etc/ssl/private/postfix.pem
...
Common Name (eg server FQDN or YOUR name) []:  firma-abc.de
root#  chmod 600 /etc/ssl/private/postfix.pem
```

`pandoc [optionen] in1 [in2 in3 ...] [> out]`

Die primäre Aufgabe von `pandoc` aus dem gleichnamigen Paket besteht darin, Markdown-Textdateien in andere Formate umzuwandeln, beispielsweise in HTML-Dateien, PDF-Dokumente oder Office-Dateien. Mit Einschränkungen kann `pandoc` anstelle von Markdown-Dateien auch andere Eingabeformate verarbeiten, unter anderem HTML und LaTeX.

▶ `-c cssdatei`

bettet die angegebene CSS-Datei in das HTML-Dokument ein. Die Option kann mehrfach angegeben werden, wenn mehrere CSS-Dateien erforderlich sind.

▶ `-f format`

gibt das Quellformat an (*from*). Wichtige Quellformate sind `asciidoc`, `docbook`, `latex` und `markdown`. Pandoc versucht anhand der Dateikennung der Ein- und Ausgabedateien die gewünschten Quell- und Zielformate selbst zu erkennen. Die Optionen `-f` und `-t` sind nur erforderlich, wenn dies nicht gelingt.

▶ `-H headerdatei`

fügt die angegebene Header-Datei am Beginn des HTML- oder LaTeX-Quelltexts ein. Die Option kann mehrfach angegeben werden, wenn mehrere Header-Dateien erforderlich sind.

▶ `-o output.kennung`

schreibt das Ergebnis in die angegebene Datei anstatt zur Standardausgabe. Die Option ist bei binären Ausgabeformaten (DOCX, ODT, PDF) zwingend erforderlich.

▶ `-s`

> erzeugt ein eigenständiges Dokument (*standalone*). Diese Option ist vor allem bei den Ausgabeformaten HTML, LaTeX und RTF relevant. Ohne diese Option erzeugt Pandoc Dateien ohne Header-Informationen; solche Dateien können nicht für sich verwendet werden, sondern müssen in ein anderes Dokument eingebettet werden.

▶ `-t format`

> gibt das Zielformat an (*to*). Wichtige Zielformate sind `docx`, `latex`, `html`, `html5`, `man`, `odt` und `rtf`. Beachten Sie, dass `pdf` nicht zur Liste der unterstützten Formate zählt. Um PDF-Dokumente zu erzeugen, müssen Sie die Option `-o out.pdf` angeben. `pandoc` wandelt den Quelltext dann zuerst in das LaTeX-Format um und erzeugt anschließend die PDF-Datei mit `pdflatex`.

▶ `--toc`

> bettet ein Inhaltsverzeichnis in das resultierende Dokument ein.

Beispiele

Das erste Kommando erzeugt aus der Markdown-Datei `input.text` ein eigenständiges HTML-Dokument. Das zweite Kommando erzeugt eine EPUB-Datei aus einem Buch, dessen Kapitel in eigenen Dateien gespeichert sind. Das dritte Kommando erzeugt eine PDF-Datei, wobei hinter den Kulissen LaTeX zum Einsatz kommt.

```
user$  pandoc -s -c mein.css input.text > output.html
user$  pandoc kap1.text kap2.text kap3.text -t epub3 -o buch.epub
user$  pandoc vorwort.text kap01.text kap02.text -o out.pdf
```

paps [optionen] textdateien > out.ps

paps konvertiert die angegebenen UTF-8-Textdateien in das PostScript-Format und schreibt das Ergebnis in die Standardausgabe. Die UTF-8-Zeichen werden nicht als Buchstaben, sondern durch Linienzüge dargestellt. Aus diesem Grund sieht die Darstellung der PostScript-Datei in einem PostScript-Viewer (Evince, Okular etc.) unter Umständen pixelig aus. Eine Textauswahl ist nicht möglich. Die Druckqualität ist aber gut.

▶ `--columns=`*n*

> bestimmt die Anzahl der Textspalten (standardmäßig eine).

▶ `--cpi=n`

steuert die Anzahl der Zeichen pro Inch (2,54 cm) und somit die Schriftgröße.

▶ `--font=name`

gibt den gewünschten Zeichensatz an (standardmäßig Monospace 12).

▶ `--landscape`

formatiert den Text im Querformat.

Beispiel

Das folgende Kommando produziert die zweispaltige PostScript-Datei `text.ps`:

```
user$  paps --landscape --columns 2 text.txt > druck.ps
```

parted `[optionen] [device [kommando [optionen]]]`

`parted` hilft bei der Partitionierung von Festplatten und SSDs. Im Gegensatz zu `fdisk` kommt `parted` auch mit GUID-Partitionstabellen (GPT) zurecht.

Wenn Sie an `parted` kein Kommando übergeben, können Sie das Programm interaktiv verwenden und der Reihe nach mehrere Kommandos eingeben. Die Kommandos dürfen abgekürzt werden, sofern die Eingabe eindeutig ist (also `q` statt `quit`).

Beachten Sie dabei aber, dass die Kommandos anders als bei `fdisk` sofort ausgeführt werden und nicht mehr rückgängig gemacht werden können! Anstelle des wenig komfortablen Programms `parted` können Sie auch dessen grafische Benutzeroberfläche `gparted` einsetzen.

▶ `-a` bzw. `--align`

gibt an, wie neue Partitionen ausgerichtet werden sollen. Zulässige Einstellungen sind `none`, `cylinder` (Ausrichtung an Zylindergrenzen), `minimal` (Ausrichtung an Blockgrenzen) oder `optimal` (Ausrichtung an Vielfachen von einem binären MByte). Sie sollten unbedingt die Option `-a optimal` verwenden, um den Datenträger in maximaler Geschwindigkeit zu nutzen.

▶ `-l` bzw. `--list`

listet alle Partitionen auf.

▶ `-s` bzw. `--script`

führt alle Kommandos ohne Rückfragen aus.

Im Folgenden sind die wichtigsten `parted`-Kommandos kurz beschrieben:

▶ align-check min/opt *nr*

testet, ob die angegebene Partition an einer optimalen Position startet. parted align-check min testet lediglich, ob die Partition an einer physikalischen Blockgrenze startet. Bei parted align-check opt versucht parted aus den Eckdaten des Datenträgers die optimale Startposition von Partitionen auszurechnen. Gelingt dies nicht, gelten Vielfache von einem MByte (binär) als optimal.

▶ mklabel msdos/gpt

richtet eine neue Partitionstabelle im MBR- oder GPT-Format ein. Vorsicht: Dabei geht der gesamte Inhalt der Festplatte verloren! parted unterstützt auch diverse andere Partitionsformate, die aber im Linux-Umfeld selten von Bedeutung sind (siehe man parted).

▶ mkpart primary/logical/extended/*name* [*dateisys*] *start ende*

richtet eine neue Partition ein. Beachten Sie, dass Sie die Start- und Endposition angeben müssen, nicht die Startposition und Größe! Die Endposition kann auch als negative Zahl angegeben werden und wird dann vom Ende des Datenträgers gerechnet.

Die Angabe der Partitionsart (primary, logical oder extended) ist nur bei Datenträgern mit MBR-Partitionstabellen zweckmäßig. Wenn sich auf dem Datenträger eine GUID-Partitionstabelle (GPT) befindet, geben Sie der Partition mit dem ersten mkpart-Parameter einen Namen.

Die optionale Angabe des Dateisystems dient nur zur Festlegung des Partitionstyps. Auf der neuen Partition wird aber kein Dateisystem eingerichtet. Zulässige Typen sind fat16, fat32, ext2, HFS, linux-swap, NTFS und ufs.

▶ print

listet alle Partitionen auf.

▶ quit

beendet parted.

▶ resize *nr start ende*

verändert die Größe der angegebenen Partition. Eine Vergrößerung setzt voraus, dass hierfür ausreichend freier Platz vorliegt. resize verändert das Dateisystem nicht! Um diesen Schritt müssen Sie sich vorher (Verkleinerung) bzw. nachher (Vergrößerung) selbst kümmern.

▶ rm *nr*

löscht die angegebene Partition.

▶ set *nr flag* on/off

verändert die Flags (Zusatzattribute) der Partition. parted kennt unter anderem die Flags boot, root, swap, hidden, raid, lvm, lba und bios_grub.

▶ unit *einheit*

legt die Einheit für Positions- und Größenangaben fest. Zur Auswahl stehen:

- s (Sektoren)
- B (Byte)
- kB, MB, GB und TB (10^3, 10^6, 10^9 und 10^{12} Byte)
- KiB, MiB, GiB und TiB (binäre kByte, MByte, GByte und TByte)
- % (Prozent, relativ zur Gesamtgröße des Datenträgers)
- compact (dezimale MByte bei Eingaben, lesefreundliche Ausgabe)

Standardmäßig gilt die Einstellung compact. Wenn parted mit der Option --align gestartet wurde, werden beim Einrichten neuer Partitionen die Positions- und Größenangaben entsprechend angepasst.

Beispiel

Die folgenden Zeilen zeigen, wie Sie mit parted eine neue LVM-Partition auf einer SSD mit GPT einrichten:

```
root#  parted -a optimal /dev/sda
(parted)  print
Modell: ATA SAMSUNG SSD 830 (scsi)
Festplatte  /dev/sda:  512GB
Sektorgröße (logisch/physisch): 512B/512B
Partitionstabelle: gpt
Nummer Anfang  Ende    Größe   Dateisys Name               Flags
   1   17,4kB  1000MB  1000MB  fat32    EFI System Part...  boot, versteckt
   2   1000MB  21,0GB  20,0GB  ext4                         versteckt
   3   21,0GB  21,1GB  134MB            Microsoft reser...  versteckt, msftres
   4   21,1GB  61,2GB  40,1GB  ntfs     Basic data part...  versteckt
   5   61,2GB  82,2GB  21,0GB  ext4                         versteckt
   6   82,2GB  103GB   21,0GB  ext4                         boot, versteckt
   7   103GB   124GB   21,0GB  ext4                         boot
   8   124GB   281GB   157GB   ext4
   9   281GB   386GB   105GB                                lvm
  10   386GB   407GB   21,0GB  ext4
(parted)  mkpart lvm-partition 407GB 450GB
(parted)  set 11 lvm on
(parted)  print
...
  11   407GB   450GB   42.7GB           lvm-partition       lvm
(parted)  quit
```

---

partprobe [optionen] [devices]

partprobe wird üblicherweise ohne Optionen oder andere Parameter nach der Veränderung der Partitionierung lokaler Festplatten oder SSDs ausgeführt, z. B. nachdem fdisk beendet wurde. Das Kommando informiert nun den Kernel über die durchgeführten Änderungen, sodass die neuen bzw. veränderten Partitionen ohne einen Neustart des Rechners verwendet werden können.

---

partx [optionen] [partition] [disk]

partx ist ein Low-Level-Kommando, das Informationen über die Partitionierung von Datenträgern ermittelt bzw. an den Kernel weitergibt. partx ist gleichermaßen für die Partitionstabellen MBR und GPT geeignet.

Die zu bearbeitende Festplatte oder Partition wird üblicherweise durch eine Device-Datei angegeben. Alternativ kann der Datenträger durch seine Device-Datei und die Partitionsnummer durch die Option -n spezifiziert werden, z. B. mit partx -n 3 /dev/sda. Falls eine einzelne Partition selbst wieder Sub-Partitionen enthält und daher wie ein selbstständiger Datenträger behandelt werden soll, stellen Sie dem Partitions-Device ein freistehendes Minuszeichen voran, also z. B. partx - /dev/sda4.

Anders als fdisk und parted verändert partx den Datenträger nicht, eignet sich also *nicht* zum Einrichten oder Löschen physikalischer Partitionen! Die Optionen -a, -d und -u verändern lediglich die Partitionstabelle des Linux-Kernels, belassen den Datenträger aber unverändert. Der Zweck dieser Optionen besteht ausschließlich darin, dem Kernel Informationen über eine mit einem anderen Programm veränderte Partitionierung mitzuteilen. Einfacher gelingt dies meist mit dem Kommando partprobe. In der Praxis wird partx oft zur Bearbeitung virtueller Datenträger verwendet, also z. B. für Loop-Devices oder für Image-Dateien virtueller Maschinen.

▶ -a

   fügt neue Partitionen hinzu. Die Partition muss bereits physikalisch auf dem Datenträger existieren. -a aktualisiert lediglich die Partitionstabelle des Kernels!

▶ -b

   verarbeitet Größenangaben in Byte.

▶ -d

   löscht Partitionen aus der Partitionstabelle des Kernels.

- ▶ -n M:N

  gibt die zu bearbeitenden Partitionen des Datenträgers numerisch an. Dabei sind verschiedene Schreibweisen möglich, wie die folgenden Beispiele verdeutlichen:

  -n 4 bezeichnet die vierte Partition.

  -n -2 bezeichnet die vorletzte Partition.

  -n 3:6 meint die Partitionen 3 bis 6.

  -n 3: bezieht sich auf alle Partitionen beginnend mit der dritten.

  -n :5 umfasst die Partitionen 1 bis 5.

- ▶ -o spalten bzw. --output spalten

  zeigt ausgewählte Informationen zum ausgewählten Datenträger bzw. zur Partition an. spalten kann unter anderem die folgenden Schlüsselwörter enthalten: NR (Partitionsnummer), START (Startsektor), END (Endsektor), SIZE (Größe in Byte), TYPE (Partitionstyp als Hexcode oder UUID) und FLAGS (Zusatzinformationen). partx -o NR,START,END liefert somit eine Liste der Partitionen jeweils mit ihren Start- und Endsektoren. Als Sektorgröße gilt generell 512 Byte, unabhängig von der tatsächlichen Sektorgröße des Datenträgers.

- ▶ -s bzw. --show

  zeigt Informationen zum ausgewählten Datenträger bzw. zur Partition an. Die mit -s oder -o angezeigten Daten werden vom physikalischen Datenträger ermittelt und stimmen unter Umständen nicht mit der Partitionstabelle des Linux-Kernels überein.

- ▶ -u

  verändert die Größe oder andere Daten einer Partition in der Partitionstabelle des Kernels. Die Änderungen müssen vorher physikalisch auf dem Datenträger durchgeführt werden.

Beispiel

Das folgende Kommando liefert Detailinformationen zu einer Festplatte mit einer MBR-Partitionstabelle:

```
root#  partx -o NR,TYPE,FLAGS,START,END,SECTORS,SIZE /dev/sda
NR TYPE FLAGS  START       END SECTORS   SIZE
 1 0x83 0x80    2048    411647  409600   200M
 2 0x8e 0x0   411648  31457279 31045632 14,8G
```

passwd [optionen] [username]

`passwd` ohne Parameter ermöglicht es, das Passwort des aktuellen Benutzers zu ändern. Dazu muss zuerst das alte und dann zweimal hintereinander das neue Passwort eingegeben werden. Das neue Passwort wird in verschlüsselter Form in die Datei /etc/shadow eingetragen. Allerdings muss das neue Passwort bei manchen Distributionen bestimmten Sicherheitsregeln entsprechen, damit es akzeptiert wird.

root **kann mit** passwd name **auch das Passwort anderer Benutzer verändern.** Das alte Passwort muss nicht angegeben werden, d. h., root kann das Passwort auch dann verändern, wenn der Benutzer sein Passwort vergessen hat. Für root gelten die obigen Passwortrestriktionen nicht, er kann also auch ein Passwort aus nur einem einzigen Zeichen definieren. Es ist aber nicht einmal root gestattet, überhaupt kein Passwort (also einfach ⏎) anzugeben.

Durch die Angabe von Optionen kann `passwd` einzelne Accounts auch sperren, wieder aktivieren sowie Ablaufzeiten für das Konto bzw. sein Passwort einstellen (siehe auch die Beschreibung des Kommandos chage, das in dieser Hinsicht noch mehr Einstellmöglichkeiten bietet).

▶ -g

stellt das Passwort einer Gruppe ein. Diese Funktion wird nur selten genutzt. Sie können damit das Betreten nichtprimäre Gruppen durch newgrp mithilfe eines Passworts abzusichern. Da das Gruppenpasswort mehreren Benutzern bekannt sein muss, ist das Verfahren inhärent unsicher.

▶ -l

deaktiviert das Konto (*lock*).

▶ -u

aktiviert ein deaktiviertes Konto wieder (*unlock*).

▶ -x *n*

gibt an, wie viele Tage ein Passwort maximal gültig bleibt. -x 180 bewirkt also, dass ca. alle sechs Monate ein neues Passwort eingestellt werden muss.

Beispiel

Im folgenden Beispiel stellt root ein neues Passwort für den Benutzer huber ein. Dieser muss in Zukunft sein Passwort einmal jährlich ändern.

```
root#  passwd huber
ändere Passwort für Benutzer huber.
Geben Sie ein neues Passwort ein:   ********
```

```
Geben Sie das neue Passwort erneut ein:   *********
passwd: alle Authentifizierungsmerkmale erfolgreich aktualisiert.
root#  passwd -x 365 huber
```

paste datei1 datei2 ...

paste setzt die Zeilen der angegebenen Dateien zu neuen (längeren) Zeilen zusammen und gibt das Ergebnis auf dem Bildschirm aus. Die erste Zeile des resultierenden Textes ergibt sich also aus der ersten Zeile der ersten Datei plus der ersten Zeile der zweiten Datei etc. Zwischen den Bestandteilen der neuen Zeile werden Tabulator-Zeichen eingefügt. Durch > zieldatei kann das Ergebnis in einer Datei gespeichert werden.

patch [optionen] < patchdatei

patch wendet die in einer diff-Datei zusammengefassten Änderungen an. Das Kommando wird in der Regel dazu genutzt, Codeänderungen anzuwenden (beispielsweise für den Kernelcode).

▶ -b

erzeugt Backup-Dateien für alle geänderten Dateien.

▶ --dry-run

testet den Patch, führt aber keine Änderungen aus. Generell sollten Sie vor der Anwendung jedes Patches mit der Option --dry-run sicherstellen, dass dabei keine Probleme auftreten. Nichts ist ärgerlicher als ein fehlerhaft oder nur teilweise angewendeter Patch!

▶ -p*n*

entfernt *n* Verzeichnisebenen aus den Dateinamen der Patch-Datei. Wenn /a/b/name.c der ursprüngliche Dateiname ist, macht -p1 daraus a/b/name.c, -p2 liefert b/name.c. Der richtige Wert *n* hängt davon ab, in welchem Verzeichnis patch ausgeführt wird.

▶ -R bzw. --reverse

wendet den Patch invers an. Auf diese Weise wird ein bereits angewendeter Patch wieder rückgängig gemacht.

Beispiel

Die folgenden Kommandos zeigen, wie der Kernelcode von Version 3.12.5 auf 3.12.6 gepatcht wird. Dazu muss zuerst der Patch von Version 3.12 auf 3.12.5 rückgängig gemacht werden, bevor dann der Patch für Version 3.12.6 angewendet werden kann. Kernel-Patches beziehen sich üblicherweise nicht auf die letzte Major-Version, also hier auf die Version 3.12.

```
root#  cd /usr/src/linux-3.12.5
root#  bunzip2 -c patch-3.12.5.bz2 | patch -R -p1 --dry-run  (Invers-Patch testen)
... keine Fehlermeldungen
root#  bunzip2 -c patch-3.12.5.bz2 | patch -R -p1            (3.12.5 --> 3.12)
root#  bunzip2 -c patch-3.12.6.bz2 | patch -p1 --dry-run     (Patch testen)
... keine Fehlermeldungen
root#  bunzip2 -c patch-3.12.6.bz2 | patch -p1               (3.12 --> 3.12.6)
root#  cd /usr/src
root#  mv linux-3.12.5 linux-3.12.6
```

pdf2ps quelle.pdf [ziel.ps]

pdf2ps erzeugt aus einem PDF-Dokument eine PostScript-Datei. Wenn Sie auf die Angabe von ziel.ps verzichten, erhält die neue PDF-Datei den Namen quelle.pdf. Eine Alternative zu pdf2ps ist das Kommando pdftops aus der Poppler-Bibliothek. Um PostScript-Dateien in PDF-Dokumente umzuwandeln, verwenden Sie ps2pdf.

▶ -dLanguageLevel=n

gibt an, welcher PostScript-Level für die Ausgabe verwendet werden soll (standardmäßig PostScript Level 2, alternativ werden auch die Level 1 und 3 unterstützt).

pdftk datei1.pdf datei2.pdf ... kommando

pdftk manipuliert PDF-Dateien. Sie können damit Seiten extrahieren, mehrere PDF-Dokumente zusammenführen, PDF-Dokumente verschlüsseln bzw. die Verschlüsselung entfernen (wenn Sie das Passwort kennen) etc. Aus Platzgründen ist die Syntax hier vereinfacht dargestellt. Die komplette Syntax liefert man pdftk. Sie können mehrere Kommandos kombinieren, müssen dabei aber die Reihenfolge einhalten, in der die Kommandos hier beschrieben sind.

▶ input_pw passwort

gibt das Passwort zu datei1.pdf an.

▶ cat

fügt alle PDF-Dateien zusammen.

▶ cat *seitenliste*

extrahiert die angegebenen Seiten. Mehrere Seitenbereiche werden durch Leerzeichen getrennt, also beispielsweise 1-5 7-10. end bezeichnet die letzte Seite. Um die Seiten aus mehreren PDF-Dateien zusammenzufügen, geben Sie jeder Eingabedatei ein Kürzel und verweisen bei den Seitenangaben darauf (also beispielsweise pdftk A=datei1.pdf B=datei2.pdf cat A2-4 B5 B7). Wenn Sie nur Seiten mit geraden bzw. ungeraden Seitennummern wünschen, fügen Sie der Seitenangabe even oder odd hinzu, also etwa 1-10odd.

▶ background *watermark.pdf*

hinterlegt jede Ausgabeseite mit einer Seite von watermark.pdf. Wenn watermark.pdf weniger Seiten als die Ausgabe hat, wird die letzte Seite aus watermark.pdf wiederholt als Wasserzeichen verwendet. Die Ausgangs-PDF-Datei muss transparent sein, sonst ist das Wasserzeichen nicht sichtbar.

▶ stamp *stamp.pdf*

schreibt über jede Ausgabeseite eine Seite aus stamp.pdf. Wenn stamp.pdf weniger Seiten als die Ausgabe hat, wird die letzte Seite aus stamp.pdf wiederholt. stamp.pdf muss transparent sein, sonst überdeckt sie die ursprüngliche PDF-Datei.

▶ burst

erzeugt für jede Seite der PDF-Dateien eine eigene Datei mit dem Namen page_*n*.pdf, wobei *n* die Seitennummer ist.

▶ output *ergebnis.pdf*

speichert die resultierende PDF-Datei unter dem Namen ergebnis.pdf.

▶ owner_pw *passwort* bzw. user_pw *passwort*

verschlüsselt ergebnis.pdf mit dem angegebenen Passwort. Das owner_pw-Passwort gilt für den Ausdruck und andere PDF-Operationen, das user_pw-Passwort für das Öffnen der Datei.

Beispiele

Das folgende Kommando liest die Seiten 10 bis 20 sowie 30 bis 40 aus in.pdf und schreibt sie in die neue Datei out.pdf:

```
user$  pdftk in.pdf cat 10-20 30-40 output out.pdf
```

Auch um mehrere PDF-Dateien aneinanderzufügen, verwenden Sie das Kommando `cat`:

```
user$  pdftk in1.pdf in2.pdf in3.pdf cat output out.pdf
```

Das folgende Beispiel erzeugt für jede einzelne Seite in `in.pdf` eine eigene PDF-Datei mit dem Namen `pg_n`, wobei *n* die Seitennummer ist:

```
user$  pdftk in.pdf burst
```

Das nächste Beispiel erzeugt eine verschlüsselte PDF-Datei. Die Datei kann zwar ohne das Passwort `xxx` gelesen, nicht aber ausgedruckt oder sonstwie bearbeitet werden. Wenn Sie selbst das Lesen der Datei schützen möchten, verwenden Sie statt `owner_pw` das Kommando `user_pw`.

```
user$  pdftk in.pdf output encrpyted.pdf owner_pw xxx
```

Zuletzt wird `pdftk` dazu verwendet, eine PDF-Datei mit einem Wasserzeichen zu markieren:

```
user$  pdftk in.pdf background watermark.pdf output out.pdf
```

`pdftops` [optionen] `quelle.pdf` [ziel.ps]

`pdftops` aus der Poppler-Bibliothek, die unter Debian und Ubuntu im Paket `poppler-utils` bereitgestellt wird, erzeugt eine PostScript-Datei aus einem PDF-Dokument. Im Vergleich zu `pdf2ps` unterstützt es zahlreiche Optionen zur Beeinflussung der PostScript-Datei.

▶ `-eps`

erzeugt eine EPS-Datei. Bei mehrseitigen PDF-Dokumenten muss mit `-f` und `-l` eine Seite ausgewählt werden.

▶ `-f` *n* und `-l` *n*

gibt die erste und letzte Seite an (*first* und *last*).

▶ `-level`*n*

gibt den gewünschten PostScript-Level an (1 bis 3).

▶ `-level`*n*`sep`

führt zusätzlich eine Farbseparierung durch. Dazu werden alle Farben in das CMYK-Format umgewandelt.

▶ `-paper` *format*

gibt das gewünschte Papierformat an (`A3`, `A4`, `letter` oder `legal`).

▶ `-paperw` *n* und `-paperh` *n*

gibt die Papiergröße in Punkt an.

▶ `-opw` *passwort* bzw. `-upw` *passwort*

gibt das Owner- bzw. User-Passwort an, um passwortgeschützte PDF-Dokumente zu verarbeiten.

---

pdftotext `[optionen] quelle.pdf [ziel.txt]`

`pdftotext` extrahiert den Text aus einer PDF-Datei und speichert ihn in einer reinen Textdatei (standardmäßig `quelle.txt`). Die Formatierung sowie alle Bilder gehen dabei verloren. Auch `pdftotext` gehört zur Poppler-Bibliothek.

Die Optionen `-f`, `-l`, `-opw` und `-upw` haben dieselbe Bedeutung wie bei `pdftops` (siehe oben).

▶ `-layout`

versucht, das Seitenlayout zu erhalten.

▶ `-nopgbrk`

verzichtet darauf, das Seitenende mit einem Sonderzeichen zu kennzeichnen.

---

pidof `programmname`

`pidof` ermittelt die Prozessnummern aller Instanzen eines namentlich genannten Prozesses.

▶ `-o %PPID`

ignoriert den Elternprozess, bei Shell-Scripts also die Shell, in der das Script gerade ausgeführt wird.

▶ `-s`

liefert nur den ersten passenden Prozess (*single shot*).

Beispiel

Das folgende Kommando liefert die PIDs aller laufenden `bash`-Shells:

```
root#  pidof /bin/bash
32329 21636 21600 3351 1739 922
```

```
ping [optionen] adresse
ping6 [optionen] adresse
```

ping sendet einmal pro Sekunde ein Netzwerkpaket (ECHO_REQUEST gemäß dem Protokoll ICMP) an die angegebene Adresse. Wenn die Adresse erreichbar ist und Echo-Pakete nicht durch eine Firewall blockiert werden, empfängt ping Antwortpakete und gibt an, wie lange die Kommunikation hin und zurück gedauert hat. Standardmäßig läuft ping unbeschränkt, bis es durch Strg+C beendet wird. ping6 ist die IPv6-Variante zu ping.

▶ -c *n*

   sendet nur *n* Pakete und endet dann.

▶ -i *n*

   gibt die Intervallzeit zwischen zwei Paketen in Sekunden an. *n* ist eine Fließkommazahl, d. h., auch ping -i 0.1 ist möglich.

▶ -n

   zeigt nur die IP-Adresse, aber nicht den Hostnamen des Empfängers an.

```
popd
```

Das bash-Kommando popd wechselt in ein zuvor mit pushd gespeichertes Verzeichnis zurück. Das Verzeichnis wird aus der Verzeichnisliste entfernt. popd und pushd werden üblicherweise nur in Shell-Scripts eingesetzt.

```
powertop
```

Das interaktive Programm powertop aus dem gleichnamigen Paket analysiert, welche Prozesse am meisten Energie beanspruchen bzw. die CPU oder Festplatte am häufigsten aus einem Ruhemodus aufwecken. Während das Programm läuft, können Sie mit ⇆ zwischen mehreren Ergebnisseiten wechseln. Esc beendet das Programm.

```
ppa-purge ppa:ppaowner[/ppaname]
```

Das Ubuntu-spezifische Kommando ppa-purge aus dem gleichnamigen Kommando deaktiviert die angegebene private Paketquelle (PPA, siehe auch die Beschreibung des Kommandos add-apt-repository). Sofern die PPA alternative Versionen offizieller

Pakete zur Verfügung stellt, werden diese Pakete entfernt und durch die Original-Pakete ersetzt.

Beispiel

Das folgende Kommando deaktiviert die `ubuntu-mozilla-daily`-Paketquelle und ersetzt die von dieser Paketquelle stammenden Firefox- und Thunderbird-Pakete durch Standard-Ubuntu-Pakete:

```
root#  ppa-purge ppa:ubuntu-mozilla-daily
```

`printenv` [variable]

Gibt den Inhalt der angegebenen Umgebungsvariablen bzw. aller Umgebungsvariablen zeilenweise aus.

`printf` format para1 para2 para3 ...

`printf` erlaubt es, Ausgaben in der Syntax des C-Kommandos `printf` zu formatieren. Detaillierte Informationen zu den Formatierungsmöglichkeiten erhalten Sie mit man 3 `printf`.

Beispiel

Das folgende Kommando gibt eine ganze Zahl, eine Fließkommazahl mit zwei Nachkommastellen sowie ein Zeilenende-Zeichen aus. Wenn Sie das Kommando auf einem System mit englischer Lokalisierung ausführen, müssen Sie die Fließkommazahl mit einem Dezimalpunkt anstelle des Kommas angeben.

```
root#  printf "%d %.2f\n" 123 3,1415927
123 3,14
```

`ps` [optionen]

`ps` zeigt die Liste der laufenden Prozesse (Programme) an. Das Kommando ist insbesondere im Zusammenspiel mit `kill` sehr praktisch, um hängende Programme gewaltsam zu beenden. `ps` ist mit zahllosen Optionen ausgestattet, die im Online-Manual (man ps) ausführlich beschrieben sind. Dort finden Sie auch Erklärungen dazu, was die zahlreichen Informationen bedeuten, die von `ps` ausgegeben werden.

Im Gegensatz zu anderen Kommandos gibt es bei `ps` Optionen mit und ohne vorangehenden Bindestrich. Diese haben teilweise sogar eine unterschiedliche Bedeutung.

(ps -a und ps a sind nicht gleichwertig!) Beide Optionstypen können in Gruppen gemischt werden, z. B. ps -A ul.

- a

  zeigt auch Prozesse anderer Benutzer an (nicht nur die eigenen).

- -A

  zeigt alle Prozesse an.

- f

  zeigt den Prozessbaum an.

- -f -l oder l

  zeigt diverse Zusatzinformationen an (Speicherbedarf, Priorität etc.).

- u

  zeigt auch den Namen der Benutzer der jeweiligen Prozesse an. Die Option kann nicht mit l kombiniert werden.

- x

  zeigt auch Prozesse an, denen kein Terminal zugeordnet ist. Dabei handelt es sich unter anderem um Linux-interne Prozesse zur Verwaltung des Systems (engl. *Daemons*).

- Z

  zeigt zusätzlich den SELinux-Kontext der Prozesse an.

ps2pdf [optionen] quelle.ps [ziel.pdf]

ps2pdf erzeugt aus einer beliebigen PostScript- oder EPS-Datei eine PDF-Datei. Wenn Sie auf die Angabe von ziel.pdf verzichten, bekommt die PDF-Datei denselben Namen wie die PostScript-Datei (aber die Kennung .pdf, also *quelle*.pdf).

- -dPDFSETTINGS=/default | /screen | /printer | /prepress

  gibt an, ob das PDF-Dokument für eine beliebige Verwendung, für die Bildschirmdarstellung, für einen gewöhnlichen Ausdruck oder für eine Belichtung (Buchdruck etc.) optimiert werden soll. Der Preis für die höhere Qualität ist die zunehmende Dateigröße. Diese vier Voreinstellungen vermeiden die Einzeleinstellung zahlreicher Optionen.

▶ `-dEncodeColorImages=false`

verhindert jegliches Komprimieren von Bildern. Die resultierenden PDF-Dateien werden nun sehr groß. In Kombination mit der `/prepress`-Einstellung liefert `ps2pdf` nun PDFs in optimaler Druck- bzw. Belichtungsqualität.

▶ `-rn`

gibt die Auflösung für Bitmap-Fonts an (Einheit DPI, also *dots per inch*).

Unzählige weitere Optionen sind hier beschrieben:

http://ghostscript.com/doc/current/Ps2pdf.htm

Beispiel

Das folgende Kommando erzeugt aus der PostScript-Datei `buch.ps` das PDF-Dokument `buch.pdf`:

```
user$  ps2pdf buch.ps
```

pstree [optionen] [pid]

`pstree` gibt einen Baum mit allen Prozessen auf dem Bildschirm aus. Der Baum macht deutlich, welcher Prozess von welchem anderen Prozess gestartet wurde. Wenn eine Prozessnummer angegeben wird, beginnt der Baum an dieser Stelle, andernfalls bei `init` oder `systemd`, also dem ersten Prozess, der beim Systemstart ausgeführt wird.

pushd verzeichnis

Das `bash`-Kommando `pushd` speichert das aktuelle Verzeichnis und wechselt anschließend in das angegebene Verzeichnis. Mit `popd` gelangen Sie in das ursprüngliche Verzeichnis zurück. `dirs` zeigt die Liste der gespeicherten Verzeichnisse an. `pushd` und `popd` werden überwiegend in Shell-Scripts eingesetzt.

pvcreate [optionen] device

Das LVM-Kommando `pvcreate` deklariert eine Partition bzw. ein Device als Physical Device (PV) zur späteren Nutzung in einer Volume Group (VG) (siehe auch `vgcreate` und `vgextend`).

pvcreate setzt voraus, dass die Partition bzw. das Device vorher als LVM-Partition gekennzeichnet wurde. In fdisk verwenden Sie dazu das Kommando ⊤ und den Code 8e. Bei parted lautet das erforderliche Kommando set *partitionsnummer* lvm on.

Beispiel

Das folgende Kommando macht die Partition /dev/sdc1 zu einem Physical Volume für LVM:

```
root#  pvcreate /dev/sdc1
  Physical volume "/dev/sdc1" successfully created
```

pvdisplay device

pvdisplay zeigt Detailinformationen zum angegebenen PV an.

pvremove device

pvremove entfernt die PV-Kennzeichnung eines ungenutzten PVs.

pvscan

pvscan listet alle PVs auf.

pwd

Das bash-Kommando pwd gibt das aktuelle Verzeichnis an.

pwgen [optionen]

pwgen aus dem gleichnamigen Paket generiert eine ganze Liste zufälliger, aber leicht merkbarer Passwörter. Die Idee ist die, dass der Benutzer eines der Passwörter auswählt und dann den Bildschirm mit Strg+L löscht, bevor ihm jemand über die Schulter blicken und das Passwort mitlesen kann. Im Vergleich zu den von makepasswd erzeugten Passwörtern sind die pwgen-Passwörter weniger zufällig und somit auch weniger sicher, aber für viele Anwendungsfälle sind sie immer noch ausreichend gut.

Beispiel

Wie das Beispiel beweist, sind auch die von pwgen erzeugten Passwörter keineswegs trivial!

```
user  pwgen
Ohshu3yo Ea1wedoe OhCh2Zua Aili8ooc Xu4iiyix eug3Chee Gaesh2pu Eeth6mah
eMeeOjio xieL6oob ob8uYah9 shaif0Ed uep8Eive lang3Eho thaiS7xa Sah3See4
...
```

qemu-img kommando

qemu-img hilft bei der Erzeugung und Verwaltung von Image-Dateien für virtuelle Festplatten. Als erster Parameter muss ein Befehl angegeben werden, z. B. create oder convert. Anschließend folgen je nach Befehl weitere Optionen, der Dateiname der Image-Datei etc.

▶ convert [-f *quellformat*] -O *zielformat quelldatei zieldatei*

wandelt eine Image-Datei von einem Format in ein anderes um. Die ursprüngliche Datei bleibt dabei erhalten. Die Image-Datei darf aber während der Umwandlung nicht von einer virtuellen Maschine genutzt werden. Mit der zusätzlichen Option -c wird die Zieldatei komprimiert.

▶ convert -f qcow2 -s *snapshotname* -O *zielformat quelldatei zieldatei*

überträgt nur den mit -s ausgewählten Snapshot eines QCOW2-Images in die neue Image-Datei.

▶ create [-f raw/qcow2/qed] [-o opt1=val1,opt2=val2,...] *datei größe*

erzeugt eine neue Image-Datei im angegebenen Typ und in der gewünschten Größe. Die Größenangabe erfolgt standardmäßig in Byte. Optional können die Suffixe k, K, M, G oder T verwendet werden (für binäre kByte, MByte, GByte und TByte, das heißt, M entspricht 1024 × 1024). Je nach Image-Format können diverse Zusatzoptionen angegeben werden. Die zur Auswahl stehenden Parameter ermitteln Sie mit -o '?', wobei diese Option in einem vollständigen, syntaktisch korrekten Kommando angegeben werden muss:

```
qemu-img create -f qcow2 -o '?'test.img 1G
```

▶ create -f qcow2 -o backing_file=basis.img overlay.img

erzeugt eine Overlay-Datei. Bei der Ausführung der virtuellen Maschine werden alle Änderungen in der Overlay-Datei gespeichert, die Basis-Datei bleibt unverändert.

▶ info *datei*

liefert Informationen über die angegebene Image-Datei. Bei QCOW2-Images gibt info auch Auskunft über alle gespeicherten Snapshots.

▶ resize *datei +/-größe*

vergrößert bzw. verkleinert die Image-Datei um die angegebene Größe. Das Kommando ist nur für RAW- und QCOW2-Images geeignet.

▶ snapshot [optionen] *snapshotname datei*

bearbeitet Snapshots. Dieses Kommando ist nur für QCOW2-Images verfügbar. -c erzeugt einen neuen Snapshot, -a wendet einen Snapshot auf das Image an (widerruft also alle Änderungen, die seit der Erstellung des Snapshots erfolgt sind), -d löscht den Snapshot, und -l listet alle Snapshots auf. Mit Ausnahme von -l dürfen Sie diese Kommandos allerdings nicht nutzen, während die Image-Datei von einer laufenden virtuellen Maschine genutzt wird!

Beispiele

Das erste Kommando erzeugt eine QCOW2-Image-Datei. Ein großer Vorteil dieses Image-Formats besteht darin, dass die Datei anfänglich kaum Speicher auf dem Datenträger beansprucht und erst nach und nach wächst.

```
root#  qemu-img create -f qcow2 disk.img 10G
```

Das zweite Kommando erzeugt aus einer QCOW2-Datei ein gleichwertiges Raw-Image:

```
user$  qemu-img convert -f qcow2 image.qcow2 -O raw image.raw
```

qemu-nbd [optionen] imagedatei

qemu-nbd bietet eine Image-Datei als Network Block Device an. kvm auf einem anderen Rechner kann dann über das Netzwerk auf das Image zugreifen, z. B. mit kvm -hda nbd:nbd-hostname:1024.

▶ -b *n.n.n.n*

verbindet die Netzwerkschnittstelle mit der angegebenen IP-Adresse. Standardmäßig gilt die Adresse 0.0.0.0, d. h. der Netzwerkzugriff ist nicht auf das lokale Netzwerk limitiert.

▶ -c *device*

verbindet die Image-Datei mit der angegebenen Device-Datei (*connect*).

▶ `-d device`

löst die Verbindung zur angegebenen Device-Datei (*disconnect*)

▶ `-p n`

verwendet den Port n (standardmäßig 1024).

Beispiel

`qemu-nbd` wird hier dazu verwendet, um ein QCOW2-Image über eine NBD-Device-Datei anzubieten. Das vereinfacht die Verwendung des Images auf dem lokalen Rechner, ist aber für den Netzwerkeinsatz ungeeignet. Mit `parted` kann der virtuelle Datenträger nun wie eine lokale Festplatte bearbeitet werden. Das letzte Kommando gibt die Device-Datei wieder frei.

```
root#  qemu-img create -f qcow2 disk.img 1G
root#  modprobe nbd
root#  qemu-nbd -c /dev/nbd0 disk.img &
root#  parted /dev/nbd0
...
root#  qemu-nbd -n /dev/nbd0
```

rdiff-backup [optionen] quellverzeichnis zielverzeichnis

`rdiff-backup` synchronisiert ähnlich wie `rsync` das Zielverzeichnis mit dem Quellverzeichnis. Im Unterschied zu `rsync` archiviert `rdiff-backup` bei wiederholter Ausführung auch alte Versionen von geänderten bzw. gelöschten Dateien, wobei aus Platzgründen nur die Änderungen in komprimierter Form gespeichert werden, also in Form inkrementeller Backups. Das ermöglicht die Rekonstruktion von irrtümlich gelöschten oder überschriebenen Dateien.

Das Quell- und das Zielverzeichnis können sich auf Netzwerk-Servern befinden. In diesem Fall erfolgt die Kommunikation standardmäßig via `ssh`. Das Kommando `rdiff-backup` muss auch auf den externen Rechnern installiert sein. Bei der Angabe externer Verzeichnisse gilt nahezu dieselbe Syntax wie bei `rsync`. Der einzige Unterschied besteht darin, dass nach dem Hostnamen *zwei* Doppelpunkte angegeben werden müssen, also z. B. in der Form `user@backupserver::verzeichnis`.

▶ `--remove-older-than zeit`

löscht inkrementelle Backup-Dateien, die älter als der angegebene Zeitpunkt sind. Den Zeitpunkt können Sie wahlweise absolut (z. B. 2013-12-31) oder relativ in Stunden (h), Tagen (D), Wochen (W) etc. angeben (siehe auch `man rdiff-backup` im Abschnitt TIME FORMATS). Statt eines konkreten Zeitpunkts können Sie mit nB

auch angeben, wie viele Backup-Versionen maximal archiviert bleiben sollen. Standardmäßig löscht rdiff-backup immer nur *eine* Backup-Version. Wenn Sie mehrere Backup-Versionen auf einmal löschen möchten, müssen Sie zusätzlich die Option --force angeben.

▶ -r *zeit* bzw. --restore-as-of *zeit*

rekonstruiert die Daten, wie sie zum gegebenen Zeitpunkt waren. Die Wiederherstellung alter Dateien verursacht allerdings mit zunehmender Versionsanzahl einen erheblichen CPU-Aufwand und ist entsprechend langsam!

Beispiele

Das folgende Kommando erstellt ein Backup von /home im Verzeichnis /home-backup. Wenn dieses Kommando regelmäßig ausgeführt wird (z. B. täglich), werden automatisch auch alle Änderungen archiviert. Der Platzbedarf im Backup-Verzeichnis wächst damit entsprechend an.

```
root#  rdiff-backup /home /home-backup
```

Das folgende Kommando rekonstruiert die gesicherten Daten in ein temporäres Verzeichnis:

```
root#  rdiff-backup -r now /home-backhup /tmp/home-aktuell
```

Das folgende Kommando stellt den Zustand des /home-Verzeichnisses so wieder her, wie er vor zehn Tagen war:

```
root#  rdiff-backup -r 10D /home-backup/ /tmp/home-historisch
```

---

read [var1 var2 var3 ...]

read liest in bash-Scripts eine Zeile Text in die angegebenen Variablen. read erwartet die Daten aus der Standardeingabe. Wenn keine Variable angegeben wird, schreibt read die Eingabe in die Variable REPLY. Wenn genau eine Variable angegeben wird, schreibt read die gesamte Eingabe in diese eine Variable. Wenn mehrere Variablen angegeben werden, schreibt read das erste Wort in die erste Variable, das zweite Wort in die zweite Variable ... und den verbleibenden Rest der Eingabe in die letzte Variable. Wörter werden dabei durch Leer- oder Tabulatorzeichen getrennt.

Das read-Kommando sieht keine Möglichkeit vor, einen Infotext als Eingabeaufforderung auszugeben. Deswegen ist es zweckmäßig, den Anwender vor der Ausführung von read-Kommandos mit echo -n über den Zweck der Eingabe zu informieren.

readonly

Das bash-Kommando readonly zeigt die schreibgeschützten Variablen der Shell an. Variablen können mit declare -r vor Veränderungen geschützt werden.

reboot [optionen]

reboot beendet alle laufenden Prozesse und startet den Rechner anschließend neu. reboot entspricht shutdown -r now.

recode zeichensatz1..zeichensatz2 datei
recode zeichensatz1..zeichensatz2 < quelle > ziel

recode führt eine Zeichensatzkonvertierung von Zeichensatz 1 nach Zeichensatz 2 durch. recode -l liefert eine umfangreiche Liste aller unterstützten Zeichensätze.

Beispiele

Das folgende Kommando konvertiert die DOS-Datei dosdat in eine Linux-Datei mit dem Latin-1-Zeichensatz:

```
user$   recode ibmpc..latin1 < dosdat > linuxdat
```

Das zweite recode-Beispiel ersetzt in der Datei windowsdat alle Zeilenenden (CR plus LF, also *Carriage Return* und *Line Feed*) durch das unter Linux übliche Zeilenende (nur LF). Der eigentliche Zeichensatz wird nicht geändert. Die resultierende Datei wird in linuxdat gespeichert.

```
user$   recode latin1/cr-lf..latin1 < windowsdat > linuxdat
```

recode liest die im Zeichensatz Latin-1 codierte Textdatei latin1dat und speichert sie als UTF-8-Datei (Unicode):

```
user$   recode latin1..u8 < latin1dat > utf8dat
```

renice n pid

renice verändert die Priorität des Prozesses mit der angegebenen PID-Nummer. n ist wahlweise die neue Priorität (ein Wert zwischen −20 und 20) oder ein Deltawert mit positivem oder negativem Vorzeichen (z. B. +3 oder −2). Nur root darf die Priorität von Prozessen erhöhen. Die höchste Priorität ist −20, die kleinste ist 20.

repoquery [optionen]

Das Fedora- bzw. Red-Hat-spezifische Kommando `repoquery` aus dem Paket `yum-utils` ermittelt Metadaten zu Paketen aus YUM-Paketquellen. Es spielt keine Rolle, ob das Paket bereits installiert ist oder nicht.

▶ `-i` *paketname*

ermittelt Informationen über das angegebene Paket. Das Ergebnis sieht so ähnlich aus wie jenes von `rpm -qi`, liefert aber im Feld `Repository` zusätzlich auch die Paketquelle, aus der das Paket stammt.

▶ `--location` *paketname*

liefert eine HTTP-Adresse, von der das Paket heruntergeladen werden kann.

Beispiel

Das Paket `joe` stammt aus der EPEL-Paketquelle für RHEL-Systeme:

```
root#  repoquery -i joe
Name        : joe
Version     : 3.7
URL         : http://sourceforge.net/projects/joe-editor/
Repository  : epel
...
```

R

reset

`reset` stellt die Schrift im Textterminal wieder her, wenn diese durch die Ausgabe von Sonderzeichen zerstört worden ist. `reset` setzt auch die Terminaleinstellungen auf die früher mit `setterm -store` gespeicherte Grundeinstellung zurück.

resize2fs [optionen] device [größe]

`resize2fs` verändert die Größe eines ext2/ext3/ext4-Dateisystems. Für die Größenangabe sind die Schreibweisen *n*K, *n*M und *n*G für kByte, MByte und GByte zulässig. Wenn Sie keine Größe angeben, passt `resize2fs` das Dateisystem an die Größe der zugrunde liegenden Partition bzw. des Logical Volumes an (ideal für Vergrößerungen).

Vergrößerungen des Dateisystems sind im laufenden Betrieb möglich. Für eine Verkleinerung müssen Sie das Dateisystem aushängen und vorher `fsck` ausführen. Beachten Sie, dass Sie bei einer Vergrößerung *vorher* die zugrunde liegende Partition oder das LV vergrößern müssen, bei einer Verkleinerung die Partition oder das LV aber erst *nachher* verkleinern dürfen!

Beispiel

Im folgenden Beispiel wird zuerst ein Logical Volume) mit `lvextend` vergrößert. Anschließend wird das darin enthaltene Dateisystem mit `resize2fs` vergrößert:

```
root#  lvextend -L 40G /dev/mapper/vg1-test
  Extending logical volume test to 40,00 GB
  Logical volume test successfully resized
root#  resize2fs /dev/mapper/vg1-test
Das Dateisystem auf /dev/mapper/vg1-test ist auf /test eingehängt;
  Online-Größenveränderung nötig
Führe eine Online-Größenänderung von /dev/mapper/vg1-test
  auf 10485760 (4k) Blöcke durch.
Das Dateisystem auf /dev/mapper/vg1-test ist nun 10485760 Blöcke groß.
```

restorecon [optionen] dateien

`restorecon` stellt den für ein Verzeichnis vorgesehenen SELinux-Kontext wieder her. Das ist erforderlich, wenn SELinux vorübergehend deaktiviert war oder nachdem Sie Dateien so verschoben oder kopiert haben (z. B. mit `cp -a`), dass keine automatische Einstellung des SELinux-Kontexts möglich war. Um den SELinux-Kontext verzeichnisunabhängig festzulegen, verwenden Sie das Kommando `chcon`.

▸ `-0`

erwartet, dass die Dateinamen durch 0-Bytes und nicht durch Tabulator- oder Leerzeichen getrennt sind. Das hilft in Kombination mit `find -print0` bei der Verarbeitung von Dateien, deren Namen Leerzeichen enthalten.

▸ `-e verzeichnis`

überspringt dieses Verzeichnis. Die Option kann wiederholt werden, um mehrere Verzeichnisse von den Kontext-Änderungen auszunehmen.

▸ `-r` bzw. `-R`

berücksichtigt auch alle Unterverzeichnisse (*recursive*).

▸ `-v`

zeigt die durchgeführten Änderungen an (*verbose*).

Beispiel

Das folgende Kommando stellt den korrekten SELinux-Kontext für alle Dateien im DocumentRoot-Verzeichnis des Webservers Apache korrekt ein:

```
root#  restorecon -R -v /var/www/html/*
```

rfkill kommando

rfkill aus dem gleichnamigen Paket ermöglicht es, Bluetooth-, WLAN- und Mobilfunkadapter ein- und auszuschalten, beispielsweise um bei einem Notebook Strom für gerade nicht benötigte Funktionen zu sparen.

▶ block *index/typ*

  deaktiviert das durch die Index-Nummer spezifizierte Gerät bzw. alle Geräte eines bestimmten Typs. Zulässige Typen sind all, wifi = wlan, bluetooth, uwb = ultrawideband, wimax, wwan, gps und fm.

▶ event

  wartet auf rfkill-Ereignisse und gibt diese aus.

▶ list

  listet alle Funk-Adapter und deren Zustand auf. soft blocked bedeutet, dass das Gerät durch rfkill ein- und ausgeschaltet werden kann. hard blocked bedeutet, dass rfkill das Gerät nicht steuern kann, z. B. weil es mit einem mechanischen Schalter verbunden ist.

▶ unblock *index/typ*

  aktiviert das bzw. die angegebenen Geräte, die wie bei block angegeben werden.

Beispiel

Auf dem Testrechner stehen zwei Bluetooth- und ein WLAN-Adapter zur Verfügung. Einer der Bluetooth-Adapter wird aktiviert.

```
root#  rfkill list
0: tpacpi_bluetooth_sw: Bluetooth
        Soft blocked: yes
        Hard blocked: yes
1: hci0: Bluetooth
        Soft blocked: yes
        Hard blocked: no
2: phy0: Wireless LAN
        Soft blocked: yes
        Hard blocked: no
root#  rfkill unblock 1
```

`rm` [optionen] dateien

`rm` löscht die angegebenen Dateien. Verzeichnisse werden – sofern nicht die Option `-r` verwendet wird – nicht gelöscht. Zum Löschen einzelner Verzeichnisse ist das Kommando `rmdir` vorgesehen. Wenn Dateien mit Sonderzeichen gelöscht werden sollen, müssen die Dateinamen in einfache Apostrophe eingeschlossen werden. Die wichtigsten Optionen vom `rm` sind:

- `-f`

  löscht ohne Rückfragen (auch Verzeichnisse). Vorsicht!

- `-i` bzw. `--interactive` oder `-v` bzw. `--verbose`

  zeigt vor dem Löschen jeder einzelnen Datei eine Rückfrage an.

- `-r` bzw. `-R` bzw. `--recursive`

  löscht auch Dateien in allen Unterverzeichnissen (Vorsicht!). Wenn dabei der gesamte Inhalt des Unterverzeichnisses gelöscht wird, wird auch das Unterverzeichnis selbst eliminiert.

Beispiele

Das folgende Kommando löscht alle Backup-Dateien (Dateien, die mit ~ enden) im aktuellen Verzeichnis:

```
user$  rm *~
```

`rm` löscht die Datei oder das Verzeichnis `backup`. Wenn `backup` ein Verzeichnis ist, werden auch alle darin enthaltenen Unterverzeichnisse und Dateien gelöscht!

```
user$  rm -r backup
```

`rm` löscht alle Dateien, die mit dem Doppelkreuz # beginnen. Die Apostrophe sind erforderlich, damit die Shell # nicht als Kommentar interpretiert.

```
user$  rm '#'*
```

`rmdir` [optionen] verzeichnis

`rmdir` löscht das angegebene Verzeichnis. `rmdir` kann nur ausgeführt werden, wenn das Verzeichnis leer ist. Eventuell vorhandene Dateien müssen vorher mit `rm` gelöscht werden. Die wichtigste Option lautet:

- `-p` bzw. `--parents`

  löscht auch Unterverzeichnisse im angegebenen Verzeichnis, sofern die Verzeichnisse – mit Ausnahme von Unterverzeichnissen – leer sind.

```
rmmod [optionen] modulname
```

rmmod entfernt das angegebene Modul aus dem Kernel. Das funktioniert nur, wenn das Modul nicht mehr benötigt wird.

```
route [optionen]
route add/del [-net/-host] zieladresse [optionen]
```

route zeigt die Routing-Tabelle für das Netzwerkprotokoll IP an, fügt einen neuen Eintrag hinzu (add) bzw. entfernt einen Eintrag (del). Die Zieladresse wird wahlweise in numerischer Form oder als Netzwerkname angegeben. Als Zieladresse ist auch das Schlüsselwort default erlaubt, um eine Standardregel zu definieren (z. B. für das Gateway).

Das Paket route gilt als veraltet. Verwenden Sie stattdessen nach Möglichkeit das Kommando ip route!

▶ -host

adressiert einen einzelnen Rechner.

▶ -n

zeigt nur numerische IP-Adressen an und kontaktiert keinen Nameserver zur Auflösung der zugeordneten Namen.

▶ -net

adressiert ein Netzwerk.

▶ dev *schnittstelle*

gibt die gewünschte Netzwerkschnittstelle an (z. B. eth0). Wenn dev die letzte Option ist, kann auf das Schlüsselwort verzichtet werden (also route add -net 192.34.34.34 netmask 255.255.255.0 eth1).

▶ gw *routingadresse*

leitet die Pakete an den angegebenen Router weiter.

▶ netmask *maske*

gibt die gewünschte Netzwerkmaske an (z. B. 255.255.255.0).

Beispiel

Das erste route-Kommando definiert die IP-Adresse 192.168.0.1 als Standard-Gateway. Das zweite Kommando zeigt die neue Routing-Tabelle an.

R

```
root#  route add default gw 192.168.0.1
root#  route -n
Kernel IP routing table
Destination Gateway     Genmask       Flags Metric Ref Use Iface
192.168.0.0 0.0.0.0     255.255.255.0 U     0      0     0 eth0
0.0.0.0     192.168.0.1 0.0.0.0       UG    0      0     0 eth0
```

rpcinfo [optionen]

rpcinfo führt einen Remote Procedure Call durch und liefert das vom RPC-Server zurückgegebene Ergebnis. rpcinfo wird unter anderem dazu eingesetzt, um die NFS-Server-Konfiguration zu überprüfen.

▶ -p [hostname]

ermittelt eine Liste aller aktiven NFS- und RPC-Dienste auf dem lokalen Rechner bzw. auf einem externen Rechner.

rpm optionen [dateiname/paketname]

rpm installiert, aktualisiert oder entfernt RPM-Pakete bzw. zeigt Informationen zu diesen Paketen an. rpm steht auf allen Distributionen zur Verfügung, die auf RPM-Paketen basieren, z. B. Fedora, Red Hat und SUSE.

▶ -e bzw. --erase

entfernt ein vorhandenes Paket. Wenn Sie zusätzlich die Option --nodeps verwenden, wird das Paket selbst dann entfernt, wenn andere Pakete davon abhängig sind.

▶ -i bzw. --install

installiert die angegebene(n) Paketdatei(en). Der Installationsort kann durch die zusätzliche Option --root verzeichnis verändert werden. Wenn es sich beim angegebenen Paket um ein Quellpaket handelt, werden der Programmcode und die Konfigurationsdateien in /usr/src installiert. Der Installationsort kann in diesem Fall durch eine Veränderung von /etc/rpmrc eingestellt werden.

Mit der Zusatzoption --test führt rpm keine Veränderungen durch, sondern gibt nur aus, was bei einer tatsächlichen Installation passieren würde.

rpm versucht, automatisch die Integrität signierter Pakete zu überprüfen. Dazu muss aber der öffentliche Schlüssel der Signatur zur Verfügung stehen (siehe die

Option `--import`). Wenn `rpm` auf die Kontrolle verzichten soll, übergeben Sie die Option `--nosignature`.

Mit der Zusatzoption `--nodeps` können Sie ein Paket selbst dann installieren, wenn `rpm` glaubt, dass diverse Abhängigkeiten nicht erfüllt sind. (Falls zwei Pakete gegenseitig voneinander abhängig sind, besteht keine Notwendigkeit, `--nodeps` einzusetzen. Installieren Sie einfach beide Pakete gleichzeitig!)

Die Zusatzoption `--ignorearch` ermöglicht eine Installation auch dann, wenn `rpm` erkennt, dass die CPU-Architektur nicht stimmt. Das ist bisweilen erforderlich, um 32-Bit-Pakete auf einer 64-Bit-Distribution zu installieren.

Die Zusatzoption `--force` erzwingt eine Installation in jedem Fall, selbst dann, wenn `rpm` glaubt, dass das Paket bereits installiert ist.

Mit der Zusatzoption `--noscripts` verzichtet `rpm` auf die automatische Ausführung von Installationsprogrammen. Unter Umständen funktioniert das gerade installierte Programm dann aber nicht ordnungsgemäß.

▶ `--import`

installiert den angegebenen GPG-Schlüssel. `rpm` kann anhand dieses Schlüssels die Integrität signierter Pakete überprüfen. Die erforderlichen Schlüsseldateien finden Sie auf allen Websites, die signierte RPM-Pakete zur Verfügung stellen.

▶ `-q` bzw. `--query`

liefert Informationen über installierte Pakete bzw. über den Inhalt einer Paketdatei. In der einfachsten Form gibt `rpm -q paketname` den exakten Paketnamen inklusive Versionsnummer des angegebenen Pakets aus.

Mit `rpm -qf datei` stellen Sie fest, zu welchem Paket eine bestimmte Datei Ihres Systems gehört. Das ist besonders bei Konfigurationsdateien sehr nützlich. Beispielsweise liefert `rpm -qf /sbin/hwclock` den Paketnamen `util-linux-n`.

`rpm -qp paket.rpm` liefert Informationen über ein noch *nicht* installiertes Paket. Als Parameter muss in diesem Fall der Dateiname einer `*.rpm`-Datei verwendet werden.

`rpm -q --whatprovides attribut` bzw. `rpm -q --whatrequires attribut` sucht nach allen installierten Paketen, die das angegebene Abhängigkeitsattribut zur Verfügung stellen bzw. erfordern. Diese zwei Optionen sind nicht geeignet, um noch nicht installierte Pakete zu durchsuchen!

`rpm -q --provides paket` bzw. `rpm -q --requires` erstellt eine Liste aller Attribute, die das angegebene Paket zur Verfügung stellt bzw. benötigt. Die Optionen können auch für noch nicht installierte Paketdateien (zusätzliche Option `-p`) eingesetzt werden.

Bei allen Abfragevarianten, die als Ergebnis ein Paket liefern, steuern Sie durch Zusatzoptionen die Informationsfülle zum gefundenen Paket:

`-i`: Kurzbeschreibung des Pakets, komprimierte Größe

`-l`: Liste aller Dateien des Pakets

`-lv`: wie oben, aber mit Dateigröße, Zugriffsrechten etc.

`-c`: Liste aller Konfigurationsdateien des Pakets

`-d`: Liste aller Dateien mit Online-Dokumentation zum Paket

`--scripts`: Liste aller Installationsprogramme

Wenn Sie einfach nur eine unsortierte Liste aller installierten Pakete benötigen, führen Sie `rpm -qa` ohne weitere Parameter aus. `rpm -qa --last` sortiert alle Pakete nach dem Installationsdatum (das zuletzt installierte Paket zuerst).

▶ `-U` bzw. `--upgrade`

aktualisiert ein bereits vorhandenes Paket. Von den veränderten Konfigurationsdateien des bisherigen Pakets werden automatisch Backup-Dateien erzeugt; alle anderen Dateien des bisherigen Pakets werden durch die neue Version ersetzt bzw. gelöscht. Mit der zusätzlichen Option `--oldpackage` können Sie ein neueres Paket durch ein älteres ersetzen. Auch beim Upgrade erreichen Sie durch `--nodeps`, dass `rpm` Paketabhängigkeiten ignoriert.

▶ `-V` bzw. `--verify`

überprüft, ob sich irgendwelche Dateien eines Pakets seit der Installation verändert haben. Das Kommando liefert eine Liste aller veränderten Dateien. Dokumentationsdateien werden nicht überprüft.

Beispiele

Das folgende Kommando installiert das angegebene Paket:

```
root#  rpm -i abc-2.0.7-1.i686.rpm
```

Das zweite `rpm`-Beispiel liefert eine Liste aller installierten Pakete, wobei die Pakete nach dem Installationsdatum sortiert werden (das zuletzt installierte Paket steht zuoberst in der Liste):

```
root#  rpm -qa --last
```

`rpm -q --whatprovides` verrät, welches bereits installierte Paket das Attribut `mysqli.so` zur Verfügung stellt:

```
root#  rpm -q --whatprovides mysqli.so
php-mysql
```

Wenn Sie nicht wissen, zu welchem Paket die Datei /etc/magic gehört, ermitteln Sie diese Informationen mit rpm -qf. Anschließend liefert rpm -qi eine Beschreibung des Pakets:

```
root#  rpm -qf /etc/magic
  file-n.n
root#  rpm -qi file
  ...
  The file command is used to identify a particular file according
  to the type of data contained by the file.
```

rsync [optionen] quelle
rsync [optionen] quelle ziel

rsync kopiert Dateien vom Quell- in das Zielverzeichnis bzw. synchronisiert die beiden Verzeichnisse. Bei der ersten Syntaxvariante (kein Zielverzeichnis) werden die Dateien in das lokale Verzeichnis kopiert. rsync überträgt die Dateien wahlweise lokal oder verschlüsselt über das Netzwerk. Die Netzwerkvariante setzt voraus, dass auf dem zweiten Rechner ein SSH- oder RSYNC-Server läuft. Bevor das Kopierkommando startet, muss das Passwort angegeben werden. Für die Angabe der Quell- und Zielverzeichnisse bestehen die folgenden Syntaxvarianten:

datei1 datei2	lokale Dateien
verzeichnis	lokales Verzeichnis
host:verz	Verzeichnis auf dem Rechner host
user@host:verz	wie oben, aber SSH-Login unter dem Namen user
rsync://user@host/verz	Kommunikation mit RSYNC-Server
rsync://user@host:port/verz	RSYNC-Server am angegebenen Port

▶ -a bzw. --archive

kopiert den Verzeichnisinhalt rekursiv und erhält alle Dateiinformationen. Die Option ist eine Kurzfassung für -rlptgoD.

▶ --delete

löscht im Zielverzeichnis Dateien bzw. Unterverzeichnisse, die im Quellverzeichnis nicht mehr existieren (Vorsicht!).

▶ -D bzw. --devices

kopiert auch Zeichen- und Block-Device-Informationen.

▶ -e kommando bzw. --rsh=kommando

gibt an, welches externe Shell-Programm eingesetzt wird, um rsync auf dem Zielrechner auszuführen. In der Regel wird dies ssh sein. Wenn Sie an das Kommando

R

zusätzliche Optionen übergeben möchten, setzen Sie es in Hochkommas, z. B. `-e "ssh -p 1234"`.

▶ `--exclude=`*`muster`*

gibt ein Muster für Dateien an, die nicht kopiert werden sollen. `--exclude="*.o"` schließt beispielsweise `*.o`-Dateien aus. (Zur Formulierung komplexerer Muster siehe `man rsync`.)

▶ `-g` bzw. `--group`

gibt den Dateien im Zielverzeichnis dieselbe Gruppenzugehörigkeit wie bei Quelldateien.

▶ `-l` bzw. `--links`

dupliziert symbolische Links des Quellverzeichnisses auch im Zielverzeichnis.

▶ `-o` bzw. `--owner`

gibt den Dateien im Zielverzeichnis denselben Besitzer, den auch die Dateien im Quellverzeichnis haben.

▶ `-p` bzw. `--perms`

gibt den Dateien im Zielverzeichnis dieselben Zugriffsrechte wie bei Quelldateien.

▶ `-r` bzw. `--recursive`

kopiert rekursiv auch alle Unterverzeichnisse.

▶ `-t` bzw. `--times`

gibt den Dateien im Zielverzeichnis dieselbe Änderungszeit wie bei den Quelldateien. Auf diese Weise kann `rsync` bei einem neuerlichen Aufruf eindeutig erkennen, welche Dateien sich geändert haben.

▶ `-u` bzw. `--update`

ignoriert Dateien, die im Zielverzeichnis bereits existieren und neuer sind als die Quelldatei.

▶ `-v` bzw. `--verbose`

liefert ausführliche Informationen darüber, was gerade passiert.

▶ `-W` bzw. `--whole-file`

kopiert bei Änderungen die gesamte Datei. Bei schnellen Netzwerkverbindungen kann das die Synchronisationsgeschwindigkeit ein wenig erhöhen.

Standardmäßig überträgt rsync nur die Änderungen und minimiert so die Menge der übertragenen Daten. Die Option -W vergrößert die zu übertragende Datenmenge, reduziert aber den Aufwand zur Feststellung der Änderungen. -W gilt automatisch, wenn es sich bei den Quell- und Zielverzeichnissen um lokale Verzeichnisse handelt. In diesem Fall erreichen Sie mit --no-whole-file, dass rsync dennoch den inkrementellen Änderungsmodus nutzt.

Beispiele

Das folgende Kommando synchronisiert alle Dateien aus dem Verzeichnis mydata mit dem gleichnamigen Backup-Verzeichnis. Dateien, die in mydata gelöscht wurden, werden auch im Backup-Verzeichnis gelöscht.

```
user$  rsync -av --delete mydata/* /backup/mydata/
```

Das zweite Beispiel synchronisiert das lokale Verzeichnis verz1 mit dem Verzeichnis verz2 auf dem Rechner mars.sol. Für die Passworteingabe ist ssh verantwortlich. (Es muss also das Login-Passwort des Benutzers username auf dem Rechner mars.sol eingegeben werden.)

```
user@saturn.sol$  rsync -e ssh -az verz1/ mars.sol:verz2/
user@mars.sol's password:  ********
```

scp [optionen] quelle ziel

scp kopiert eine Datei zwischen zwei Rechnern in einem Netzwerk. Die Übertragung erfolgt verschlüsselt. scp setzt voraus, dass auf dem zweiten Rechner ein SSH-Server läuft. Die Quell- und Zieldatei bzw. das Zielverzeichnis werden wie folgt angegeben:

datei	lokale Datei
verzeichnis	lokales Zielverzeichnis
host:	Zielrechner (kopiert Dateien in das Heimatverzeichnis)
host:datei	Datei auf dem angegebenen Rechner
host:verzeichnis	Zielverzeichnis auf dem angegebenen Rechner
user@host:datei	Datei des Nutzers user auf dem angegebenen Rechner
user@host:verzeichnis	Zielverzeichnis des Nutzers user@host

Anstelle eines Hostnamens kann auch die IP-Adresse angegeben werden. IPv6-Adressen müssen in eckige Klammern gesetzt werden.

▶ -4 bzw. -6

   erzwingt das IPv4- bzw. das IPv6-Protokoll, falls beide Varianten zur Auswahl stehen.

▶ -l *limit*

beschränkt die Übertragungsgeschwindigkeit (in kByte/s).

Beispiel

Das folgende Kommando kopiert die lokale Datei abc.txt in das Verzeichnis ~/efg des Rechners mars:

```
user@uranus$  scp abc.txt mars:efg/
user@mars's password:  ******
```

sdptool [optionen] kommando

Mit dem sdptool aus dem bluez-Paket können Sie Anfragen gemäß dem Service Discovery Protocol (SDP) an Bluetooth-Geräte senden. Am häufigsten kommt dabei das Kommando browse zum Einsatz.

▶ browse *bt-mac*

liefert Informationen über das durch seine MAC-Adresse angegebene externe Bluetooth-Gerät. Die MAC-Adresse ermitteln Sie mit hcitool scan.

▶ browse local

liefert detaillierte Informationen über den lokalen Bluetooth-Adapter.

Beispiel

sdptool stellt fest, dass es sich beim angegebenen Bluetooth-Gerät um ein Eingabegerät (Human Interface Device) handelt, das die Protokolle L2CAP und HIDP unterstützt, also das *Logical Link Control and Adaptation Protocol* und das *Human Interface Device Protocol.*

```
user$  sdptool browse 60:FB:42:FC:BB:8C
Service Name: Wireless Mouse
Service Class ID List:
  "Human Interface Device" (0x1124)
Protocol Descriptor List:
  "L2CAP" (0x0100)
    PSM: 17
  "HIDP" (0x0011)
...
```

sealert [optionen]

sealert hilft bei der Diagnose von SELinux-Regelverstößen. Das Kommando setzt voraus, dass der Hintergrunddienst settroubleshootd läuft. Dieser Dienst protokolliert SELinux-Probleme in /var/log/messages, beispielsweise so:

```
root#  less /var/log/messages
...
Aug 31 12:45:45 fedora setroubleshoot: SELinux is preventing /usr/sbin/httpd
  from read access on the file tst. For complete SELinux messages run
  sealert -l dccb472d-6dd8-49d2-b7d7-2658e082c805
```

Nun können Sie mit sealert die Ursache des Problems ergründen:

```
root#  sealert -l dccb472d-6dd8-49d2-b7d7-2658e082c805
SELinux is preventing /usr/sbin/httpd from read access on the file index.html.

*****  Plugin catchall_boolean (89.3 confidence) suggests  *******************
If sie möchten allow httpd to read user content Then you must tell SELinux
about this by enabling the 'httpd_read_user_content' boolean. You can read
'user_selinux' man page for more details.  Do setsebool -P
httpd_read_user_content 1
...
```

Leider ist das Ergebnis sprachlich wie inhaltlich sehr mangelhaft und selten eine echte Hilfe.

▶ -a logdatei

analysiert die angegebene Loggingdatei und liefert Informationen zu allen darin protokollierten SELinux-Ereignissen.

▶ -l id

gibt an, zu welchem SELinux-Ereignis sealert Informationen liefern soll. -l '*' behandelt alle protokollierten SELinux-Regelverstöße.

sed [optionen] kommando [< quelle > ziel]

sed ist ein sogenannter Stream-Editor. Das Kommando wird normalerweise als Textfilter verwendet, um bestimmte Zeichen oder Zeichenkombinationen im Ausgangstext zu finden und zu bearbeiten (löschen, durch andere Zeichen ersetzen etc.). Die Steuerung des sed erfolgt durch Kommandos, die entweder auf alle Zeilen des Textes angewendet werden oder nur auf solche Zeilen, die bestimmten Bedingungen entsprechen.

Der Umgang mit sed ist leider nicht ganz einfach. Selbst eine Beschreibung der elementaren Syntaxoptionen würde den Rahmen dieser Referenz bei Weitem sprengen. Deswegen beschränke ich mich hier auf zwei Beispiele. Eine ausgezeichnete englischsprachige Einführung in den Umgang mit sed finden Sie hier:

http://www.grymoire.com/Unix/Sed.html

Beispiel

Im ersten Beispiel löscht sed die erste bis dritte Zeile der Datei test und leitet den Rest der Datei an die Standardausgabe. Dabei steht d für das sed-Kommando *delete*. 1,3 gibt den Adressbereich an, in dem dieses Kommando wirkt.

```
user$  sed 1,3d < test
```

Im zweiten Beispiel ersetzt sed alle »a« durch »A«. Dabei steht s für das Kommando *regular find and replace*. Die in / eingeschlossenen Texte sind das Suchmuster und der einzusetzende Text. Da vor dem Kommando keine Adressangabe steht, wird es auf alle Zeilen angewandt.

```
user$  sed s/a/A/ < test
```

Wie Sie sed zum Kopieren bzw. Umbenennen von Dateien einsetzen können, zeigt ein weiteres Beispiel bei der Beschreibung des cp-Kommandos.

```
seq [optionen] ende
seq [optionen] start ende
seq [optionen] start delta ende
```

seq liefert eine Sequenz von Ziffern. Die Funktionsweise geht aus den folgenden Beispielen hervor. Beachten Sie, dass bei Fließkommazahlen der Endwert aufgrund von Rundungsfehlern unter Umständen gerade nicht erreicht wird, wie dies im letzten Beispiel demonstriert ist.

▶ -s zeichenkette

gibt an, durch welches Zeichen die Ergebnisse getrennt werden, standardmäßig durch \n, also durch einen Zeilenumbruch.

Beispiele

Die folgenden Beispiele zeigen die Anwendung von seq. Dabei kommt aus Platzgründen als Trennzeichen ein Leerzeichen zum Einsatz. Normalerweise (also ohne die Option -s) wird jede Zahl in einer eigenen Zeile ausgegeben.

```
user$  seq -s ' ' 5
1 2 3 4 5
user$  seq -s ' ' 4 9
4 5 6 7 8 9
user$  seq -s ' ' 10 5 30
10 15 20 25 30
user$  seq -s ' ' 1 0.1 2
1 1.1 1.2 1.3 1.4 1.5 1.6 1.7 1.8 1.9
```

Zur Formulierung von for-Schleifen in bash-Scripts sollten Sie nach Möglichkeit die Schreibweisen {*start..ende*} oder {*start..ende..delta*} nutzen, also beispielsweise:

```
user$  for i in 100..150..10; do echo $i; done
100 110 120 130 140 150
```

service dienst kommando

service erlaubt es, unter Debian, Fedora, openSUSE, RHEL und Ubuntu Dienste zu starten und zu stoppen, die vom Init-System verwaltet werden. Zu den erlaubten Kommandos zählen start, stop, restart, reload und status. service --status-all liefert eine alpabetische Liste mit dem Status aller Dienste. service ist zu Init-V, Systemd und Upstart kompatibel.

Beispiele

Das folgende Kommando startet unter Fedora den Webserver Apache neu:

```
root#  service httpd restart
```

Unter Debian und Ubuntu ist für Apache das Upstart-Script apache2 zuständig:

```
root#  service apache2 restart
```

sestatus [optionen]

sestatus zeigt den Zustand des SELinux-Systems an. Wenn das Kommando ohne weitere Optionen verwendet wird, liefert es eine Zusammenfassung des aktuellen Zustands.

▶ -b

zeigt zusätzlich den Zustand aller booleschen Parameter der SELinux-Regeln an. Diese Parameter können mit setsebool verändert werden.

S

▶ -v

zeigt zusätzlich Kontextinformationen zu den in /etc/sestatus.conf aufgelisteten Dateien und Prozessen an.

Beispiel

Auf dem Testrechner ist SELinux aktiv, die Einhaltung der Regeln wird sichergestellt
(Current mode = enforcing). Es kommt das Regelset targeted zum Einsatz.

```
root#  sestatus -b
SELinux status:                      enabled
SELinuxfs mount:                     /sys/fs/selinux
SELinux root directory:              /etc/selinux
Loaded policy name:                  targeted
Current mode:                        enforcing
Mode from config file:               enforcing
Policy MLS status:                   enabled
Policy deny_unknown status:          allowed
Max kernel policy version:           28

Policy booleans:
abrt_anon_write                                 off
abrt_handle_event                               off
antivirus_can_scan_system                       off
...
```

set

Das bash-Kommando set zeigt alle der Shell bekannten Variablen an (inklusive
der Umgebungsvariablen, die auch mit printenv angezeigt werden können). set -x
bewirkt, dass die bash vor der Ausführung jedes Kommandos anzeigt, wie die interne
Kommandozeile nach der Berücksichtigung von alias-Abkürzungen und der Expan-
sion der Dateinamen aussieht.

setcap [optionen] capability dateiname

setcap aus dem Paket libcap-ng-utils legt bei ausführbaren Dateien fest, welche
Operationen für das Programm zulässig sind (Capabilities). Wenn statt capability
die Option -r übergeben wird, werden alle früher festgelegten Capabilities gelöscht.
Capabilities setzt ein Dateisystem mit Extended Attributes voraus. Bei ext-Dateisystemen muss also die mount-Option user_xattr verwendet werden.

Beispiel

Das Netzwerkkommando `ping` ist bei den meisten Distributionen mit dem `setuid`-Bit ausgestattet, sodass es von gewöhnlichen Benutzern verwendet werden kann. Sobald Sie dieses Bit löschen, kann nur noch `root` mit `ping` arbeiten:

```
root#  chmod u-s /bin/ping
user$  ping yahoo.de
ping: icmp open socket: Die Operation ist nicht erlaubt
```

Anstatt nun das unsichere `setuid`-Bit wieder zu setzen, reicht es auch, dem Kommando `ping` mit `setcap` den Zugriff auf Netzwerkfunktionen des Kernels zu geben. Mit `getcap` können Sie nachsehen, welche Capabilities ein Kommando hat.

```
root#  setcap cap_net_raw=ep /bin/ping
root#  getcap /bin/ping
/bin/ping = cap_net_raw+ep
```

setenforce `0|1|Enforcing|Permissive`

`setenforce` schaltet SELinux zwischen den Modi `Enforcing` (1) und `Permissive` (0) um. Im `Permissive`-Modus werden Regelübertretungen zwar protokolliert, das betroffene Programm kann aber ungehindert weiterarbeiten. Im `Enforcing`-Modus hindert SELinux das Programm hingegen, durch SELinux-Regeln verbotene Vorgänge auszuführen.

Wenn Sie SELinux vollständig deaktivieren möchten, müssen Sie in `/etc/selinux/config` die Einstellung `SELINUX=disabled` vornehmen und den Rechner neu starten. Beachten Sie, dass eine spätere Re-Aktivierung schwierig ist, weil Sie dann den SELinux-Kontext aller neuen Dateien richtigstellen müssen. Deswegen ist der `Permissive`-Modus in der Regel vorzuziehen.

setfacl `[optionen] [aclaktion] dateiname`

`setfacl` verändert die erweiterten Zugriffsrechte der angegebenen Dateien bzw. Verzeichnisse. Das funktioniert nur, wenn das Dateisystem ACLs (*Access Control Lists*) unterstützt. Bei `ext3`/`ext4`-Dateisystemen muss dazu die `mount`-Option `acl` verwendet werden.

Das Kommando wird üblicherweise zur Durchführung einer der vier folgenden Aktionen eingesetzt:

▶ -m *aclregel*

fügt den vorhandenen ACLs eine weitere Regel (eine *Access Control Entity*, kurz ACE) hinzu. (m steht hier für *modify*.)

▶ -x *aclregel*

löscht die angegebene ACL-Regel.

▶ -M *aclregeldatei*

wie -m, liest die Regel aber aus einer Datei. Regeldateien müssen wie die Ausgabe von getfacl aussehen.

▶ -X *aclregeldatei*

wie -x, liest die Regel aber aus einer Datei.

Der vereinfachte Aufbau einer ACL-Regel (einer ACE) geht aus der folgenden Tabelle hervor. Die vollständige Syntax ist in man setfacl dokumentiert.

[u:]uid [:rechte]	ändert Rechte für einen Benutzer
g:gid [:rechte]	ändert Rechte für eine Gruppe
o[:] [:rechte]	ändert die Rechte für alle anderen Benutzer
m[:] [:rechte]	stellt die ACL-Maske (*Effective Right Mask*) ein

Die rechte bestehen aus bis zu drei Buchstaben: r für *read*, w für *write* und x für *execute*. Um einem Benutzer oder einer Gruppe alle Rechte zu entziehen, geben Sie - an.

Wenn Sie der gesamten Regel d: voranstellen, gilt sie für die Standard-ACLs. Statt der Buchstaben u, g, o und m können Sie auch die Schlüsselwörter user, group, other und mask verwenden.

setfacl kann durch weitere Optionen gesteuert werden:

▶ -b bzw. --remove-all

entfernt alle ACL-Regeln.

▶ -d

wendet die übergebene Regel auf die Standard-ACL an.

▶ -k bzw. --remove-default

entfernt die Standard-ACL-Regeln.

▶ -n

verzichtet auf die sonst bei jeder ACL-Regeländerung automatische Neuberechnung der ACL-Maske.

▶ --restore=*datei*

wendet die in der Datei angegebenen ACL-Regeln auf die Dateien im aktuellen Verzeichnis an. Eine ACL-Backup-Datei erstellen Sie mit getfacl -R.

▶ -R

wendet die angegebene Regel rekursiv auf alle Dateien und Unterverzeichnisse an.

Beispiele

Bei einem Dateisystem mit ACLs gelten normalerweise die Standardzugriffsrechte, die oft auch als *minimale ACL* bezeichnet werden. getfacl zeigt diese Rechte in ACL-Form an:

```
user$  touch datei1
user$  getfacl datei1
# file: datei1
# owner: kofler
# group: kofler
user::rw-
group::r--
other::r--
user$  ls -l datei1
-rw-r--r-- 1 kofler kofler ...  datei2
```

Mit setfacl definieren Sie nun zusätzliche Zugriffsregeln. Die folgenden Kommandos geben der Benutzerin gabi sowie allen Mitgliedern der Gruppe docuteam Schreib- und Lesezugriff auf die Datei, verbieten aber der Benutzerin kathrin jeglichen Zugriff:

```
user$  setfacl -m gabi:rw datei1
user$  setfacl -m g:docuteam:rw datei1
user$  setfacl -m kathrin:- datei1
```

Die Rechteliste von getfacl ist nun schon etwas länger. Bei ls -l folgt den üblichen Zugriffsbuchstaben das Zeichen +, um darauf hinzuweisen, dass es ACL-Regeln gibt.

```
user$  getfacl datei1
# file: datei1
# owner: kofler
# group: kofler
user::rw-
user:gabi:rw-
user:kathrin:---
group::r--
group:docuteam:rw-
mask::rw-
```

```
other::r--
user$  ls -l datei1
-rw-rw-r--+ 1 kofler kofler ... datei1
```

setfattr [optionen] dateiname

setfattr ändert die erweiterten Attribute der angegebenen Dateien bzw. Verzeichnisse. Das funktioniert nur, wenn das Dateisystem EAs (*Extended Attributes*) unterstützt. Bei ext3/ext4-Dateisystemen muss dazu die mount-Option user_xattr verwendet werden.

▶ -n *attributname* bzw. --name=*attributname*

gibt den Namen des zu verändernden Attributs an. Dem eigentlichen Namen muss user. vorangestellt werden (also -n user.meinattribut).

▶ -v *wert* bzw. --value=*wert*

gibt den im Attribut zu speichernden Wert an.

▶ -x *attributname*

löscht das angegebene Attribut.

▶ --restore=*datei*

wendet die in der Datei angegebenen EA-Definitionen auf die Dateien im aktuellen Verzeichnis an. Eine EA-Backup-Datei erstellen Sie mit getfattr -R -d.

Beispiele

Die folgenden Beispiele zeigen, wie Sie mit setfattr Attribute speichern und diese mit getfattr auslesen. Die Anzahl der Attribute pro Datei ist in ext3-Dateisystemen beschränkt.

```
user$  touch datei2
user$  setfattr -n user.language -v de datei2
user$  setfattr --name=user.charset --value=utf8 datei2
user$  getfattr -d datei2
# file: datei2
user.charset="utf8"
user.language="de"
```

getfattr liefert normalerweise nur Attribute, deren Name mit »user.« beginnt. Wenn Sie andere Attribute sehen möchten, müssen Sie deren Namen durch -n oder deren Muster durch -m angeben:

```
user$  getfattr -n security.selinux -d tst
# file: tst
security.selinux="user_u:object_r:user_home_t:s0^000"
```

setfont fontfile

setfont liest bei einigen Distributionen eine Schriftartdatei und aktiviert diesen Font im VGA-Textmodus. setfont kann nur in einer Textkonsole und nicht unter X verwendet werden. Brauchbare Schriften sind default8x16 (für den 25-zeiligen Textmodus) und default8x9 (für den 50-zeiligen Textmodus).

setsebool [optionen] bool1=wert1 bool2=wert2 ...

setsebool verändert boolesche Parameter zur Laufzeit. Mit booleschen Parametern lässt sich das Verhalten einiger SELinux-Regeln verändern.

▶ -N

speichert die Veränderung, aktiviert diese aber nicht. Die Änderung wird somit erst mit dem nächsten Neustart des Rechners wirksam.

▶ -P

führt die Veränderung durch und speichert die Einstellung bleibend. Damit gilt die Änderung sofort und auch in Zukunft, also nach dem nächsten Neustart.

Beispiel

Das folgende Kommando erlaubt dem Programm Squid, als transparenter Proxy zu agieren:

```
root#  setsebool -P squid_use_tproxy 1
```

setterm [option]

setterm verändert diverse Einstellungen des Terminals. Wenn das Kommando ohne die Angabe einer Option ausgeführt wird, zeigt es eine Liste aller möglichen Optionen an. Nützliche Optionen zur Shell-Programmierung sind:

▶ -blank *n*

aktiviert nach *n* Minuten ohne Eingabe den Bildschirmschoner (nur für Textkonsolen).

▶ `-bold on|off`

aktiviert bzw. deaktiviert die fette Schrift. In Textkonsolen erscheint der Text zwar nicht fett, aber immerhin in einer anderen Farbe als der sonstige Text.

▶ `-clear`

löscht den Inhalt des Terminals.

▶ `-default`

stellt Farben und Textattribute auf die Standardeinstellung zurück.

▶ `-half-bright on|off`

stellt hervorgehobene Schrift ein/aus.

▶ `-inversescreen on|off`

invertiert die Darstellung in der Textkonsole (schwarzer Text auf weißem Hintergrund) bzw. stellt wieder den Normalzustand her.

▶ `-reverse on|off`

stellt inverse Schrift ein/aus.

▶ `-underline on|off`

stellt unterstrichene Schrift ein/aus.

---

sfdisk `[optionen]`

sfdisk listet die Partitionen einer Festplatte auf bzw. partitioniert die Festplatten neu. Das Kommando eignet sich besonders zur automatisierten Partitionierung (z. B. in einem Script) bzw. dazu, eine vorhandene Partitionierung auf eine zweite Festplatte zu übernehmen, etwa beim Einrichten eines RAID-Verbunds.

sfdisk kommt nur mit MBR-Partitionstabellen zurecht und ist für Datenträger mit einer GUID-Partitionstabelle (GPT) ungeeignet!

▶ `-d [device]`

listet alle Partitionen aller Festplatten bzw. der angegebenen Festplatte auf. Das Ausgabeformat eignet sich zur Weiterverarbeitung durch sfdisk.

▶ `--force`

führt die Partitionierung auch dann durch, wenn sfdisk glaubt, dass die Partition bzw. Festplatte verwendet wird, bzw. wenn Partitionsgrenzen nicht mit Zylindergrenzen übereinstimmen.

▶ `-l [device]`

listet alle Partitionen aller Festplatten bzw. der angegebenen Festplatte in einer gut lesbaren Form auf. Mit der zusätzlichen Option `-uS`, `-uB`, `-uC` oder `-uM` verwendet `sfdiks` Sektoren (512 Byte), Blöcke (1024 Byte), Zylinder oder MByte als Maßeinheit.

▶ `-s device`

liefert die Anzahl der Blöcke (zu je 1024 Byte) der angegebenen Festplatte oder Partition.

▶ `-uS|-uB|-uC|-uM`

verwendet Sektoren (512 Byte), Blöcke (1024 Byte), Zylinder oder MByte als Maßeinheit.

▶ `device < partitionierungstabelle`

partitioniert die Festplatte anhand der übergebenen Tabelle neu. Die Partitionierungstabelle muss dasselbe Format wie die Ausgabe von `sfdisk -d` haben.

Beispiel

Das folgende Kommando formatiert die zweite Festplatte (`/dev/sdb`) exakt genauso wie die erste Festplatte (`/dev/sda`). Das setzt voraus, dass die zweite Festplatte zumindest genauso groß wie die erste ist. Alle Partitionen bzw. Daten auf der zweiten Festplatte gehen durch dieses Kommando verloren.

```
root#  sfdisk -d /dev/sdb | sfdisk /dev/sda
```

---

sftp [optionen] sshserver
sftp [optionen] user@sshserver:dateiname

`sftp` ist eine Alternative zum unsicheren `ftp`-Kommando. In der ersten Syntaxvariante stellt `sftp` eine Verbindung zum angegebenen SSH-Server her. Nach dem Login können Sie interaktiv Dateien zwischen dem lokalen Rechner und dem SSH-Server übertragen. In der zweiten Syntaxvariante überträgt `sftp` die angegebene Datei nach der Passworteingabe direkt auf den lokalen Rechner.

▶ `-b batchdatei`

führt die in der Batch-Datei angegebenen Kommandos aus.

sgdisk [option] device

sgdisk hilft bei der Bearbeitung von GUID-Partitionstabellen auf Festplatten und SSDs. Anders als gdisk und parted wird das Kommando ausschließlich durch Optionen gesteuert und ist nicht für den interaktiven Einsatz gedacht. Vielmehr können Sie mit sgdisk Partitionstabellen Script-gesteuert erstellen oder manipulieren. Trotz des ähnlich klingenden Namens erwartet sgdisk ganz andere Optionen als sfdisk. sgdisk arbeitet mit binären MByte und GByte, also MiB und GiB in der IEC-Schreibweise.

▶ -a n

gibt an, zu welchem Vielfachen von Sektoren neue Partitionen ausgerichtet werden. Standardmäßig verwendet sgdisk den Wert 2048. Das entspricht einem MByte.

▶ -b datei

schreibt ein Backup der Partitionstabelle in eine binäre Datei.

▶ -d nr

löscht die angegebene Partition.

▶ -G

weist allen Partitionen neue, zufällige GUIDs zu. Das ist nach dem Klonen einer Festplatte erforderlich.

▶ -l datei

partitioniert den Datenträger entsprechend der in der Datei gespeicherten Partitionstabelle. Die Datei muss vorher mit der Option -b erzeugt werden. Alle bisher auf dem Datenträger vorhandenen Partitionen werden gelöscht. Die Kombination der Kommandos sgdisk -b und sgdisk -l kann dazu verwendet werden, um das Partitionslayout einer Festplatte auf einen zweiten gleich großen Datenträger zu übertragen, z. B. beim Einrichten eines RAID-Systems.

▶ -n nr:start:end

legt die neue Partition mit der Nummer nr an, die von der angegebenen Start- bis zur Endposition reicht. Standardmäßig wird start und end in Sektoren zu 512 Byte angegeben. Alternativ sind auch Positionsangaben in binären MByte und GByte möglich. sgdisk -n 3:10G:35G erzeugt eine neue Partition, die 25 GByte groß ist.

Den Start- und Endpositionen können die Zeichen + und - vorangestellt werden. + ermöglicht Angaben, die relativ zum Default-Startsektor sind. - ermöglicht Angaben, die vom Ende der Festplatte gerechnet werden. sgdisk -n 4:+1M:-20G erzeugt eine Partition, die 1 MByte hinter der letzten Partition beginnt und 20 GByte am Ende des Datenträgers frei lässt.

Beispiel

Die folgenden Kommandos erstellen zuerst ein Backup der aktuellen Partitionstabelle auf dem Datenträger /dev/sdb und richten dann die neue Partition 3 ein:

```
root#  sgdisk -l partbackup /dev/sdb
root#  sgdisk -n 3:70G:430G /dev/sdb
```

sha*n*sum dateien

sha1sum, sha224sum, sha256sum, sha384sum und sha512sum berechnen Prüfsummen zu allen angegebenen Dateien. Die Zahl im Kommando gibt die Bitlänge der Prüfsumme an (160 Bits bei sha1sum). Die Prüfsummen werden verwendet, um nach der Übertragung einer Datei sicherzustellen, dass die Datei unverändert ist.

Beispiel

Das folgende Kommando berechnet eine 256-Bit-Prüfsumme für eine ISO-Datei:

```
root#  sha256sum image.iso
6ad62fe91eefa4315f852eb1bc8732bc341d95b47f6b4d1f5e362d3629fc981b   image.iso
```

S

shift [n]

Das bash-Kommando shift schiebt die dem Shell-Script übergebene Parameterliste durch die vordefinierten Variablen $1 bis $9. Wenn shift ohne Parameter verwendet wird, werden die Parameter um eine Position verschoben, andernfalls um *n* Positionen.

shift wird nur zur Script-Programmierung eingesetzt. Das Kommando ist eine wertvolle Hilfe, wenn mehr als neun Parameter angesprochen werden sollen. Einmal mit shift aus den Variablen geschobene Parameter können nicht mehr angesprochen werden. Sie werden auch aus der Variablen $* entfernt.

showmount

Ohne weitere Optionen liefert das Kommando showmount, wenn es auf einem NFS-Server ausgeführt wird, eine Liste aller Clients, die die freigegebenen Verzeichnisse

per NFS 3 nutzen. Beachten Sie, dass NFS-4-Verzeichnisse nicht in das Ergebnis ein-
fließen!

▶ `-a`

liefert zu jedem NFS-3-Client auch die IP-Adresse.

▶ `-e [hostname]`

liefert eine Liste aller Verzeichnisse, die per NFS genutzt werden können, unabhängig davon, ob dieser Dienst momentan genutzt wird. Wenn Sie einen Hostnamen angeben, wird die Liste der auf diesem Rechner verfügbaren Verzeichnisse
ermittelt. `showmount -e` funktioniert auch für NFS 4.

---

shutdown `[optionen] zeitpunkt [nachricht]`

`shutdown` **fährt den Rechner herunter. Als Zeitpunkt muss entweder eine Uhrzeit**
(`hh:mm`), die Anzahl der Minuten gerechnet von der aktuellen Zeit (`+m`) oder das Schlüsselwort `now` (also sofort) angegeben werden. `shutdown` kann nur von `root` ausgeführt
werden. Oft ist Linux so konfiguriert, dass Anwender ohne `root`-Rechte den Rechner
mit Alt+Strg+Entf neu starten können.

`shutdown` informiert alle anderen Benutzer darüber, dass das System in Kürze abgeschaltet wird, und lässt keine neuen Logins mehr zu. Anschließend werden alle
Prozesse gewarnt, dass sie in Kürze gestoppt werden. Einige Programme (etwa `emacs`,
`vi` ...) nutzen diese Warnung und speichern alle offenen Dateien in Backup-Kopien.

▶ `-c`

versucht, einen bereits eingeleiteten `shutdown`-Vorgang abzubrechen.

▶ `-f`

wie `-r`, aber schneller.

▶ `-F`

bewirkt eine Überprüfung der Dateisysteme beim nächsten Neustart. `shutdown`
erzeugt zu diesem Zweck die Datei `/forcefsck`. Ist sie vorhanden, wird bei den
meisten Distributionen beim Neustart eine Dateisystemüberprüfung auslöst.

▶ `-h`

hält das System nach dem Herunterfahren an. Der Rechner reagiert dann nicht
mehr auf Eingaben. Auf dem Bildschirm erscheint die Meldung *system halted*.
Anschließend wird der Rechner durch ein ACPI-Signal ausgeschaltet.

▶ -n

führt den Shutdown unter Umgehung des Init-Systems besonders schnell aus.

▶ -r

veranlasst nach dem Herunterfahren des Systems einen Neustart.

▶ -t *sekunden*

bestimmt, wie lange zwischen der Warnnachricht und dem Kill-Signal für die Prozesse gewartet werden soll (normalerweise 20 Sekunden).

sleep `zeit`

sleep versetzt das laufende Programm für die angegebene Zeit in den Ruhezustand. Das Programm konsumiert in dieser Zeit praktisch keine Rechenzeit. Die Zeitangabe erfolgt normalerweise in Sekunden. Optional können die Buchstaben m, h oder d angehängt werden, um die Zeit in Minuten, Stunden oder Tagen anzugeben.

smartctl `optionen device`

smartctl steuert die SMART-Funktionen der Festplatte. Damit können Sie mögliche Probleme der Festplatte frühzeitig erkennen.

▶ -a bzw. --all

liefert alle verfügbaren SMART-Informationen.

▶ -d ata/scsi/3ware,*n*

gibt den Festplattentyp an. Die Option ist nur erforderlich, wenn smartctl den Typ nicht selbst erkennen kann. Das gilt insbesondere für SATA-Festplatten, bei denen smartctl oft glaubt, es würde sich um SCSI-Festplatten handeln. Die Einstellung 3ware,*n* ermöglicht die Nutzung der SMART-Funktionen für Festplatten, die an einen 3ware-RAID-Controller angeschlossen sind (zu den Details siehe man smartctl).

▶ -H bzw. --health

gibt an, ob die Festplatte momentan in Ordnung ist und voraussichtlich die nächsten 24 Stunden noch funktionieren wird.

▶ -i bzw. --info

liefert Basisinformationen zur Festplatte.

▶ `-l error/selftest` bzw. `--log=error/selftest`

liefert Informationen zu den letzten fünf Fehlern bzw. zu den Ergebnissen der letzten 21 Selbsttests.

▶ `-s on/off` bzw. `--smart=on/off`

aktiviert bzw. deaktiviert die SMART-Funktionen.

▶ `-t short/long` bzw. `--test=short/long`

führt einen kurzen bzw. langen Selbsttest durch. Das Testergebnis sehen Sie sich später mit `-l selftest` an.

Beispiel

`smartctl -H` bzw. `smartctl --health` gibt an, ob die Festplatte momentan in Ordnung ist. Sollte `smartctl` hier nicht *PASSED* als Ergebnis liefern, sollten Sie *sofort* damit beginnen, ein komplettes Backup durchzuführen!

```
root#  smartctl -H /dev/sda
...
SMART overall-health self-assessment test result: PASSED
```

Für die Festplatte `/dev/sda` wurden bisher drei Selbsttests ausgeführt: einer unmittelbar nach dem Einbau der Platte (nach 40 Betriebsstunden), die anderen beiden nach ca. 2600 Stunden. Es sind keine Probleme aufgetreten.

```
root#  smartctl -t short /dev/sda
root#  smartctl -t long /dev/sda
...
root#  smartctl -l selftest /dev/sda
Num  Test_Description  Status                  Remaining  LifeTime  LBA
# 1  Extended offline  Completed without error    00%       2592     -
# 2  Short offline     Completed without error    00%       2591     -
# 3  Short offline     Completed without error    00%         40     -
```

---

smbclient `[optionen]`
smbclient `verzeichnis [passwort] [optionen]`

`smbclient` ermöglicht einen interaktiven Zugriff auf Windows-Netzwerkverzeichnisse. In der ersten Syntaxvariante ermitteln Sie mit dem Programm verfügbare Windows-Ressourcen. In der zweiten Variante geben Sie das gewünschte Netzwerkverzeichnis an (z. B. `//mars/data`, wenn Sie das Verzeichnis `data` auf dem Rechner `mars` nutzen möchten). Nach dem Verbindungsaufbau gelangen Sie in eine Shell. Anschließend können Sie wie beim Kommando `ftp` Verzeichnisse mit `ls` ansehen, mit `cd` wechseln, mit `get` Dateien auf den lokalen Rechner übertragen (*download*) und mit put Dateien auf dem externen Rechner speichern (*upload*). Einen Überblick über die wichtigsten Kommandos bekommen Sie mit help.

▶ -L *rechnername*

liefert die Liste der Netzwerkressourcen auf dem angegebenen Windows-Rechner bzw. Samba-Server.

▶ -N

verzichtet auf die automatische Passwortabfrage. Die Option ist nur zweckmäßig, wenn Sie wissen, dass für den Zugriff auf eine bestimmte Netzwerkressource kein Passwort erforderlich ist.

▶ -U *benutzername*

gibt den Benutzernamen an (nur notwendig, wenn dieser vom aktuellen Login-Namen abweicht).

▶ -W *arbeitsgruppenname*

gibt den Namen der Windows-Workgroup an (nur notwendig, wenn diese nicht in /etc/samba/smb.conf enthalten ist).

Beispiel

Zuerst stellt smbclient eine Verbindung zur NAS-Festplatte her, anschließend liefert ls die Liste der dort gespeicherten Verzeichnisse und Dateien:

```
user$  smbclient -U name -W wgname \\\\mynas\\myshare
Password: xxxxxx
Domain=[wgname] OS=[Unix] Server=[Samba 3.5.2]
smb: > ls
  data              D        0  Wed Apr  5 18:17:11 2014
  file.xy           AR     226  Sat Dec 14 00:00:00 2009
  ...
```

smbpasswd [optionen] [name]

smbpasswd verändert das Samba-Passwort des aktiven bzw. des angegebenen Benutzers.

▶ -a

erzeugt einen neuen Samba-Account. Es muss einen gleichnamigen Linux-Account geben.

▶ `-n`

entfernt das Passwort für den angegebenen Account. Die Netzwerkverzeichnisse sind nun ohne Passwort erreichbar, falls der Samba-Server entsprechend konfiguriert ist (`null passwords = yes`).

▶ `-x`

löscht den angegebenen Samba-Account.

`smbtree` [optionen]

`smbtree` liefert eine baumförmige Aufstellung aller im Netzwerk erreichbaren Windows-Netzwerkverzeichnisse bzw. Samba-Objekte.

▶ `-b`

durchsucht das Netzwerk mit *Broadcast Requests*, anstatt sich auf die Ergebnisse des lokalen Master-Browsers zu verlassen.

▶ `-d`*n*

gibt den Debug-Level zwischen 0 (keine Debugging-Informationen) und 10 (maximales Logging) an. Zur Fehlersuche führen Sie `smbtree` mit der Option `-d10` aus. Sie erhalten dann alle möglichen Debugging-Ausgaben.

Mitunter scheitert die Verbindung zu Windows-Netzwerkverzeichnissen daran, dass es im Netzwerk keinen Computer bzw. kein Gerät gibt, das als *Master-Browser* agiert. Abhilfe kann dann entweder ein *echter* Windows-Rechner schaffen oder natürlich ein Linux-Rechner, auf dem Samba läuft.

▶ `-D`

liefert nur eine Liste der erreichbaren Domänen bzw. Arbeitsgruppen.

▶ `-N`

verzichtet auf die Passwortabfrage. Das ist nur sinnvoll, wenn es Netzwerkressourcen gibt, die ohne Passwort erreichbar sind.

▶ `-S`

liefert nur eine Liste der erreichbaren Server.

▶ `-U` bzw. `--user=`*name[%password]*

gibt den Namen (und optional das Passwort) an.

Beispiel

Das folgende Kommando liefert eine Liste aller für den aktuellen Benutzer zugänglichen Windows- bzw. Samba-Netzwerkressourcen:

```
user$ smbtree
Enter user's password:
WORKGROUP
        \\WD-NAS                         My Book World Edition Network Storage
                \\WD-NAS\Public                  Public Share
                \\WD-NAS\Download                Download Share
                \\WD-NAS\multimedia
                \\WD-NAS\archive

...
```

sort [optionen] datei

sort sortiert die angegebene Datei und gibt das Ergebnis auf dem Bildschirm aus. Die Sortierordnung ist durch die Spracheinstellungen und speziell durch die Umgebungsvariable LC_COLLATE definiert.

▶ -c

überprüft, ob die Datei sortiert ist oder nicht.

▶ -f

behandelt Klein- und Großbuchstaben als gleichwertig.

▶ -k *n1,n2*

berücksichtigt nur die Zeichen zwischen der *n1*-ten und der *n2*-ten Spalte. Die Spaltennummerierung beginnt mit 1. Spalten werden normalerweise durch Leer- oder Tabulatorzeichen voneinander getrennt, siehe aber -tz. Wenn *n2* nicht angegeben wird, dann werden alle Zeichen ab *n1* bis zum Zeilenende berücksichtigt.

▶ -m

fügt zwei oder mehrere vorsortierte Dateien zu einer großen sortierten Datei zusammen: Das geht schneller, als die Dateien vorher zusammenzufügen und erst dann zu sortieren.

▶ -o *ergebnisdatei*

schreibt das Ergebnis in die angegebene Datei. Die Datei darf mit der zu sortierenden Datei übereinstimmen.

▶ -r

sortiert in umgekehrter Reihenfolge.

S

▶ -tz

gibt das Trennzeichen zwischen zwei Spalten an. Die Standardeinstellung ist *white space*, also eine beliebige Mischung aus Leer- und Tabulatorzeichen.

Beispiel

Das folgende Kommando sortiert das von `ls` übergebene Inhaltsverzeichnis nach Anwender- und Gruppennamen. Dateien mit übereinstimmenden Anwender- und Gruppennamen werden ihrer Größe nach sortiert.

```
user$  ls -l | sort -k 3
```

source datei

`source` führt in einem `bash`-Script die angegebene Datei so aus, als befänden sich die darin enthaltenen Kommandos an der Stelle des `source`-Kommandos. Nach der Ausführung der Datei wird das laufende Shell-Programm in der nächsten Zeile fortgesetzt. Zur Ausführung der angegebenen Datei wird keine neue Shell gestartet. Alle Variablen inklusive der Parameterliste gelten daher auch für die angegebene Datei. Wenn in dieser Datei `exit` ausgeführt wird, kommt es *nicht* zu einem Rücksprung in das Programm mit dem `source`-Kommando, sondern zu einem sofortigen Ende der Programmausführung.

Zu `source` existiert die Kurzform `.␣datei`. Dabei steht `␣` für ein Leerzeichen.

split [optionen] datei [zieldatei]

`split` zerlegt die angegebene Datei in mehrere Einzeldateien. Die Ausgangsdatei wird dabei (je nach Optionen) alle *n* Byte, kByte oder Zeilen getrennt. Wenn keine Zieldatei angegeben wird, liefert das Kommando die Dateien `xaa`, `xab` etc. Wenn eine Zieldatei angegeben wird, dann wird für die Ergebnisdateien dieser Dateiname zusammen mit der Zeichenkombination `aa`, `ab` etc. verwendet.

▶ -*n* bzw. -l *n* bzw. --lines=*n*

zerlegt die Ausgangsdatei in Einzeldateien mit je *n* Zeilen.

▶ -b *n* bzw. --bytes=*n*

trennt die Ausgangsdatei alle *n* Bytes. Die Größenangabe kann auch in kByte, MByte, GByte bzw. in Vielfachen von 1000 Byte angegeben werden: `kB` (1000 Byte), `K` (1024 Byte), `MB` (10^6 Byte), `M` (1024^2 Byte), `GB` (10^9 Byte oder `G` (1024^3 Byte).

▶ -C *n* bzw. --line-bytes=*n*

wie -b, allerdings werden die Dateien an Zeilengrenzen zerlegt und sind daher zumeist einige Byte kleiner als *n*.

Beispiel

Im folgenden Beispiel zerlegt split die Archivdatei backup.tgz in Einzeldateien zu je 4 GByte und benennt sie mit dvd.aa, dvd.ab etc. Diese Dateien könnten anschließend auf DVDs gebrannt werden.

```
user$  split -C 4G backup.tgz dvd.
```

cat setzt die Einzeldateien wieder zu einer Gesamtdatei zusammen.

```
user$  cat dvd.* > total.tar
```

```
sqlite3 [optionen] datenbankdatei
sqlite3 [optionen] datenbankdatei 'sqlkommando1;sql2;...'
```

sqlite3 wird normalerweise als Shell zur Bearbeitung von SQLite-Datenbanken genutzt. Nach dem Start können Sie interaktiv SQL-Kommandos ausführen, wobei alle Kommandos mit einem Semikolon abgeschlossen werden müssen. Neben den üblichen SQL-Kommandos kennt sqlite3 einige spezifische Kommandos, die mit einem Punkt beginnen, z. B. .help zur Anzeige eines Hilfetexts oder .tables zur Auflistung aller Tabellen in der Datenbank. .quit oder ⟨Strg⟩+⟨D⟩ beenden sqlite3.

In der zweiten Syntaxvariante führt sqlite3 die angegebenen SQL-Kommandos direkt aus.

Beispiel

Das folgende Kommando ermittelt, welche Musikalben in einer ownCloud-Datenbank gespeichert sind:

```
user$    sqlite owncloud.db
sqlite>   select * from oc_media_albums;
1|Nightclub|1|
2|The Monroe Doctrine|2|
3|The Best Of Herbie Mann|3|
...
sqlite>   .quit
```

```
ss [optionen]
```

ss (*socket statistics*) analysiert die Netzwerkaktivität des lokalen Rechners. Wenn das Kommando ohne Optionen ausgeführt wird, liefert es eine Liste aller *non-listening* TCP-Sockets mit einer aktiven Verbindung. ss bietet eine ähnliche Funktionalität wie netstat, gilt aber als das modernere Kommando und liefert in manchen Fällen detailliertere Informationen.

▶ -4 bzw. -6

  berücksichtigt nur IPv4- bzw. nur IPv6-Verbindungen.

▶ -a

  zeigt alle Sockets an, sowohl *listening* als auch *non-listening*.

▶ -e

  liefert noch mehr Details (*extended*).

▶ -n

  zeigt numerische Portnummern an, nicht die Namen der Dienste.

▶ -p

  gibt an, welche Prozesse welche Sockets nutzen.

▶ -r

  ersetzt Portnummern durch die Namen der Dienste.

▶ -s

  zeigt nur zusammenfassende Informationen an (*summary*).

▶ -t bzw. -u

  berücksichtigt nur TCP- bzw. nur UDP-Verbindungen.

Beispiel

Das folgende Kommando liefert eine Liste aller aktiven TCP-Sockets für IPv6-Verbindungen:

```
user$ ss -6 -t -a
State      Recv-Q Send-Q  Local Address:Port           Peer Address:Port
LISTEN     0      100           :::pop3                    :::*
LISTEN     0      100           :::imap2                   :::*
LISTEN     0      128           :::http                    :::*
LISTEN     0      100           :::smtp                    :::*
```

```
LISTEN    0    128                 :::https                    :::*
LISTEN    0    100                 :::imaps                    :::*
LISTEN    0    100                 :::pop3s                    :::*
TIME-WAIT 0    0       ::ffff:5.9.22.28:http    ::ffff:188.192.181.195:50045
TIME-WAIT 0    0       ::ffff:5.9.22.28:http    ::ffff:188.192.181.195:50047
ESTAB     0    46200   ::ffff:5.9.22.28:http       ::ffff:46.10.92.30:22893
FIN-WAIT-1 0   1       ::ffff:5.9.22.28:https     ::ffff:203.134.55.243:51106
FIN-WAIT-2 0   0       ::ffff:5.9.22.28:http       ::ffff:46.10.92.30:24262
...
```

```
ssh [optionen] rechnername
ssh [optionen] rechnername kommando
```

In der ersten Syntaxvariante öffnet ssh eine Shell auf einem anderen Rechner und ermöglicht es so, auf diesem Rechner interaktiv zu arbeiten. Die zweite Syntaxvariante führt ein einzelnes Kommando auf dem zweiten Rechner aus. ssh funktioniert nur, wenn auf dem zweiten Rechner ein SSH-Server läuft.

▶ -l *loginname*

verwendet auf dem zweiten Rechner den angegebenen Login-Namen statt des aktuellen Benutzernamens. Der gewünschte Login-Name kann auch in der Form ssh loginname@rechnername angegeben werden.

▶ -L *localport:host:hostport*

bildet einen Tunnel zwischen dem lokalen Rechner (Port localport) und dem zweiten Rechner (Port hostport).

▶ -v

liefert umfassende Debugging-Informationen. Wenn Sie Login-Probleme haben, hilft ssh -v oft dabei, die Ursache herauszufinden. Die Option kann bis zu dreimal angegeben werden (also -v -v -v), ssh liefert dann noch mehr Debugging-Informationen.

▶ -X

ermöglicht die Ausführung von X-Programmen.

Beispiele

Das folgende Kommando zeigt, wie Sie sich auf einem externen Rechner einloggen, wobei der Benutzername unverändert bleibt. Anschließend können Sie auf dem externen Rechner (z. B. Ihrem Root-Server) Kommandos ausführen.

```
kofler@uranus$  ssh kofler.info
kofler@kofler.info's password:  ********
```

Wenn Sie mit ssh zum ersten Mal eine Verbindung zu einem anderen Rechner herstellen, erscheint oft eine Warnung nach dem folgenden Muster:

```
The authenticity of host 'kofler.info (1.2.3.4)' can't be established.
RSA1 key fingerprint is 1e:0e:15:ad:6f:64:88:60:ec:21:f1:4b:b7:68:f4:32.
Are you sure you want to continue connecting (yes/no)?  yes
Warning: Permanently added 'kofler.info,1.2.3.4' to the list of known hosts.
```

Das folgende Kommando zeigt, wie ich den gesamten /var/www-Verzeichnisbaum meines Webservers kofler.info in das lokale Verzeichnis ~/bak kopiere. Dabei wird ssh dazu genutzt, ein einzelnes Kommando (tar) auszuführen. Das setzt voraus, dass kofler@kofler.info alle Dateien aus /var/www lesen kann. Grundsätzlich wäre es auch möglich, das tar-Kommando mit ssh -l root mit root-Rechten auszuführen. Allerdings sind die meisten SSH-Server aus Sicherheitsgründen so konfiguriert, dass ein direkter root-Login unmöglich ist.

Die Ergebnisse von tar werden via SSH abhörsicher auf den lokalen Rechner übertragen und vom zweiten tar-Kommando weiterverarbeitet.

```
kofler@uranus$  ssh kofler.info tar -cf - /var/www | tar -xC ~/bak/ -f -
kofler@kofler.info's password:  ********
```

ssh-copy-id [optionen] user@host

ssh-copy-id fügt den öffentlichen Schlüssel des lokalen Rechners in die Datei .ssh/autorized_keys des Host-Rechners ein. Wenn es mehrere Schlüssel gibt, entscheidet das Kommando ssh-add -L, welcher Schlüssel übertragen wird.

▶ -i [schlüsseldatei]

   überträgt die angegebene Schlüsseldatei bzw. .ssh/id_rsa.pub.

Sollte das Script ssh-copy-id nicht zur Verfügung stehen oder die Schlüsselübertragung an den Sicherheitseinstellungen des externen SSH-Servers scheitern, muss die öffentliche Schlüsseldatei (in der Regel .ssh/id_rsa.pub) manuell zum Server übertragen und dort der Datei .ssh/authorized_keys hinzugefügt werden.

Wenn auf dem Host-System Fedora, RHEL oder ein RHEL-Derivat läuft (CentOS etc.), kann der Einsatz von ssh-copy-id dazu führen, dass das Verzeichnis .ssh und die Datei authorized_keys ohne die SELinux-Kontextinformationen erzeugt wird. Abhilfe schafft eines der beiden folgenden Kommando auf dem Hostrechner:

```
root#  /sbin/restorecon -r /root/.ssh
root#  /sbin/restorecon -r /home/username/.ssh
```

ssh-keygen [optionen]

ssh-keygen erzeugt, verwaltet und konvertiert kryptografische Schlüssel, die zur Authentifizierung mit SSH verwendet werden können. Wenn ssh-keygen ohne weitere Optionen aufgerufen wird, erzeugt es ein RSA-Schlüsselpaar mit einer Schlüssellänge von 2048 Bits. Der private und der öffentliche Teil des Schlüssels wird in den Dateien .ssh/id_rsa und .ssh/id_rsa.pub gespeichert.

Der Zugriff auf den Schlüssel wird standardmäßig durch ein Passwort abgesichert; wenn Sie statt der Passworteingabe einfach ⏎ drücken, entfällt dieses Sicherheitsmerkmal. Wenn ein privater, nicht durch ein Passwort abgesicherte Schlüssel einem Dritten in die Hände gerät, kann dieser sich ohne Weiteres auf allen Rechnern anmelden, auf denen Sie den öffentlichen Teil des Schlüssels installiert haben!

Durch zusätzliche Optionen können Sie beim Erzeugen neuer Schlüssel unterschiedliche Verschlüsselungsverfahren, Schlüssellängen und Speicherorte angeben, vorhandene Schlüssel konvertieren etc.

start/stop dienst

start startet einen durch Upstart verwalteten Hintergrundprozess, stop beendet den Prozess. *name* muss mit dem Namen einer Upstart-Konfigurationsdatei übereinstimmen. Universeller als start/stop ist service dienst kommando.

stat [optionen] dateien

stat liefert ausführliche Informationen über die angegebenen Dateien, unter anderem die Zugriffsrechte in der ls-Schreibweise und als Oktalzahl, die Anzahl der genutzten Blöcke, den Zeitpunkt der letzten Änderung und des letzten Lesezugriffs etc.

▶ -c formatstring

  formatiert die Ausgabe entsprechend der Formatzeichenkette.

▶ -f

  liefert Informationen über das Dateisystem, in dem sich die Datei befindet (anstelle von Informationen über die Datei). In der Zeichenkette können unter anderem die folgenden Codes verwendet werden:

- %a: Zugriffsrechte in Okatalschreibweise
- %A: Zugriffsrechte in ls-Schreibweise
- %C: SELinux-Kontext
- %F: Dateityp (Datei, Verzeichnis, Block-Device etc.)
- %g: GID-Nummer der Gruppe, der die Datei zugeordnet ist
- %G: Name der Gruppe, der die Datei zugeordnet ist
- %h: Anzahl der Hard-Links
- %n: Dateiname
- %s: Dateigröße in Bytes
- %u: UID-Nummer des Dateibesitzers
- %U: Name des Dateibesitzers

Beispiel

Ohne Optionen liefert stat eine übersichtliche Zusammenstellung diverser Metadaten einer Datei. Mit -c kann das Ergebnis auf Einzelinformationen reduziert werden, im zweiten Beispiel auf die oktalen Zugriffsrechte und den Dateinamen.

```
user$  stat druck.pdf
  Datei: druck.pdf
  Größe: 390758        Blöcke: 768        EA Block: 4096    reguläre Datei
Gerät: fd01h/64769d    Inode: 397971      Verknüpfungen: 1
Zugriff: (0664/-rw-rw-r--) Uid: ( 1000/  kofler)  Gid: ( 1000/  kofler)
Kontext: unconfined_u:object_r:user_home_t:s0
Zugriff    : 2013-09-24 11:35:17.316000000 +0200
Modifiziert: 2013-08-06 17:53:16.083000000 +0200
Geändert   : 2013-08-06 17:53:16.083000000 +0200
 Geburt    : -
user$  stat -c "%a %n" druck.pdf
664 druck.pdf
```

strings [optionen] datei

Das Kommando zeigt die Zeichenketten innerhalb einer Binärdatei an. Das ist beispielsweise dann praktisch, wenn Sie einen Text (z. B. eine Fehlermeldung) in einer Programmdatei suchen.

Beispiel

Das folgende Kommando ermittelt alle Zeichenketten, die sich in der Binärdatei /bin/ls befinden und das Wort error enthalten:

```
root#  strings /bin/ls | grep error
error
error initializing month strings
write error
```

su [optionen] [user]

su (*substitute user*) ohne Optionen wechselt mit Passworteingabe in den root-Modus. Damit ist bis zum nächsten exit-Kommando root der aktive User.

Optional kann bei su statt des Standard-Users root auch ein anderer User angegeben werden. Wenn su von root ausgeführt wird, muss beim User-Wechsel nicht einmal ein Passwort angegeben werden.

▶ -c '*kommando*'

führt nur das angegebene Kommando mit root-Rechten aus.

▶ -l bzw. --login

beim User-Wechsel wird die neue Shell als Login-Shell gestartet. Das heißt, es werden alle Login-Dateien mit eingelesen. Das ist erforderlich, damit Umgebungsvariablen wie PATH korrekt konfiguriert werden.

sudo [optionen] kommando

sudo führt ein Kommando aus, als würde es von einem anderen Benutzer (normalerweise root) ausgeführt. Damit können dank sudo gewöhnliche Benutzer administrative Aufgaben übernehmen bzw. systemkritische Kommandos ausführen, ohne dazu das root-Passwort zu kennen.

Bevor sudo die Ausführung eines Programms erlaubt, muss dieses Recht für einen bestimmten Benutzer und für ein bestimmtes Programm in der Datei /etc/sudoers angegeben werden.

▶ -b

startet das angegebene Kommando im Hintergrund.

▶ -H

trägt das Home-Verzeichnis des Benutzers, für dessen Account das Kommando ausgeführt wird, in die $HOME-Umgebungsvariable ein (also üblicherweise /root).

- ▶ -K

  löscht das gespeicherte Passwort. Beim nächsten Aufruf von sudo muss neuerlich das Passwort angegeben werden.

- ▶ -s

  startet die in $SHELL angegebene Shell. Das ermöglicht es, mehrere Kommandos in einer Shell auszuführen, ohne jedes Mal sudo voranzustellen.

- ▶ -u *benutzer*

  startet das Kommando für den angegebenen Benutzer (statt für root).

Beispiel

Im folgenden Beispiel wird sudo dazu verwendet, das Kommando apt-get install mit root-Rechten auszuführen:

```
user$  sudo apt-get install gimp
[sudo] password for user:  *******
...
```

svn kommando

Das Kommando svn aus dem Paket subversion steuert das gleichnamige Programm zur Versionsverwaltung. Subversion wird häufig eingesetzt, wenn mehrere Personen zugleich ein Programm entwickeln. Subversion verwaltet ein zentrales Codearchiv (das Subversion-Repository auf dem Subversion-Server) und ermöglicht es, jede Änderung am Code zurückzuverfolgen und bei Bedarf rückgängig zu machen.

- ▶ add [-N] *datei/verzeichnis*

  fügt die Datei der Subversion-Kontrolle hinzu. Die Datei wird mit dem nächsten SVN-Commit in das Subversion-Repository übertragen. Bei Verzeichnissen bewirkt -N, dass der Inhalt der Verzeichnisses *nicht* berücksichtigt wird.

- ▶ checkout/co [--username *name*] *url*

  überträgt erstmalig alle Dateien vom SVN-Server in das aktuelle Verzeichnis auf dem lokalen Rechner. Dabei muss in der Regel ein Passwort angegeben werden (je nach Konfiguration des SVN-Servers). svn speichert einen Hash des Passworts in .subversion/auth/*, sodass die Passwortangabe in Zukunft nicht wiederholt werden muss.

- ▶ commit/ci -m 'kommentar'

  lädt die zuletzt durchgeführten Änderungen in das Subversion-Repository hoch.

Vor jedem Commit sollte svn update ausgeführt werden. Wenn Sie vor dem Commit überprüfen möchten, welche Änderungen gespeichert werden, führen Sie vorher svn status aus.

▸ copy *oldurl newurl* -m 'kommentar'

erzeugt eine Kopie des SVN-Verzeichnisses, wobei die Kopie unter der Kontrolle von Subversion bleibt. Kopien werden häufig zur Verwaltung von Zweigen (*branches*) verwendet. Es ist üblich, das Unterverzeichnis branches zur Speicherung der Zweige zu verwenden.

▸ diff -r *n1:n2* [*datei*]

zeigt an, wie sich die angegebene Datei von Revision *n1* bis zur Revision *n2* verändert hat. Wenn keine Datei angegeben wird, ermittelt svn diff die Auflistung *aller* Änderungen.

▸ diff -r *url1[@n1] url2[@n2]*

ermittelt die Unterschiede zwischen zwei SVN-Zweigen. Wenn keine Revisionsnummern angegeben werden, berücksichtigt svn jeweils die aktuellste Version jeden Zweigs.

▸ help [*kommando*]

liefert eine Liste aller SVN-Kommandos bzw. einen detaillierten Hilfetext zum angegebenen Kommando.

▸ list/ls *url*

liefert eine Liste aller unter SVN-Kontrolle befindlichen Dateien auf dem SVN-Server. Das Kommando ist vor allem dann zweckmäßig, wenn Sie die Dateien nicht herunterladen möchten.

▸ log [*datei*]

listet alle SVN-Commits auf (die letzte Änderung zuerst). Wenn eine Datei angegeben wird, liefert svn log nur solche Commits, durch die diese Datei verändert wurde.

▸ move/mv/ren *datei1 datei2*

gibt einer unter SVN-Kontrolle stehenden Datei einen neuen Namen.

▸ revert *datei*

widerruft alle Änderungen, die seit dem letzten SVN-Update an der lokalen Datei durchgeführt wurden.

▶ `rm` *datei*

entfernt die Datei aus Subversion. Die Datei wird mit dem nächsten SVN-Commit auf dem Subversion-Server gelöscht.

▶ `status/st`

fasst die Änderungen an den lokalen Dateien seit dem letzten SVN-Update zusammen.

▶ `switch` *url*

aktiviert den durch seine Adresse angegebenen Zweig (*branch*).

▶ `update/up`

aktualisiert die lokalen Dateien mit der neuesten Version vom Subversion-Server.

▶ `update -r` *n datei*

ersetzt die angegebene Datei durch eine ältere Version (Revision *n*).

Beispiel

Die folgenden Zeilen zeigen, wie Sie einem Projekt eine neue PHP-Datei hinzufügen:

```
user$  svn update
user$  svn add modules/html.php
user$  svn commit -m 'neues HTML-Modul'
```

swapon device
swapoff device

`swapon` aktiviert das angegebene Device (zumeist eine Festplattenpartition) bzw. die stattdessen angegebene Datei als Swap-Bereich. Die Partition bzw. Datei muss vorher mit `mkswap` als Swap-Bereich formatiert werden. `swapon` wird beim Hochfahren von Linux für alle in `/etc/fstab` aufgezählten Swap-Bereiche automatisch ausgeführt. Ein Beispiel zu `swapon` finden Sie bei der Beschreibung von `mkswap`.

`swapoff` deaktiviert die angegebene Swap-Datei oder -Festplattenpartition.

sync

Führt alle gepufferten Schreiboperationen auf den Festplatten aus. Wenn aus irgendeinem Grund ein geordnetes Beenden von Linux nicht möglich ist – d. h., wenn die Kommandos `shutdown`, `reboot` und `halt` nicht ausführbar sind und der Rechner nicht auf ⟨Alt⟩+⟨Strg⟩+⟨Entf⟩ reagiert –, dann sollte `sync` unmittelbar vor dem Ausschalten ausgeführt werden. Das ist aber nur eine Notlösung!

`sysctl` optionen

`sysctl` liest den Zustand von Kernelparametern bzw. verändert ihren Wert im laufenden Betrieb.

▶ `-a`

liefert eine Liste aller verfügbaren Kernelparameter inklusive der aktuellen Einstellung.

▶ `-n` *parameter*

liefert den aktuellen Wert des angegebenen Kernelparameters.

▶ `-w` *parameter=wert*

verändert den angegebenen Parameter.

▶ `-p` [*dateiname*]

liest `/etc/sysctl.conf` bzw. die angegebene Datei und verändert die dort angegebenen Kernelparameter entsprechend.

Beispiel

Die beiden folgenden Kommandos aktivieren zuerst die Forwarding-Funktionen des Kernels und dann das Masquerading für die Netzwerkschnittstelle `eth0`:

```
root#  sysctl -w net.ipv4.ip_forward=1
root#  iptables -A POSTROUTING -t nat -o eth0 -j MASQUERADE
```

`systemctl` kommando

`systemctl` dient zur Administration des Init-Prozess bei Distributionen, die Systemd als Init-System verwenden, insbesondere Fedora ab Version 15, openSUSE ab Version 12.1 und RHEL ab Version 7. Sie können damit eine Liste aller durch Systemd verwalteten Prozesse ermitteln, einzelne Hintergrunddienste beenden oder neu starten etc.

`systemctl` unterscheidet unter anderem zwischen gewöhnlichen Diensten (`services`), Sockets, Devices, Mount-Diensten und Zielen (`targets`, vergleichbar mit Init-V-Runleveln).

- ▶ `enable/disable` *name*

  aktiviert den angegebenen Dienst dauerhaft bzw. deaktiviert ihn wieder. Bei der Ausführung des Kommandos werden die entsprechenden Links eingerichtet bzw. wieder entfernt.

- ▶ `halt/poweroff/reboot`

  fährt das System herunter bzw. startet es neu.

- ▶ `is-active` *name*

  testet, ob der angegebene Dienst aktiv ist.

- ▶ `isolate` *name*

  startet den angegebenen Dienst sowie alle davon abhängigen Dienste. Nicht benötigte Dienste werden gestoppt. `isolate` hat damit eine ähnliche Funktion wie ein Runlevel-Wechsel bei einem Init-V-System.

- ▶ `list-units`

  liefert eine Liste aller von Systemd verwalteten Dienste, Sockets, Targets etc. Mehrseitige Ausgaben werden durch `less` geleitet, sodass sie seitenweise gelesen werden können. Wenn Sie das nicht wünschen, geben Sie die Option `--no-pager` an. Das Ergebnis kann mit `--type=...` gefiltert werden. Zulässige Unit-Typen sind `service`, `socket`, `target`, `device`, `mount`, `automount` und `snapshot`.

- ▶ `reload/restart` *name*

  fordert den Prozess zum Neueinlesen der Konfiguration auf bzw. startet den Dienst gänzlich neu.

- ▶ `show` *name*

  liefert detailliertere Daten als `status`. Das Ergebnis ist zeilenweise strukturiert und kann verhältnismäßig einfach durch ein Script verarbeitet werden.

- ▶ `start/stop` *name*

  startet bzw. stoppt den angegebenen Init-Prozess bzw. Dienst.

- ▶ `status` *name*

  liefert Statusinformationen zum angegebenen Dienst in einer gut lesbaren Form.

Beispiele

Die folgenden Zeilen zeigen typische `systemctl`-Kommandos:

```
root#   systemctl start   ntpd.service   (NTP-Dämon starten)
root#   systemctl stop    ntpd.service   (NTP-Dämon stoppen)
root#   systemctl restart ntpd.service   (NTP-Dämon neu starten)
root#   systemctl reload  ntpd.service   (Konfiguration des NTP-Dämons neu einlesen)
root#   systemctl status  ntpd.service   (Status des NTP-Dämons ermitteln)
root#   systemctl enable  ntpd.service   (NTP-Dämon in Zukunft automatisch starten)
  ln -s '/lib/systemd/system/ntpd.service'
        '/etc/systemd/system/multi-user.target.wants/ntpd.service'
root#   systemctl disable ntpd.service   (NTP-Dämon nicht mehr automatisch starten)
  rm '/etc/systemd/system/multi-user.target.wants/ntpd.service'
root#   systemctl isolate reboot.target  (Neustart des Rechners)
```

tac datei

tac gibt die angegebene Textdatei in umgekehrter Reihenfolge auf dem Bildschirm aus, d. h. die letzte Zeile zuerst. Der merkwürdige Kommandoname ergibt sich aus der Verdrehung der Buchstaben des cat-Kommandos, das Textdateien in richtiger Reihenfolge ausgibt.

tail [optionen] datei

tail gibt die letzten zehn Zeilen einer Textdatei auf dem Bildschirm aus.

▶ -n zeilen

gibt die angegebene Anzahl von Zeilen aus.

▶ -f

liest die Datei regelmäßig aus und gibt alle neuen Zeilen aus. In dieser Form eignet sich tail vor allem zur Beobachtung von Protokolldateien.

Beispiel

Das folgende Kommando zeigt die letzten zehn Zeilen von messages an. Wenn neue Zeilen hinzukommen, werden auch diese angezeigt, sodass nach kurzer Zeit der ganze Bildschirm genutzt wird – und nicht nur zehn Zeilen.

```
root#   tail -f /var/log/messages
```

```
tar aktion [optionen] dateien
tar aktion [optionen] verzeichnisse
```

tar vereint mehrere Dateien oder ganze Verzeichnisse in einem sogenannten Archiv bzw. extrahiert aus diesem Archiv wieder ihre Bestandteile. tar war ursprünglich als Tool zum Lesen und Schreiben von Daten auf einem Streamer konzipiert. tar greift deswegen standardmäßig auf den installierten Streamer (zumeist /dev/tape oder /dev/rmt0) zu. Wenn Sie ein Archiv in einer Datei anlegen möchten (beispielsweise, um diese Datei anschließend auf eine CD zu brennen), müssen Sie die Option -f datei angeben.

Da tar je nach Angabe der Optionen die zu archivierenden Dateien auch komprimiert, ist es in seiner Funktion mit dem unter Windows verbreiteten Programm WinZIP zu vergleichen. Die typische Kennung für Archivdateien ist .tar. Wenn die Archivdatei komprimiert ist, lauten die Kennungen zumeist .tgz, .tar.gz, .tar.bz2 oder .tar.xz.

Die Steuerung von tar erfolgt in zwei Stufen: Zum einen muss eine Aktion angegeben werden, die tar ausführen soll, und zum anderen kann diese Aktion durch eine oder mehrere Optionen gesteuert werden. Auch wenn Aktionen und Optionen formal gleich aussehen, besteht ein wesentlicher Unterschied: Es muss genau eine Aktion vor allen anderen Optionen angegeben werden. Während in den nächsten Zeilen alle Aktionen kurz beschrieben sind, wurden hier nur die wichtigsten Optionen aufgezählt (siehe man tar).

Auf vielen Unix-Systemen erfolgt die Steuerung von tar zwar mit denselben Kommandos und Optionen, die Syntax ist aber anders: Es werden alle Kommandos und Optionen als ein Block ohne die üblichen Optionsstriche angegeben, etwa tar cvf name.tar pfad. GNU-tar versteht beide Syntaxvarianten, d. h., es ist Ihnen überlassen, ob Sie Optionsstriche verwenden oder nicht.

Aktionen

▶ -A bzw. --catenate bzw. --concatenate

hängt an ein vorhandenes Archiv ein weiteres Archiv an. Diese Option ist nur für Streamer geeignet (nicht für Archivdateien).

▶ -c bzw. --create

erzeugt ein neues Archiv, d. h., ein eventuell vorhandenes Archiv wird überschrieben.

▶ -d bzw. --diff bzw. --compare

vergleicht die Dateien des Archivs mit den Dateien des aktuellen Verzeichnisses und stellt eventuelle Unterschiede fest.

▶ --delete

löscht Dateien aus dem Archiv. Nur für Archivdateien (nicht für Streamer) geeignet.

▶ -r bzw. --append

erweitert das Archiv um zusätzliche Dateien.

▶ -t bzw. --list

zeigt das Inhaltsverzeichnis des Archivs an.

▶ -u bzw. --update

erweitert das Archiv um neue oder geänderte Dateien. Die Option kann nicht für komprimierte Archive verwendet werden. Vorsicht: Das Archiv wird immer größer, weil bereits vorhandene Dateien nicht überschrieben werden! Die neuen Dateien werden einfach an das Ende des Archivs angehängt.

▶ -x bzw. --extract

extrahiert die angegebenen Dateien aus dem Archiv und kopiert sie in das aktuelle Verzeichnis. Die Dateien werden dabei nicht aus dem Archiv gelöscht.

Optionen

▶ -C *verzeichnis*

extrahiert die Dateien in das angegebene (statt in das aktuelle) Verzeichnis.

▶ -f *datei*

verwendet die angegebene Datei als Archiv (anstatt auf den Streamer zuzugreifen). Wenn statt eines Dateinamens ein einfacher Bindestrich angegeben wird (-f -), werden die Daten an den Standardausgabekanal weitergeleitet bzw. von der Standardeingabe gelesen. Das ist vor allem dann sinnvoll, wenn zwei tar-Kommandos durch | verknüpft werden sollen (typischerweise zum Transportieren ganzer Dateibäume).

▶ -j bzw. --bzip2

komprimiert bzw. dekomprimiert das gesamte Archiv durch bzip2 (siehe auch -z!).

- ▶ -J bzw. --xz

  komprimiert bzw. dekomprimiert das gesamte Archiv durch xz. Das setzt voraus, dass das Kommando xz zur Verfügung steht. Bei vielen Distributionen muss dazu das Paket xz-utils installiert werden.

- ▶ -L *n* bzw. --tape-length *n*

  gibt die Kapazität des Streamers in kByte an. Wenn die Kapazität durch die Größe des Archivs überschritten wird, fordert tar zu einem Wechsel des Magnetbands auf.

- ▶ -N *datum* bzw. --after-date *datum* bzw. --newer *datum*

  archiviert nur Dateien, die aktueller als das angegebene Datum sind.

- ▶ -p bzw. --preserve-permissions

  belässt beim Extrahieren der Dateien die Zugriffsrechte unverändert. Die Option gilt standardmäßig, wenn tar von root ausgeführt wird.

- ▶ -T *datei* bzw. --files-from *datei*

  archiviert bzw. extrahiert die in der Datei angegebenen Dateinamen.

- ▶ -v bzw. --verbose

  zeigt während der Arbeit alle Dateinamen auf dem Bildschirm an. Wenn -v in Kombination mit dem Kommando t verwendet wird, werden zusätzliche Informationen zu den Dateien angezeigt (Dateigröße etc.). Wenn die Option zweimal angegeben wird, werden die Informationen noch ausführlicher.

- ▶ -W bzw. --verify

  überprüft nach dem Schreiben die Korrektheit der gerade archivierten Dateien. Kann nicht für komprimierte Archive verwendet werden.

- ▶ -z bzw. --gzip

  komprimiert bzw. dekomprimiert das gesamte Archiv durch gzip. Für das Anlegen von *.tgz-Dateien ist diese Option sehr praktisch. Wenn dagegen tatsächlich Daten auf einem Streamer gespeichert werden, kann die Option gefährlich sein: Ein einziger Fehler auf dem Magnetband kann das gesamte Archiv unbrauchbar machen! Ohne Kompression werden dann zwar auch Dateien zerstört, im Regelfall ist der Schaden aber deutlich geringer. DAT-Streamer sind in der Lage, die zu verarbeitenden Daten selbst zu komprimieren. Das geht schneller, ist aber nicht so effektiv wie gzip.

Beispiele

Im folgenden Beispiel archiviert tar alle Dateien aus dem Verzeichnis Dokumente und aus allen Unterverzeichnissen in der komprimierten Datei meinarchiv.tgz:

```
user$  tar -czf meinarchiv.tgz Dokumente
```

tar -tzf liefert ein Inhaltsverzeichnis des Archivs. Die Dateien innerhalb des Archivs sind willkürlich geordnet.

```
user$  tar -tzf meinarchiv.tgz | less
...
```

tar -xzf packt das Archiv aus und extrahiert alle enthaltenen Dateien:

```
user$  cd anderes-verzeichnis/
user$  tar -xzf meinarchiv.tgz
```

Das folgende Kommando kopiert alle Dateien aus /verz1 nach /verz2. Der Vorteil gegenüber einem normalen cp-Kommando besteht darin, dass symbolische Links als solche kopiert werden (und nicht die Daten, auf die die Links verweisen). Das obige Kommando eignet sich besonders dazu, um ganze Dateibäume von einer Partition auf eine andere zu übertragen.

```
root#  (cd /verz1 ; tar cf - .) | (cd /verz2 ; tar xvf -)
```

tasksel

tasksel installiert oder deinstalliert vordefinierte Paketgruppen. Das Kommando steht nur unter Debian- und Ubuntu-Distributionen zur Verfügung.

▶ install *gruppenname*

installiert alle Pakete der angegebenen Paketgruppe.

▶ remove *gruppenname*

entfernt alle Pakete der angegebenen Paketgruppe. Vorsicht: Bei älteren tasksel-Versionen werden die Pakete ohne Rücksicht auf Abhängigkeiten zu anderen Paketen entfernt. Das führt dazu, dass oft wesentlich mehr Pakete als beabsichtigt deinstalliert werden.

▶ --list-tasks

ermittelt eine Liste aller definierten Paketgruppen.

▶ --task-packages *gruppenname*

listet alle Pakete der angegebenen Paketgruppe auf.

Beispiel

Die beiden folgenden Kommandos installieren unter Debian bzw. Ubuntu den Apache-Webserver sowie diverse oft benötigte Erweiterungen und Zusatzprogramme:

```
root#  tasksel install web-server    (Debian)
root#  tasksel install lamp-server   (Ubuntu)
```

tee datei

tee dupliziert die Standardeingabe, zeigt eine Kopie an und speichert die andere in einer Datei. In der Praxis ist das dann sinnvoll, wenn die Ausgabe eines Kommandos auf dem Bildschirm beobachtet, aber gleichzeitig auch in einer Datei gespeichert werden soll. Eine einfache Umleitung mit > in eine Datei hätte zur Folge, dass auf dem Bildschirm nichts zu sehen ist.

Beispiel

Das folgende Kommando zeigt das Inhaltsverzeichnis des aktuellen Verzeichnisses auf dem Bildschirm an und speichert es gleichzeitig in der Datei inhalt:

```
user$  ls -l | tee inhalt
```

telinit n

telinit wechselt in den angegebenen Runlevel. Bei Upstart-Systemen erzeugt das Kommando das Ereignis *runlevel n*.

telnet [optionen] host [port]

telnet erlaubt die interaktive Kommunikation mit einem Netzwerkdienst über das Telnet-Protokoll. Das Kommando eignet sich in erster Linie dazu, um elementare Netzwerkfunktionen zu testen. Da die Kommunikation unverschlüsselt erfolgt, ist telnet zu unsicher, um Kommandos auf externen Servern auszuführen. Für solche Aufgaben verwenden Sie besser ssh!

► -4 bzw. -6

   akzeptiert ausschließlich IPv4- bzw. IPv6-Adressen.

▶ -l *user*

verwendet den angegebenen Benutzernamen (anstelle des aktuellen Benutzernamens).

Beispiel

Das folgende Beispiel zeigt die Kommunikation mit einem Mail-Server, der auf dem lokalen Rechner läuft:

```
user$ telnet localhost 25
Trying 127.0.0.1...
Connected to localhost.
Escape character is '^]'.
220 kofler.info ESMTP Postfix (Ubuntu)
 helo kofler.info
250 kofler.info
 mail from:<kofler@kofler.info>
250 2.1.0 Ok
...
```

test ausdruck

test wird in bash-Scripts zur Formulierung von Bedingungen verwendet und zumeist in if-Abfragen und Schleifen eingesetzt. Je nachdem, ob die Bedingung erfüllt ist, liefert es den Wahrheitswert 0 (wahr) oder 1 (falsch). Statt test kann auch die Kurzschreibweise [*ausdruck*] verwendet werden. Dabei ist es wichtig, dass Sie Leerzeichen vor und nach dem Ausdruck angeben!

Wenn test oder die Kurzschreibweise [*ausdruck*] als Bedingung in einer Verzweigung oder Schleife verwendet wird, muss die Bedingung mit einem Strichpunkt abgeschlossen werden, also z. B. if ["$1" = "abc"]; then ...

if-Abfragen können manchmal durch die Formulierung test "$1" = "abc" && kommando ersetzt werden. In diesem Fall ist kein Strichpunkt erforderlich. Das Kommando wird nur ausgeführt, wenn die vorherige Bedingung erfüllt war.

Zeichenketten

[*zk*]	wahr, wenn die Zeichenkette nicht leer ist
[-n *zk*]	wahr, wenn die Zeichenkette nicht leer ist (wie [*zk*])
[-z *zk*]	wahr, wenn die Zeichenkette leer ist (0 Zeichen)
[*zk1* = *zk2*]	wahr, wenn die Zeichenketten übereinstimmen
[*zk1* != *zk2*]	wahr, wenn die Zeichenketten voneinander abweichen

Die Zeichenketten bzw. Variablen sollten in Hochkommata gestellt werden (z. B.
["$1" = "abc"] oder ["$a" = "$b"]). Andernfalls kann es bei Zeichenketten mit
mehreren Wörtern zu Fehlern kommen!

Zahlen

[z1 -eq z2]	wahr, wenn die Zahlen gleich sind (*equal*)
[z1 -ne z2]	wahr, wenn die Zahlen ungleich sind (*not equal*)
[z1 -gt z2]	wahr, wenn z1 größer z2 ist (*greater than*)
[z1 -ge z2]	wahr, wenn z1 größer gleich z2 ist (*greater equal*)
[z1 -lt z2]	wahr, wenn z1 kleiner z2 ist (*less than*)
[z1 -le z2]	wahr, wenn z1 kleiner gleich z2 ist (*less equal*)

Dateien (auszugsweise)

[-d dat]	wahr, wenn es sich um ein Verzeichnis handelt (*directory*)
[-e dat]	wahr, wenn die Datei existiert (*exist*)
[-f dat]	wahr, wenn es sich um eine einfache Datei (und nicht um ein Device, ein Verzeichnis ...) handelt (*file*)
[-L dat]	wahr, wenn es sich um einen symbolischen Link handelt
[-r dat]	wahr, wenn die Datei gelesen werden darf (*read*)
[-s dat]	wahr, wenn die Datei mindestens 1 Byte lang ist (*size*)
[-w dat]	wahr, wenn die Datei verändert werden darf (*write*)
[-x dat]	wahr, wenn die Datei ausgeführt werden darf (*execute*)
[dat1 -ef dat2]	wahr, wenn beide Dateien denselben I-Node haben (*equal file*)
[dat1 -nt dat2]	wahr, wenn Datei 1 neuer als Datei 2 ist (*newer than*)

Verknüpfte Bedingungen

[! bed]	wahr, wenn die Bedingung nicht erfüllt ist
[bed1 -a bed2]	wahr, wenn beide Bedingungen erfüllt sind (*and*)
[bed1 -o bed2]	wahr, wenn mindestens eine der Bedingungen erfüllt ist (*or*)

time kommando

time führt das angegebene Kommando aus und gibt anschließend an, wie lange die
Ausführung gedauert hat. time ersetzt nicht nur die Stoppuhr, sondern schlüsselt die
Ausführungszeit auch in drei Komponenten auf:

► real

gibt die tatsächliche Ausführungszeit aus.

▶ user

gibt die CPU-Zeit an, die während der Ausführung des Programms außerhalb des Kernels gebraucht wurde.

▶ sys

gibt die CPU-Zeit an, die während der Ausführung des Programms innerhalb des Kernels gebraucht wurde.

Die Summe aus user und sys gibt an, wie viel CPU-Aufwand die Ausführung des Kommandos verursacht hat. real ist aber oft (viel) größer als die Summe aus user und sys. Das kann zwei Gründe haben: Einerseits laufen parallel zum durch time gestarteten Kommando in der Regel eine Menge anderer Prozesse, die natürlich auch Rechenzeit kosten. Zum anderen kann es bei der Ausführung des Kommandos zu Wartezeiten kommen, etwa beim Lesen oder Schreiben von Dateien oder bei der Übertragung von Daten im Netzwerk.

user und sys beziehen sich jeweils auf *einen* CPU-Core. Wenn das ausgeführte Kommando z. B. mehrere Cores voll auslastet, kann die Summe aus user und sys größer als real sein.

Beispiel

Das folgende Kommando liest den Inhalt eines Logical Volumes aus und komprimiert ihn mit dem Kommando 7zr (Paket p7zip). Der Vorgang dauert auf einem Multi-Core-System im Leerlauf 24 Minuten. Würde nur ein Core zur Verfügung stehen, würde die Backup-Erstellung noch länger dauern (ca. 40 Minuten).

```
root#  time dd if=/dev/vg830/lv3 bs=4M | 7zr a -si lv3.img.7z
real   24m53.424s
user   38m37.841s
sys    0m30.446s
```

timedatectl [optionen] [kommando]

Das Kommando timedatectl verändert bei Distributionen mit dem Init-System Systemd die Uhrzeit und die aktive Zeitzone. Die geänderten Einstellungen werden sofort wirksam; sie werden außerdem dauerhaft in /etc/localtime gespeichert.

▶ list-timezones

liefert eine Liste aller bekannten Zeitzonen.

▶ set-local-rtc 0|1

gibt an, ob die Uhr des Rechners die lokale Zeit oder die GMT-Zeit enthält.

► `settime datetime`

stellt das Datum und die Uhrzeit neu ein. Dabei wird auch die Hardware-Uhr des Rechners entsprechend verändert. Die Zeitangabe muss in der Form `2013-12-31 23:59:59` erfolgen.

► `set-timezone` *name*

stellt die gewünschte Zeitzone ein.

► `status`

zeigt die Uhrzeit, die Zeitzone sowie diverse weitere Zeitdaten an, z. B. den nächsten Wechsel zwischen Sommer- und Winterzeit.

Beispiel

Die folgenden Kommandos zeigen zuerst die aktuellen Zeitdaten und verändern dann die Zeitzone:

```
root#  timedatectl status
      Local time: Mon 2013-10-07 13:06:24 CEST
  Universal time: Mon 2013-10-07 11:06:24 UTC
        Timezone: Europe/Brussels (CEST, +0200)
  ...
root#  timedatectl set-timezone Europe/Vienna
```

top [q]

`top` zeigt alle fünf Sekunden die Liste aller laufenden Prozesse an, wobei die Prozesse nach ihrem Anteil an der Rechenzeit geordnet werden. Wenn beim Aufruf der optionale Parameter `q` angegeben wird, aktualisiert `top` die Liste ständig und beansprucht die gesamte freie Rechenzeit. Q beendet das Programm.

Eine komfortablere Alternative zu `top` ist das Kommando `htop`, das bei den meisten Distributionen separat installiert werden muss. Es erlaubt ein horizontales und vertikales Scrollen in der Prozessliste. Wenn Sie sich nicht für den Speicherverbrauch und die CPU-Nutzung interessieren, sondern für die IO-Aktivität oder die Energieeffizienz der laufenden Prozesse, sollten Sie einen Blick auf die Beschreibung von `iotop` oder `powertop` werfen.

touch [optionen] dateien

`touch` verändert den zusammen mit der Datei gespeicherten Zeitpunkt der letzten Änderung. Wenn das Kommando ohne Optionen verwendet wird, wird als Änderungszeit die aktuelle Zeit gespeichert. Wenn die Datei noch nicht existiert, wird eine neue, 0 Byte lange Datei erzeugt.

▶ -d *zeit*

   speichert den angegebenen Zeitpunkt (Datum plus Uhrzeit).

▶ -r *datei*

   verwendet die gespeicherte Änderungszeit der angegebenen Datei.

Beispiel

In diesem Beispiel wird touch dazu verwendet, die Änderungszeiten aller Dateien eines Verzeichnisses mit den Dateien eines zweiten Verzeichnisses abzugleichen. Das ist z. B. dann sinnvoll, wenn Sie bei einem größeren cp-Kommando die Option -a vergessen haben und die kopierten Dateien nun alle das aktuelle Datum aufweisen.

```
user$  cd zielverzeichnis
user$  find . -type f  -exec touch -r /quellverzeichnis/{} {} \;
```

---

tr [optionen] zk1 [zk2] [< quelle > ziel]

tr ersetzt in der angegebenen Quelldatei alle Zeichen der Zeichenkette 1 durch die entsprechenden Zeichen der Zeichenkette 2. Die beiden Zeichenketten sollten gleich lang sein. Zeichen, die in der ersten Zeichenkette nicht vorkommen, bleiben unverändert. Es ist nicht möglich, ein einzelnes Zeichen durch mehrere Zeichen zu ersetzen (etwa ö durch "o) – dazu müssen Sie Kommandos wie recode oder sed verwenden.

▶ -d

   löscht die in Zeichenkette 1 angegebenen Zeichen. Zeichenkette 2 braucht nicht angegeben zu werden.

Beispiel

Im folgenden Beispiel ersetzt tr alle Klein- durch Großbuchstaben und zeigt das Ergebnis im Terminal (an der Standardausgabe) an:

```
user$  tr a-zäöü A-ZÄÖÜ < textdatei
```

traceroute[6] [optionen] zieladresse

traceroute liefert eine Liste aller Stationen, die auf dem Weg eines TCP/IP-Pakets vom lokalen Rechner zur Zieladresse liegen. Zu jeder Station wird die Gesamtlaufzeit angegeben (standardmäßig für drei Versuche). traceroute funktioniert nur, wenn der UDP-Port 33434 auf dem Weg zur Zieladresse nicht durch eine Firewall blockiert wird. In diesem Fall liefert traceroute statt der Angaben zur Zwischenstation nur drei Sterne.

▶ -4 bzw. -6

nutzt ausschließlich das Protokoll IPv4 bzw. IPv6. Standardmäßig verwendet traceroute automatisch das geeignete Protokoll. Wenn ein Hostname sowohl mit einer IPv4- als auch mit einer IPv6-Adresse verbunden ist, zieht traceroute IPv4 vor. Für traceroute6 gilt automatisch -6.

▶ -m n

bestimmt die maximale Anzahl von Zwischenstationen (standardmäßig 30).

▶ -n

zeigt bei den Zwischenstationen nur die IP-Nummer an (nicht den Hostnamen).

▶ -p n

verwendet den angegebenen UDP-Port (standardmäßig 33434).

▶ -q n

sendet n Pakete und misst für jedes Paket die Antwortzeiten (standardmäßig 3).

Beispiel

Das folgende Kommando zeigt die Stationen zwischen meinem lokalen Rechner und meinem Webserver. Bei einigen Stationen werden die IP-Pakete über unterschiedliche Router geleitet, was auf eine redundante Netzwerkanbindung hindeutet.

```
root#  traceroute kofler.info
traceroute to kofler.info (213.239.211.2), 30 hops max, 60 byte packets
 1  dsldevice.lan (10.0.0.138)  14.116 ms  13.376 ms  13.112 ms
 2  62.47.95.239 (62.47.95.239)  25.650 ms  27.489 ms  29.245 ms
...
 9  hos-tr3.ex3k16.rz6.hetzner.de (213.239.252.8)  48.315 ms
    hos-tr4.ex3k16.rz6.hetzner.de (213.239.252.136)  49.034 ms
    hos-tr2.ex3k16.rz6.hetzner.de (213.239.229.136)  51.231 ms
10  kofler.info (213.239.211.2)  52.069 ms  54.640 ms  55.757 ms
```

trap [kommando] signal

Das bash-Kommando trap führt den angegebenen Befehl aus, wenn die Shell das angegebene Signal empfängt. Wenn kein Kommando angegeben wird, ignoriert das Programm bzw. die bash das betreffende Signal. trap -l liefert eine Liste aller möglichen Signale und der ihnen zugeordneten Kennnummern. trap wird üblicherweise zur Fehlerabsicherung in Shell-Scripts eingesetzt.

Beispiel

Das folgende Mini-Script läuft in einer Endlosschleife, die sich nicht durch [Strg]+[C] unterbrechen lässt. Sie können das Script aber z. B. durch kill beenden.

```
#!/bin/bash
trap 'echo "Strg+C wird ignoriert!"' SIGINT
while true
do
  sleep 1
done
```

tty

tty zeigt den Device-Namen des aktiven Terminals an (für die Textkonsolen: /dev/tty1 bis tty6, für Shell-Fenster unter X /dev/pts/*n*).

tune2fs [optionen] device

Mit tune2fs können Sie diverse Systemparameter eines ext2-/ext3-/ext4-Dateisystems verändern.

▶ -c *n*

gibt an, nach wie vielen mount-Vorgängen die Partition beim Booten auf Fehler kontrolliert werden soll. 0 bedeutet, dass nie eine Überprüfung erfolgen soll.

▶ -i *n*

gibt an, wie oft (in Tagen) die Partition beim Booten auf Fehler kontrolliert werden soll. 0 bedeutet, dass nie eine Überprüfung erfolgen soll.

▶ -l

zeigt Informationen zum angegebenen Dateisystem an, ändert aber nichts.

▶ -m *n*

gibt an, wie viel Prozent des Datenträgers für Daten von root reserviert werden sollen (bei mke2fs üblicherweise 5 Prozent).

▶ -U *neue-uuid* bzw. -U random

gibt dem Dateisystem eine neue UUID.

Beispiel

Das folgende Kommando bewirkt, dass das Dateisystem in der Partition /dev/sda1 nur noch einmal jährlich bzw. nach 200 mount-Vorgängen überprüft wird:

```
root#  tune2fs -i 365 -c 200 /dev/sda1
Setze die maximale Mount-Anzahl auf 200
Setze das Intervall zwischen Checks auf 31536000 Sekunden
```

type kommando

Das bash-Kommando type ermittelt, ob es sich beim angegebenen Kommando um ein Shell-Kommando (beispielsweise cd), eine selbst definierte Funktion oder um eine alias-Abkürzung handelt. Die Meldung *command is hashed* bedeutet, dass es sich um ein in dieser Sitzung bereits ausgeführtes Linux-Kommando handelt, dessen Pfadnamen sich die bash in einem Hash-Verzeichnis gemerkt hat.

Beispiel

cd ist ein in die Shell integriertes Kommando:

```
root#  type cd
cd is a shell builtin
```

ulimit option grenzwert

ulimit begrenzt die Systemressourcen, die von der Shell und den aus ihr gestarteten Prozessen in Anspruch genommen werden. Größenangaben erfolgen generell in kByte. ulimit wird oft in /etc/profile voreingestellt.

▶ -c speicher

beschränkt die Größe von Coredumps, also des Speicherabbilds, das bei einem Programmabsturz automatisch auf der Festplatte gespeichert wird.

▶ -d speicher

beschränkt den Speicher für das Datensegment von Prozessen.

- ▶ `-f dateigröße`

  verhindert die Erzeugung von Dateien, die größer als der angegebene Grenzwert sind. Funktioniert nicht mit allen Dateisystemen.

- ▶ `-s speicher`

  beschränkt den Stack-Speicher.

---

umask [maske]

Das `bash`-Kommando `umask` steuert, mit welchen Zugriffsrechten neue Dateien angelegt werden. `umask` merkt sich hierfür einen oktalen Zahlenwert, der von den Defaultzugriffsrechten neuer Dateien bzw. Verzeichnisse abgezogen wird.

Linux sieht eigentlich vor, dass neue Dateien die Zugriffsbits `rw-rw-rw` (oktal 666) bekommen. Neue Verzeichnisse und Programmdateien, die von einem Compiler erzeugt werden, bekommen automatisch die Zugriffsbits `rwxrwxrwx` (777). Für die praktische Arbeit sind diese Grundeinstellungen zu freizügig. Deswegen sehen alle Linux-Shells die sogenannte `umask`-Einstellung vor. Dabei handelt es sich um einen Zahlenwert, der die Zugriffsbits angibt, die von den Standardzugriffsbits *abgezogen* werden.

Die `umask`-Einstellung ist systemweit vorgegeben und wird je nach Distribution in `/etc/profile` oder in `/etc/bashrc` eingestellt. Bei Ubuntu ist der `umask`-Wert durch das PAM-System festgelegt; der Defaultwert ist in `/etc/login.defs` gespeichert.

Beispiele

`umask` ohne weitere Parameter zeigt die aktuelle Einstellung an:

```
michael$   umask    (Debian, openSUSE, Ubuntu)
0022
michael$   umask    (Fedora, RHEL)
0002
```

Das zweite Beispiel zeigt, welche Auswirkungen es auf neue Dateien und Verzeichnisse hat, wenn Sie den `umask`-Werts auf 027 ändern. Neue Dateien erhalten so die Zugriffsrechte 666 - 026 = 640 = `rw-r-----`, neue Verzeichnisse 777 - 027 = 750 = `rwxr-x---`.

```
michael$   umask 27
michael$   touch neue-datei
michael$   mkdir neues-verzeichnis
michael$   ls -ld neu*
-rw-r----- ... michael michael ... neue-datei
drwxr-x--- ... michael michael ... neues-verzeichnis
```

umount device
umount verzeichnis

umount entfernt ein Dateisystem aus dem Linux-Verzeichnisbaum. Die Angabe des Dateisystems erfolgt entweder durch den Device-Namen des Datenträgers oder durch die Angabe des Verzeichnisses, bei dem das Dateisystem in den Verzeichnisbaum eingebunden ist. Das Kommando kann nur von root ausgeführt werden. Es führt zu einer Fehlermeldung, wenn es auf dem Dateisystem noch geöffnete Dateien gibt.

▶ -f

erzwingt den umount-Vorgang (zweckmäßig bei nicht mehr erreichbaren NFS-Verzeichnissen).

unalias abkürzung

unalias löscht die angegebene Abkürzung. Wenn das Kommando mit der Option -a aufgerufen wird, löscht es alle bekannten Abkürzungen. Der Umgang mit Abkürzungen wird bei der Beschreibung des alias-Kommandos erläutert.

uname [optionen]

uname zeigt den Namen des Betriebssystems an (also Linux). Durch die Angabe von Optionen können auch andere Informationen angezeigt werden.

▶ -a

zeigt alle verfügbaren Informationen an, nämlich das Betriebssystem, die Versionsnummer, Datum und Uhrzeit sowie den Prozessor.

▶ -m

liefert nur die CPU-Plattform (z. B. i686 oder x86_64 bei 64-Bit-Systemen).

▶ -r

liefert nur die Kernelversion.

Beispiel

Auf diesem Rechner läuft ein 64-Bit-Kernel, der im Juli 2013 kompiliert wurde:

```
root#  uname -a
Linux localhost.localdomain 3.10.4-300.fc19.x86_64
#1 SMP Tue Jul 30 11:29:05 UTC 2013 x86_64 x86_64 x86_64 GNU/Linux
```

uncompress datei

uncompress dekomprimiert eine mit compress komprimierte Datei. Dabei wird die Dateikennung .Z automatisch entfernt. uncompress ist ein Link auf compress, wobei automatisch die Option -d aktiviert wird.

unexpand textdatei > ergebnis

unexpand ersetzt mehrfache Leerzeichen in der angegebenen Textdatei durch Tabulatorzeichen und schreibt das Ergebnis in die Standardausgabe. Das Kommando ist das Gegenstück zu expand, das Tabulatorzeichen durch Leerzeichen ersetzt.

▶ -a

ersetzt alle Leerzeichen, nicht nur die am Beginn einer Zeile.

▶ -t *n*

gibt die Anzahl der Zeichen je Tabulatorposition an (standardmäßig 8).

uniq datei

uniq gibt die Zeilen einer Textdatei auf der Standardausgabe aus, wobei unmittelbar aufeinanderfolgende gleichlautende Zeilen eliminiert werden. Bei vorsortierten Dateien eliminiert uniq alle mehrfach auftretenden Zeilen.

Beispiel

sort sortiert die Datei test, und uniq eliminiert doppelte Zeilen und speichert das Resultat in test1:

```
user$  sort test | uniq > test1
```

unset variable

Das bash-Kommando unset löscht die angegebene Variable.

```
until bedingung; do
    kommandos
done
```

until bildet Schleifen in bash-Scripts. Die Schleife wird so lange ausgeführt, wie die angegebene Bedingung erfüllt ist. Das Schleifenkriterium ist der Rückgabewert des Kommandos, das als Bedingung angegeben wird. Vergleiche und Tests werden mit dem Kommando test oder dessen Kurzform in eckigen Klammern durchgeführt.

Beispiel

Das Beispiel zeigt die Formulierung einer simplen Schleife mit until:

```
user$  i=1; until [ $i -gt 3 ]; do echo $i; i=$[$i+1]; done
1
2
3
```

```
unxz [optionen] dateien
```

unxz aus dem Paket xz-utils dekomprimiert die zuvor mit xz komprimierten Dateien. Dabei wird die Dateiendung .xz entfernt.

```
unzip [optionen] archiv.zip [datei1 datei2]
```

Das Kommando extrahiert Dateien aus einem vor allem in der Windows-Welt sehr verbreiteten ZIP-Archiv. Wenn die zu extrahierenden Dateien nicht explizit aufgeführt werden, packt unzip alle Dateien des Archivs aus. Wenn Sie unter Linux selbst ZIP-Archive bilden möchten, verwenden Sie hierfür zip.

Beispiel

Das folgende Kommando extrahiert die Datei druck.pdf aus archiv.zip. Sollte es in diesem Archiv noch weitere Dateien geben, werden diese nicht angerührt.

```
root#  unzip archiv.zip druck.pdf
Archive:  ../archiv.zip
  inflating: druck.pdf
```

update-alternatives [optionen] kommando

update-alternatives **verwaltet die Links im Verzeichnis** /etc/alternatives. **Diese Links bestimmen die aktive Version mehrerer parallel installierter Programme mit derselben Funktion (z. B. Editoren oder Java-Umgebungen). Das Kommando wird in der Regel von den (De-)Installations-Scripts der betreffenden Pakete ausgeführt, kann aber natürlich auch interaktiv verwendet werden. Unter Red Hat bzw. Fedora ist das Kommando auch unter dem Namen** alternatives **verfügbar.**

▶ --auto *name*

aktiviert den Automatikmodus für das Kommando. Damit ist automatisch das Kommando aktiv, das den höchsten Prioritätswert hat.

▶ --config *name*

zeigt die zur Auswahl stehenden Alternativen zum angegebenen Kommando an. Anschließend geben Sie interaktiv an, welche Alternative in Zukunft aktiv sein soll. update-alternatives passt die Links anschließend entsprechend an und wechselt für das Kommando in den manuellen Modus.

▶ --display *name*

liefert eine Liste aller installierten Alternativen zum angegebenen Kommando.

▶ --install ... **bzw.** --remove ...

installiert bzw. entfernt eine Alternative für ein Kommando. Diese Kommandos kommen in der Regel nur im (De-)Installations-Script eines Paktes zur Anwendung.

▶ --set *name kommandopfad*

richtet das mit *kommandopfad* angegebene Kommando als Standardprogramm für *name* ein.

Beispiel

Das folgende Kommando definiert /usr/bin/jmacs als Standardeditor:

```
root#  update-alternatives --set editor /usr/bin/jmacs
```

update-grub

Dieses Script steht nur unter Ubuntu und Debian zur Verfügung. Seine Wirkung hängt von der installierten GRUB-Version ab:

▶ **GRUB 0.97:** `update-grub`

wertet die in Kommentaren versteckten Einstellungen in `/boot/grub/menu.lst` aus und aktualisiert dann die GRUB-Menüeinträge in `menu.lst`.

▶ **GRUB 2:** `update-grub`

führt die Konfigurations-Scripts `/etc/grub.d/*` aus und erstellt die neue GRUB-Menüdatei `/boot/grub/grub.cfg`. Wenn Sie nicht unter Debian oder Ubuntu arbeiten, führen Sie statt `update-grub` das Kommando `grub2-mkconfig -o /boot/grub2/grub.cfg` aus.

`update-initramfs` [optionen]

`update-initramfs` ist bei Debian und Ubuntu für das Erzeugen, Aktualisieren oder Löschen von Initrd-Dateien zuständig. Die Initrd-Dateien enthalten Kernelmodule, die während des Systemstarts durch GRUB geladen werden. Bei Fedora, Red Hat und SUSE verwenden Sie statt `update-initramfs` die Kommandos `dracut` oder `mkinitrd`.

Intern greift `update-initramfs` auf das Script `mkinitrd` zurück, dessen direkte Verwendung aber nicht empfohlen wird. Die Konfiguration der Initrd-Dateien erfolgt durch die Dateien des Verzeichnisses `/etc/initramfs-tools`.

▶ `-c`

erzeugt eine neue Initrd-Datei für die mit `-k` angegebene Kernelversion.

▶ `-d`

löscht die Initrd-Datei für die mit `-k` angegebene Kernelversion.

▶ `-k` *versionsname*

gibt die zu bearbeitende Kernelversion an. `-k all` bewirkt, dass `update-initramfs` die Initrd-Dateien aller installierten Kernelversionen bearbeitet.

▶ `-u`

aktualisiert die Initrd-Datei der aktuellsten Kernelversion bzw. der mit `-k` angegebenen Kernelversion.

Beispiel

Das folgende Kommando erzeugt eine neue Initrd-Datei für die Kernelversion 3.12.3. Die Kerneldatei hat den Dateinamen `/boot/vmlinuz-3.12.3-45-generic`, und die resultierende Initrd-Datei heißt `/boot/initrd.img-3.12.3-45-generic`.

```
root#  update-initramfs -c -k 3.12.3-45-generic
```

`update-rc.d` kommando

`update-rc.d` hilft unter Debian und Ubuntu bei der Verwaltung der Init-V-Links. Das Kommando ist eigentlich für die Installation und Deinstallation von Paketen gedacht, kann aber auch interaktiv ausgeführt werden. Ab Debian 6 sollte zur Verwaltung der Init-V-Links das Kommando `insserv` verwendet werden.

▶ `[-f]` *name* `remove`

   entfernt alle Start- und Stopp-Links für den angegebenen Dienst. Das funktioniert nur, wenn die Script-Datei in `/etc/init.d/`*name* vorher entfernt (deinstalliert) wurde. Ist das nicht der Fall, können Sie das Löschen der Links mit `-f` (*force*) erzwingen.

▶ *name* `defaults` `[`*start-nr stop-nr*`]`

   richtet in den Runleveln 2–5 Links zum Starten und in den Runleveln 0, 1 und 6 Links zum Stoppen des angegebenen Diensts ein. Die Link-Namen beginnen mit der durchlaufenden Zahl 20. Wenn das Script früher oder später im Start- bzw. Stopp-Prozess ausgeführt werden soll, müssen Sie die gewünschten Start- und Stopp-Werte selbst angeben.

   Wenn es für den Dienst bereits Links gibt, werden diese nicht verändert! (Sie müssen alle vorhandenen Links vorher mit `remove` löschen.)

▶ *name* `start|stop` *nr runlevel1* `[`*runlevel2* ...`]` .

   richtet für den Dienst *name* Start- oder Stopp-Links für die angegebenen Runlevel ein. *nr* gibt die gewünschte Nummer am Beginn des Link-Namens an. Im Anschluss an den letzten Runlevel muss ein Punkt angegeben werden. Es ist zulässig, mehrere `start`- oder `stop`-Kommandos auf einmal auszuführen.

Beispiel

Die folgenden Kommandos richten die Links auf `/etc/init.d/gdm` neu ein:

```
root#  update-rc.d -f gdm remove
root#  update-rc.d gdm start 30 2 3 4 5 . stop 1 0 1 6 .
  /etc/rc0.d/K01gdm -> ../init.d/gdm
  /etc/rc1.d/K01gdm -> ../init.d/gdm
  /etc/rc6.d/K01gdm -> ../init.d/gdm
  /etc/rc2.d/S30gdm -> ../init.d/gdm
  /etc/rc3.d/S30gdm -> ../init.d/gdm
  /etc/rc4.d/S30gdm -> ../init.d/gdm
  /etc/rc5.d/S30gdm -> ../init.d/gdm
```

updatedb

updatedb erstellt ein Indexverzeichnis für das locate-Kommando. Der Index enthält eine Liste aller im gesamten Dateisystem enthaltenen Dateien. Das Kommando wird üblicherweise einmal täglich automatisch durch einen Cron-Job ausgeführt. Die Ausführung erfordert root-Rechte. Je nach Distribution wird die Dateidatenbank im Verzeichnis /var/lib, /var/lib/slocate oder /var/lib/mlocate gespeichert.

useradd [optionen] name

useradd richtet einen neuen Benutzer ein.

▶ -c "vollständiger Name"

gibt den vollständigen Namen des neuen Benutzers an.

▶ -g *gruppe*

gibt die Hauptgruppe (primäre Gruppe) des Benutzers an.

▶ -G *gruppeA,gruppeB,gruppeC*

bestimmt alle Zusatzgruppen (Supplementary Groups) des Benutzers.

▶ -m

falls noch kein Heimatverzeichnis existiert (/home/name), wird es erzeugt. Alle Dateien aus /etc/skel werden dorthin kopiert. Normalerweise gilt -m aufgrund der Voreinstellungen in /etc/login.defs standardmäßig und muss nicht angegeben werden. In solchen Fällen kann die Erzeugung des Heimatverzeichnisses durch -M verhindert werden.

▶ -u *n*

weist dem Benutzer die angegebene UID-Nummer zu (User Identification), sofern diese noch verfügbar ist.

Beispiel

Die folgenden Kommandos richten den neuen Benutzer Gerald Gersin mit dem Loginnamen gersin ein, definieren ein initiales Passwort und zwingen den Benutzer, sofort beim ersten Login und in der Folge alle 100 Tage ein neues Passwort einzustellen:

```
root#  useradd gersin -c "Gerald Gersin"
root#  passwd gersin
Geben Sie ein neues Passwort ein:  *********
```

```
Geben Sie das neue Passwort erneut ein:   *********
root#  chage -d 0 -M 100 gersin
```

userdel name

userdel löscht den angegebenen Benutzer-Account.

▶ -r

  löscht auch das gesamte Heimatverzeichnis sowie die Mail-Inbox des Benutzers.

usermod [optionen] name

usermod verändert diverse Eigenschaften des Benutzer-Accounts, z. B. das Heimatverzeichnis, die Gruppenzugehörigkeit, die Standard-Shell oder die UID. Die meisten Optionen sind mit denen von useradd identisch (siehe oben). Änderungen am
Benutzer-Account werden erst nach einem neuerlichen Login wirksam.

▶ -a -G gruppe

  fügt den Benutzer der angegebenen Gruppe hinzu.

▶ -L

  blockiert den Account vorübergehend. Dazu wird in /etc/shadow vor dem Hash-
  code des Passworts das Zeichen »!« gestellt, weswegen ein Login nicht mehr
  möglich ist.

▶ -U

  gibt einen durch -L blockierten Account wieder frei.

Beispiel

Das folgende Kommando fügt den Benutzer gersin der Gruppe docuteam hinzu:

```
root#  usermod -a -G docuteam gersin
```

vgchange [optionen] [vgname]

Das LVM-Kommando vgchange verändert die Attribute einer Volume Group (VG). Die
wichtigste Anwendung besteht darin, VGs zu aktivieren bzw. zu deaktivieren.

▶ `-a y|n`

aktiviert (y) bzw. deaktiviert (n) alle VGs bzw. die angegebene VG.

vgcreate [optionen] vgname pvname1 [pvname2 ...]

`vgcreate` erzeugt eine neue VG aus einem oder mehreren Physical Volumes (PVs).

Beispiel

Im folgenden Beispiel markiert zuerst `pvcreate` die jeweils erste Partition der Festplatten oder SSDs `/dev/sdb` und `/dev/sdc1` als Physical Volumes. `vgcreate` bildet daraus die Volume Group `vg1`. Der Befehl `lvcreate` reserviert nun 100 GByte für das Logical Volume `lv1`. `mkfs.ext4` richtet darin ein Dateisystem ein, und `mount` bindet dieses am gerade erzeugten Verzeichnis `/mnt/lv1` in den Verzeichnisbaum ein.

```
root#  pvcreate /dev/sdb1
root#  pvcreate /dev/sdc1
root#  vgcreate vg1 /dev/sdb1 /dev/sdc1
root#  lvcreate -L 100G -n lv1 vg1
root#  mkfs.ext4 /dev/mapper/vg1-lv1
root#  mkdir /mnt/lv1
root#  mount /dev/mapper/vg1-lv1 /mnt/lv1
```

vgdisplay vgname

`vgdisplay` zeigt Detailinformationen zur angegebenen VG an.

vgextend vgname pvname

`vgextend` fügt ein PV zu einer VG hinzu.

Beispiel

Die folgenden Kommandos definieren die Partition `/dev/sdc2` als neues Physical Volume und fügen dieses dann der vorhandenen, zu klein gewordenen Volume Group `myvg1` hinzu:

```
root#  pvcreate /dev/sdc2
  Physical volume "/dev/sdc2" successfully created
root#  vgextend  myvg1 /dev/sdc2
  Volume group "myvg1" successfully extended
```

```
root#  vgdisplay myvg1
...
  VG Size              180,64 GB
  Alloc PE / Size      6402 / 22,50 GB
  Free  PE / Size      41324 / 158,14 GB
...
```

vgmerge vgname1 vgname2

vgmerge fügt VG2 zu VG1 hinzu. Nach der erfolgreichen Ausführung des Kommandos gibt es also nur noch VG1. Sie besteht aus allen PVs, die bisher den Speicherpool für VG1 und VG2 bildeten.

vgreduce [optionen] vgname [pvname1 pvname2 ...]

vgreduce entfernt die angegebenen PVs aus dem Speicherpool der VG. Das funktioniert nur, wenn die PVs ungenutzt sind. Mit der Option -a werden alle inaktiven PVs entfernt.

vgrename oldvgname newvgname

vgrename gibt einer VG einen neuen Namen. Statt oldvgname kann auch die UUID der VG angegeben werden.

vgscan

vgscan listet alle VGs auf.

virsh [[-c connection] kommando]

Mit dem Kommando virsh administrieren Sie virtuelle KVM- und Xen-Maschinen. virsh kann auf zwei Arten verwendet werden: entweder zur direkten Ausführung eines virsh-Befehls oder interaktiv als Shell. Bei der ersten Variante können Sie mit der Option -c eine Verbindungszeichenkette angeben:

```
root#  virsh -c qemu:///session list --all
...
```

V

Im Folgenden sind die wichtigsten `virsh`-Kommandos kurz beschrieben. Sollten Sie weitere Details in der `man`-Seite nachlesen, beachten Sie bitte, dass virtuelle Maschinen in der `virsh`-Nomenklatur *Domänen* heißen.

▶ `attach-device` *name device.xml* `[--persistent]`

fügt einer virtuellen Maschine eine zusätzliche Hardware-Komponente hinzu (z. B. ein USB-Gerät), die im libvirt-XML-Format beschrieben ist. Die Option `--persistent` bewirkt, dass das Gerät bleibend mit der virtuellen Maschine verbunden wird und in der XML-Datei der virtuellen Maschine gespeichert wird.

▶ `attach-disk` *name source target*

fügt einer virtuellen Maschine einen Datenträger hinzu. Dabei ist *source* der Device-Name auf dem Host-System, *target* der Device-Name im Gast. Das Kommando kann durch zahlreiche Optionen ergänzt werden, die den Treiber (`--driver`), das Caching-Verfahren (`--cache`) etc. angeben. Mit der Option `--persistent` wird der Datenträger bleibend mit der virtuellen Maschine verbunden.

▶ `attach-interface` *name type source*

fügt einer virtuellen Maschine eine Netzwerkschnittstelle hinzu. *type* gibt den Typ der Schnittstelle an, z. B. `network` oder `bridge`. *source* gibt den Schnittstellennamen auf dem Hostrechner an (z. B. `br0`). Die Details der Schnittstelle können durch weitere Optionen eingestellt werden (`--mac`, `--model` etc.).

▶ `autostart` `[--disable]` *name*

gibt an, dass die virtuelle Maschine während des Bootprozesses des Hostrechners automatisch gestartet werden soll. Mit der Option `--disable` wird der automatische Start wieder abgestellt.

▶ `connect qemu:///session`

stellt eine Benutzerverbindung zur `libvirtd`-Instanz des aktuellen Benutzers her. Auf diese Weise können eigene virtuelle Maschinen verwaltet werden.

▶ `connect qemu:///system`

stellt eine Verbindung zur Systeminstanz von `libvirtd` her. Wenn Sie `virsh` mit `root`-Rechten ausführen, stellt `virsh` diese Verbindung automatisch her.

▶ `connect qemu+ssh://user@hostname/system`

stellt eine Verbindung zur `libvirtd`-Instanz eines anderen Rechners (`hostname`) her. Die Kommunikation erfolgt über einen SSH-Tunnel.

▶ console *name*

ermöglicht die Bedienung der angegebenen virtuellen Maschine direkt in der Konsole. Das setzt voraus, dass in der virtuellen Maschine ein getty-Prozess für die serielle Schnittstelle /dev/ttyS0 läuft. Um die Verbindung zu beenden, drücken Sie Strg +].

▶ define *xmldatei*

richtet eine neue virtuelle Maschine ein, deren Eckdaten in der angegebenen XML-Datei zusammengefasst sind. Vorsicht: Wenn bereits eine gleichnamige virtuelle Maschine existiert (gemäß dem <name>-Element in der XML-Datei), wird deren Definition überschrieben!

▶ destroy *name*

beendet die virtuelle Maschine sofort. Das ist so, als würden Sie bei Ihrem Rechner das Stromkabel ausstecken, und es kann dieselben Folgen haben (also ein zerstörtes Dateisystem etc.)!

▶ detach-device *name device.xml*

entfernt die durch eine XML-Datei beschriebene Hardware-Komponente von der virtuellen Maschine.

▶ detach-disk *name target*

entfernt den Datenträger von der virtuellen Maschine. *target* gibt den Device-Namen im Gast an.

▶ detach-interface *name type* --mac=xxx

löst eine Netzwerkschnittstelle von der virtuellen Maschine.

▶ domstatus *name* und dominfo *name*

liefern Informationen zu einer virtuellen Maschine.

▶ edit *name*

lädt die XML-Datei zur Beschreibung der virtuellen Maschine in einen Editor, wobei die Umgebungsvariable $EDITOR beachtet wird.

▶ help **bzw.** help *kommando*

liefert eine Liste aller Kommandos bzw. die Syntaxbeschreibung eines bestimmten Kommandos.

V

▶ `list [--inactive oder --all]`

listet alle laufenden virtuellen Maschinen auf. Wenn Sie nur die gerade nicht aktiven oder aber alle Maschinen auflisten möchten, geben Sie die Optionen `--inactive` oder `--all` an.

▶ `managedsave` *name*
  `managedsave-remove` *name*

speichert den Zustand der virtuellen Maschine (also den Inhalt des RAMs, die CPU-Register etc.) in einer Datei im Verzeichnis `/var/lib/libvirt/save/` und stoppt dann die Ausführung der Maschine. Zur Reaktivierung der virtuellen Maschine verwenden Sie einfach `start`. Die Zustandsdatei wird dann automatisch gelöscht. Wenn Sie den gespeicherten Zustand verwerfen und die virtuelle Maschine von der Festplatte neu starten möchten, löschen Sie die Zustandsdatei mit `managedsave-remove`.

▶ `net-create` *xmlfile*
  `net-start` *netname*
  `net-destroy` *netname*
  `net-undefine` *netname*
  `net-list`

helfen bei der Verwaltung virtueller Netzwerke. Dabei handelt es sich um private Netzwerkbereiche, die via NAT mit dem Hostsystem verbunden werden können – beispielsweise das `default`-Netzwerk der libvirt-Werkzeuge.

▶ `pool-define` *xmlfile*
  `pool-define-as` *poolname type* `--target` *path*
  `pool-start` *poolname*
  `pool-auto-start` *xmlfile*
  `pool-destroy` *poolname*
  `pool-delete` *poolname*
  `pool-list`
  `pool-info` *poolname*

helfen bei der Administration von `libvirt`-Speicher-Pools. `pool-define` erzeugt einen neuen Pool, dessen Eigenschaften in einer XML-Datei beschrieben sind. `pool-define-as` erzeugt ebenfalls einen neuen Pool, wobei die Eckdaten direkt als Parameter übergeben werden. Erlaubte Pool-Typen sind unter anderem `dir` (ein lokales Verzeichnis), `netfs` (ein Netzwerkverzeichnis), `logical` (eine Volume Group), `disk` (eine Festplatte) oder `iscsi` (ein iSCSI-Server).

Der neue Pool muss anschließend mit `pool-start` gestartet werden. Wenn der Pool in Zukunft automatisch gestartet werden soll, müssen Sie außerdem `pool-autostart` ausführen.

Etwas verwirrend sind die Kommandos zum Löschen eines Pools: Ein Pool muss vor dem Löschen mit `pool-destroy` deaktiviert werden. Obwohl das Kommando Schlimmes vermuten lässt, wird der Pool dadurch lediglich gestoppt und kann später mit `pool-start` wieder gestartet werden. Erst `pool-delete` löscht den Pool. `pool-delete` setzt voraus, dass zuerst alle Volumes des Pools gelöscht wurden. Es kann also nur ein leerer Pool gelöscht werden.

▶ `qemu-monitor-command --hmp` *name* `'kommando'`

   führt das angegebene QEMU-Monitor-Kommando für die durch *name* angegebene virtuelle Maschine aus. Die Option `--hmp` ist erforderlich, weil das Kommando andernfalls im JSON-Format angegeben werden muss.

▶ `restore` *datei*

   aktiviert eine mit `save` gespeicherte virtuelle Maschine wieder. Die Zustandsdatei kann anschließend gelöscht werden.

▶ `save` *name datei*

   speichert den Zustand der virtuellen Maschine (also im Wesentlichen den Inhalt des RAMs) in einer Datei und stoppt dann die Ausführung der Maschine. Zur Reaktivierung der virtuellen Maschine verwenden Sie `restore`.

▶ `schedinfo` [optionen] *name*

   zeigt die Scheduler-Parameter der virtuellen Maschine an bzw. verändert diese (`--set` parameter=wert). Mit diesen Parametern kann gesteuert werden, wie viele Hardware-Ressourcen eine virtuelle Maschine nutzen darf. Die Ressourcensteuerung erfordert die Aktivierung der `cgroups`-Funktionen auf dem Host-System.

▶ `shutdown/reboot` *name*

   fährt die virtuelle Maschine herunter bzw. startet sie neu. Die virtuelle Maschine erhält via ACPI ein Shutdown-Signal. In der virtuellen Maschine muss der ACPI-Dämon `acpid` installiert sein, damit das Signal auch verarbeitet wird.

▶ `snapshot-create` *vmname [xml-datei [--redefine]]*
   `snapshot-create-as` *vmname snapshotname [beschreibung]*
   `snapshot-list` *vmname*
   `snapshot-delete` *vmname snname*
   `snapshot-revert` *vmname snname* [--running]

   erzeugt einen Snapshot einer laufenden virtuellen Maschine, listet alle Snapshots auf, löscht einen Snapshot wieder bzw. wendet den Inhalt eines Snapshots auf die Image-Datei an. Die Snapshot-Funktion kann nur für virtuelle Maschinen verwendet werden, die QCOW2-Image-Dateien nutzen.

V

- start *name*

  startet die angegebene virtuelle Maschine. Wenn Sie mit der Maschine im Grafikmodus kommunizieren möchten, verwenden Sie dazu entweder einen VNC-
  Client (die Verbindungsdaten ermittelt das virsh-Kommando vncdisplay, siehe
  unten) oder das Programm virt-viewer.

- suspend/resume *name*

  stoppt die angegebene virtuelle Maschine vorübergehend bzw. setzt die Ausführung wieder fort. Die gestoppte virtuelle Maschine beansprucht jedoch weiterhin
  RAM! Es wird also nur die virtuelle CPU angehalten.

- ttyconsole *name*

  gibt an, über welches Device des Hostcomputers die serielle Schnittstelle des
  Gastsystems zugänglich ist (z. B. /dev/pts/5).

- undefine *name*

  löscht die XML-Datei, die die virtuelle Maschine beschreibt. Die Image-Datei mit
  der virtuellen Festplatte bleibt erhalten. undefine kann erst ausgeführt werden,
  nachdem alle Snapshots der virtuellen Maschine gelöscht wurden.

- vcpuinfo *name*

  liefert Informationen zu den (virtuellen) CPUs, die der virtuellen Maschine zur
  Verfügung stehen, sowie Angaben zur bisher beanspruchten CPU-Zeit. Mit dem
  Kommando kann auch das CPU-Pinning überprüft werden.

- vcpupin *name gast-cpu-nr host-cpu-list*

  verknüpft die physikalischen CPU-Cores des Hostsystems mit den virtuellen
  CPUs des Gasts. vcpupin vm1 0 2 ordnet der ersten virtuellen CPU der virtuellen
  Maschine vm1 den dritten CPU-Core des Hosts fix zu.

- vol-create *xmlfile*
  vol-create-as *poolname newvolname size*
  vol-delete *volname*
  vol-list
  vol-info *volname*

  helfen bei der Administration von Datenträgern in Speicher-Pools. vol-create
  erzeugt einen neuen Datenträger, dessen Eigenschaften in der angegebenen
  XML-Datei beschrieben sind. vol-create-as erzeugt einen neuen Datenträger in
  der gewünschten Größe, wobei die Suffixe k, M, G und T für kByte, MByte, GByte
  und TByte zulässig sind. Wenn Sie eine Image Disk erzeugen, können Sie mit
  --format raw/qcow2/qed das gewünschte Format angeben (standardmäßig raw).

--allocation *size* bestimmt, wie viel des Speichers im Voraus alloziert werden soll; bei RAW-Volumes wird immer der gesamte Speicher reserviert.

Wenn es mehrere Speicher-Pools gibt, müssen Sie bei allen Kommandos mit der Option --pool *poolname* angeben, auf welchen Pool Sie sich beziehen.

▶ vncdisplay *name*

liefert die IP-Adresse (leer für localhost) und Portnummer für die VNC-Anzeige der virtuellen Maschine. Sie können nun einen beliebigen VNC-Client starten, um mit der virtuellen Maschine zu interagieren. Aus Sicherheitsgründen funktioniert der VNC-Zugang standardmäßig nur von localhost (siehe die Datei /etc/libvirt/qemu.conf).

Beispiele

Nachdem Sie mit dem Kommando virsh die libvirt-Shell gestartet haben, können Sie Kommandos zur Verwaltung aller virtuellen Maschinen auf dem lokalen Rechner ausführen.

```
root#  virsh
virsh#  list --all
 Id Name            Status
-------------------------------
 13 fedora          laufend
  - ubuntu          ausschalten
  - windows         ausschalten
virsh#  start windows
Domain windows gestartet
virsh#  vncdisplay windows
:1
virsh#  exit
```

Via SSH können Sie auch eine Verbindung zum Dämon libvirtd auf einem anderen Rechner herstellen. Wenn auf dem KVM-Host aus Sicherheitsgründen ein root-Login mit Passwortangabe via SSH unmöglich ist, müssen Sie vor dem ersten Verbindungsaufbau Ihren öffentlichen SSH-Schlüssel auf dem KVM-Host einrichten:

```
virsh#  connect qemu qemu+ssh://user@hostname/system
user@hostname's password:  *******
```

virt-clone [optionen]

virt-clone kopiert eine heruntergefahrene virtuelle Maschine, die durch libvirt-Werkzeuge verwaltet wird. Dabei wird eine neue XML-Definitionsdatei sowie eine

V

Kopie der Image-Datei erstellt. Die sonstigen Hardware-Komponenten bleiben weitgehend unverändert.

► `--auto-clone`

gibt der neuen Maschine den Namen *bisher*-clone und der neuen Image-Datei den Namen *bisher*-clone.img. Mit dieser Option kann auf die Angabe von `--name` und `--file` verzichtet werden.

► `--connect` *hypervisor*

stellt eine Verbindung zum angegebenen Virtualisierungssystem her.

► `-f` *datei* bzw. `--file=`*datei*

gibt den gewünschten Namen der neuen Image-Datei an. Wenn die ursprüngliche virtuelle Maschine mehrere virtuelle Festplatten besitzt, müssen Sie diese Option mehrfach verwenden. Anstelle einer Image-Datei können Sie auch den Namen einer Device-Datei angeben, z. B. wenn Sie Logical Volumes des Hostsystems als Datenspeicher verwenden.

► `--mac` *nn:nn:nn:nn:nn:nn*

gibt die gewünschte neue MAC-Adresse des Netzwerkadapters an. Wenn diese Angabe entfällt, verwendet `virt-clone` automatisch eine eindeutige zufällige MAC-Adresse.

► `--name` *name*

gibt den Namen der neuen virtuellen Maschine an.

► `--original` *name*

gibt den Namen der ursprünglichen virtuellen Maschine an.

► `--preserve-data`

verhindert, dass die Image-Datei kopiert wird. Die neue virtuelle Maschine verwendet also dieselbe Image-Datei wie die bisherige virtuelle Maschine. Es ist daher nicht zulässig, die alte und die neue virtuelle Maschine gleichzeitig auszuführen! Die Option ist dann zweckmäßig, wenn Sie ein System mit einer neuen virtuellen Hardware- oder Netzwerkkonfiguration testen möchten.

Beispiel

Das folgende Kommando kopiert die Ubuntu-Server-Installation `userver5`. Die neue virtuelle Maschine erhält den Namen `userver6`, und die neue Image-Datei wird in der Datei `/var/lib/libvirt/images/userver6.img` gespeichert. Achten Sie darauf, die neue

Image-Datei in einem `libvirt`-Speicherpool anzulegen! Andernfalls verhindern die SELinux-Regeln unter RHEL/Fedora die Ausführung der virtuellen Maschine.

```
root#  virt-clone --original userver5 --name userver6 \
               --file /var/lib/libvirt/images/userver6.img
```

virt-install [optionen]

`virt-install` ist ein Python-Script, das beim Einrichten neuer virtueller Maschinen hilft.

▶ `--arch` *architektur*

gibt die gewünschte CPU-Architektur an, z.B. `i386`, `i686` oder `x86_64`. Standardmäßig verwendet `virt-install` dieselbe Architektur wie auf dem Hostsystem.

▶ `--cdrom` *datei*

gibt den Dateinamen der ISO-Datei bzw. den Device-Namen des CD/DVD-Laufwerks an, von dem die Installationsdaten gelesen werden.

▶ `--connect` *hypervisor*

stellt eine Verbindung zum angegebenen Virtualisierungssystem her. Wenn `virt-install` auf einem KVM-Host mit `root`-Rechten gestartet wird, stellt das Script automatisch eine Verbindung zu `qemu:///system` her.

▶ `--disk` *datei*

gibt den Dateinamen der Image-Datei an, in der die virtuelle Maschine gespeichert werden soll. Wenn Sie mehrere virtuelle Speichergeräte verwenden möchten, müssen Sie die Option mehrfach angeben.

▶ `--disk` *opt1=wert1,opt2=wert2,...*

ermöglicht die Angabe mehrerer Image-Dateien aus unterschiedlichen `libvirt`-Speicherpools. Zulässige Optionen sind unter anderem `path` zur Angabe einer Image-Datei oder eines Block-Devices, `pool` zur Angabe eines zuvor eingerichteten `libvirt`-Speicher-Pools, `vol` zur Angabe einer bereits existierenden Image-Datei in einem Speicher-Pool (`vol=`*poolname/imagename*), `size` zur Angabe der gewünschten Größe neuer Image-Dateien (in GByte), `bus` zur Auswahl des Bussystems (`ide`, `scsi` oder `virtio`) und `cache` zur Auswahl des Cachings (`writethrough`, `writeback` oder `none`).

V

- `--graphics typ,opt1=wert1,opt2=wert2 ...`

  gibt an, wie das Grafiksystem der virtuellen Maschine realisiert werden soll. Als Typ kommen `vnc` oder `spice` infrage. Standardmäßig kommt VNC zum Einsatz. Mit den weiteren Optionen können diverse Verbindungsparameter angegeben werden z. B. `port`, `listen` und `password`.

- `--import`

  bewirkt, dass `virt-install` keine Neuinstallation durchführt, sondern die neue virtuelle Maschine auf Basis einer bereits existierenden Image-Datei anlegt.

- `--name name`

  gibt den Namen der virtuellen Maschine an.

- `--network typ,opt1=wert1,opt2=wert2,...`

  gibt die Eckdaten eines Netzwerk-Devices der virtuellen Maschine an. Die Option kann bei Bedarf mehrfach angegeben werden. `typ` gibt an, wie die Netzwerkverbindung zum Hostrechner erfolgen soll. Zulässige Werte sind `bridge=name` für eine zuvor eingerichtete Netzwerkbrücke, `network=name` für ein mit `virsh` definiertes virtuelles Netzwerk oder einfach `user`, wenn die virtuelle Maschine via NAT mit dem Hostsystem kommunizieren soll.

  Die weiteren Optionen bestimmen die Parameter des Netzwerk-Devices: `model` gibt an, welcher Adapter emuliert werden soll, z. B. `e1000`, `rtl8139` oder `virtio`. `mac` bestimmt die MAC-Adresse des Devices. Wenn dieser Parameter nicht angegeben wird, generiert `virt-install` selbst eine zufällige MAC-Adresse. MAC-Adressen für KVM müssen mit `52:54:00` beginnen!

- `--nodisk`

  ermöglicht eine Installation ohne Image-Datei (z. B., wenn die Installation in einen Netzwerkspeicher erfolgen soll).

- `--noreboot`

  verhindert den automatischen Neustart nach dem Abschluss der Installation.

- `--os-type name`

  gibt die Art des Betriebssystems an, das installiert werden soll, z. B. `linux`, `unix`, `windows` oder `other`. Die Information wird zur Optimierung diverser Hardware-Parameter genutzt.

▶ --os-variant *name*

gibt an, welches Betriebssystem installiert werden soll, z. B. `fedora20`, `virtio26`, `rhel6` oder `win7`. Eine vollständige Liste aller bekannten Betriebssystemnamen liefert `man virt-install`. Wenn diese Option verwendet wird, kann auf die Angabe von `--os-type` verzichtet werden.

▶ --ram *n*

gibt die Größe des RAMs in MByte an.

▶ -serial pty

stattet die virtuelle Maschine mit einer seriellen Schnittstelle aus. Beim Start der virtuellen Maschine wird die serielle Schnittstelle mit einem Pseudo-TTY-Device des Hostrechners verbunden. In `virsh` können Sie den Device-Namen mit `ttyconsole` *vmname* ermitteln.

▶ --soundhw=ac97/es1370/sb16

stattet die virtuelle Maschine mit einer Sound-Karte aus.

▶ --vcpus=*n*

gibt die gewünschte Anzahl von CPU-Cores an (standardmäßig einer).

▶ --video=cirrus/vga/vmvga

gibt an, welcher Grafikadapter emuliert werden soll (standardmäßig `cirrus`).

Beispiel

Bevor Sie `virt-install` ausführen, müssen Sie eine Image-Datei für die virtuelle Festplatte erzeugen:

```
root#   virsh
virsh#  vol-create-as default disk.qcow2 10G --format qcow2
virsh#  exit
```

Mit dem Kommando `virt-install` richten Sie nun eine neue virtuelle Maschine ein.

```
root#  virt-install --name myvmname --ram 1024 --cdrom install.iso \
           --os-variant rhel6  --disk vol=default/disk.qcow2 --graphics vnc \
           --noreboot
```

virt-viewer [optionen] name/id/uuid

`virt-viewer` ist ein VNC-Client, der das Grafiksystem einer virtuellen Maschine anzeigt. An das Kommando wird normalerweise einfach der Name, die ID- oder die UUID-Nummer der virtuellen Maschine übergeben.

► `-c hypervisor`

stellt eine Verbindung zum angegebenen Virtualisierungssystem her. Die Option ist nur erforderlich, wenn es sich um einen externen KVM-Host handelt.

volname `devicename`

`volname` liefert den Datenträgernamen (Volume Name) einer Daten-CD oder -DVD. Beim Erzeugen eines ISO-Images mit `genisoimage` stellen Sie diesen Namen mit der Option `-V` ein.

wait `[prozessnummer]`

Das `bash`-Kommando `wait` wartet auf das Ende des angegebenen Hintergrundprozesses. Wenn keine Prozessnummer angegeben wird, wartet das Kommando auf das Ende aller laufenden Hintergrundprozesse, die von der Shell gestartet wurden.

watch `kommando`

`watch` führt das angegebene Kommando periodisch aus und zeigt dessen Ausgaben an.

► `-d` bzw. `--differences`

markiert die Unterschiede im Vergleich zum vorherigen Ergebnis des Kommandos.

► `-e` bzw. `--errexit`

beendet `watch`, wenn das aufgerufene Kommando einen Fehler zurückgibt.

► `-n n`

gibt an, nach wie vielen Sekunden das Kommando jeweils neu ausgeführt werden soll (standardmäßig alle zwei Sekunden).

Beispiel

Das folgende Kommando zeigt alle Änderungen in der Liste der laufenden `mysqld`-Prozesse an:

```
user$  watch -d 'ps aux | grep mysqld'
```

wc dateien

wc zählt die Anzahl der Zeilen, Wörter und Zeichen in den angegebenen Dateien. Wenn durch Jokerzeichen mehrere Dateien erfasst werden, berechnet wc auch die Gesamtsumme der drei Angaben. wc ist auch gut für die Kombination mit anderen Programmen geeignet.

Beispiel

find liefert für jede reguläre Datei eine Zeile. wc zählt die Zeilen und liefert somit die Gesamtanzahl aller Dateien im Verzeichnisbaum.

```
user$  find / -type f -print | wc
```

wget [optionen] url1 url2 ...

wget lädt Dateien von HTTP-, HTTPS- und FTP-Servern herunter. wget kann unterbrochene Downloads wieder aufnehmen, rekursiv Links verfolgen und eignet sich zur Automatisierung von Downloads. Die zu übertragenden Dateien werden in Form von URLs (Uniform Resource Locator) angegeben, also beispielsweise als http://meinserver.de/datei.iso. Der Befehl wget wird durch unzählige Optionen gesteuert, von denen hier nur die wichtigsten zusammengefasst werden:

▶ -b

führt den Download als Hintergrundprozess durch und schreibt alle Statusmeldungen in die Datei wget-log.

▶ -B url bzw. --base=url

stellt allen relativen Links innerhalb der Datei, die Sie durch -i datei angegeben haben, die Basisadresse url voran.

▶ -c

nimmt einen unterbrochenen Download wieder auf. Vorsicht: Wenn sich die Datei in der Zwischenzeit auf dem Server geändert hat, ist die heruntergeladene Datei fehlerhaft und enthält teilweise Daten aus der alten Datei und teilweise Daten aus der neuen Datei!

▶ --force-html

interpretiert die mit -i angegebene Datei als HTML-Datei und lädt alle Dateien, auf die Links der HTML-Datei zeigen.

W

▶ `--ftp-user=`*user* `--ftp-password=`*pw*

gibt den Benutzernamen und das Passwort für FTP-Downloads an. Diese Informationen können auch in der URL übergeben werden (`ftp://user:password@server/datei.txt`).

▶ `-i` *datei* bzw. `--input-file=`*datei*

liest die zu übertragenden Dateien (URLs) aus der angegebenen Textdatei. Wenn Sie statt einer Datei das Zeichen `-` übergeben, erwartet `wget` die URLs aus der Standardeingabe. Die Option `-i` akzeptiert als Parameter nur lokale Dateien, keine URLs. (`-i http://server/name.html` funktioniert also nicht!)

▶ `--limit-rate=`*n*

limitiert die Download-Menge pro Sekunde. Die Buchstaben `k` und `m` bezeichnen Kilo- bzw. Megabytes (also etwa `--limit-rate=0.25m`).

▶ `-q`

verzichtet auf die Ausgabe von Statusmeldungen (*quiet*).

▶ `--retry-connrefused`

unternimmt auch nach dem Fehler *connection refused* weitere Versuche, die Datei herunterzuladen. Die Option ist nur bei unzuverlässigen Download-Servern zweckmäßig, die gelegentlich aus dem Netz verschwinden und wenig später wieder auftauchen.

▶ `--spider`

testet, ob alle Links in der durch `-i` *htmldatei* `--force-html` angegebenen Datei noch gültig sind. Die durch Links angegebenen Dateien werden aber nicht heruntergeladen.

▶ `-t` *n* bzw. `--tries=`*n*

unternimmt bei einem Verbindungsabbruch *n* Versuche, sich neuerlich zu verbinden (standardmäßig 20). Mit `-t 0` versucht `wget` sein Glück so lange, bis der Download gelungen ist oder Sie das Kommando abbrechen.

▶ `-w` *n* bzw. `--wait=`*n*

gibt an, wie viele Sekunden `wget` warten soll, bevor es die nächste Datei herunterlädt. Die Option verhindert, dass der Download-Server durch unzählige, nahezu gleichzeitige Download-Anfragen zu stark belastet wird.

Rekursive Downloads

Die folgenden Optionen steuern rekursive Downloads:

▶ `-E` bzw. `--html-extension`

fügt bei allen heruntergeladenen Dateien des Typs *application/xhtml+xml* oder *text/html*, deren Namen nicht mit `.html` oder `.htm` enden, die Endung `.html` an den Dateinamen an.

▶ `-H` bzw. `--span-hosts`

verfolgt auch Links auf andere Websites.

▶ `-k` bzw. `--convert-links`

ändert in den heruntergeladenen HTML-Dateien die Links so, dass sie auf die lokalen Dateien verweisen. Das ermöglicht es später, die Seiten offline anzusehen.

▶ `-l` *n* bzw. `--level` *n*

limitiert die Rekursionsebene (standardmäßig 5). `-l inf` deaktiviert die Limitierung.

▶ `-L` bzw. `--relative`

verfolgt nur relative Links (aber keine absoluten Links auf die Start-Website).

▶ `-r`

aktiviert rekursive Downloads. Bei HTTP-Downloads verfolgt `wget` alle HTTP-Links der Startseite, lädt die so angegebenen Dateien herunter, verfolgt auch deren Links etc. `wget` berücksichtigt dabei nur relative Links sowie Links auf Seiten der Start-Website. Bei FTP-Downloads liest `wget` alle Unterverzeichnisse.

▶ `-p`

lädt alle Dateien herunter, die zum Betrachten der Ausgangsdatei erforderlich sind (auch Bilder, CSS-Dateien und Dateien, bei denen die maximale Rekursionsebene sonst überschritten wäre).

Beispiele

In der Grundform lädt `wget` die angegebene Datei einfach herunter:

```
user$  wget ftp://myftpserver.de/name.abc
```

Wenn der Download aus irgendeinem Grund unterbrochen wird, kann er mit `-c` ohne Umstände wieder aufgenommen werden:

```
user$  wget -c ftp://myftpserver.de/name.abc
```

Um eine Website später offline zu lesen bzw. um ihren aktuellen Zustand zu archivieren, hilft das folgende rekursive Download-Kommando (Option -r). Die Rekursionstiefe wird durch -l 4 auf vier Ebenen limitiert.

```
user$  wget -r -l 4 -p -E -k http://website.de
```

whatis datei

whatis gibt eine kurze Beschreibung (meist einzeilig) des angegebenen Kommandos bzw. Schlüsselworts aus. whatis-Beschreibungen existieren nur zu Themen, zu denen man-Texte installiert sind. Wenn whatis nicht funktioniert, fehlen wahrscheinlich die zugrunde liegenden Datenbanken, die mit mandb bzw. mit makewhatis erzeugt werden können.

whereis datei

whereis durchsucht alle üblichen Pfade für Binärdateien, man-Dateien und Quellcode nach dem angegebenen Dateinamen. whereis ist damit weniger gründlich als find, dafür aber deutlich schneller. Die man-Seite zu whereis zählt auf, welche Verzeichnisse durchsucht werden.

which kommando

which durchsucht alle in PATH angegebenen Pfade nach dem Kommando. which liefert als Antwort den vollständigen Namen des Kommandos, das ausgeführt würde, wenn das Kommando ohne Pfadinformationen aufgerufen würde. Das ist vor allem dann eine Hilfe, wenn zu einem Kommando mehrere Versionen in unterschiedlichen Verzeichnissen existieren.

In der bash kann statt which auch type verwendet werden. type hilft Ihnen dabei, herauszufinden, ob kommando in Wirklichkeit ein eingebautes Shell-Kommando, ein Alias oder eine selbst definierte Funktion ist.

Beispiel

Das folgende Kommando ermittelt, wo das Kommando ls im Dateisystem gespeichert ist:

```
user$  which ls
/bin/ls
```

```
while bedingung; do
   kommandos
done
```

while bildet Schleifen in bash-Scripts. Die Schleife wird so lange ausgeführt, bis die angegebene Bedingung zum ersten Mal nicht mehr erfüllt ist. Das Schleifenkriterium ist der Rückgabewert des Kommandos, das als Bedingung angegeben wird. Vergleiche und Tests werden mit dem Kommando test oder dessen Kurzform in eckigen Klammern durchgeführt.

Beispiele

Die folgende Schleife gibt die Zahlen 0 bis 5 aus:

```
#!/bin/bash
i=0
while [ $i -le 5 ]; do
  echo $i
  i=$[$i+1]
done
```

Um eine Textdatei zeilenweise zu verarbeiten, formulieren Sie Ihr bash-Script so:

```
#!/bin/bash
while read zeile; do
  echo $zeile
  ...
done < textdatei.txt
```

```
who [optionen]
```

W

who zeigt eine Liste aller zurzeit eingeloggten Systembenutzer an. Auch wenn Sie allein mit Ihrem Rechner arbeiten, können Sie sich mit unterschiedlichen Namen an verschiedenen Textkonsolen einloggen. Wenn Sie wissen möchten, wer zuletzt auf diesem Rechner eingeloggt war, führen Sie das Kommando last aus.

▶ -a

   liefert detaillierte Informationen zu jedem Benutzer, inklusive der verwendeten Konsole und dem Login-Zeitpunkt. Bei SSH-Verbindungen zeigt who auch an, von welchem Rechner der Login erfolgte.

▶ -m

   gibt den Benutzernamen der gerade aktiven Konsole an. Das Kommando who am i hat dieselbe Bedeutung.

Beispiel

Auf dem Testrechner gibt es neben den TTY-Prozessen für die sechs Konsolen zwei aktive Shell-Sessions des Benutzers kofler:

```
user$  who -a
               system boot  2013-09-09  08:57
               run-level 2  2013-09-09  08:57
LOGIN          tty4         2013-09-09  08:57              965  id=4
LOGIN          tty5         2013-09-09  08:57              971  id=5
LOGIN          tty2         2013-09-09  08:57              976  id=2
LOGIN          tty3         2013-09-09  08:57              977  id=3
LOGIN          tty6         2013-09-09  08:57              981  id=6
LOGIN          tty1         2013-09-09  08:57             1802  id=1
kofler       + pts/1        2013-09-24  11:45  02:02       351  (xxx.telekom.at)
kofler       + pts/2        2013-09-24  13:47   .         2354  (xxx.telekom.at)
```

```
wodim [optionen] dev=xxx isoimage
wodim [optionen] dev=xxx audiofiles
```

wodim (ehemals cdrecord) brennt Daten auf eine CD oder DVD. Bei Daten-CDs und bei DVDs müssen Sie die Daten vorher mit genisoimage als ISO-Datei aufbereiten.

Das Verhalten von wodim wird durch zahlreiche Optionen gesteuert, von denen hier die wichtigsten vorgestellt werden. Beachten Sie, dass es Optionen mit und solche ohne vorangestellten Bindestrich gibt!

▶ blank=all|fast

löscht ein CD-RW-Medium.

▶ dev=/dev/xxx

gibt den Device-Namen des CD- oder DVD-Laufwerks an, z. B. /dev/hdc oder /dev/scd0.

▶ driver=*name*

gibt an, welcher Treiber zum Zugriff auf das CD-Laufwerk verwendet werden soll. Das ist nur selten notwendig, weil wodim den korrekten Treiber meist selbst erkennt. wodim driver=help liefert eine Liste der verfügbaren Treiber. Mit wodim -checkdrive dev=*n,n,n* können Sie versuchen, den Typ des vorhandenen CD-R-Laufwerks zu erkennen.

▶ driveropts=burnfree

aktiviert einen Schutzmechanismus zur Vermeidung von Buffer-Underrun-Fehlern.

▶ fs=*n*

gibt die Größe des FIFO-Zwischenspeichers an, der zur Pufferung der Datenübertragung zwischen Festplatte und CD dient (z. B. fs=8m). Der Standardwert beträgt 4 MByte.

▶ speed=*n*

gibt die gewünschte Schreibgeschwindigkeit an. *n* ist ein Vielfaches der Standardgeschwindigkeit (150 kB/s bei CDs, 1385 kB/s bei DVDs). Wenn Sie auf die Angabe verzichten, berücksichtigt wodim die Einstellungen in /etc/wodim.conf oder nutzt die Standardgeschwindigkeit des Laufwerks. Mit speed=0 verwendet wodim die niedrigstmögliche Geschwindigkeit, die das Laufwerk und die Medien unterstützen.

▶ -audio

aktiviert den Audio-CD-Modus. Es müssen nun Audio-Dateien als Parameter übergeben werden (üblicherweise *.au- oder *.wav-Dateien), nicht wie sonst üblich eine ISO-Datei.

▶ -dao

aktiviert den Disk-at-once-Modus. Das verhindert lästige Pausen zwischen den Tracks von Audio-CDs. Außerdem sind auf diese Weise hergestellte Daten-CDs als Master für die Massenproduktion geeignet.

Die Option funktioniert allerdings nur mit manchen Laufwerken. Zum Schreiben von DAO-CDs können Sie statt wodim auch das Kommando cdrdao verwenden.

▶ -dummy

simuliert den Schreibprozess, ohne die CD oder DVD tatsächlich zu verändern.

▶ -eject

wirft die CD nach dem Schreibprozess aus. Manche CD-Laufwerke verlangen das Auswerfen, bevor die nächste CD geschrieben werden kann, selbst wenn das Schreiben zuletzt nur mit -dummy simuliert wurde.

▶ -format

formatiert ein DVD+RW-Medium. Die Option wird normalerweise nicht benötigt, weil wodim unformatierte DVD+RW-Medien vor dem Beschreiben automatisch formatiert.

W

▶ -multi

gibt an, dass es sich um eine Multi-Session-CD handelt, der noch weitere Sessions hinzugefügt werden sollen. Diese Option muss bei allen Sessions mit Ausnahme der letzten Session angegeben werden.

▶ -msinfo

liest vorhandene Session-Informationen von der CD. Die Option muss ab der zweiten Session angegeben werden.

▶ -pad

bewirkt in Kombination mit -audio, dass die Länge von Audio-Dateien auf ein Vielfaches von 2352 Byte ergänzt wird (wenn das nicht ohnedies der Fall ist).

▶ -scanbus

Mit dieser Option sucht wodim nach CD-R-Laufwerken am SCSI-Bus.

▶ -swab

vertauscht die Byte-Reihenfolge der Daten. Verschiedene CD-Recorder erwarten eine unterschiedliche Reihenfolge der Bytes in Datenworten. wodim erkennt das selbstständig, sodass die Option im Regelfall nicht erforderlich ist.

▶ -v

gibt ausführliche Meldungen darüber aus, was gerade geschieht.

Beispiele

Mit den beiden folgenden Kommandos wird zuerst das Brennen einer Daten-CD simuliert (-dummy) und dann tatsächlich durchgeführt:

```
root#  wodim -dummy -v speed=32 dev=/dev/scd0 iso.img
root#  wodim -v speed=32 dev=/dev/scd0 iso.img
```

Noch schneller geht es, wenn Sie genisoimage und wodim mit einer Pipe verbinden. Dadurch sparen Sie außerdem den Platz für das ISO-Image.

```
root#  genisoimage -r /master | wodim -v speed=32 dev=/dev/scd0 -
```

write username

write ermöglicht es, einem anderen Benutzer eine Nachricht zu senden. Nach der Ausführung des Kommandos werden alle eingegebenen Zeichen bis Strg+D zum Terminal des angegebenen Benutzers übertragen.

xargs kommando

xargs leitet die von der Standardeingabe kommenden Daten an das als Parameter angegebene Kommando weiter. xargs wird meist in Kombination mit einem per Pipe vorangestellten Kommando verwendet, also in der Form kommando1 | xargs kommando2. Auf diese Weise können die Resultate des ersten Kommandos mit dem zweiten Kommando verarbeitet werden. Falls die Ergebnisse des ersten Kommandos so umfangreich sind, dass sie nicht in einer Kommandozeile übergeben werden können, wird kommando2 in mehreren Schritten aufgerufen.

Der Unterschied zu kommando1 | kommando2 besteht darin, dass xargs die Standardeingabe in Form von Parametern an kommando2 übergibt. xargs muss eingesetzt werden, wenn kommando2 nur die übergebenen Parameter verarbeitet. Gewöhnliche Pipes eignen sich dagegen, wenn kommando2 die Daten aus der Standardeingabe verarbeitet.

▶ --null

erwartet 0-Bytes zur Trennung von Dateinamen (nicht aber Leer- und Tabulatorzeichen). Diese Option eignet sich zur Verarbeitung von find-Ergebnissen, wenn find mit der Option -print0 ausgeführt wurde.

Beispiel

Das folgende Kommando durchsucht das aktuelle Verzeichnis und alle Unterverzeichnisse nach Backup-Dateien, die mit dem Zeichen ~ enden, und löscht diese. Das funktioniert auch für Dateinamen, die Leerzeichen enthalten.

```
user$  find -name '*.~' -print0 | xargs --null rm
```

xkill [optionen]

xkill beendet ein hängen gebliebenes oder halb abgestürztes X-Programm. Das betreffende Fenster muss nach dem Start des Kommandos mit der Maus angeklickt werden.

xrandr [optionen]

xrandr ändert im laufenden Betrieb die Bildschirmauflösung, die Bildfrequenz und andere Einstellungen.

▶ `--addmode ausgang name`

fügt für den angegebenen Display-Ausgang einen neuen, eventuell zuvor mit `--newmode` definierten Grafikmodus hinzu.

▶ `--dpi n`

gibt an, wie viele Pixel pro Zoll angezeigt werden.

▶ `--left-of output name` bzw. `--right-of name` bzw. `--below name` bzw. `--above name`

aktiviert den durch `--output` angegebenen Signalausgang und gibt an, wie die Bildschirme relativ zueinander positioniert sind. Das funktioniert nur, wenn in `xorg.conf` eine ausreichend große virtuelle Auflösung eingestellt wurde, damit beide Bildschirme abgedeckt werden können.

▶ `--newmode name freq x1 x2 x3 x4 y1 y2 y3 y4`

definiert einen neuen Modus (eine neue Auflösung). Die Syntax entspricht der von `ModeLine`-Zeilen in `xorg.conf`. Zur Ermittlung der richtigen Zahlenkombination können Sie das Kommando `gtf` zuhilfe nehmen.

▶ `--off`

schaltet den mit `--output` angegebenen Signalausgang aus.

▶ `--orientation x`

ändert die Bildlage. Zulässige Einstellungen sind `normal`, `inverted`, `left` und `right`.

▶ `--output name`

gibt an, dass sich die weiteren Optionen auf einen bestimmten Signalausgang beziehen. Das ist zweckmäßig, wenn mehrere Monitore angeschlossen sind. Die Namen der aktiven Signalausgänge ermitteln Sie mit `xrandr -q`.

▶ `--primary`

macht den mit `-output` ausgewählten Bildschirm zum primären Bildschirm, auf dem Gnome oder KDE das Panel, das Dock etc. anzeigen.

▶ `-q`

gibt an, welche Einstellmöglichkeiten zur Verfügung stehen. Das Ergebnis ist stark vom eingesetzten Grafiktreiber abhängig.

▶ `--rate n`

ändert die Bildfrequenz für die aktuelle Auflösung. *n* ist die gewünschte Bildfrequenz in Hertz.

▶ `--size` *n*

ändert die Auflösung. *n* ist eine Nummer der Ergebnisliste von `xrandr -q` oder die gewünschte Auflösung in der Form *breite×höhe*.

Beispiel

Das folgende Kommando stellt die Auflösung auf 1280 × 1024 Punkte ein:

```
user$  xrandr --size 1280x1024
```

Das nächste Kommando aktiviert sowohl den DVI- als auch den VGA-Signalausgang. (Die Namen der Ausgänge variieren je nach Grafikkarte und Treiber.) Auf beiden Monitoren wird dasselbe Bild angezeigt. Die Option `--auto` bewirkt, dass jeder Monitor in der für ihn optimalen Auflösung und Bildfrequenz betrieben wird.

```
user$  xrandr --output DVI-I-0 --auto --output VGA-0 --auto
```

Die folgenden drei Kommandos definieren einen neue Grafikmodus in der Auflösung von 1280×720 Pixel und aktivieren diesen für den HDMI1-Ausgang:

```
user$  xrandr --newmode 1280x720 74.18 1280 1390 1430 1650 720 725 730 750
user$  xrandr --addmode HDMI1 1280x720
user$  xrandr --size 1280x720
```

xset [kommando]

`xset` verändert diverse Einstellungen des X-Servers.

▶ `+dpms` bzw. `-dpms`

aktiviert bzw. deaktiviert die Energiesparfunktionen (Display Power Management Signaling).

▶ `dpms` *n1* [*n2* [*n3*]]

gibt an, nach wie vielen Sekunden die DPMS-Modi *Standby*, *Suspend* und *Off* des Monitors aktiviert werden sollen.

▶ `q`

liefert eine Liste mit den aktuellen Einstellungen.

▶ `s` *n*

aktiviert nach *n* Sekunden den Bildschirmschoner.

X

xz [optionen] dateien

xz aus dem Paket xz-utils komprimiert die angegebenen Dateien. xz ist ein relativ neues Komprimierkommando, das noch kleinere Dateien als bzip2 liefert. Die komprimierten Dateien erhalten standardmäßig die Endung .xz.

▶ -0 bis -9

gibt an, wie gut xz komprimieren soll. Die besten Ergebnisse (also die kleinsten Dateien) liefert -9, allerdings ist der Speicherbedarf von xz dann am höchsten. Standardmäßig gilt -6. In diesem Fall beansprucht xz beim Komprimieren maximal 100 MByte, beim Dekomprimieren maximal 10 MByte.

▶ -d bzw. --decompress

dekomprimiert die angegebene Datei (entspricht unxz).

yum [optionen] kommando

yum installiert, aktualisiert und entfernt RPM-Pakete. yum lädt die Pakete von den in /etc/yum.repos.d/*.repo definierten Paketquellen herunter.

Sämtliche Paketverwaltungsfunktionen werden in Form von Kommandos durchgeführt (z. B. yum install paketname). Die folgende Aufzählung beschreibt die wichtigsten Kommandos:

▶ check-update

testet, ob Updates zu bereits installierten Paketen zur Verfügung stehen.

▶ clean metadata

entfernt die Paketmetadaten aus dem Cache. Beim nächsten Start aktualisiert yum die Daten, indem es die Metadaten aller Paketquellen neu einliest.

▶ clean packages

entfernt heruntergeladene und bereits installierte Paketdateien aus dem Cache.

▶ grouplist, groupinfo, groupinstall, groupupdate, groupremove

liefert Informationen über Paketgruppen bzw. installiert, aktualisiert oder entfernt Paketgruppen. yum grouplist -v listet zusammen mit jeder Paketgruppe in Klammern die dazugehörige interne englischsprachige Gruppen-ID auf.

- history

  liefert eine nummerierte Liste der zuletzt durchgeführten yum-Aktionen. yum history info *n* fördert Details zur Transaktion *n* zutage.

- info name

  liefert Informationen zum angegebenen Paket.

- install name1 name2 ...

  sucht die Pakete name1, name2 etc. auf allen Yum-Paketquellen, lädt sie herunter und installiert sie. Gegebenenfalls werden auch weitere Pakete geladen und installiert oder aktualisiert, um Paketabhängigkeiten zu erfüllen.

- list

  liefert eine zweiteilige Liste. Der erste Teil enthält (in alphabetischer) Reihenfolge alle bereits installierten Pakete, der zweite Teil alle noch nicht installierten Pakete, die in den Yum-Paketquellen zur Verfügung stehen. Durch einen optionalen Parameter kann das Ergebnis auf Pakete eingeschränkt werden, deren Name einem Muster entspricht (z. B. yum list xorg*).

- list available/updates/installed/extras/recent

  schränkt die Ausgabe von yum list auf bestimmte Pakete ein. Beispielsweise liefert yum list updates eine Liste aller Pakete, zu denen Updates verfügbar sind. yum list recent liefert Pakete, die kürzlich in die Paketquellen aufgenommen wurden.

- localinstall rpmfile1 rpmfile2 ...

  installiert die angegebenen lokalen RPM-Dateien. Die Yum-Paketquellen werden nur zur Auflösung von Paketabhängigkeiten genutzt.

- remove name1 name 2 ...

  deinstalliert die angegebenen Pakete.

- search suchbegriff

  liefert eine Liste aller Pakete, die den Suchbegriff in der Beschreibung enthalten.

- update

  aktualisiert alle installierten Pakete.

- update name1 name2 ...

  aktualisiert nur die angegebenen Pakete.

Y

▶ upgrade

hat dieselbe Wirkung wie update in Kombination mit der Option --obsoletes (siehe unten).

Sie können das Verhalten von yum durch einige (selten benötigte) Optionen beeinflussen:

▶ -y

beantwortet alle Fragen von yum mit *yes*. Damit kann yum zur Installation ohne weitere Interaktion eingesetzt werden (z. B. in einem Script).

▶ --enablerepo=name

aktiviert eine an sich deaktivierte Paketquelle. Die Option erspart es Ihnen, die *.repo-Datei zu ändern, wenn Sie nur ein einzelnes Paket einer nicht aktiven Paketquelle installieren möchten.

▶ --exclude=paket

schließt das angegebene Paket von der gewählten Operation (z. B. einem Update) aus.

▶ --obsoletes

bewirkt, dass yum nicht mehr benötigte Pakete nach einem Update löscht. Das ist nur bei einem Distributions-Update (Version *n* zu *n+1*) zweckmäßig.

Beispiel

Die beiden folgenden Kommandos aktualisieren zuerst alle bereits vorhandenen Pakete und installieren dann den Editor Emacs:

```
root#  yum update
...
Transaction Summary
Install      1 Package(s)
Update      42 Package(s)
Remove       0 Package(s)
Total download size: 52 M
Is this ok [y/N]:  y
...

root#  yum install emacs
Installieren:
 emacs                    x86_64   1:24.3-11.fc19   updates   2.8 M
Als Abhängigkeiten installiert:
 emacs-common             x86_64   1:24.3-11.fc19   updates    21 M
```

```
liblockfile            x86_64   1.08-15.fc19   fedora   21 k
libotf                 x86_64   0.9.13-2.fc19  fedora   91 k
...
```

---

yumdownloader [optionen] paketname

---

yum ist für sich nicht in der Lage, Quellcodepakete zu installieren. Diese Aufgabe übernimmt bei Bedarf das Kommando yumdownloader, das sich im Paket yum-utils befindet. Wenn das Kommando ohne Optionen ausgeführt wird, lädt es das angegebene Binärpaket herunter, installiert es aber nicht.

▸ --resolve

  lädt auch abhängige Pakete herunter.

▸ --source

  lädt den Quellcode (statt des Binärpakets) herunter.

▸ --urls

  zeigt die Download-Links an, lädt aber nichts herunter.

Beispiel

Das folgende Kommando installiert den Quellcode des Gnome-Texteditors:

```
user$  yumdownloader --source gedit
```

---

zcat datei.gz
zless datei.gz
zmore datei.gz

Die drei Kommandos funktionieren wie cat, less und more. Der einzige Unterschied besteht darin, dass mit gzip komprimierte Dateien direkt gelesen werden können, also ohne vorheriges Dekomprimieren mit gunzip.

Statt zless kann bei vielen Distributionen direkt less eingesetzt werden: Dieses Kommando ist meist so konfiguriert, dass es ohne Unterschied für komprimierte und nichtkomprimierte Dateien verwendet werden kann.

Z

zip [optionen] archiv.zip datei1 datei2 ...

Das Kommando bildet das ZIP-Archiv archiv.zip und fügt darin alle angegebenen Dateien ein. Das Archiv eignet sich besonders für den Datenaustausch mit Windows-Anwendern. Um die Dateien unter Linux wieder zu extrahieren, verwenden Sie unzip.

▶ -r

  archiviert rekursiv den Inhalt von Verzeichnissen.

Beispiel

Das folgende Kommando fügt alle als Parameter übergebenen HTML-Dateien in meinarchiv.zip ein:

```
user$  zip meinarchiv.zip *.html
```

zipinfo [optionen] datei.zip

Das Kommando liefert das Inhaltsverzeichnis eines ZIP-Archivs.

zypper [optionen] kommando

Das SUSE-spezifische Kommando zypper hilft bei der RPM-Paketverwaltung. Es installiert und aktualisiert Pakete, richtet Paketquellen ein etc. zypper setzt die libzypp-Bibliothek voraus, die ein integraler Bestandteil aller aktuellen SUSE-Distributionen ist. Die im Folgenden beschriebenen Kommandos können abgekürzt werden, sofern die Bedeutung eindeutig ist, also z. B. zypper in *name* statt zypper install *name*.

▶ addrepo [optionen] *uri name*

  richtet eine neue Paketquelle ein und gibt ihr einen Alias-Namen. Der *Uniform Resource Identifier* (URI) beschreibt die Paketquelle, beispielsweise in der folgenden Form:

  http://download.opensuse.org/distribution/13.1/repo/oss/

  Standardmäßig werden Paketquellen aktiviert (Spalte *enabled* in zypper repos) und zur Aktualisierung vorgemerkt (Spalte *refresh*). Die Paketquelle wird aber nicht erstmalig in den Cache eingelesen. Dazu müssen Sie zypper refresh ausführen.

  Bei Paketquellen, deren Inhalt sich nicht ändert, können Sie die regelmäßige Aktualisierung durch die Option -n (*no refresh*) vermeiden.

Während Sie eine Paketquelle einrichten, haben Sie die Möglichkeit, den Schlüssel zu importieren, mit dem die Pakete signiert sind. Sofern Sie von der Authentizität der Paketquelle überzeugt sind, sollten Sie den diesbezüglichen Rückfragen zustimmen.

`zypper addrepo` bietet keine Möglichkeit, den Namen einer Paketquelle anzugeben. `zypper repos` zeigt in der Namenspalte deswegen nochmals den Alias an. Wenn Sie Namen und Alias getrennt einstellen möchten, müssen Sie die Datei zur Beschreibung der Paketquelle im Verzeichnis `/etc/zypp/repos.d/` direkt ändern.

▶ `dup`

führt ein Distributions-Update durch, also beispielsweise von openSUSE 13.1 auf Version 13.2. Vorher müssen Sie ein reguläres Update durchführen und dann die Paketrepositories auf die neue Version umstellen. Nach dem Update ist ein Neustart erforderlich.

▶ `info` *name*

liefert Informationen zum angegebenen Paket/Patch/Produkt etc.

▶ `install` `[-y]` *name*

installiert das angegebene Paket. Statt eines Pakets darf auch der Name eines Produkts, eines Patches oder einer Sprache angegeben werden. Um alle Pakete eines vordefinierten Schemas (Patterns) zu installieren, führen Sie `zypper install -t pattern` *name* aus. Mit der zusätzlichen Option `-y` verzichtet `zypper` auf Rückfragen.

▶ `list-updates` `[-t package]`

zeigt alle verfügbaren Patches an, mit `-t package` sowohl Patches als auch Updates.

▶ `patches`

listet alle verfügbaren Patches auf.

▶ `patch-check`

ermittelt die Anzahl aller verfügbaren Patches.

▶ `patch-info` `[`*name*`]`

liefert Informationen zu allen Patches bzw. zum angegebenen Patch.

▶ `refresh`

testet, ob sich die Inhaltsverzeichnisse der Paketquellen geändert haben, und liest diese gegebenenfalls neu ein – auch bei solchen Paketquellen, die mit der Option `-n` (*no refresh*) eingerichtet wurden. Mit der Option `-f` (*force*) erreichen

Z

Sie eine Neuerfassung des Inhaltsverzeichnisses selbst dann, wenn `zypper` glaubt, dass sich nichts geändert hat.

▶ `remove [-y]` *name*

entfernt das angegebene Paket. Mit der zusätzlichen Option `--clean-deps` werden auch abhängige Pakete deinstalliert, die nun nicht mehr benötigt werden. Mit `-y` verzichtet `zypper` auf Rückfragen.

▶ `removerepo` *name*

entfernt die durch den URI oder Alias angegebene Paketquelle.

▶ `renamerepo` *old new*

gibt der Paketquelle einen neuen Alias-Namen.

▶ `repos`

listet alle eingerichteten Paketquellen auf. Das Kommando zeigt dabei den Namen und den Alias jeder Paketquelle an, nicht aber die Adresse (*uri*). Bei mit YaST eingerichteten Paketquellen wird die Adresse als Alias verwendet, weswegen die Alias-Spalte oft wie eine Adressspalte aussieht. Für Paketquellen, die mit `zypper addrepo` eingerichtet werden, gilt dies aber nicht.

▶ `search [optionen]` *ausdruck*

sucht nach Paketen mit dem angegebenen Suchausdruck. Standardmäßig werden nur die Paketnamen durchsucht. Mit `-d` durchsucht `zypper` auch die Paketbeschreibung. `-i` schränkt die Suche auf bereits installierte Pakete ein, `-u` auf noch nicht installierte Pakete. Mit `-t pattern` ermitteln Sie eine Liste vordefinierter Paketgruppen.

▶ `update [-t package] [-y]`

aktualisiert alle Pakete, zu denen Patches verfügbar sind. Mit der Option `-t package` berücksichtigt `zypper` auch Updates, also neuere Programmversionen.

Dazu eine kurze Erläuterung: Updates sind komplette Pakete, die in einer neueren Version als der installierten zur Verfügung stehen. Patches sind dagegen Ergänzungs- bzw. Aktualisierungspakete (Delta-RPMs), die nur die Änderungen enthalten und somit wesentlich kleiner sind.

Beispiel

Das erste Kommando listet die Paketquellen auf, das zweite aktualisiert die Quellen, das dritte installiert den Editor `nano`, und das vierte stellt fest, welche Updates zur Verfügung stehen.

```
root#  zypper repos
# | Alias                    | Name                       | Enabled | Refresh
--+--------------------------+----------------------------+---------+--------
1 | openSUSE 13.1-0          | openSUSE 13.1-0            | Yes     | No
2 | repo-non-oss             | openSUSE-13.1-Non-Oss     | Yes     | Yes
3 | repo-oss                 | openSUSE-13.1-Oss         | Yes     | Yes
...
root#  zypper refresh
All repositories have been refreshed.
root#  zypper install nano
Reading installed packages...
The following NEW package is going to be installed:  nano
Overall download size: 335.0 K. After the operation, additional 1.2 M
will be used.
Continue? [YES/no]: yes
root#  zypper list-updates
...
Repository:        | Name           | Version | Category    | Status
Haupt-Update Repos | MozillaFirefox | 4572-0  | security    | Needed
Haupt-Update Repos | NetworkManager | 4548-0  | recommended | Needed
...
```

#&%! (bash-Sonderzeichen)

Sowohl bei der Eingabe von Kommandos als auch bei der Shell-Programmierung können Sie eine unüberschaubare Fülle von Sonderzeichen für diverse Aktionen verwenden. Tabelle 2 fasst die Bedeutung der wichtigsten Sonderzeichen zusammen.

Zeichen	Bedeutung
;	trennt mehrere Kommandos.
:	Shell-Kommando, das nichts tut
.	Shell-Programm ohne eigene Subshell starten (. datei, entspricht source datei)
#	leitet einen Kommentar ein.
#!/bin/sh	identifiziert die gewünschte Shell für das Shell-Programm.
\tblcol	führt das Kommando im Hintergrund aus (kom &).
&&	bedingte Kommandoausführung (kom1 && kom2)
&>	Umleitung von Standardausgabe und -fehler (entspricht >&)
		bildet Pipes (kom1 | kom2).

Tabelle 2 bash-Sonderzeichen

#%!

Zeichen	Bedeutung
`||`	bedingte Kommandoausführung (kom1 `||` kom2)
`*`	Jokerzeichen für Dateinamen (beliebig viele Zeichen)
`?`	Jokerzeichen für Dateinamen (ein beliebiges Zeichen)
`[abc]`	Jokerzeichen für Dateinamen (ein Zeichen aus abc)
`[ ausdruck ]`	Kurzschreibweise für test ausdruck
`(...)`	Kommandos in derselben Shell ausführen ((kom1; kom2))
`{...}`	Kommandos gruppieren
`{ , , }`	Zeichenketten zusammensetzen (a{1,2,3} → a1 a2 a3)
`{a..b}`	Zeichenketten zusammensetzen (b{4..6} → b4 b5 b6)
`~`	Abkürzung für das Heimatverzeichnis
`>`	Ausgabeumleitung in eine Datei (kom > dat)
`>>`	Ausgabeumleitung; an vorhandene Datei anhängen
`>&`	Umleitung von Standardausgabe und -fehler (entspricht &>)
`2>`	Umleitung der Standardfehlerausgabe
`<`	Eingabeumleitung aus einer Datei (kom < dat)
`<< ende`	Eingabeumleitung aus der aktiven Datei bis zu ende
`$`	Kennzeichnung von Variablen (echo $var)
`$!`	PID des zuletzt gestarteten Hintergrundprozesses
`$$`	PID der aktuellen Shell
`$0`	Dateiname des gerade ausgeführten Shell-Scripts
`$1 bis $9`	die ersten neun dem Kommando übergebenen Parameter
`$#`	Anzahl der dem Shell-Programm übergebenen Parameter
`$* oder $@`	Gesamtheit aller übergebenen Parameter
`$?`	Rückgabewert des letzten Kommandos (0 = OK oder Fehlernummer)
`$(...)`	Kommandosubstitution (echo $(ls))
`${...}`	diverse Spezialfunktionen zur Bearbeitung von Zeichenketten
`$[...]`	arithmetische Auswertung (echo $[2+3])
`"..."`	Auswertung der meisten Sonderzeichen verhindern
`'...'`	Auswertung aller Sonderzeichen verhindern
`` `...` ``	Kommandosubstitution (echo `ls`)
`\zeichen`	hebt die Wirkung des Sonderzeichens auf.

Tabelle 2 bash-Sonderzeichen (Forts.)

Konfigurationsdateien

Dieser Abschnitt der *Linux-Kommandoreferenz* fasst die Syntax der wichtigsten Linux-Konfigurationsdateien zusammen. Die Dateien sind nach ihrem Namen geordnet, nicht nach dem Pfad des Verzeichnisses, in dem sie sich befinden.

Die meisten der hier präsentierten Dateien gelten für alle Distributionen. Auf distributionsspezifische Eigenheiten weise ich explizit hin. Weitere Details zu Konfigurationsdateien erhalten Sie mit man 5 name. Dabei gibt die Zahl 5 an, dass Sie die Dokumentation einer Konfigurationsdatei nachlesen möchten, nicht die eines womöglich gleichnamigen Kommandos.

/etc/adduser.conf

Die Debian/Ubuntu-spezifische Datei /etc/adduser.conf enthält Defaulteinstellungen für das Einrichten neuer Benutzer und Gruppen durch die Kommandos adduser und addgroup. Die Datei adduser.conf enthält zeilenweise Einstellungen in der Form parameter=wert.

► ADD_EXTRA_GROUPS=0|1

  gibt an, ob neuen Benutzern automatisch die in EXTRA_GROUPS aufgezählten sekundären Gruppen zugeordnet werden sollen.

► DHOME

  gibt das Basisverzeichnis für die Heimatverzeichnisse an (üblicherweise /home).

► DIRMODE

  gibt an, mit welchen Zugriffsbits neue Heimatverzeichnisse eingerichtet werden sollen (standardmäßig 755).

► DSHELL

  gibt die Default-Shell an.

► EXTRA_GROUPS="gruppe1,gruppe2,..."

  enthält eine Liste von sekundären Gruppen, denen neue Benutzer standardmäßig (ADD_EXTRA_GROUPS=1) oder durch die adduser-Option --add_extra_groups zugeordnet werden.

- ► `FIRST_GID` und `LAST_GID`

  bestimmt den Bereich der GID-Nummern für gewöhnliche Gruppen.

- ► `FIRST_SYSTEM_GID` und `LAST_SYSTEM_GID`

  bestimmt den Bereich der GID-Nummern für die Gruppen von System-Accounts.

- ► `FIRST_SYSTEM_UID` und `LAST_SYSTEM_UID`

  bestimmt den Bereich der UID-Nummern für System-Accounts.

- ► `FIRST_UID` und `LAST_UID`

  bestimmt den Bereich der UID-Nummern für gewöhnliche Benutzer.

- ► `GROUPHOMES=yes|no`

  legt fest, ob die Heimatverzeichnisse von neuen Benutzern am Ort `/home/gruppen-name/benutzername` eingerichtet werden sollen.

- ► `LETTERHOMES=yes|no`

  bestimmt, ob Heimatverzeichnisse in Unterverzeichnisse mit dem Anfangsbuchstaben platziert werden sollen, also z.B. `/home/k/kofler`. Das kann bei Rechnern mit sehr vielen Accounts zweckmäßig sein.

- ► `NAME_REGEX=yes|no`

  enthält einen regulären Ausdruck (siehe `grep`), dem neue Benutzernamen entsprechen müssen.

- ► `SKEL`

  gibt an, aus welchem Verzeichnis Defaultdateien in ein neues Benutzerverzeichnis kopiert werden sollen (in der Regel `/etc/skel`).

- ► `USERGROUPS=yes|no`

  gibt an, ob für jeden Benutzer eine eigene Gruppe eingerichtet werden soll.

Beispiel

Die folgenden Zeilen zeigen auszugsweise die unter Ubuntu gültigen Defaulteinstellungen in `adduser.conf`:

```
DSHELL=/bin/bash
DHOME=/home
GROUPHOMES=no
LETTERHOMES=no
SKEL=/etc/skel
FIRST_SYSTEM_UID=100
```

```
LAST_SYSTEM_UID=999
FIRST_SYSTEM_GID=100
LAST_SYSTEM_GID=999
FIRST_UID=1000
LAST_UID=29999
FIRST_GID=1000
LAST_GID=29999
USERGROUPS=yes
USERS_GID=100
DIR_MODE=0755
...
```

/etc/aliases

Die Datei /etc/aliases listet für lokale E-Mail-Accounts Weiterleitungsadressen auf. Für die Auswertung der Datei ist der E-Mail-Server verantwortlich, d. h. die Datei ist nur dann relevant, wenn auf dem Rechner ein Mail Transfer Agent (MTA) läuft, z. B. sendmail oder postfix.

Im Regelfall ist aliases primär für lokale Weiterleitungen gedacht, beispielsweise um E-Mails von webmaster@hostname an adminxy@hostname weiterzuleiten. Syntaktisch ist es auch zulässig, lokale Mails an externe Hosts weiterzuleiten; in der Praxis scheitert dies aber oft an Spam-Schutzmaßnahmen der externen Hosts.

Viele Mail-Server werten /etc/aliases nicht direkt aus, sondern berücksichtigen stattdessen eine Datenbankdatei, die aus der aliases-Datei generiert wird. Deswegen werden Änderungen in der aliases-Datei oft erst wirksam, nachdem das Kommando newaliases ausgeführt wird.

/etc/aliases enthält zeilenweise die Umleitungsregeln:

```
name: alias1, alias2, alias3 ...
```

Dabei muss name ein lokaler Mail-Account sein (ohne @hostname!). Zur Angabe des Alias gibt es mehrere Möglichkeiten, wobei es vom Mail-Server abhängt, welche Varianten unterstützt werden.

▶ name: Die E-Mail wird an einen anderen lokalen Mail-Account weitergeleitet.

▶ adresse@host: Die E-Mail wird an eine externe E-Mail-Adresse weitergeleitet.

▶ /pfad/datei: Die E-Mail wird am Ende der angegebenen Datei hinzugefügt.

▶ |kommando: Die E-Mail wird an das angegebene Kommando übergeben.

▶ :include:/pfad/datei: Die alias-Liste wird aus der angegebenen Datei gelesen.

Wenn mehrere Aliase angegeben werden, wird die E-Mail an alle Adressen weitergegeben.

Beispiel

Im folgenden Beispiel werden E-Mails an root, postmaster und webmaster an die lokalen Benutzer michael und bernd weitergeleitet. E-Mails an support werden sowohl im support-Mailfach gespeichert als auch an michael sowie an peter.proell@firma-abc.de weitergeleitet.

```
root:          michael
postmaster:    michael
webmaster:     michael, bernd
support:       support, michael, peter.proell@firma-abc.de
```

/etc/bashrc

/etc/bashrc enthält Defaulteinstellungen für die bash. Die Datei wird als bash-Script ausgeführt. Es sind daher alle von der bash unterstützten Sprachkonstrukte erlaubt. Üblicherweise wird in bashrc die Prompt-Umgebungsvariable PS1 eingestellt, bei manchen Distributionen auch der umask-Wert.

Die Einstellungen in /etc/bashrc werden durch jene in /etc/profile ergänzt. /etc/profile gilt für alle Shells, bashrc enthält nur die Einstellungen, die spezifisch für die bash gelten sollen. Zudem werden benutzerspezifische Einstellungen in .bashrc berücksichtigt.

/etc/crontab

Die Datei /etc/crontab wird vom Hintergrundprozess crond ausgewertet. crontab enthält zeilenweise Informationen darüber, wann welche Kommandos für welchen Benutzer-Account ausgeführt werden sollen. Das Cron-System ermöglicht es so, regelmäßig zu vorgegebenen Zeitpunkten Aufgaben automatisch durchzuführen, z.B. an jedem ersten Montag im Januar, April, Juli und Oktober um 2:30 eine Spiegelung des Dateisystems auf einen externen Backup-Server zu starten.

Jeder crontab-Eintrag besteht aus sieben Spalten in einer Zeile. Die Spalten sind durch Leer- oder Tabulatorzeichen voneinander getrennt. Die letzte Zeile *muss* mit einem Zeilenumbruchzeichen abgeschlossen werden, andernfalls wird sie ignoriert. Kommentare werden mit dem Zeichen # am Zeilenanfang eingeleitet. Es ist nicht zulässig, einen Kommentar im Anschluss an einen crontab-Eintrag anzugeben.

► **Erste Spalte (Minute):** gibt an, in welcher Minute (0–59) das Programm ausgeführt werden soll.

► **Zweite Spalte (Stunde):** gibt die gewünschte Stunde an (0–23).

► **Dritte Spalte (Tag):** gibt den Tag im Monat an (1–31).

▶ **Vierte Spalte (Monat):** gibt den Monat an (1–12).

▶ **Fünfte Spalte (Wochentag):** gibt den Wochentag an (0–7, 0 und 7 bedeuten jeweils Sonntag).

▶ **Sechste Spalte (Benutzer/Account):** gibt an, für welchen Benutzer das Kommando ausgeführt wird (oft `root`).

▶ **Siebte Spalte (Kommando):** enthält das auszuführende Kommando. Das Kommando darf Leerzeichen enthalten; der gesamte Text bis zum Ende der Zeile wird als Kommando interpretiert.

Wenn in den ersten fünf Spalten statt einer Zahl ein * angegeben wird, wird dieses Feld ignoriert. `15 * * * *` bedeutet beispielsweise, dass das Kommando immer 15 Minuten nach der ganzen Stunde ausgeführt werden soll, in jeder Stunde, an jedem Tag, in jedem Monat, unabhängig vom Wochentag. `29 0 * * 6` bedeutet, dass das Kommando an jedem Samstag um 0:29 Uhr ausgeführt wird.

Für die Zeitfelder ist auch die Schreibweise */n erlaubt. Das bedeutet, dass das Kommando jede n-te Minute/Stunde etc. ausgeführt wird. `*/15 * * * *` würde also bedeuten, dass das Kommando viertelstündlich (n:00, n:15, n:30 und n:45) ausgeführt wird.

Bei den Zeitfeldern sind weiters durch Kommata getrennte Mehrfachangaben sowie Von-bis-Bereiche zulässig. `1,13` in der zweiten Spalte bedeutet, dass das Kommando um ein Uhr morgens sowie um 13 Uhr ausgeführt werden soll. `2,4,6,8-18,20,23` in der zweiten Spalte bewirkt, dass das Kommando um 2 Uhr, 4 Uhr, 6 Uhr, 20 Uhr, 23 Uhr sowie stündlich zwischen 6 und 18 Uhr ausgeführt wird.

Beispiel

Die folgenden drei Zeilen in `/etc/crontab` bewirken, dass 15 Minuten nach jeder vollen Stunde ein Maintenance-Script aufgerufen wird, dass jeden Sonntag um 0:30 ein Backup-Werkzeug gestartet wird und dass täglich um 3:15 eine Sicherheitskopie einer MySQL-Datenbank erstellt wird:

```
15  *  *  *  *  root   /usr/bin/maintenance-script
30  0  *  *  0  root   /usr/bin/backup-tool
15  3  *  *  *  mysql  /usr/bin/mysql-backup
```

Weitere Cron-Dateien

Neben der systemweiten Datei `/etc/crontab` bestehen je nach Distribution verschiedene weitere Möglichkeiten, Cron-Jobs zu definieren:

▶ **/etc/cron.d:** Ergänzend zu `/etc/crontab` wertet der Cron-Dämon `crond` bei den meisten Distributionen auch alle Dateien im Verzeichnis `/etc/cron.d` aus. Für diese Dateien gelten dieselben Syntaxregeln wie für `/etc/crontab`.

- **Benutzerspezifische crontab-Dateien:** Je nach Distribution werden im Verzeichnis `/var/spool/cron/` bzw. `/var/spool/cron/tabs` benutzerspezifische Crontab-Dateien gespeichert. Der Name der Datei gibt an, für welchen Benutzer die Datei gilt. Dafür entfällt in diesen Dateien die sechste Spalte. Zur Veränderung benutzerspezifischer Cron-Einträge ist das Kommando `crontab` vorgesehen.

- **cron.hourly, cron.daily, cron.weekly und cron.monthly:** Bei den meisten Distributionen enthält die Defaultkonfiguration in `/etc/crontab` einige Einträge, die bewirken, dass einmal pro Stunde alle Script-Dateien in `/etc/cron.hourly/*` mit `root`-Rechten ausgeführt werden, einmal pro Tag die Script-Dateien in `/etc/cron.daily/*` etc. Bei diesen Dateien handelt es sich um ganz gewöhnliche Script-Dateien, für die keine Crontab-Syntaxregeln gelten. Denken Sie aber daran, das *execute*-Bit zu setzen (`chmod a+x datei`)!

  Die Dateinamen eigener Scripts in `cron.daily`, `cron.weeky` und `cron.monthly` dürfen ausschließlich aus Zahlen, Buchstaben und Binde- und Unterstrichen bestehen! Sobald der Dateiname auch nur einen Punkt enthält, wird das Script ignoriert! Die Scripts aus `/etc/cron.daily`, `-.weekly` und `-.monthly` werden nicht ausgeführt, wenn das Programm Anacron installiert ist.

/etc/deluser.conf

Die Debian/Ubuntu-spezifische Datei `/etc/deluser.conf` enthält Defaulteinstellungen für das Löschen von Benutzern und Gruppen durch die Kommandos `deluser` und `delgroup`. Die Datei `deluser.conf` besteht aus zeilenweisen Einträgen in der Form `parameter=wert`.

- `BACKUP=0|1`

  gibt an, ob Backups von den Dateien gemacht werden sollen, die durch `REMOVE`-Parameter gelöscht werden.

- `BACKUP_TO`

  gibt den Ort des Backup-Verzeichnisses an.

- `EXCLUDE_FSTYPES="(fs1,fs2,...)"`

  gibt an, welche Dateisysteme ignoriert werden sollen, wenn nach Dateien des Benutzers gesucht wird, um ein Backup zu erstellen.

- `ONLY_IS_EMPTY=1`

  bewirkt, dass Gruppen nur gelöscht werden, wenn sie keine Mitglieder haben.

▶ `REMOVE_HOME=0|1`

gibt an, ob mit dem Account auch dessen Heimatverzeichnis gelöscht werden soll.

▶ `REMOVE_ALL_FILES=0|1`

gibt an, ob Benutzerdateien außerhalb des Heimatverzeichnisses gelöscht werden sollen, z. B. Spooling-Dateien und die E-Mail-Inbox.

Beispiel

Die folgenden Zeilen zeigen die unter Ubuntu gültigen Defaulteinstellungen in `deluser.conf`:

```
REMOVE_HOME = 0
REMOVE_ALL_FILES = 0
BACKUP = 0
BACKUP_TO = "."
ONLY_IF_EMPTY = 0
EXCLUDE_FSTYPES = "(proc|sysfs|usbfs|devpts|tmpfs|afs)"
```

/etc/fstab

`/etc/fstab` enthält zeilenweise Einträge für alle Dateisysteme und Swap-Partitionen, die beim Rechnerstart in den Verzeichnisbaum integriert bzw. aktiviert werden sollen. Jeder Eintrag besteht aus sechs Spalten, die durch Leer- oder Tabulatorzeichen voneinander getrennt sind. Kommentare werden mit dem Zeichen # eingeleitet.

▶ **Die erste Spalte (Device)** enthält den Device-Namen des Datenträgers. Statt des Device-Namens können Sie mit `LABEL=xxx` oder mit `UUID=xxx` auch den Namen bzw. die ID-Nummer des Dateisystems angeben.

▶ **Die zweite Spalte (Pfad)** gibt an, bei welchem Verzeichnis der Datenträger in den Dateibaum eingebunden wird. Die in der zweiten Spalte angegebenen Verzeichnisse müssen bereits existieren. Bei Swap-Partitionen geben Sie hier das Schlüsselwort `none` an.

▶ **Die dritte Spalte (Dateisystemtyp)** gibt das Dateisystem an, z. B. `ext4`, `btrfs` oder `vfat`. Einen Überblick über die wichtigsten Linux-Dateisysteme finden Sie bei der Beschreibung des Kommandos `mount`. Mit dem Eintrag `auto` versucht Linux, das Dateisystem selbst zu erkennen. Bei Swap-Partitionen, die intern kein Dateisystem enthalten, geben Sie das Schlüsselwort `swap` an.

▶ **Die vierte Spalte (Optionen)** enthält die gewünschten `mount`-Optionen. Eine Referenz der Optionen für alle wichtigen Dateisysteme finden Sie in diesem Buch

§

beim mount-Kommando. Wenn Sie keine Optionen benötigen, geben Sie stattdessen das Schlüsselwort defaults an. Mehrere Optionen werden nur durch Kommata getrennt, nicht durch Leerzeichen!

▸ **Die fünfte Spalte (dump)** enthält Informationen für das Unix-Programm dump. Unter Linux wird diese Spalte ignoriert. Es ist üblich, für die Systempartition 1 und für alle anderen Partitionen oder Datenträger 0 einzutragen.

▸ **Die sechste Spalte (fsck)** gibt an, ob und in welcher Reihenfolge die Dateisysteme beim Systemstart überprüft werden sollen. Oft wird 1 für die Systempartition und 0 für alle anderen Partitionen eingetragen. Das bedeutet, dass beim Rechnerstart nur die Systempartition auf Fehler überprüft und gegebenenfalls durch fsck repariert wird. Falls Sie möchten, dass weitere Partitionen automatisch überprüft werden, geben Sie bei diesen Partitionen die Ziffer 2 an. Das heißt, die Überprüfung soll nach der Kontrolle der Systempartition erfolgen. Wenn Einträge in der fünften und sechsten Spalte in /etc/fstab fehlen, wird 0 angenommen.

Beispiel

Das folgende Beispiel zeigt die fstab-Datei eines Servers mit LVM und RAID. Die Boot-Partition befindet sich auf im RAID-Device /dev/md/0. Die System- und Datenverzeichnisse nutzen Logical Volumes als Speicherort. Die Einträge für die Linuxinternen proc- und devpts-Dateisysteme sind bei den meisten Distributionen optional. Auf Dateisystemüberprüfungen wird generell verzichtet.

```
/dev/vg0/root    /         ext4   defaults        0 0
/dev/md/0        /boot     ext2   defaults        0 0
/dev/vg0/swap    swap      swap   defaults        0 0
/dev/vg0/var     /var      ext4   defaults        0 0
/dev/vg0/backup  /backup   ext4   defaults        0 0
proc             /proc     proc   defaults        0 0
none             /dev/pts  devpts gid=5,mode=620 0 0
```

/etc/group

/etc/group enthält eine Liste aller Gruppennamen mit den zugehörigen Gruppenidentifikationsnummern (GIDs) sowie mit einer Aufzählung aller Benutzer, die der Gruppe angehören. Zur Administration der Gruppen verwenden Sie üblicherweise die Kommandos groupadd, groupmod und groupdel.

Die zeilenweisen Einträge in der group-Datei bestehen aus vier Spalten, die jeweils durch Doppelpunkte voneinander getrennt sind:

▶ **Die erste Spalte (Gruppenname)** gibt den Name der Gruppe an.

▶ **Die zweite Spalte (GID)** enthielt in älteren Linux-Versionen den Hash-Code des Gruppenpassworts. Aktuelle Linux-Distributionen speichern hier das Zeichen x. Sofern Gruppenpasswörter definiert sind, werden diese in /etc/gshadow gespeichert.

▶ **Die dritte Spalte (GID)** enthält die Gruppenidentifikationsnummer. Bei den meisten Distributionen sind GIDs kleiner 1000 für System-Accounts reserviert.

▶ **Die vierte Spalte (Accounts)** enthält eine durch Kommata getrennte Liste aller Benutzer, die Mitglied dieser Gruppe sind. Dabei werden allerdings nur sekundäre Mitgliedschaften berücksichtigt. Die primäre Gruppe jedes Benutzers wird hingegen in der vierten Spalte von /etc/passwd gespeichert.

Beispiel

Die folgenden Zeilen zeigen Ausschnitte aus /etc/group auf einem Rechner, der als Web- und Entwicklungs-Server dient. Jeder System-Account und jeder reguläre Benutzer hat seine eigene Gruppe. Die Mitglieder der admin-Gruppe dürfen mit sudo Administrationsarbeiten erledigen. Die Mitglieder der devel-Gruppe haben besondere Zugriffsrechte auf das Versionsverwaltungssystem.

```
root:x:0:
bin:x:1:
admin:x:109:kofler,huber
...
kofler:x:1000:
huber:x:1001:
mueller:x:1002:
devel:x:1023:kofler,huber,mueller,gruber,schmiedt
...
```

/etc/default/grub

/etc/default/grub enthält Defaulteinstellungen für den Linux-Bootloader GRUB 2. Diese Einstellungen werden erst berücksichtigt, wenn die GRUB-Konfigurationsdatei /boot/grub/grub.cfg neu erzeugt wird – entweder automatisch bei einem Kernel-Update oder manuell durch das Kommando update-grub (Debian, Ubuntu) bzw. grub-mkconfig (Fedora, openSUSE).

Die folgende Auflistung beschreibt die wichtigsten Schlüsselwörter in /etc/default/grub:

§

▶ `GRUB_CMDLINE_LINUX` und `GRUB_CMDLINE_LINUX_DEFAULT`

werden von `10_linux` berücksichtigt und geben an, welche Optionen an den Kernel übergeben werden sollen. Die `GRUB_CMDLINE_LINUX`-Optionen gelten für jeden Start; die `GRUB_CMDLINE_LINUX_DEFAULT`-Optionen werden zusätzlich für den Standardstart hinzugefügt, aber nicht für den Recovery Mode.

▶ `GRUB_DEFAULT`

gibt an, welcher GRUB-Menüeintrag standardmäßig ausgewählt werden soll. Die Einstellung `"saved"` bedeutet, dass der zuletzt ausgewählte Menüeintrag aktiviert wird. Das funktioniert allerdings nur, wenn sich die GRUB-Dateien in einer gewöhnlichen Partition befinden! Ist dagegen LVM oder RAID im Spiel, kann GRUB nach der Menüauswahl keine Umgebungsvariablen speichern.

Eine weitere Möglichkeit besteht darin, `GRUB_DEFAULT` die `menuentry`-Zeichenkette des gewünschten Menüeintrags zuzuweisen. Dabei müssen Sie aber darauf achten, die Schreibweise exakt einzuhalten.

▶ `GRUB_DISABLE_LINUX_UUID=true`

bewirkt, dass GRUB das Root-Verzeichnis als Device-Namen an den Kernel übergibt. Ohne diese Option übergibt GRUB die UUID-Nummer des Dateisystems. Diese Einstellung gilt nur für den Start der aktiven Distribution (Script `10_linux`), nicht für andere Distributionen.

▶ `GRUB_DISABLE_RECOVERY=true`

verhindert, dass `update-grub` bzw. `grub2-mkconfig` Menüeinträge zum Start von Linux im Recovery Mode in `grub.cfg` einbaut.

▶ `GRUB_DISTRIBUTOR`

wird vom weiter unten beschriebenen Script `10_linux` ausgewertet und gibt den Namen der aktuellen Distribution an.

▶ `GRUB_GFXMODE`

gibt an, in welchem Grafikmodus GRUB laufen soll (standardmäßig in einer Auflösung von 640 * 480 Pixel).

▶ `GRUB_HIDDEN_TIMEOUT`

ist dann von Bedeutung, wenn GRUB während der Installation nur eine einzige Linux-Distribution auf Ihrem Rechner erkennt. In diesem Fall gibt `GRUB_HIDDEN_TIMEOUT` an, wie lange der Benutzer Zeit hat, um mit ⊙ das GRUB-Menü anzuzeigen. Während dieser Wartezeit bleibt der Bildschirm schwarz. Wenn mehrere Betriebssysteme installiert sind, ignoriert GRUB die `GRUB_HIDDEN_TIMEOUT`-Einstellung und zeigt das Menü an.

▶ `GRUB_HIDDEN_TIMEOUT_QUIET=true`

verhindert, dass während der `GRUB_HIDDEN_TIMEOUT`-Wartezeit ein Countdown-Zähler angezeigt wird. Wenn Sie möchten, dass das GRUB-Menü immer angezeigt wird, stellen Sie den Zeilen `GRUB_HIDDEN_TIMEOUT=...` und `GRUB_HIDDEN_TIMEOUT_QUIET=...` jeweils das Kommentarzeichen # voran.

▶ `GRUB_TIMEOUT=n`

gibt an, wie viele Sekunden GRUB auf die Auswahl eines Menüeintrags wartet. Wenn diese Zeit ohne Benutzereingaben verstreicht, startet GRUB das ausgewählte Betriebssystem. Die hier eingestellte Zeit kommt nur zur Geltung, wenn das GRUB-Menü überhaupt erscheint.

▶ `GRUB_TERMINAL=console`

bewirkt, dass GRUB im Textmodus läuft. Dort können allerdings keine Unicode-Zeichen angezeigt werden.

Beispiel

In Ubuntu enthält die Konfigurationsdatei die folgenden Einstellungen:

```
# Datei /etc/default/grub
GRUB_DEFAULT=0
GRUB_HIDDEN_TIMEOUT=0
GRUB_HIDDEN_TIMEOUT_QUIET=true
GRUB_TIMEOUT=10
GRUB_DISTRIBUTOR=`lsb_release -i -s 2> /dev/null || echo Debian`
GRUB_CMDLINE_LINUX_DEFAULT="quiet splash"
GRUB_CMDLINE_LINUX=""
```

/boot/grub/grub.cfg

/boot/grub/grub.cfg bzw. /boot/grub2/grub.cfg ist die Konfigurationsdatei der aktuellen GRUB-Version 2. Diese Datei wird automatisch generiert, direkte Veränderungen sind nicht empfehlenswert. Um Einfluss auf das Verhalten von GRUB zu nehmen, können Sie in /etc/default/grub diverse Defaulteinstellungen verändern oder in /etc/grub.d/*custom Anweisungen einfügen, die dann direkt in grub.cfg übernommen werden. Um grub.cfg anschließend neu zu erstellen, führen Sie eines der folgenden Kommandos aus:

§

```
root#  update-grub                                (Debian und Ubuntu)
root#  grub2-mkconfig -o /etc/grub2.cfg           (Fedora mit BIOS)
root#  grub2-mkconfig -o /etc/grub2-efi.cfg       (Fedora mit EFI)
root#  grub2-mkconfig -o /boot/grub2/grub.cfg     (openSUSE mit BIOS)
root#  grub2-mkconfig -o /boot/grub2-efi/grub.cfg (openSUSE mit EFI)
```

/etc/gshadow

Die Datei /etc/gshadow enthält die Hashcodes der Gruppenpasswörter sowie weitere Daten zur Gruppenadministration. Aus Sicherheitsgründen darf nur root diese Datei lesen und verändern.

Die zeilenweisen Einträge in der gshadow-Datei bestehen aus vier Spalten, die jeweils durch Doppelpunkte voneinander getrennt sind:

▸ **Die erste Spalte (Gruppenname)** gibt den Name der Gruppe an.

▸ **Die zweite Spalte (Hash-Code)** enthält den Hash-Code des Gruppenpassworts oder einen Stern (kein Passwort). Die Verwendung von Gruppenpasswörtern ist aus Sicherheitsgründen unüblich. Wenn Sie sich doch dafür entscheiden, legen Sie das Gruppenpasswort mit dem Kommando gpasswd fest. Jeder, der das Gruppenpasswort kennt, kann nun mit newgrp in diese Gruppe wechseln, auch wenn er nicht Mitglied der Gruppe ist.

▸ **Die dritte Spalte (Administratoren)** enthält eine durch Kommata getrennte Aufzählung von Gruppenadministratoren (Account-Namen). Gruppenadministratoren dürfen das Gruppenpasswort ändern und andere Mitglieder zur Gruppe hinzufügen bzw. wieder aus ihr entfernen.

▸ **Die vierte Spalte (Mitglieder)** enthält eine durch Kommata getrennte Aufzählung von Gruppenmitgliedern, die die Gruppe *ohne* Passwortangabe aktivieren dürfen.

Auf vielen Linux-Systemen ist die Datei gshadow ungenutzt und sieht dann so aus:

```
root:*::
daemon:*::
bin:*::
sys:*::
...
```

/etc/host.conf

/etc/host.conf steuert die Resolver-Bibliothek, die bei Netzwerkoperationen angibt, wie unbekannte Hostnamen aufgelöst werden.

- multi on|off

  gibt an, ob die Resolver-Bibliothek für jeden Host alle Einträge (on) oder nur den ersten passenden Eintrag zurückgibt (off).

- order a,b,c...

  gibt an, in welche Reihenfolge welcher Verfahren zur Hostname-Ermittlung genutzt werden sollen. bind bedeutet, dass die Resolver-Bibliothek auf den in /etc/resolv.conf eingestellten Nameserver zurückgreift. hosts lässt die Auswertung von /etc/hosts zu. nis bewirkt, dass der veraltete Network Information Service zum Einsatz kommt.

Beispiel

Die Standardkonfiguration für host.conf sieht bei den meisten Distributionen so wie im folgenden Listing aus. Die Resolver-Bibliothek wertet zuerst die Datei /etc/hosts aus und kontaktiert dann den in resolv.conf eingestellten Nameserver. Die multi-Zeile erlaubt, dass einem in /etc/hosts angegebenen Hostnamen mehrere IP-Adressen zugeordnet werden dürfen.

```
order hosts, bind
multi on
```

/etc/hostname

Die Datei /etc/hostname enthält bei vielen Linux-Distributionen den vollständigen Namen des Rechners, der aus dem Host- und dem Domainnamen besteht. /etc/hostname auf der Ubuntu-Server-Installation für meinen Webserver enthält daher diesen Text:

```
kofler.info
```

/etc/hostname wird von Debian, Fedora, Ubuntu sowie von allen Distributionen mit einer aktuellen Systemd-Version ausgewertet. In RHEL bis Version 6 wird der Hostname hingegen in /etc/sysconfig/network eingestellt, bei SUSE-Distributionen in /etc/HOSTNAME.

/etc/hostname wird beim Rechnerstart ausgewertet. Änderungen im laufenden Betrieb müssen mit dem Kommando hostname durchgeführt werden. Bei aktuellen Distributionen mit dem Init-System Systemd kann der Hostname dynamisch und dauerhaft durch das Kommando hostnamectl eingestellt werden.

§

/etc/hosts

`/etc/hosts` ordnet IP-Adressen ihren Hostnamen zu. Die Datei enthält normalerweise nur Einträge für `localhost` sowie bei statisch konfigurierten Servern für den Hostnamen. In der Vergangenheit wurde die Datei verwendet, um andere Rechner im lokalen Netzwerk aufzulisten. Diese Funktion übernimmt heute aber selbst in kleinen Netzen ein Router bzw. ein lokaler Nameserver, z. B. Bind oder Dnsmasq.

Die Datei `/etc/hosts` enthält zeilenweise Einträge gemäß dem folgenden Muster:

```
ip-addr   hostname1 hostname2 hostname3 ...
```

Die Minimalvariante sieht so aus:

```
127.0.0.1   localhost
```

Bei den meisten Linux-Distributionen ist `localhost` auch für IPv6 definiert. Die folgenden Zeilen zeigen die Defaulteinstellungen unter Fedora und RHEL:

```
127.0.0.1   localhost localhost.localdomain localhost4 localhost4.localdomain4
::1         localhost localhost.localdomain localhost6 localhost6.localdomain6
```

Bei einer statischen Netzwerkkonfiguration, z. B. auf einem Root-Server, kann `hosts` auch einen Eintrag mit der IP-Adresse und dem Hostnamen des Rechners enthalten:

```
211.212.213.214   firma-abc.de firma-abc
```

/etc/sysconfig/network-scripts/ifcfg-xxx

Auf Fedora- und Red-Hat-Systemen enthält die Datei `/etc/sysconfig/network-scripts/ifcfg-xxx` die Netzwerkkonfiguration für die Schnittstelle `xxx`. Die Einstellungen der Schnittstelle `eth0` befinden sich somit in `ifcfg-eth0`. Die Datei enthält zeilenweise Variablenzuweisungen. Bei einfachen Zeichenketten ohne Leerzeichen sind die Anführungszeichen optional.

Die Syntax der `ifcfg`-Datei sowie anderer Red-Hat-spezifischer Konfigurationsdateien im Verzeichnis `/etc/sysconfig` ist in der Datei `/usr/share/doc/initscripts-n.n/sysconfig.txt` dokumentiert. Es gibt aber keine entsprechenden `man`-Seiten.

Grundeinstellungen

▶ `DEVICE="devname"`

enthält den Schnittstellennamen, z. B. `eth0` oder `enp0s5`.

▶ `HWADDR="nn:nn:nn:nn:nn:nn:nn"`

gibt die MAC-Adresse der Schnittstelle an.

▶ ONBOOT="yes|no"

gibt an, ob die Schnittstelle beim Rechnerstart automatisch aktiviert werden soll.

▶ NM_CONTROLLED="yes|no"

gibt an, ob die Schnittstelle durch den NetworkManager gesteuert werden soll. Alle weiteren Einstellungen werden dann ignoriert! Die Defaulteinstellung lautet yes. Wenn Sie die Schnittstelle manuell in ifcfg-xxx konfigurieren möchten, muss die Datei unbedingt NM_CONTROLLED="no" enthalten!

▶ TYPE="Ethernet"

gibt die Art der Schnittstelle an. Außer Ethernet sind z. B. Bridge für Netzwerkbrücken oder IPSec für IP-Secure-Schnittstellen zulässig. An dieser Stelle berücksichtige ich allerdings nur die Konfiguration von Ethernet-Schnittstellen.

IPv4-Konfiguration

▶ BOOTPROTO="dhcp|none"

gibt an, ob die Konfiguration der Schnittstelle durch DHCP oder statisch erfolgt. Die weiteren Parameter sind nur für BOOTPROTO="none" relevant.

▶ IPADDR="n.n.n.n"

bestimmt die IP-Adresse.

▶ PREFIX="n"

legt das Netzwerk-Präfix fest. PREFIX="24" entspricht NETMASK="255.255.255.0".

▶ NETMASK="n.n.n.n"

legt die Netzwerkmaske fest (nur, wenn eine PREFIX-Angabe fehlt).

▶ NETWORK="n.n.n.n"

definiert die Netzwerkadresse. Der Parameter gilt als veraltet, weil die Netzwerkadresse aus IPADDR und NETMASK automatisch ermittelt werden kann.

▶ BROADCAST="n.n.n.n"

gibt die Broadcast-Adresse an. Der Parameter gilt als veraltet, weil die Broadcast-Adresse aus IPADDR und NETMASK automatisch ermittelt werden kann.

▶ GATEWAY="n.n.n.n"

gibt die Gateway-Adresse an. Diese Adresse kann alternativ auch in der Datei /etc/sysconfig/network eingestellt werden, wenn es ein zentrales Gateway für mehrere Schnittstellen gibt.

§

▶ `ZONE="name"`

gibt an, welcher FirewallD-Zone die Schnittstelle zugewiesen ist. Die Einstellung betrifft nur Distributionen, die FirewallD verwenden, z. B. Fedora ab Version 19. Wenn die Einstellung fehlt, gelten für die Schnittstelle die Regeln der Default-Firewall-Zone. Diese Zone können Sie mit `firewall-cmd --get-default-zone` ermitteln.

IPv6-Konfiguration

▶ `IPV6INIT="yes|no"`

aktiviert IPv6 für diese Schnittstelle (Default `no`).

▶ `IPV6_AUTOCONF="yes|no"`

wertet das Router Advertisement des IPv6-Routers aus und führt eine automatische Konfiguration durch (Default `yes`).

▶ `DHCPV6C="yes|no"`

bezieht die IP-Konfiguration von einem DHCPv6-Server (Default `no`).

▶ `DHCPV6C="-x -y"`

enthält Optionen für den DHCP-Client. Eine Liste der zulässigen Optionen liefert `man dhclient`.

▶ `IPV6ADDR="nnn"`

gibt die IPv6-Adresse statisch an.

▶ `IPV6_DEFAULTGW="nnn"`

gibt die Gateway-Adresse für IPv6 statisch an.

Beispiele

Auf Desktop-Systemen kümmert sich in der Regel der NetworkManager um die Netzwerkkonfiguration. Die einzige Voraussetzung besteht darin, dass `ifcfg-xxx` *nicht* die Zeile `NM_CONTROLLED="no"` enthält. Alle weiteren Parameter trägt der NetworkManager selbst in `ifcfg-xxx` ein.

Wenn Sie die IPv4-Konfiguration selbst durchführen und es einen DHCP-Server im lokalen Netzwerk gibt, sieht `ifcfg-xxx` typischerweise so aus:

```
DEVICE=enp0s5
HWADDR=00:1C:42:85:09:A1
NM_CONTROLLED=no
ONBOOT=yes
```

```
BOOTPROTO=dhcp
TYPE=Ethernet
ZONE="trusted"
```

Bei einer statischen Konfiguration muss die Datei dem folgenden Muster entsprechen:

```
DEVICE=eth0
HWADDR=00:1C:42:85:09:A1
NM_CONTROLLED=no
ONBOOT=yes
BOOTPROTO=none
TYPE=Ethernet
IPADDR=10.0.17.33
NETMASK=255.255.255.0
GATEWAY=10.0.17.1
ZONE="trusted"
```

Wenn Sie IPv6 nutzen möchten, muss die Datei /etc/sysconfig/network unter RHEL 6 die Zeile NETWORKING_IPV6=yes enthalten. Unter Fedora ist dieser Eintrag nicht mehr erforderlich. Außerdem ergänzen Sie die ifcfg-Datei um die folgenden Zeilen, damit die Schnittstelle das *Router Advertisement* des IPv6-Routers auswertet und die IPv6-Parameter automatisch einstellt:

```
...
IPV6INIT=yes
IPV6_AUTOCONF=yes
```

Wenn die IPv6-Parameter von einem DHCPv6-Server bezogen werden sollen, sieht die Konfiguration so aus:

```
...
IPV6INIT=yes
DHCPV6C=yes
```

Zu guter Letzt folgt hier noch die Variante für eine statische Konfiguration:

```
...
IPV6INIT=yes
IPV6ADDR=2a01:4f8:161:107::2/64
IPV6_DEFAULTGW=fe80::1
```

§

/etc/network/interfaces

Die Datei /etc/network/interfaces enthält bei Debian- und Ubuntu-Distributionen die Einstellungen für die Netzwerkkonfiguration. Bei Desktop-Installationen ist die Datei normalerweise fast leer und enthält nur die Einstellungen für die Loopback-Schnittstelle:

```
# Loopback-Schnittstelle
auto lo
  iface lo inet loopback
```

Für alle weiteren Schnittstellen ist der NetworkManager verantwortlich.

IPv4-Konfiguration

Ganz anders sieht es bei Server-Installationen bzw. auf Rechnern aus, deren Netzwerkkonfiguration statisch eingestellt ist. In diesem Fall leitet die Zeile `auto name` einen Konfigurationsblock für jede Netzwerkschnittstelle ein, die beim Rechnerstart aktiviert werden soll. Die folgende Zeile `iface name optionen` beschreibt die Basiskonfiguration der Schnittstelle. Je nach Konfigurationstyp folgen dann die weiteren Parameter. Wenn die Schnittstelle die IP-Daten von einem DHCP-Server bezieht, fällt die Konfiguration sehr knapp aus:

```
# IPv4-Netzwerkschnittstelle mit DHCP
auto eth0
iface eth0 inet dhcp
```

Bei einer statischen Konfiguration werden die Netzwerkparameter zeilenweise durch mehrere Schlüsselwörter angegeben, deren Bedeutung selbsterklärend ist. Das Schlüsselwort `dns-nameservers` dient nur unter Ubuntu zur Konfiguration der Nameserver. Für die Auswertung ist das Paket `resolvconf` zuständig. Unter Debian müssen Sie den Nameserver hingegen in `/etc/resolv.conf` selbst einstellen.

```
# IPv4-Netzwerkschnittstelle, statische Konfiguration
auto eth0
iface eth0 inet static
  address        211.212.213.37
  netmask        255.255.255.224
  gateway        211.212.213.1
  dns-nameservers 211.222.233.244 212.232.234.245
```

Änderungen an einer einzelnen Schnittstelle aktivieren Sie mit `ifdown xxx; ifup xxx`, wobei Sie `xxx` durch den Schnittstellennamen ersetzen. Um die gesamte Konfiguration neu zu aktivieren, führen Sie `service network restart` aus.

IPv6-Konfiguration

Wenn Sie auch IPv6 nutzen möchten, definieren Sie die betreffende Schnittstelle in `/etc/network/interfaces` einfach ein zweites Mal mit dem Schlüsselwort `inet6`. Das Schlüsselwort `auto` gibt an, dass die IPv6-Konfiguration das sogenannte *Router Advertisement* des Gateways bzw. IPv6-Routers berücksichtigt.

```
# IPv4-Konfiguration via DHCP, IPv6-Konfiguration via Router Advertisement
auto eth0
iface eth0 inet dhcp
iface eth0 inet6 auto
```

Wenn das IPv6-Gateway einen DHCPv6-Server verwendet, lautet die korrekte Methode dhcp. Wenn außerdem die Router-Adresse per *Router Advertisement* konfiguriert werden soll, ist die Zusatzoption accept_ra 1 erforderlich. Das ist beispielsweise der Fall, wenn Sie als DHCP-Server dnsmasq mit der Option enable-ra einsetzen.

```
# IPv4- und IPv6-Konfiguration via DHCP
auto eth0
iface eth0 inet dhcp
iface eth0 inet6 dhcp
  accept_ra 1
```

Bei einer statischen Konfiguration muss interfaces so aussehen:

```
# IPv4- und IPv6-Konfiguration statisch
auto eth0
iface eth0 inet static
  ... (IPv4-Konfiguration wie bisher)
iface eth0 inet6 static
  address 2a01:4f8:161:107::2
  netmask 64
  gateway fe80::1
```

Netzwerkbrücken und Spezialeinstellungen

Zur Konfiguration virtueller Brücken oder zur Erfüllung spezieller Konfigurationswünsche gibt es eine Menge weiterer Schlüsselwörter, die in der man-Seite zu interfaces dokumentiert sind. Insbesondere können Sie mit den Schlüsselwörtern pre-up, up und post-up sowie pre-down, down und post-down Kommandos angeben, die unmittelbar vor, während bzw. nach dem Einrichten bzw. Stoppen einer Netzwerkschnittstelle ausgeführt werden sollen. Die folgenden Zeilen zeigen eine Netzwerkbrücke, die mit der physischen Schnittstelle eth0 verbunden ist und Netzwerkpakete zu vier virtuellen Maschinen weiterleitet.

```
# IPv4-Netzwerkbrücke
auto  br0
iface br0 inet static
  # statische Konfiguration
  address     210.211.212.18
  broadcast   210.211.212.31
  netmask     255.255.255.224
  gateway     210.211.212.1
  pointopoint 210.211.212.1
```

§

```
# Brücke
bridge_ports    eth0
bridge_stp      off
bridge_fd       0
bridge_maxwait  0

# zusätzliche IPs für KVM
up route add -host 210.211.212.26 dev br0
up route add -host 210.211.212.27 dev br0
up route add -host 210.211.212.28 dev br0
up route add -host 210.211.212.29 dev br0
```

/etc/inittab

Die Datei /etc/inittab enthält Defaulteinstellungen für das klassische Init-V-System. Die Datei ist nur für Distributionen relevant, die dieses Init-System verwenden, z. B. für Debian sowie für RHEL 5. Viele andere Linux-Distributionen verwenden als Init-System Upstart oder Systemd, wo es keine vergleichbare zentrale Konfigurationsdatei gibt.

Für die Zeilen der inittab-Datei gilt die folgendes Syntax:

```
id-code:runlevel:action:command
```

id-code besteht aus zwei Zeichen, die die Zeile eindeutig identifizieren. Der runlevel gibt an, für welchen Runlevel der Eintrag gilt. action enthält eine Anweisung für init. command gibt an, welches Linux-Kommando oder Programm gestartet werden soll. Tabelle 3 zählt die wichtigsten action-Schlüsselwörter auf. Eine vollständige Beschreibung erhalten Sie mit man inittab.

Schlüsselwort	Bedeutung
ctrlaltdel	gibt an, wie init auf [Strg]+[Alt]+[Entf] reagieren soll.
initdefault	definiert den Standard-Runlevel für init (siehe oben).
once	init startet das angegebene Kommando beim Runlevel-Wechsel.
respawn	init startet das Kommando nach seinem Ende wieder neu.
sysinit	init startet das Kommando einmal während des Bootprozesses.
wait	init wartet auf das Ende des nachfolgenden Kommandos.
bootwait	init startet den Prozess während des Bootprozesses und wartet auf das Ende des nachfolgenden Kommandos.

Tabelle 3 »inittab-action«-Schlüsselwörter (dritte Spalte)

Beispiel

Das folgende Listing gibt die leicht gekürzte inittab-Datei von Debian wieder. Als Standard-Runlevel gilt 2. Bei einem normalen Systemstart führt init die Script-Dateien rcS und das Kommando rc 2 aus. Schließlich wird für die Textkonsolen 1 bis 6 das Programm mingetty gestartet, das einen Login ermöglicht.

```
# Datei /etc/inittab bei Debian 7
# Standard-Runlevel
id:2:initdefault:

# Systemkonfiguration und -initialisierung unmittelbar nach dem Rechnerstart
si::sysinit:/etc/init.d/rcS

# Verhalten im Single-User-Modus (Kernelparameter su)
~~:S:wait:/sbin/sulogin

# Start der jeweiligen Runlevel
l0:0:wait:/etc/init.d/rc 0
l1:1:wait:/etc/init.d/rc 1
l2:2:wait:/etc/init.d/rc 2
l3:3:wait:/etc/init.d/rc 3
l4:4:wait:/etc/init.d/rc 4
l5:5:wait:/etc/init.d/rc 5
l6:6:wait:/etc/init.d/rc 6
# Die folgende Zeile sollte nie erreicht werden, sie ist nur für Notfälle da.
z6:6:respawn:/sbin/sulogin

# Reaktion auf Strg+Alt+Entf in einer Textkonsole
ca:12345:ctrlaltdel:/sbin/shutdown -t1 -a -r now

# Reaktion auf einen Stromausfall, der von einer unterbrechungsfreien
# Stromversorgung gemeldet wird
pf::powerwait:/etc/init.d/powerfail start
pn::powerfailnow:/etc/init.d/powerfail now
po::powerokwait:/etc/init.d/powerfail stop

# gettys (Terminalemulatoren) für die Textkonsolen starten
1:2345:respawn:/sbin/getty 38400 tty1
2:23:respawn:/sbin/getty 38400 tty2
3:23:respawn:/sbin/getty 38400 tty3
4:23:respawn:/sbin/getty 38400 tty4
5:23:respawn:/sbin/getty 38400 tty5
6:23:respawn:/sbin/getty 38400 tty6
```

/etc/inittab bei RHEL 6

Red Hat Enterprise Linux 6 verwendet zwar Upstart als Init-System, dennoch gibt es dort noch /etc/inittab. Ausgewertet wird allerdings nur die mit id: beginnende Zeile, die den Default-Runlevel bestimmt. Das folgende Beispiel gilt für eine Desktop-Installation, wo standardmäßig der Runlevel 5 gestartet wird, also die grafische Benutzeroberfläche.

```
id:5:initdefault:
```

/etc/locale.conf

Die Datei /etc/locale.conf enthält bei Distributionen, die eine aktuelle Systemd-Version als Init-System verwenden, die Sprach- und Zeichensatzeinstellungen. Bei der Veränderung der Einstellungen hilft das Kommando localectl. Die folgende Aufzählung beschreibt die wichtigsten Parameter, die eingestellt werden können.

▶ LANG=xxx

bestimmt den Standardwert für alle nicht eingestellten LC-Variablen.

▶ LC_ALL=xxx

überschreibt alle individuellen LC-Einstellungen.

▶ LC_COLLATE=xxx

bestimmt die Sortierordnung.

▶ LC_CTYPE=xxx

bestimmt den Zeichensatz.

▶ LC_MESSAGES=xxx

bestimmt die Darstellung von Nachrichten, Fehlermeldungen etc.

▶ LC_MONETARY=xxx

bestimmt die Darstellung von Geldbeträgen.

▶ LC_NUMERIC=xxx

bestimmt die Darstellung von Zahlen.

▶ LC_PAPER=xxx

bestimmt die Papiergröße.

▶ LC_TIME=xxx

bestimmt die Darstellung von Datum und Uhrzeit.

Eine Liste aller möglichen Einstellungen liefert locale -a. Üblicherweise wird die Schreibweise *spr_land.zs* verwendet, wobei *spr* durch zwei Buchstaben die Sprache und *land* durch zwei Buchstaben das Land bezeichnet. *zs* gibt den Zeichensatz an. Im deutschen Sprachraum sollten Sie de_DE.utf8 verwenden.

Je nach Distribution werden die Lokalisierungseinstellungen an anderen Orten gespeichert:

Debian, Ubuntu: /etc/default/locale
RHEL 6: /etc/sysconfig/i18n
SUSE: /etc/sysconfig/language

Beispiel

Mit der folgenden Einstellung in locale.conf gilt Deutsch als Defaultsprache und UTF-8 als Zeichensatz.

LANG="de_DE.utf8"

/etc/login.defs

/etc/login.defs enthält diverse Einstellungen, die beim Anlegen neuer Benutzer und Gruppen berücksichtigt werden. Die Einstellungen gelten für die Kommandos aus dem shadow-utils-Paket, also z. B. für adduser und useradd sowie für addgroup und groupadd. Die login.defs-Parameter haben hingegen keinen Einfluss auf Kommandos, die auf die Pluggable Authentication Modules (PAM) zurückgreifen; dazu zählt insbesondere passwd!

Die Einstellungen in login.defs erfolgen zeilenweise. In jeder Zeile werden zuerst ein Schlüsselwort, dann ein oder mehrere Leer- oder Tabulatorzeichen und schließlich die gewünschte Einstellung angegeben.

▶ CREATE_HOME

gibt an, ob beim Anlegen neuer Benutzer automatisch auch ein Heimatverzeichnis erzeugt werden soll (yes/no).

▶ ENCRYPT_METHOD

gibt an, welcher Algorithmus zur Speicherung der Hash-Codes in /etc/shadow verwendet werden soll. Zulässige Einstellungen sind DES, MD5, SHA256 und SHA512 (zurzeit am sichersten).

▶ `ENV_PATH` und `ENV_SUPATH`

enthält eine Voreinstellung für die `PATH`-Umgebungsvariable für gewöhnliche Benutzer und für `root` bzw. `su`. Weitere Einstellungen für die `PATH`-Variable erfolgen bei den meisten Distributionen in `/etc/profile` oder in `/etc/bashrc`.

▶ `GID_MIN` und `GID_MAX`

gibt die minimale und maximale Gruppen-ID-Nummer für gewöhnliche Gruppen an.

▶ `LOG_OK_LOGINS`

zeichnet erfolgreiche Logins mit Syslog auf (yes/no).

▶ `MAIL_DIR`

gibt den Ort des Verzeichnisses zur Speicherung lokaler E-Mails an.

▶ `PASS_MAX_DAYS`, `PASS_MIN_DAYS` und `PASS_WARN_AGE`

gibt an, wie lange Passwörter gelten und nach welchem Zeitraum sie frühestens verändert werden dürfen (siehe chage).

▶ `PASS_MIN_LEN`

definiert die minimale Passwortlänge.

▶ `SYS_GID_MIN` und `SYS_GID_MAX`

gibt die minimale und maximale GID für System-Accounts an.

▶ `SYS_UID_MIN` und `SYS_UID_MAX`

gibt die minimale und maximale UID für System-Accounts an.

▶ `SYSLOG_SU_ENAB` und `SYSLOG_SG_ENAB`

zeichnet su- und newgrp-Kommandos mit Syslog auf (yes/no).

▶ `UID_MIN` und `UID_MAX`

gibt die minimale und maximale Benutzer-ID-Nummer für gewöhnliche Benutzer an.

▶ `USERGROUPS_ENAB`

steuert, ob zusammen mit jedem Benutzer eine eigene Gruppe erzeugt werden soll (yes/no).

Beispiel

Die folgenden Zeilen zeigen die Defaulteinstellungen in login.defs unter Fedora. Beachten Sie aber, dass die Einstellungen für PASS_MIN_LEN und UMASK für den Betrieb von Fedora nicht relevant sind! Die Mindestanforderungen für Passwörter sind durch das PAM-Modul pwquality vorgegeben, und umask wird in /etc/profile mit 022 voreingestellt.

```
MAIL_DIR        /var/spool/mail
PASS_MAX_DAYS          99999
PASS_MIN_DAYS              0
PASS_MIN_LEN              5
PASS_WARN_AGE             7
UID_MIN                1000
UID_MAX               60000
SYS_UID_MIN             201
SYS_UID_MAX             999
GID_MIN                1000
GID_MAX               60000
SYS_GID_MIN             201
SYS_GID_MAX             999
CREATE_HOME             yes
UMASK                   077
USERGROUPS_ENAB         yes
ENCRYPT_METHOD       SHA512
```

/etc/mdadm/mdadm.conf

Die Datei /etc/mdadm/mdadm.conf fasst die Konfiguration des Software-RAID-Systems des Rechners zusammen. Wenn die Datei fehlt oder verloren gegangen ist, kann sie aus den in RAID-Partitionen gespeicherten Metadaten mit dem folgenden Kommando teilweise neu erstellt werden:

```
root#  mdadm --examine --scan > /etc/mdadm/mdadm.conf
```

Die folgende Auflistung nennt die wichtigsten Schlüsselwörter in mdadm.conf:

▶ ARRAY device1 metadata=... UUID=... name=... devices=...

gibt an, aus welchen Komponenten ein RAID-Verbund besteht.

▶ CREATE owner=... group=... mode=... auto=...

gibt an, welche Defaulteinstellungen beim Aktivieren eines RAID-Devices gelten sollen. Der auto-Parameter entspricht der Option --auto des Kommandos mdadm.

▶ DEVICE device1 device2 | partitions | containers

gibt an, welche Festplatten oder Partitionen RAID-Komponenten enthalten können. Wenn die DEVICE-Angabe fehlt, gilt DEVICE partitions containers. Der Befehl mdadm durchsucht damit alle SSD- und Festplattenpartitionen sowie alle Logical Volumes.

▶ MAILADDR name

gibt an, an welche lokale E-Mail-Adresse Meldungen, Warnungen und Fehlermeldungen gesendet werden sollen, sofern mdadm im Monitor-Modus läuft.

Beispiel

Die folgenden Zeilen zeigen die Konfigurationsdatei eines Linux-Servers mit zwei RAID-1-Devices:

```
CREATE owner=root group=disk mode=0660 auto=yes
MAILADDR root
ARRAY /dev/md/0 metadata=1.2 UUID=0860...f0a2 name=rescue:0
ARRAY /dev/md/1 metadata=1.2 UUID=2546...e6e2 name=rescue:1
```

/boot/grub/menu.lst

/boot/grub/menu.lst enthält die Konfiguration für den Linux-Bootloader GRUB in der veralteten Version 0.97. Diese GRUB-Version ist außer bei RHEL 6 nur noch bei älteren Linux-Installationen im Einsatz. Aktuelle Linux-Distributionen verwenden GRUB 2. Dessen Konfigurationsdatei heißt /boot/grub/grub.cfg.

Bei RHEL 6 ist /boot/grub/menu.lst ein Link auf /etc/grub/grub.conf. Für die automatische Aktualisierung von menu.lst bei Kernel-Updates ist das Script grubby verantwortlich. Direkte Veränderungen an menu.lst gehen deswegen bei Kernel-Updates verloren. Ähnlich geht Debian 6 vor, wo sich das Script update-grub um die Aktualisierung von menu.lst kümmert. update-grub berücksichtigt dabei in Kommentarform eingebettete Optionen innerhalb von menu.lst.

Syntax

menu.lst beginnt mit allgemeinen Einstellungen, die unter anderem festlegen, welcher Menüeintrag standardmäßig aktiv ist, wie lange GRUB beim Rechnerstart auf interaktive Eingaben wartet etc. Danach folgen die Detailinformationen zu den Menüeinträgen. Jeder Menüeintrag beginnt mit title eintrag, wobei eintrag der im GRUB-Menü angezeigte Text ist. Zum Start von Linux müssen anschließend zumindest drei Parameter eingestellt werden: der Ort der Systempartition mit root, der Ort der Kerneldatei mit kernel und der Ort der Initrd-Datei mit initrd.

Zum Verzweigen in den Windows-Bootloader geben Sie in menu.lst mit dem Schlüsselwort rootnoverify die Partition mit den Windows-Bootdaten an. Der Eintrag chainloader +1 bewirkt, dass GRUB den Windows-Bootloader startet.

Für die Angabe von Partitionen gilt in GRUB eine eigene Nomenklatur in der Form (hd*n*, *m*). Dabei ist *m* die Nummer der Festplatte oder SSD, *m* die Nummer der Partition. Die Nummerierung beginnt in beiden Fällen mit 0.

Beispiel

Eine minimale menu.lst-Datei zum wahlweisen Start von Linux oder Windows sieht so aus:

```
# globaler Bereich
default 0        # der erste Menüeintrag gilt als Standardeintrag
timeout 30       # 30 Sekunden warten, bevor das
                 # Standardsystem gestartet wird

# Menüeintrag für Linux
title Linux
  root (hd0,3)
  kernel /boot/vmlinuz root=/dev/sda4
  initrd /boot/initrd

# Menüeintrag für Windows
title Windows
  rootnoverify (hd0,0)
  chainloader +1
```

/etc/modules

Die Debian- und Ubuntu-spezifische Datei /etc/modules enthält zeilenweise die Namen von Kernelmodulen, die beim Rechnerstart geladen werden sollen. Normalerweise erkennt Linux selbst, welche Kernelmodule geladen werden sollen. Nur wenn das nicht erforderlich ist, müssen Sie der Datei /etc/modules die betreffenden Modulnamen hinzufügen.

Beispiel

Die beiden folgenden Zeilen in /etc/modules einer Raspian-Installation auf einem Raspberry Pi bewirken, dass die Kernelmodule zur Temperaturmessung mit einem 1-Wire-Thermometer geladen werden:

```
w1_gpio
w1_therm
```

§

Alternative Verfahren

Kernelmodule, die bereits während des Bootprozesses erforderlich sind, müssen in die Initrd-Datei eingebaut werden. Dabei helfen die Kommandos `dracut` (Fedora, RHEL 6), `mkinitrd` (RHEL 5, SUSE) und `update-initramfs` (Debian, Ubuntu).

Um bei anderen Distributionen als Debian oder Ubuntu ein Kernelmodul am Ende des Init-Prozesses zu laden, fügen Sie die Anweisung `modprobe modulname` in die folgenden Dateien ein:

Red Hat, Fedora: `/etc/rc.d/rc.local`
SUSE: `/etc/init.d/boot.local`

Bei Fedora existiert `rc.local` standardmäßig nicht. Sie müssen die Datei erzeugen und ausführbar machen (`chmod a+x`).

/etc/sysconfig/network

Die Red-Hat- und Fedora-spezifische Datei `/etc/sysconfig/network` enthält Grundeinstellungen für die Netzwerkkonfiguration. Bei aktuellen Fedora-Versionen ist diese Datei optional, weil IPv6 standardmäßig aktiv ist und der Hostname nun in `/etc/hostname` eingestellt wird.

▶ `FORWARD_IPV4="yes|no"`

   aktiviert IPv4-Forwarding. Der Parameter ist obsolet. Aktivieren Sie das Forwarding bei Bedarf in `/etc/sysctl.conf`.

▶ `GATEWAY="n.n.n.n"`

   gibt die Adresse des Default-Gateways an. Die Gateway-Adresse kann auch schnittstellenspezifisch in `/etc/sysconfig/network/ifcfg-xxx` eingestellt werden.

▶ `HOSTNAME="name.domain"`

   stellt den Hostnamen ein. Bei Distributionen mit einer aktuellen Systemd-Version ist dieser Parameter obsolet, der Hostname wird in `/etc/hostname` eingestellt. Dies gilt z. B. für Fedora ab Version 19.

▶ `NETWORKING="yes"`

   aktiviert die Netzwerkfunktionen. Diese Einstellung gilt bei aktuellen Distributionen standardmäßig.

▶ `NETWORKING_IPV6="yes"`

   aktiviert IPv6. Diese Einstellung gilt mittlerweile standardmäßig; sie ist nur bei älteren Distributionen erforderlich.

/etc/nsswitch.conf

Die Datei /etc/nsswitch.conf steuert, wie Host-, Benutzer- und Gruppennamen durch die Name-Switch-Funktionen in der GNU-C-Bibliothek aufgelöst werden. Änderungen an dieser Datei sind selten erforderlich – es sei denn, im lokalen Netzwerk wird LDAP oder ein anderer Netzwerkdienst zur Benutzerverwaltung und -authentifizierung eingesetzt.

Die Datei enthält zeilenweise Einträge, wobei die erste Spalte jeweils den Namen einer Datenbank angibt. Mit »Datenbank« ist hierbei eine Gruppe von Informationen gemeint, also z. B. die Liste aller Benutzer samt Loginnamen, vollständigem Namen, Heimatverzeichnis, Default-Shell etc. Zulässige Schlüsselwörter für die erste Spalte sind unter anderem aliases (Mail-Aliases), group, hosts, networks, passwd, rpc und shadow.

Dem Datenbanknamen folgt ein Doppelpunkt und dann eine durch Leerzeichen getrennte Auflistung von Diensten. Die wichtigsten Dienste sind:

- ▶ files liest die Daten aus lokalen Konfigurationsdateien, z. B. /etc/passwd oder /etc/group.

- ▶ compat hat eine ähnliche Bedeutung wie files, erlaubt aber die Interpretation von Zusatzinformationen in /etc/passwd.

- ▶ db liest die Daten aus Datenbankdateien.

- ▶ nis wertet den veralteten Network Information Service aus.

- ▶ dns fragt beim Nameserver nach (für Hostnamen).

- ▶ mdns4_minimal verwendet Zeroconf zur Auflösung von Hostnamen.

- ▶ ldap kommuniziert mit einem LDAP-Server.

- ▶ wins greift auf einen WINS-Server zurück.

Außerdem können in der Form [STATUS=ACTION] bzw. [!STATUS=ACTION] Kommandos angegeben werden, die beim (Nicht-)Eintreten eines bestimmten Ereignisses ausgeführt werden sollen. Zulässige STATUS-Werte sind success, notfound, unavail und tryagain. Mögliche Aktionen sind return (Ergebnis sofort zurückgeben, nicht auf andere Optionen zurückgreifen) und continue (den nächsten Lookup-Dienst verwenden).

Beispiel

Die folgenden Zeilen zeigen einen Auszug aus der Defaultkonfiguration unter Fedora. Für die Benutzeraccounts werden ausschließlich die Dateien /etc/passwd, /etc/shadow und /etc/group berücksichtigt. Hostnamen werden aus /etc/hosts gelesen, beim Nameserver nachgefragt sowie via Zeroconf (Avahi) ermittelt.

§

```
passwd:     files
shadow:     files
group:      files
hosts:      files dns mdns4_minimal
...
```

/etc/os-release

Bei aktuellen Distributionen, die Systemd als Init-System verwenden, enthält /etc/os-release Informationen über die installierte Distribution. Die folgenden Zeilen zeigen die Syntax der Datei:

```
NAME=Fedora
VERSION="19 (Schrödinger's Cat)"
ID=fedora
VERSION_ID=19
PRETTY_NAME="Fedora 19 (Schrödinger's Cat)"
ANSI_COLOR="0;34"
CPE_NAME="cpe:/o:fedoraproject:fedora:19"
```

Bei älteren Distributionen bzw. bei Distributionen ohne Systemd werden diese Daten in anderen Dateien und mit anderer Syntax gespeichert:

Debian, Ubuntu: /etc/lsb-release
RHEL 6:   /etc/redhat-release, /etc/system-release
SUSE: /etc/SuSE-release, /etc/lsb-release

/etc/passwd

Die Datei /etc/passwd enthält Daten zu allen lokalen Accounts auf dem Rechner, darunter den Login-Namen, den vollständigen Namen, die Standard-Shell und das Heimatverzeichnis. *Nicht* enthalten ist hingegen der Hash-Code des Passworts – dieser ist aus Sicherheitsgründen in der separaten Datei /etc/shadow gespeichert. Zur Verwaltung der Accounts sollten Sie nach Möglichkeit die dafür vorgesehenen Kommandos verwenden, z. B. useradd, usermod oder userdel.

Die passwd-Datei besteht aus sieben Spalten, die jeweils durch Doppelpunkte voneinander getrennt sind:

▶ **Die erste Spalte (Accountname)** enthält den Loginnamen. Dieser darf keine Leerzeichen enthalten und sollte frei von Sonderzeichen sein. Es ist üblich, ausschließlich Kleinbuchstaben zu verwenden.

▶ **Die zweite Spalte (Passwort)** enthielt in der Vergangenheit den Hash-Code des Passworts. Alle aktuellen Linux-Distributionen speichern in dieser Spalte nun das Zeichen x, die Hash-Codes befinden sich in /etc/shadow.

- **Die dritte Spalte (UID)** enthält die interne Benutzer-ID-Nummer, die für die Verwaltung der Zugriffsrechte und Prozesse verwendet wird. Bei den meisten Distributionen sind UIDs kleiner 1000 für System-Accounts reserviert und UIDs ab 1000 für reguläre Benutzer vorgesehen.

- **Die vierte Spalte (primäre Gruppe)** gibt die Nummer der primären Gruppe des Benutzers an. Der Benutzer kann weiteren Gruppen zugeordnet sein; sekundäre Gruppen werden in /etc/group gespeichert.

- **Die fünfte Spalte (Kommentar)** ist für eine Kommentar-Zeichenkette vorgesehen, die aus mehreren Teile bestehen kann. In der Praxis wird hier zumeist nur der vollständige Benutzername gespeichert. Wenn dieser beim Anlegen des Benutzers nicht angegeben wurde, stimmt die fünfte Spalte mit der ersten überein.

- **Die sechste Spalte (Heimatverzeichnis)** enthält den Pfad zum Heimatverzeichnis.

- **Die siebte Spalte (Shell)** gibt die Shell an, die nach dem Login automatisch aktiv ist – bei gewöhnlichen Benutzern oft /bin/bash. Bei System-Accounts, für die kein Login vorgesehen ist, wird statt der Shell oft /sbin/nologin oder /bin/false verwendet. Die Default-Shell kann mit dem Kommando chsh verändert werden.

Beispiel

Die folgenden Zeilen zeigen einige System-Accounts sowie einen Benutzer-Account auf einem Fedora-System:

```
root:x:0:0:root:/root:/bin/bash
bin:x:1:1:bin:/bin:/sbin/nologin
daemon:x:2:2:daemon:/sbin:/sbin/nologin
adm:x:3:4:adm:/var/adm:/sbin/nologin
...
kofler:x:1000:1000:Michael Kofler:/home/kofler:/bin/bash
```

/etc/profile

/etc/profile sowie /etc/profile.d/*.sh enthalten systemweite Einstellungen von Umgebungsvariablen. Dort werden Variablen wie PATH, MAIL, HOSTNAME voreingestellt. Außerdem wird hier bei vielen Distributionen mit umask eingestellt, welche Zugriffsbits bei neu erzeugten Dateien gesetzt werden sollen.

/etc/profile ist eine Shell-Script-Datei. Syntaktisch ist somit alles erlaubt, was der gemeinsame Nenner der wichtigsten Shells zulässt. Unter Ubuntu ist ergänzend zu /etc/profile die Datei /etc/environment für die systemweite Einstellung von Umgebungsvariablen vorgesehen. Tatsächlich enthält diese Datei üblicherweise aber nur die Einstellung der PATH-Variablen.

Die profile-Einstellungen werden durch benutzerspezifische Einstellungen in .profile sowie durch Shell-spezifische Einstellungen ergänzt. Die bash liest z. B. die Dateien /etc/bashrc, /etc/bash.bashrc, .bashrc und .alias. Je nach Distribution kann es weitere Konfigurationsdateien geben. Beispielsweise wird PATH in Debian und Ubuntu durch /etc/environment eingestellt. Für die im Grafiksystem X gültigen Umgebungsvariablen werden auch die Dateien des Verzeichnisses /etc/X11/Xsession.d/ verarbeitet, falls dieses existiert.

/etc/resolv.conf

/etc/resolv.conf steuert, wie die IP-Adressen für unbekannte Netzwerknamen (Hostnamen) ermittelt werden. »Unbekannt« bedeutet, dass die Namen nicht in hosts definiert sind. Die Datei besteht normalerweise nur aus zwei oder drei Zeilen mit den folgenden Schlüsselwörtern:

▶ nameserver *ipaddr*

gibt die IP-Adressen eines Nameservers an. Das Schlüsselwort kann mehrfach verwendet werden, um alternative Nameserver anzugeben. Insgesamt sind maximal je drei IPv4- und IPv6-Nameserver erlaubt.

▶ domain *mydomain*

gibt den lokalen Domainnamen an. Das ermöglicht die verkürzte Angabe von Hostnamen, also von name anstelle von name.mydomain.

▶ search *domain*

gibt einen Domainnamen an, der bei Suchanfragen berücksichtigt wird. Insgesamt können bis zu sechs Domainnamen angegeben werden, jeweils durch einen eigenen search-Eintrag. Bei der Namensauflösung werden dann der Reihe nach die angegebenen Domainnamen getestet, bei ping name also zuerst name, dann name.domain1, dann name.domain2 etc. Die Defaulteinstellung für search ist der lokale Domainname.

domain und search schließen sich gegenseitig aus. Wenn resolv.conf beide Schlüsselwörter enthält, gilt das zuletzt genannte.

/etc/resolv.conf wird häufig dynamisch erzeugt, insbesondere dann, wenn die IP-Konfiguration über DHCP erfolgt. Ubuntu richtet ab Version 12.04 standardmäßig einen lokalen Nameserver ein. Dabei kommt das Programm Dnsmasq zum Einsatz. Die Nameserver-Adresse in /etc/resolv.conf lautet deswegen 127.0.0.1. Wenn

Sie den Nameserver manuell einrichten möchten, müssen Sie dessen Adresse `/etc/network/interfaces` mit dem Schlüsselwort `dns-nameservers` angeben.

Beispiel

```
# /etc/resolv.conf
domain mylan                     # Domainname des LANs
nameserver 211.212.213.1         # IPv4-DNS
nameserver 211.212.214.1         # Ersatz-DNS (falls der erste ausfällt)
nameserver 2001:4860:4860::8888  # IPv6-DNS
```

/etc/rsyslog.conf

Die meisten Linux-Distributionen verwenden für die Protokollierung der Meldungen des Kernels sowie diverser Netzwerkdienste das Syslog-kompatible Programm `rsyslogd`. Die Konfiguration dieses Programms erfolgt durch die Datei `/etc/rsyslog.conf` sowie die Ergänzungsdateien `/etc/rsyslog.d/*.conf`. Diese Konfigurationsdateien enthalten Regeln, die aus zwei Teilen bestehen:

▶ **Selektor:** Der erste Teil jeder Regel gibt an, was protokolliert werden soll.

▶ **Aktion:** Der zweite Teil steuert, was mit der Meldung geschehen soll.

Regeln können mit dem Zeichen \ über mehrere Zeilen verteilt werden. Es ist möglich, dass auf eine Meldung mehrere Regeln zutreffen. In diesem Fall wird die Meldung mehrfach protokolliert bzw. weitergegeben. Damit Änderungen an der Syslog-Konfiguration wirksam werden, muss der Syslog-Dienst mit `service rsyslog restart` neu gestartet werden!

Selektoren

Jeder Selektor besteht aus zwei durch einen Punkt getrennten Teilen: *dienst.prioritätsstufe*. Es ist erlaubt, mehrere durch einen Strichpunkt separierte Selektoren anzugeben. Des Weiteren können in *einem* Selektor mehrere Dienste durch Kommas getrennt werden. Alle Linux-Programme, die Syslog verwenden, müssen ihren Meldungen einen Dienst und eine Priorität zuordnen.

Syslog kennt die folgenden Dienste (Facilities): `auth`, `authpriv`, `cron`, `daemon`, `ftp`, `kern`, `lpr`, `mail`, `news`, `syslog`, `user`, `uucp` sowie `local0` bis `local7`. Das Zeichen `*` umfasst alle Dienste.

Syslog kennt außerdem diese Prioritätsstufen (in steigender Wichtigkeit): `debug`, `info`, `notice`, `warning` = `warn`, `err` = `error`, `crit`, `alert` und `emerg` = `panic`. Die Schlüsselwörter `warn`, `error` und `panic` gelten als veraltet – verwenden Sie stattdessen `warning`, `err` und `emerg`. Das Zeichen `*` umfasst alle Prioritätsstufen. Das Schlüsselwort `none` gilt für Nachrichten, denen keine Priorität zugeordnet ist.

§

Die Angabe einer Prioritätsstufe schließt alle höheren (wichtigeren) Prioritätsstufen mit ein. Der Selektor `mail.err` umfasst also auch `crit`-, `alert`- und `emerg`-Meldungen des Mail-Systems. Wenn Sie explizit nur Nachrichten einer bestimmten Priorität wünschen, stellen Sie das Zeichen = voran (also etwa `mail.=err`).

Aktionen

Als Aktion wird normalerweise der Name einer Logging-Datei angegeben. Normalerweise werden Logging-Dateien nach jeder Ausgabe synchronisiert. Wenn dem Dateinamen ein Minuszeichen vorangestellt ist, verzichtet Syslog auf die Synchronisierung. Das ist wesentlich effizienter, allerdings gehen dann bei einem Absturz noch nicht physikalisch gespeicherte Meldungen verloren.

Syslog kann Nachrichten auch an FIFO-Dateien (First In First Out) oder Pipes weiterleiten. In diesem Fall stellen Sie dem Dateinamen das Zeichen | voran. Die Datei `/dev/xconsole`, die im folgenden Listing vorkommt, ist eine besondere FIFO-Datei zur Weitergabe von Meldungen an das Grafiksystem X.

Das Zeichen * bedeutet, dass die Nachricht an alle in Konsolen bzw. via SSH eingeloggten Benutzer gesendet wird. Da das sehr störend ist, wird es standardmäßig nur für kritische Meldungen verwendet.

Beispiel

Die folgenden Zeilen geben die Syslog-Standardkonfiguration von Ubuntu leicht gekürzt und etwas übersichtlicher formatiert wieder:

```
# Datei /etc/rsyslog.d/50-default.conf bei Ubuntu
# Selektor              Aktion
auth,authpriv.*         /var/log/auth.log
*.*;auth,authpriv.none  -/var/log/syslog
kern.*                  -/var/log/kern.log
mail.*                  -/var/log/mail.log
mail.err                /var/log/mail.err
*.emerg                 :omusrmsg:*
daemon.*;mail.*;\
        news.err;\
        *.=debug;*.=info;\
        *.=notice;*.=warn    |/dev/xconsole
```

Im Klartext bedeutet die obige Konfiguration:

- `/var/log/auth` enthält Authentifizierungsmeldungen aller Prioritätsstufen. Dazu zählen gescheiterte und erfolgreiche Login-Versuche (auch via SSH), PAM-Meldungen, `sudo`-Kommandos etc. Als einzige Logging-Datei wird `auth` bei jeder Meldung sofort synchronisiert.

▶ `/var/log/syslog` enthält *alle* via Syslog protokollierten Meldungen (inklusive Authentifizierungsmeldungen, denen keine Priorität zugewiesen ist). Der allumfassende Ansatz ist zugleich ein Vor- und ein Nachteil: Einerseits können Sie so aus einer einzigen Datei alle erdenklichen Informationen extrahieren; andererseits ist es in diesem Sammelsurium natürlich besonders schwierig, relevante Einträge zu finden.

▶ `/var/log/kern.log` enthält alle Kernelmeldungen.

▶ Die Nachrichten des Mail-Systems (z. B. Postfix) werden über mehrere Dateien verteilt. In `mail.log` werden *alle* Nachrichten gespeichert, in `mail.err` nur Fehlermeldungen.

▶ Kritische Systemmeldungen, z. B. über einen bevorstehenden Shutdown oder über Kernelfehler, werden durch `:omusrmsg:*` an alle Benutzer weitergeleitet, genau genommen an alle Terminalfenster und Konsolen. `omusrmsg` ist ein `rsyslog`-Modul, um Nachrichten an Benutzer zu senden.

▶ Außerdem werden diverse Warnungen und Fehlermeldungen an das X-System weitergeleitet. Um diese Meldungen unter X zu verfolgen, starten Sie das Programm `xconsole`. Es sieht wie ein kleines Terminalfenster aus, erlaubt aber keine Eingaben.

/etc/services

Die Datei `/etc/services` enthält eine Liste aller üblichen Netzwerkdienste und der ihnen zugeordneten IP-Ports und Protokolltypen. Veränderungen an dieser Datei sind nur in Ausnahmefällen erforderlich. Die Syntax der Datei geht aus den folgenden Beispielzeilen klar hervor:

```
# service-name  port/protocol  [aliases]    [# comment]
tcpmux          1/tcp                        # TCP port service multiplexer
tcpmux          1/udp                        # TCP port service multiplexer
rje             5/tcp                        # Remote Job Entry
rje             5/udp                        # Remote Job Entry
echo            7/tcp
echo            7/udp
...
ftp             21/tcp
ftp             21/udp         fsp fspd
ssh             22/tcp                       # The Secure Shell (SSH) Protocol
ssh             22/udp                       # The Secure Shell (SSH) Protocol
telnet          23/tcp
telnet          23/udp
...
```

/etc/shadow

/etc/shadow ergänzt die Benutzerinformationen aus /etc/passwd um den Passwort-Hash sowie Daten, wie lange der Account gültig ist bzw. wann das Passwort erneuert werden soll. Zur Veränderung dieser Daten verwenden Sie üblicherweise die Kommandos passwd und chage. Die shadow-Datei besteht aus neun Spalten, die durch Doppelpunkte getrennt sind:

- **Die erste Spalte (Accountname)** stimmt mit der ersten Spalte von /etc/passwd überein.

- **Die zweite Spalte (Passwort-Hash)** ermöglicht die Überprüfung des Passworts. Eine Rekonstruktion des Passworts aus dem Hash-Code ist hingegen unmöglich. Bei aktuellen Linux-Distributionen wird der Hash-Code mit sha512sum erzeugt. Da beim Erzeugen jedes Hash-Codes ein zufälliger Initialisierungswert verwendet wird (das sogenannte *salt*), haben zwei Benutzer, die dasselbe Passwort verwenden, dennoch unterschiedliche Hash-Codes. Damit sind auch Wörterbuchangriffe unmöglich, bei denen vorgenerierte Hash-Codes mit dem Inhalt von /etc/shadow verglichen werden.

  Bei Accounts, die keinen Login vorsehen, enthält die zweite Spalte einfach einen Stern. Bei gesperrten Accounts werden dem Hashcode zwei Ausrufezeichen vorangestellt. Der Code wird damit ungültig. Zur Reaktivierung des Accounts werden die Ausrufezeichen wieder entfernt.

- **Die dritte Spalte (letzte Änderung)** gibt an, wann das Passwort zuletzt verändert wurde. Dabei wird in Tagen ab dem 1.1.1970 gerechnet. Der Wert 0 bedeutet, dass der Benutzer das Passwort sofort beim nächsten Login ändern muss.

- **Die vierte Spalte (Mindestalter)** gibt an, nach wie vielen Tagen ein Passwort frühestens verändert werden darf. 0 erlaubt eine jederzeitige Änderung.

- **Die fünfte Spalte (Höchstalter)** gibt an, nach wie vielen Tagen ein Passwort spätestens verändert werden muss. 0 erlaubt eine unbeschränkte Nutzung des Passworts.

- **Die sechste Spalte (Warnzeit)** gibt an, wie viele Tage vor dem Ablaufen des Passworts der Benutzer darauf hingewiesen wird. 0 deaktiviert diese Warnungen.

- **Die siebte Spalte (Sperrzeit)** gibt an, wie viele Tage nach Ablaufen des Passworts das Konto gesperrt wird. Es kann dann nur noch vom Administrator durch passwd -u reaktiviert werden.

- **Die achte Spalte (Ablaufzeit)** gibt an, wann der Account abläuft. Der Zeitpunkt wird in Tagen ab dem 1.1.1970 angegeben. Wenn der Account unbegrenzt gelten soll, bleibt diese Spalte leer. Der Wert 0 wird nicht verwendet!

- **Die neunte Spalte** ist für zukünftige Erweiterungen reserviert.

Beispiel

Die folgenden Zeilen zeigen einen Auszug aus /etc/shadow, wobei die langen SHA512-Hash-Codes gekürzt wurden:

```
root:$6$s18/.eHvacN2aUgr$y...FA1:15864:0:99999:7:::
bin:*:15813:0:99999:7:::
daemon:*:15813:0:99999:7:::
adm:*:15813:0:99999:7:::
..
kofler:$6$5bU6G.TOHSY1DxNn...mL.:15864:0:99999:7:::
```

Um herauszufinden, wann das Passwort zuletzt verändert wurde, führen Sie date aus:

```
user$  date -d "1970-01-01 + 15864 days"
Sam Jun  8 00:00:00 CEST 2013
```

Die weiteren chage-Angaben für die Benutzer root und kofler bedeuten, dass das Passwort jederzeit verändert werden kann (0) und nahezu unbegrenzt gültig ist (99999 = ca. 273 Jahre). Sieben Tage vor dem Ablauf des Passworts wird der Benutzer beim Login gewarnt.

/etc/apt/sources.list

In /etc/apt/sources.list sowie /etc/apt/sources.list.d/* sind die APT-Paketquellen definiert. Die Syntax jeder Zeile sieht so aus:

```
pakettyp uri distribution [komponente1] [komponente2] [komponente3] ...
```

Der Pakettyp lautet deb für gewöhnliche Debian-Pakete bzw. deb-src für Quellcodepakete. Die zweite Spalte gibt das Basisverzeichnis der Paketquelle an. Neben HTTP- und FTP-Verzeichnissen unterstützt APT auch gewöhnliche Verzeichnisse, RSH- oder SSH-Server sowie CDs bzw. DVDs.

Die dritte Spalte bezeichnet die Distribution. Alle weiteren Spalten geben die Komponenten der Distribution an, die berücksichtigt werden können. Die Komponentennamen sind von der Distribution und von der Paketquelle abhängig! Beispielsweise unterscheidet Ubuntu zwischen *main-*, *restricted-*, *universe-* und *multiverse*-Paketen, während Debian zwischen den Komponenten *main*, *contrib*, *non-free* etc. differenziert.

Die zuerst genannten Paketquellen werden bevorzugt: Wenn ein bestimmtes Paket also in mehreren Quellen zum Download zur Verfügung steht, lädt APT es von der ersten Quelle herunter.

Beispiel

Das folgende Listing zeigt einige Ubuntu-Paketquellen. Aus Platzgründen wurde dabei jeder Eintrag über zwei Zeilen verteilt.

```
# Datei /etc/apt/sources.list
deb http://de.archive.ubuntu.com/ubuntu/ saucy          \
                        main restricted universe multiverse
deb http://de.archive.ubuntu.com/ubuntu/ saucy-updates  \
                        main restricted universe multiverse
deb http://security.ubuntu.com/ubuntu    saucy-security \
                        main restricted universe multiverse
```

/etc/sudoers

Die Datei /etc/sudoers sowie die Zusatzdateien in /etc/sudoers.d legen fest, welche Benutzer welche Kommandos mit welchen Rechten durch sudo ausführen dürfen. Die Datei enthält außerdem diverse allgemeine Einstellungen, die das Grundverhalten von sudo steuern. Die Einstellungen fallen je nach Distribution recht unterschiedlich aus.

Die sudoers-Datei sollte nur mit dem Kommando visudo verändert werden. Es ruft den durch die Umgebungsvariablen VISUAL oder EDITOR definierten Editor auf (standardmäßig vi), führt vor dem Speichern einen Syntaxcheck durch und stellt so sicher, dass Sie sich nicht durch eine fehlerhafte sudoers-Datei selbst von weiteren Administrationsarbeiten ausschließen. Besonders wichtig ist das bei Distributionen wie Ubuntu, die keinen root-Login vorsehen.

Grundeinstellungen

► Defaults always_set_home

verändert beim Benutzerwechsel die HOME-Umgebungsvariable, so dass diese auf das Heimatverzeichnis des neuen Benutzers verweist. Normalerweise geschieht dies automatisch. Diese Option ist nur dann relevant, wenn !env_reset gilt oder env_keep die Variable PATH enthält.

► Defaults env_keep="var1 var2 var3"

gibt an, welche Umgebungsvariablen beim Benutzerwechsel erhalten bleiben sollen und somit von env_reset ausgenommen sind.

- `Defaults env_reset`

  bewirkt, dass beim Benutzerwechsel alle Umgebungsvariablen zurückgesetzt werden. Diese Einstellung gilt standardmäßig. Um sie zu deaktivieren, geben Sie `Defaults !env_reset` **an.**

- `Defaults mail_badpass`

  führt dazu, dass nach einem fehlerhaften Login-Versuch eine Warn-E-Mail an den Administrator versandt wird.

- `Defaults timestamp_timeout=n`

  gibt an, nach welcher Zeit `sudo` neuerlich nach dem Passwort fragt. Die Standardeinstellung beträgt fünf Minuten.

- `Defaults secure_path="pfad1:pfad2:pfad3"`

  legt den Inhalt der PATH-Umgebungsvariable für `sudo`-Kommandos fest.

- `Defaults targetpw`

  bedeutet, dass grundsätzlich das Passwort für den Account angegeben werden muss, in dem das Kommando ausgeführt werden soll, in der Regel also das `root`-Passwort. Ohne diese Einstellung erwartet `sudo` das Passwort des aktuellen Benutzers.

Rechte

Dreispaltige Einträge in `/etc/sudoers` legen fest, welche Benutzer von welchem Rechner aus welche Programme ausführen dürfen. Die folgende Zeile bedeutet, dass die Benutzerin `kathrin` auf dem Rechner `uranus` das Kommando `/sbin/fdisk` ausführen darf. Das Schlüsselwort `ALL` bedeutet, dass `kathrin` das Kommando unter jedem beliebigen Account ausführen darf, also als `root`, als `news`, als `lp` etc.

```
kathrin uranus=(ALL) /sbin/fdisk
```

Wenn der ersten Spalte von `sudoers` das Zeichen % vorangestellt wird, gilt der Eintrag für alle Mitglieder der angegebenen Gruppe. Die folgende Zeile bedeutet, dass alle Benutzer der Gruppe `wheel` von jedem beliebigen Rechner aus alle Kommandos als beliebiger Benutzer ausführen dürfen:

```
%wheel   ALL=(ALL) ALL
```

Es besteht die Möglichkeit, einem bestimmten Benutzer das Ausführen von `sudo` ohne Passwortangabe zu erlauben. Das `NOPASSWD`-Schlüsselwort ist allerdings nur gültig, wenn es keine anderen `sudoers`-Zeilen gibt, die vom selben Benutzer ein Passwort verlangen. Das gilt auch für Gruppeneinträge, also z. B. `%admin`.

```
kofler ALL=(ALL) NOPASSWD: ALL
```

Äußerst liberal ist die folgende Regel, die sinngemäß lautet: Jeder darf alles. Sinnvoll ist diese Regel nur in Kombination mit der Option `Defaults targetpw`, die grundsätzlich die Eingabe des Passworts des Benutzers verlangt, in dessen Namen ein Kommando ausgeführt werden soll.

```
ALL ALL=(ALL) ALL
```

Beispiel

Die folgenden Zeilen zeigen die Defaultkonfiguration unter Ubuntu. Bei dieser Distribution ist `root` ohne gültiges Passwort eingerichtet. Ein `root`-Login ist damit unmöglich. Auch `su` oder `ssh -l root` funktionieren nicht. Die einzige Möglichkeit zur Ausführung administrativer Kommandos bietet somit `sudo`. Dieses Recht haben alle Mitglieder der Gruppen `admin` und `sudo`, wobei die `admin`-Gruppe nur noch aus Gründen der Kompatibilität zu älteren Ubuntu-Versionen enthalten ist. Bei aktuellen Ubuntu-Versionen und bei den meisten anderen Distributionen ist `sudo` die übliche Gruppe für Benutzer mit `sudo`-Rechten.

```
# Defaultkonfiguration in /etc/sudoers bei Ubuntu
Defaults    env_reset
Defaults    mail_badpass
Defaults    secure_path=\
  "/usr/local/sbin:/usr/local/bin:/usr/sbin:/usr/bin:/sbin:/bin"
root        ALL=(ALL:ALL) ALL
%admin      ALL=(ALL) ALL
%sudo       ALL=(ALL:ALL) ALL
```

/etc/sysctl.conf

`/etc/sysctl.conf` enthält Defaulteinstellungen für Kernelparameter. Die Datei wird beim Systemstart ausgewertet, und alle dort aufgezählten Parameter werden entsprechend eingestellt. Bei nachträglichen Änderungen erreichen Sie mit `sysctl -p`, dass alle Einstellungen aus `sysctl.conf` ausgelesen und gesetzt werden.

Die einzustellenden Kernelparameter werden zeilenweise in der Form `name.name.name=wert` angegeben. Kommentarzeilen beginnen mit ; oder mit #.

Beispiel

Die folgende Einstellung in `sysctl.conf` bewirkt, dass beim Rechnerstart das Forwarding für IPv4 und für IPv6 aktiviert wird. Das ist erforderlich, wenn der Rechner als Router arbeiten soll.

```
net.ipv4.ip_forward=1
net.ipv6.conf.all.forwarding=1
```

/etc/vconsole.conf

Die Datei /etc/vconsole.conf enthält bei Distributionen, die eine aktuelle Systemd-Version als Init-System verwenden, die Tastatur- und Font-Einstellungen für die Arbeit in Textkonsolen. Bei der Veränderung der Einstellungen hilft das Kommando localctl. Dieses Kommando hat gegenüber einer direkten Veränderung von vconsole.conf den Vorteil, dass es das gewünschte Tastaturlayout auch in /etc/X11/xorg.conf/00-keyboard.conf speichert, sodass die Einstellung auch für das Grafiksystem gilt.

vconsole.conf besteht üblicherweise nur aus zwei Zeilen mit den folgenden Parametern:

▶ KEYMAP=name

gibt das Tastaturlayout an. Die zur Auswahl stehenden Einstellungen können mit localctl list-keymaps ermittelt werden.

▶ FONT=name

gibt die Schriftart an, die in Textkonsolen verwendet werden soll. Passende Font-Dateien befinden sich bei den meisten Distributionen im Verzeichnis /lib/kbd/consolefonts.

Je nach Distribution wird das Tastaturlayout für Textkonsolen an anderen Orten gespeichert:

Debian, Ubuntu: /etc/default/console-setup
RHEL 6, SUSE: /etc/sysconfig/keyboard

Beispiel

Bei einer deutschen Installation von Fedora 19 enthält vconsole.conf diese Einstellungen:

```
KEYMAP=de
FONT=latarcyrheb-sun16
```

/etc/X11/xorg.conf

Die Dateien /etc/X11/xorg.conf und /etc/X11/xorg.conf.d/*.conf steuern zusammen die Konfiguration des Grafiksystems X. Bis vor wenigen Jahren war eine korrekte xorg.conf-Datei eine Grundvoraussetzung für den Start des Grafiksystems. Mittlerweile ist xorg.conf hingegen optional: Der X-Server ermittelt beim Start die Parameter aller Hardware-Komponenten und führt die Konfiguration selbstständig durch. Bei Bedarf können viele Einstellungen im laufenden Betrieb durch das Kommando xrandr verändert werden; das gilt insbesondere für die Bildschirmauflösung sowie für die Konfiguration mehrerer Bildschirme.

Nur wenn all das nicht funktioniert, z.B. in virtuellen Maschinen oder bei exotischen Hardware-Komponenten, ist eine manuelle Konfiguration erforderlich. Diese müssen Sie in einer Textkonsole durchführen, weil das Grafiksystem ja noch nicht funktioniert. Insofern erschien es mir zweckmäßig, die Syntax von xorg.conf hier zumindest kurz zusammenzufassen, auch wenn sich das Buch in erster Linie an Linux-Anwender richtet, die im Terminal arbeiten.

Die Datei /etc/X11/xorg.conf ist in mehrere Abschnitte gegliedert, die mit Section "name" eingeleitet und mit EndSection abgeschlossen werden (siehe Tabelle 4). In jedem dieser Abschnitte können nun einzelne Parameter in der Form Schlüsselwort "Einstellung" angegeben werden. Die Identifier-Zeile gibt dem Abschnitt einen Namen und ermöglicht Querverweise zwischen den Abschnitten. Beispielsweise verweist der Abschnitt Screen auf zumindest eine Grafikkarte (Device) und einen Monitor, im folgenden Beispiel auf mon0 und dev0. Eine Referenz der unzähligen weiteren Paramter gibt man xorg.conf.

Abschnitt	Bedeutung
Monitor	Monitordaten (Auflösung, Bildfrequenz)
Device	Konfiguration der Grafikkarte
Screen	Bildschirmauflösung, Multi-Screen-Setup
Files	Dateinamen (z. B. Font-Verzeichnisse)
Module	Zusatzmodule (z. B. freetype, dri)
ServerFlags	verschiedene Server-Optionen
InputClass	Device-Gruppen (z. B. alle Tastaturen)
InputDevice	einzelne Eingabegeräte (z. B. Tastatur, Maus, Touchpad)

Tabelle 4 »xorg.conf«-Abschnitte

Beispiel

Die folgenden Zeilen stellen eine Minimalkonfiguration für Notfälle dar, wenn das Grafiksystem gar nicht funktionieren will. Die hier vorgeschlagene Konfiguration verwendet den VESA-Treiber und bietet damit keine 3D-Unterstützung.

```
Section "Monitor"
  Identifier "mon0"
  HorizSync 31 - 94
  VertRefresh 60
EndSection
Section "Device"
  Identifier "dev0"
  Driver "vesa"
EndSection
Section "Screen"
  Identifier "screen0"
  Monitor "mon0"
  Device  "dev0"
  DefaultDepth 24
  SubSection "Display"
    Depth 24
    Modes "1024x768"
  EndSubSection
EndSection
```

/etc/yum.conf

Die Grundeinstellungen des unter Fedora und Red Hat üblichen Paketverwaltungssystems YUM befinden sich in `/etc/yum.conf`. Außerdem enthalten die Dateien `/etc/yum.repos.d/*.repos` Detaileinstellungen für die einzelnen Paketquellen.

Grundeinstellungen

▶ `color=never`

bewirkt, dass das Kommando `yum` im Terminal keine Farben nutzt. Wenn Sie das möchten, verwenden Sie `color=always`.

▶ `exactarch=1`

bewirkt, dass Yum nur Updates berücksichtigt, bei denen die Architektur mit dem bereits installierten Paket übereinstimmt. i386-Pakete können also nicht durch neuere x86_64-Pakete ersetzt werden.

▶ `gpgcheck=1`

bewirkt, dass Yum mit einem Schlüssel die Authentizität der Pakete sicherstellt.

gpgcheck kann abweichend von der Einstellung in yum.conf auch individuell für jede Paketquelle eingestellt werden. plugins entscheidet, ob Yum Plugins berücksichtigt.

- installonly_limit=n

  steuert, wie viele alte Versionen von Kernelpaketen gleichzeitig installiert werden. Die Einstellung betrifft alle Pakete, zu denen Updates in Form von neuen Paketen installiert werden. Diese Vorgehensweise stellt sicher, dass immer auch ältere Versionen des betroffenen Pakets als Fallback zur Verfügung stehen.

- keepcache=0

  bewirkt, dass heruntergeladene Pakete nach der Installation nicht archiviert werden. In der Regel ist das eine zweckmäßige Einstellung, weil der Platzbedarf für die Pakete im Laufe der Zeit recht groß wird und normalerweise kein Grund dazu besteht, die Pakete ein zweites Mal zu installieren. Es kann allerdings passieren, dass yum während der Installation ein Problem feststellt und die Installation abbricht. Auch in diesem Fall werden die heruntergeladenen Pakete gelöscht. Wenn Sie das Problem beheben können und anschließend das Update wiederholen, müssen alle Pakete neuerlich heruntergeladen werden. Diese Situation vermeiden Sie mit keepcache=1. Um die heruntergeladenen Pakete in /var/cache/yum explizit zu löschen, führen Sie yum clean packages aus.

Paketquellen

- [repovariante]

  gibt an, auf welchen Teilbereich der Paketquelle sich die folgenden Einstellungen beziehen.

- baseurl=url oder mirrorlist=url

  gibt an, wo sich die Paketdateien befinden. Bei mirrorlist verweist die url auf eine Liste von Mirror-Servern. Yum entscheidet sich selbstständig für einen der Mirrors. Yum ersetzt in der url die Variablen $releasever, $arch und $basearch durch die Versionsnummer der Linux-Distribution und deren Architektur.

- enabled=0/1

  gibt an, ob die Paketquelle aktiv ist.

- name=reponame

  gibt den Namen der Paketquelle an.

- ▶ `metadata_expires`

  steuert, wie lange die von einer Paketquelle heruntergeladenen Metadaten gültig sind. Yum speichert die Metadaten in einem Cache und verzichtet auf ein neuerliches Herunterladen, wenn die Metadaten noch nicht veraltet sind. Das spart Zeit und Download-Volumen, kann aber dazu führen, dass Yum kürzlich durchgeführte Änderungen in der Paketquelle ignoriert. Gegebenenfalls erzwingen Sie durch `yum clean metadata` das Löschen der lokalen Metadaten. Damit ist Yum beim nächsten Mal gezwungen, die Metadaten aller Paketquellen neu einzulesen.

Beispiel

Die folgenden Zeilen zeigen einen Ausschnitt aus der Datei /etc/yum.repos.d/fedora.repo. Diese Datei enthält die Definition der Paketquelle mit den Basispaketen der Fedora-Distribution:

```
[fedora]
name=Fedora $releasever - $basearch
failovermethod=priority
mirrorlist=https://mirrors.fedoraproject.org/\
  metalink?repo=fedora-$releasever&arch=$basearch
enabled=1
metadata_expire=7d
gpgcheck=1
gpgkey=file:///etc/pki/rpm-gpg/RPM-GPG-KEY-fedora-$releasever-$basearch

[fedora-source]
name=Fedora $releasever - Source
mirrorlist=https://mirrors.fedoraproject.org/\
  metalink?repo=fedora-source-$releasever&arch=$basearch
enabled=0
...
```

§

Tastenkürzel

Im letzten Abschnitt der *Linux-Kommandoreferenz* geht es um die Tastenkürzel der wichtigsten Editoren und anderer Kommandos, die üblicherweise über die Tastatur bedient werden. Dazu zählen z. B. bash, man, info, less und mutt.

Nahezu alle Programme bieten die Möglichkeit, eigene Tastenkürzel zu definieren. Dieser Abschnitt bezieht sich auf die Defaultkonfiguration, die bei den meisten Linux-Distributionen standardmäßig gilt.

bash

Tabelle 5 fasst zusammen, welche Tastenkürzel Sie innerhalb der Bourne Again Shell (bash) bei der Eingabe von Kommandos verwenden können. Die Tastenkürzel stammen eigentlich von der readline-Bibliothek. Die Konfiguration dieser Bibliothek können Sie in /etc/inputrc bzw. .inputrc verändern.

Tastenkürzel	Funktion
Strg + A	bewegt den Cursor an den Zeilenanfang (wie Pos1).
Strg + C	bricht das laufende Kommando ab.
Strg + E	setzt den Cursor an das Ende der Zeile (wie Ende).
Strg + K	löscht den Rest der Zeile ab der Cursorposition.
Strg + Y	fügt den zuletzt gelöschten Text wieder ein.
Strg + Z	unterbricht das laufende Kommando (Fortsetzung mit fg oder bg).
⇥	vervollständigt Datei- und Kommandonamen.
↑ / ↓	blättert durch die bisher ausgeführten Kommandos.

Tabelle 5 Tastenkürzel zur Kommandoeingabe in der bash

emacs

Der Emacs zählt zu den funktionsreichsten und komplexesten Editoren, die unter Linux zur Verfügung stehen. Es gibt Hunderte von Tastenkürzeln und Kommandos, von denen hier natürlich nur die allerwichtigsten präsentiert werden.

Generell gibt es drei Möglichkeiten zur Eingabe von Emacs-Kommandos: das Menü, die Verwendung von Tastenkürzeln (zumeist eine Kombination mit ⌜Strg⌝ oder ⌜Alt⌝) oder die Eingabe des gesamten Kommandonamens. Die dritte Variante wird mit ⌜Alt⌝+⌜X⌝ oder ⌜Esc⌝ eingeleitet, also etwa ⌜Alt⌝+⌜X⌝ delete-char ⌜↵⌝. Die Eingabe von Kommandos und anderen Parametern wird durch zwei Mechanismen erleichtert:

► Während der Eingabe können Sie den Namen eines Emacs-Kommandos mit ⌜⇥⌝ ergänzen. In gleicher Weise können auch Dateinamen ergänzt werden.

► Auf früher bei ⌜Alt⌝+⌜X⌝ angegebene Kommandos können Sie nach der Einleitung des neuen Kommandos durch ⌜Alt⌝+⌜X⌝ mit ⌜Alt⌝+⌜P⌝ (Previous) und ⌜Alt⌝+⌜N⌝ (Next) zurückgreifen.

In der Dokumentation zum Emacs werden Tastenkürzel etwas abweichend dargestellt: DEL bedeutet nicht ⌜Entf⌝, sondern ⌜←⌝! C steht für Control (gemeint ist ⌜Strg⌝) und M für ⌜Meta⌝. Eine direkte Entsprechung der Meta-Taste existiert auf einer Standard-PC-Tastatur nicht. M-x kann auf einer PC-Tastatur auf zwei Weisen nachgebildet werden: durch ⌜Esc⌝ und ⌜X⌝ (nacheinander) oder durch ⌜Alt⌝+⌜X⌝.

Tabelle 6 fasst die Kommandos für die Grundfunktionen zusammen. Zur Cursorbewegung können Sie außer den Cursortasten auch diverse Tastenkürzel verwenden, die in Tabelle 7 angegeben sind. Tabelle 8 gibt an, wie Sie Text markieren, löschen und wieder einfügen, Tabelle 9 fasst zusammen, wie Sie suchen und ersetzen.

Tastenkürzel	Funktion
⌜Strg⌝+⌜X⌝, ⌜Strg⌝+⌜F⌝	lädt eine neue Datei.
⌜Strg⌝+⌜X⌝, ⌜Strg⌝+⌜S⌝	speichert die aktuelle Datei.
⌜Strg⌝+⌜X⌝, ⌜Strg⌝+⌜W⌝	speichert die Datei unter einem neuen Namen.
⌜Strg⌝+⌜G⌝	bricht die Eingabe eines Kommandos ab.
⌜Strg⌝+⌜X⌝, ⌜U⌝	macht die letzte Änderung rückgängig (Undo).
⌜Strg⌝+⌜X⌝, ⌜Strg⌝+⌜C⌝	beendet den Emacs (mit Rückfrage zum Speichern).

Tabelle 6 Elementare Emacs-Kommandos

Tastenkürzel	Funktion
⌜Alt⌝+⌜F⌝ / ⌜Alt⌝+⌜B⌝	bewegt den Cursor ein Wort vor bzw. zurück.
⌜Strg⌝+⌜A⌝ / ⌜Strg⌝+⌜E⌝	stellt den Cursor an den Beginn bzw. das Ende der Zeile.
⌜Alt⌝+⌜<⌝ / ⌜Alt⌝+⌜⇧⌝+⌜>⌝	bewegt den Cursor an den Beginn bzw. das Ende des Textes.
⌜Alt⌝+⌜G⌝ n ⌜↵⌝	bewegt den Cursor in Zeile n.

Tabelle 7 Cursorbewegung

Tastenkürzel	Funktion
`Strg`+`␣`	setzt einen (unsichtbaren) Markierungspunkt.
`Strg`+`W`	löscht den Text zwischen dem Markierungspunkt und der aktuellen Cursorposition.
`Strg`+`Y`	fügt den gelöschten Text wieder ein.
`Strg`+`X`, `Strg`+`X`	vertauscht Cursorposition und Markierungspunkt.
`Alt`+`D`	löscht das nächste Wort bzw. das Ende des Wortes ab dem Cursor.
`Alt`+`←`	löscht das vorige Wort bzw. den Beginn des Wortes bis zum Cursor.
`Strg`+`K`	löscht den Rest der Zeile ab der Cursorposition.
`Alt`+`0`, `Strg`+`K`	löscht den Zeilenanfang vor der Cursorposition.
`Alt`+`M`	löscht den nächsten Absatz.
`Alt`+`Z`, x	löscht alle Zeichen bis zum nächsten Auftreten von x. Das Zeichen x wird mitgelöscht.
`Strg`+`Y`	fügt den zuletzt gelöschten Text an der Cursorposition wieder ein.

Tabelle 8 Text markieren, löschen und wieder einfügen

Tastenkürzel	Funktion
`Strg`+`S`	inkrementelle Suche vorwärts
`Strg`+`R`	inkrementelle Suche rückwärts
`Alt`+`P`	wählt einen früher verwendeten Suchtext aus (Previous).
`Alt`+`N`	wählt einen später verwendeten Suchtext aus (Next).
`Strg`+`G`	Abbruch der Suche
`Strg`+`X`, `Strg`+`X`	vertauscht den Markierungspunkt (Beginn der Suche) und die aktuelle Cursorposition.
`Strg`+`Alt`+`S`	inkrementelle Mustersuche vorwärts
`Strg`+`Alt`+`R`	inkrementelle Mustersuche rückwärts
`Alt`+`%`	Suchen und Ersetzen ohne Muster
`Alt`+`X` query-replace-r `⏎`	Suchen und Ersetzen mit Muster

Tabelle 9 Suchen und Ersetzen

fdisk

fdisk ist ein interaktives Programm zur Partitionierung von Festplatten. Eine Beschreibung der wichtigsten Optionen sowie ein längeres Anwendungsbeispiel finden Sie in der Kommandoreferenz. Tabelle 10 fasst lediglich die Tastenkürzel zur Bedienung des Programms zusammen.

Tastenkürzel	Bedeutung
D	Partition löschen (*delete*)
L	Partitions-ID-Nummer anzeigen (*list*)
M	Online-Hilfe (*menu*)
N	neue Partition anlegen (*new*)
P	Partitionsliste anzeigen (*print*)
Q	Programm beenden (ohne die Partitionstabelle zu verändern; *quit*)
T	Partitionstyp verändern
U	Maßeinheit zwischen Zylindern und Sektoren umschalten (*unit*)
V	Partitionstabelle überprüfen (*verify*)
W	Partitionstabelle ändern (*write*)

Tabelle 10 fdisk-Tastenkürzel

gnome-terminal

Wenn Sie Shell-Kommandos unter Gnome ausführen, verwenden Sie dazu höchstwahrscheinlich das Programm gnome-terminal. Damit Sie die in der bash üblichen Tastenkürzel verwenden können, sollten Sie als Erstes mit BEARBEITEN • EINSTELLUNGEN die Option MENÜKÜRZELBUCHSTABEN zur Steuerung der Menüs durch Alt-Tastenkürzel deaktivieren.

Zur Menüsteuerung können Sie dann bei Bedarf immer noch die Taste F10 verwenden – es sei denn, Sie deaktivieren auch die Verarbeitung dieser Taste im gerade erwähnten Konfigurationsdialog. Einige gnome-terminal-spezifische Tastenkürzel bleiben auf jeden Fall verfügbar; sie sind in Tabelle 11 zusammengefasst.

Tastenkürzel	Funktion
⇧ + Strg + C	kopiert den markierten Text in die Zwischenablage.
⇧ + Strg + F	sucht einen Text in den Terminalausgaben.
⇧ + Strg + G	wiederholt die Suche rückwärts.
⇧ + Strg + H	wiederholt die Suche vorwärts.
⇧ + Strg + N	öffnet ein neues Terminalfenster.
⇧ + Strg + Q	schließt das Fenster.
⇧ + Strg + T	öffnet einen neues Terminal-Reiter.
⇧ + Strg + V	fügt den Inhalt der Zwischenablage ein.
⇧ + Strg + W	schließt den Reiter.
⇧ + Strg + +	vergrößert die Schrift.
⇧ + Strg + -	verkleinert die Schrift.
⇧ + Strg + Bild↑ / Bild↓	wechselt in den vorigen/nächsten Reiter.
F11	aktiviert bzw. deaktiviert den Vollbildmodus.

Tabelle 11 Tastenkürzel in »gnome-terminal«

grub

Im Linux-Bootloader GRUB können Sie mit den Cursortasten ein Betriebssystem bzw. eine Linux-Variante auswählen und diese dann durch ↵ starten. Darüber hinaus bietet GRUB die Möglichkeit, die Parameter eines Menüeintrags interaktiv zu verändern oder eigene Kommandos auszuführen. Tabelle 12 fasst hierfür die wichtigsten Tastenkürzel zusammen. Die Tabelle bezieht sich dabei auf die aktuelle GRUB-Version 2.

Tastenkürzel	Funktion
Esc	beendet den Grafikmodus und aktiviert den Textmodus.
C	startet den Kommandomodus zur interaktiven Ausführung von GRUB-Kommandos. Bei der Kommandoeingabe können Dateinamen wie in der Shell durch ⇥ vervollständigt werden.
E	startet den Editor für den ausgewählten Menüeintrag.

Tabelle 12 Tastenkürzel zur interaktiven Steuerung von GRUB 2

Tastenkürzel	Funktion
P	gibt die interaktiven GRUB-Funktionen durch die Eingabe eines Passworts frei. Das ist nur erforderlich, wenn GRUB durch ein Passwort abgesichert ist.
Strg+X oder F10	startet den zuvor mit E veränderten Menüeintrag.

Tabelle 12 Tastenkürzel zur interaktiven Steuerung von GRUB 2 (Forts.)

info

info startet das gleichnamige Online-Hilfesystem. Zur Navigation im Hilfetext verwenden Sie die in Tabelle 13 zusammengefassten Tastenkürzel. info-Texte können Sie mit mehr Komfort auch mit dem Kommando pinfo aus dem gleichnamigen Paket, mit dem Editor Emacs oder in den Hilfesystemen von Gnome und KDE lesen.

Tastenkürzel	Funktion
⎵	scrollt Text nach unten.
←	scrollt Text nach oben.
B, E	springt zum Anfang/Ende der Info-Einheit (*beginning/end*).
⇥	bewegt den Cursor zum nächsten Querverweis.
↵	verfolgt einen Querverweis zu einer anderen Info-Einheit.
N	zeigt die nächste Info-Einheit in derselben Hierarchiestufe an (*next*).
P	zeigt die vorige Info-Einheit in derselben Hierarchiestufe an (*previous*).
U	springt eine Hierarchieebene nach oben (*up*).
L	springt zurück zum zuletzt angezeigten Text (*last*).
H	zeigt eine ausführliche Bedienungsanleitung an (*help*).
?	zeigt eine Kommandoübersicht an.
Q	beendet info (*quit*).

Tabelle 13 »info«-Tastenkürzel

joe

joe ist ein einfacher Editor, dessen Tastenkürzel dem Textverarbeitungsprogramm Wordstar nachempfunden sind (siehe Tabelle 14). Der Editor kann auch unter den Namen jmacs oder jpico gestartet werden. Es gelten dann andere Tastenkürzel, die zum Emacs bzw. zu Pico kompatibel sind.

Tastenkürzel	Funktion
Strg + K , H	blendet das Hilfefenster ein/aus.
Strg + K , E	lädt eine neue Datei.
Strg + K , D	speichert die Datei (wahlweise unter neuem Namen).
Strg + Y	löscht eine Zeile.
Strg + ⇧ + -	macht das Löschen rückgängig (Undo).
Strg + C	beendet joe (mit Rückfrage zum Speichern).

Tabelle 14 »joe«-Tastenkürzel

konsole

KDE-Fans führen Shell-Kommandos in der Regel im Programm konsole aus. Die meisten Tastenkürzel werden von diesem Programm direkt an die Shell weitergegeben. Darüber hinaus gibt es aber einige konsole-spezifische Tastenkürzel, die in Tabelle 15 zusammengefasst sind.

Tastenkürzel	Funktion
⇧ + Strg + A	markiert den Reiter bei Aktivität.
⇧ + Strg + C	kopiert den markierten Text in die Zwischenablage.
⇧ + Strg + F	sucht einen Text in den Terminalausgaben.
F3	wiederholt die Suche rückwärts.
⇧ + F3	wiederholt die Suche vorwärts.
⇧ + Strg + I	markiert den Reiter bei längerer Inaktivität.
⇧ + Strg + N	öffnet ein neues Terminalfenster.
⇧ + Strg + Q	schließt das Fenster.

Tabelle 15 Tastenkürzel in »konsole«

Tastenkürzel	Funktion
⇧ + Strg + T	öffnet einen neuen Terminal-Reiter.
⇧ + Strg + V	fügt den Inhalt der Zwischenablage ein.
⇧ + Strg + W	schließt den Reiter.
⇧ + Strg + +	vergrößert die Schrift.
⇧ + Strg + -	verkleinert die Schrift.
⇧ + Strg + ← / →	wechselt in den vorigen/nächsten Reiter.

Tabelle 15 Tastenkürzel in »konsole« (Forts.)

less

Das Kommando less zeigt Texte an. Während das Programm läuft, können Sie mit den Cursortasten durch den Text scrollen, Texte suchen, den durch die Umgebungs-variable $EDITOR eingestellten Editor starten etc. (siehe Tabelle 16). less wird auch zur Anzeige von man-Hilfetexten verwendet.

Tastenkürzel	Funktion
Cursortasten	scrollt den Text nach oben oder unten.
Pos1, Ende	springt an den Beginn bzw. das Ende des Textes.
G, ⇧ + G	springt an den Beginn bzw. das Ende des Textes.
/ muster ⏎	sucht vorwärts.
? muster ⏎	sucht rückwärts.
N	wiederholt die Suche vorwärts (*next*).
⇧ + N	wiederholt die Suche rückwärts.
V	startet den durch $EDITOR oder $VISUAL eingestellten Editor.
Q	beendet less (*quit*).
H	zeigt einen Hilfetext mit weiteren Tastenkürzeln an.

Tabelle 16 »less«-Tastenkürzel

man

Das Kommando man zeigt die Dokumentation zu wichtigen Kommandos, Konfigurationsdateien, C-Funktionen etc. an. Um ein einfaches Blättern durch den Hilfetext zu ermöglichen, greift man auf das Kommando less zurück. Deswegen gelten innerhalb von man dieselben Tastenkürzel wie bei less (siehe Tabelle 16).

mutt

mutt ist ein E-Mail-Client für den Textmodus. Das Programm ist gut dazu geeignet, lokal auf dem Rechner gespeicherte E-Mails zu lesen und zu beantworten. Hard-Core-Linux-Fans bevorzugen mutt sogar in grafischen Benutzeroberflächen, weil sich das Programm besonders effizient per Tastatur steuern lässt. Tabelle 17 enthält nur die wichtigsten Tastenkürzel.

Tastenkürzel	Funktion
Cursortasten	bewegt den Cursor durch die Mail-Liste.
⏎	zeigt die ersten Zeilen der ausgewählten E-Mail an.
⎵	blättert durch den Text einer Mail.
D	löscht die E-Mail.
I	wechselt von der E-Mail-Ansicht zurück in die Inbox.
J	zeigt die nächste E-Mail an.
M	verfasst eine neue E-Mail mit dem durch $EDITOR oder $VISUAL eingestellten Editor.
R	beantwortet die E-Mail.
?	zeigt einen Hilfetext mit allen Tastenkürzeln an.

Tabelle 17 »mutt«-Tastenkürzel

nano

nano ist ein minimalistischer Editor, der vor allem für Einsteiger gut geeignet ist. Die wichtigsten Tastenkürzel (siehe auch Tabelle 18) werden ständig in den zwei untersten Textzeilen eingeblendet.

Tastenkürzel	Funktion
Strg + A	bewegt den Cursor an den Beginn der Zeile.
Strg + D	löscht ein Zeichen.
Strg + E	bewegt den Cursor zum Ende der Zeile.
Strg + H	löscht ein Zeichen rückwärts.
Strg + ^	setzt einen Markierungspunkt.
Strg + K	löscht die aktuelle Zeile oder den markierten Text.
Strg + U	fügt den gelöschten Text wieder ein.
Strg + R	fügt eine Textdatei in den Text ein.
Strg + O	speichert die Datei.
Strg + X	beendet den Editor.

Tabelle 18 »nano«-Tastenkürzel

Textkonsole

Wenn Sie direkt in Textkonsolen arbeiten, also nicht unter KDE, Gnome oder einem anderen Desktop-System und auch nicht via SSH, dann gelten dort einige besondere Tastenkürzel. Tabelle 19 fasst die wichtigsten Kürzel zusammen.

Tastenkürzel	Funktion
Strg + Alt + Fn	wechselt vom Grafikmodus in die Textkonsole *n*.
Alt + Fn	wechselt von einer Textkonsole in eine andere Textkonsole *n*.
Alt + F7	wechselt zurück in den Grafikmodus (Alt + F1 bei Fedora, Alt + F5 bei Knoppix).
Alt + → / + ←	wechselt in die vorige/nächste Textkonsole.
⇧ + Bild↑ / Bild↓	scrollt seitenweise vorwärts/rückwärts.
Strg + Alt + Entf	beendet Linux durch shutdown (Vorsicht!).

Tabelle 19 Tastenkürzel in Textkonsolen

vi/vim

Der Editor Vi ist ein Urgestein der Unix-Geschichte. Nahezu alle Linux-Distributionen installieren standardmäßig das zum Vi kompatible Programm vim, das Sie gleichermaßen mit vi oder mit vim starten können.

Der Vi bietet ähnlich viele Funktionen wie der Emacs, die Bedienung ist aber noch schwieriger zu erlernen. Tabelle 20 fasst die elementarsten Vi-Kommandos zusammen.

Tastenkürzel	Funktion
[I] ·	aktiviert den Einfügemodus.
[A]	aktiviert den Einfügemodus. Die Texteingabe beginnt beim nächsten Zeichen.
[Esc]	aktiviert den Standardmodus bzw. bricht die Kommandoeingabe ab.
Kommandos im Standardmodus	
[D], [W]	löscht ein Wort.
[D], [D]	löscht die aktuelle Zeile.
n [D], [D]	löscht *n* Zeilen.
[P]	fügt den zuletzt gelöschten Text hinter der Cursorposition ein.
[⇧]+[P]	fügt den zuletzt gelöschten Text vor der Cursorposition ein.
[.]	wiederholt das letzte Kommando.
[U]	macht die letzte Änderung rückgängig (Undo).
[⇧]+[U]	widerruft alle Änderungen in der aktuellen Zeile.
[Strg]+[R]	macht Undo rückgängig (Redo, ab Vim 7).
[:] w	speichert die Datei.
[:] q	beendet vim.
[:] q!	beendet vim auch dann, wenn es nicht gespeicherte Dateien gibt.
Kommandos im Einfügemodus	
[Strg]+[O] *kommando*	führt das Kommando aus, ohne den Einfügemodus zu verlassen.

Tabelle 20 Elementare Kommandos

[T]

Der wichtigste fundamentale Unterschied zu anderen Editoren besteht darin, dass der Vi zwischen verschiedenen Modi unterscheidet.

▶ **Insert-Modus:** Um Text einzugeben, müssen Sie mit $\boxed{\text{I}}$ (*insert*) oder $\boxed{\text{A}}$ (*append*) in den Einfügemodus wechseln. vim zeigt nun in der untersten Zeile ganz links den Text -- EINFÜGEN -- an. Im Einfügemodus können Sie Text eingeben, den Cursor bewegen und einzelne Zeichen löschen ($\boxed{\text{Entf}}$ und $\boxed{\leftarrow}$). Der Unterschied zwischen $\boxed{\text{I}}$ und $\boxed{\text{A}}$ besteht darin, dass die Eingabe bei $\boxed{\text{I}}$ an der aktuellen Cursorposition beginnt, bei $\boxed{\text{A}}$ beim Zeichen dahinter.

▶ **Complex-Command-Modus:** Die Eingabe der meisten Kommandos erfolgt hingegen im Complex-Command-Modus, der mit $\boxed{:}$ aktiviert wird. Vorher muss gegebenenfalls der Insert-Modus durch $\boxed{\text{Esc}}$ verlassen werden.

Tabelle 21 listet nützliche Kommandos zur Cursorbewegung auf. In den Tabellen 22, 23, 24 und 25 geht es darum, wie Sie Text löschen, kopieren, markieren und bearbeiten.

Tastenkürzel	Funktion
Cursortasten	Die Cursortasten haben die übliche Bedeutung.
$\boxed{\text{H}}$ / $\boxed{\text{L}}$	bewegt den Cursor nach links/rechts.
$\boxed{\text{J}}$ / $\boxed{\text{K}}$	bewegt den Cursor nach unten/oben.
$\boxed{\Uparrow}$+$\boxed{\text{H}}$ / $\boxed{\Uparrow}$+$\boxed{\text{L}}$	bewegt den Cursor an den Beginn bzw. das Ende der aktuellen Seite.
$\boxed{\Uparrow}$+$\boxed{\text{M}}$	bewegt den Cursor in die Mitte der aktuellen Seite.
$\boxed{\text{B}}$ / $\boxed{\text{W}}$	bewegt den Cursor um ein Wort nach links/rechts.
$\boxed{\text{E}}$	bewegt den Cursor an das Ende des Worts.
$\boxed{\text{G}}$, $\boxed{\text{E}}$	bewegt den Cursor an den Anfang des Worts.
$\boxed{(}$, $\boxed{)}$	bewegt den Cursor an den Beginn des aktuellen/nächsten Satzes.
$\boxed{\{}$, $\boxed{\}}$	bewegt den Cursor an den Beginn des aktuellen/nächsten Absatzes.
$\boxed{\wedge}$, $\boxed{\$}$	bewegt den Cursor an den Beginn bzw. das Ende der Zeile.
$\boxed{\Uparrow}$+$\boxed{\text{G}}$	bewegt den Cursor an das Ende der Datei.
$\boxed{\text{G}}$, $\boxed{\text{G}}$	bewegt den Cursor an den Beginn der Datei.
n $\boxed{\Uparrow}$+$\boxed{\text{G}}$	bewegt den Cursor in die Zeile n.
n $\boxed{|}$	bewegt den Cursor in die Spalte n.
$\boxed{\%}$	bewegt den Cursor zum korrespondierenden Klammerzeichen ()[]{}.

Tabelle 21 Tastenkürzel zur Cursorbewegung im Standardmodus

Tastenkürzel im Einfügemodus	
`Entf`, `←`	Diese Tasten haben die übliche Bedeutung.
Kommandos im Standardmodus	
`X`	löscht das Zeichen an der Cursorposition bzw. den markierten Text.
`⇧`+`X`	löscht das Zeichen vor dem Cursor.
`D`, `D`	löscht die aktuelle Zeile.
`D` *cursorkommando*	löscht den Text entsprechend dem Kommando zur Cursorbewegung (siehe Tabelle 21). Beispiele: `D`, `$` löscht bis zum Ende der Zeile. `D`, `B` löscht das vorige Wort. `D`, `W` löscht das nächste Wort.

Tabelle 22 Text löschen

Tastenkürzel	Funktion
`Y`	kopiert den markierten Text in das Kopierregister.
`Y`, `Y`	kopiert die aktuelle Zeile in das Kopierregister.
`Y` *cursorkommando*	kopiert den durch die Cursorbewegung erfassten Text; Beispiel: `Y`, `}` kopiert den Text bis zum Ende des Absatzes.

Tabelle 23 Text in das Kopierregister kopieren

Tastenkürzel	Funktion
`V`	(de)aktiviert den Zeichenmarkierungsmodus.
`⇧`+`V`	(de)aktiviert den Zeilenmarkierungsmodus.
`Strg`+`V`	(de)aktiviert den Blockmarkierungsmodus.
`A`, `W`	vergrößert die Markierung um ein Wort.
`A`, `S`	vergrößert die Markierung um einen Satz.
`A`, `P`	vergrößert die Markierung um einen Absatz.
`A`, `B`	vergrößert die Markierung um eine ()-Ebene.
`A`, `⇧`+`B`	vergrößert die Markierung um eine {}-Ebene.
`G`, `V`	markiert den zuletzt markierten Text nochmals.
`O`	wechselt die Cursorposition zwischen Markierungsanfang und -ende.

Tabelle 24 Text markieren

`T`

Tastenkürzel	Funktion
X	löscht den markierten Text.
Y	kopiert den markierten Text in das Kopierregister.
~	ändert die Groß-/Kleinschreibung.
J	fügt die markierten Zeilen zu einer langen Zeile zusammen.
G, Q	führt einen Zeilenumbruch durch (für Fließtext).
>, <	rückt den Text um eine Tabulatorposition ein oder aus.
=	rückt den Text dem aktuellen indent-Modus entsprechend neu ein.
!sort	sortiert die Zeilen mit dem externen Kommando sort.

Tabelle 25 Markierten Text bearbeiten

Suchen und Ersetzen

Im Standardmodus bewegt / *suchtext* ← den Cursor zum gesuchten Text. N wiederholt die Suche, ⇧+N wiederholt die Suche rückwärts. Um von vornherein rückwärts zu suchen, beginnen Sie die Suche mit ? *suchausdruck*. Tabelle 26 fasst die wichtigsten Sonderzeichen zusammen, um nach Mustern zu suchen.

Zeichen	Bedeutung
.	ein beliebiges Zeichen
^ $	Zeilenanfang/Zeilenende
\< \>	Wortanfang/Wortende
[a-e]	ein Zeichen zwischen *a* und *e*
\s, \t	ein Leerzeichen bzw. ein Tabulatorzeichen
\(\)	fasst ein Suchmuster als Gruppe zusammen.
\=	Der Suchausdruck muss 0- oder einmal auftreten.
*	Der Suchausdruck darf beliebig oft (auch 0-mal) auftreten.
\+	Der Suchausdruck muss mindestens einmal auftreten.

Tabelle 26 Sonderzeichen im Suchausdruck

Vim unterscheidet bei der Suche zwischen Groß- und Kleinschreibung. Wenn Sie das nicht möchten, leiten Sie das Suchmuster mit /c ein (gilt nur für diese Suche) oder führen : set ignorecase aus (gilt für alle weiteren Suchen).

Mit ⠿ `set incsearch` aktivieren Sie die inkrementelle Suche: Bereits während der Eingabe des Suchtexts durch ⑦ *suchausdruck* bewegt Vim den Cursor zum ersten passenden Ort. ⏎ beendet die Suche, [Esc] bricht sie ab. Nach der Suche bleiben alle Übereinstimmungen im Text markiert, bis Sie eine neue Suche durchführen oder ⠿ `nohlsearch` ausführen.

Um alle Vorkommen des Texts *abc* ohne Rückfrage durch *efg* zu ersetzen, führen Sie im Standardmodus ⠿ `%s`/*abc*/*efg*/`g` aus. ⌐ ⌐ führt anschließend zurück an den Beginn der Suche. Tabelle 27 fasst einige Varianten des Suchen-und-Ersetzen-Kommandos zusammen.

Tastenkürzel	Funktion
⠿ `%s`/*abc*/*efg*/`g`	ersetzt ohne Rückfrage alle Vorkommen von *abc* durch *efg*.
⠿ `%s`/*abc*/*efg*/`gc`	ersetzt mit Rückfrage alle Vorkommen von *abc* durch *efg*.
⠿ `%s`/*abc*/*efg*/`gci`	ersetzt ohne Berücksichtigung der Groß- und Kleinschreibung.

Tabelle 27 Suchen und Ersetzen

- Umfassender Einstieg in alle Linux-Themen

- Inkl. Multimedia, Drucken, Textverarbeitung

- Administration, Netzwerke, Shell, X11

Steffen Wendzel, Johannes Plötner

Einstieg in Linux

Linux verstehen und einsetzen

Dieses Buch ist für Linux-Einsteiger geeignet, die etwas wissen wollen über die Bedienung gängiger Anwendersoftware unter Linux (wie freie Office-Suiten, LaTeX, KDE u. v. m.), aber auch keine Angst haben vor Administration, Shell oder Netzwerkkonfiguration. Sie bekommen praktisches Wissen, das sie befähigt, sicher mit Linux zu arbeiten.

421 S., 5. Auflage 2012, mit DVD, 24,90 Euro
ISBN 978-3-8362-1939-6
www.galileocomputing.de/3146

»Das Buch zieht den Leser gleich mit der atemberaubenden Geschichte und Entwicklung von UNIX- und Linux-Systemen in den Bann. [...] Das Lesen des Buches macht durchweg Spaß. « freiesMagazin

Ausführliche Leseprobe im Web!

- Das Standardwerk für Einsteiger und fortgeschrittene Anwender

- Installation, Konfiguration, Administration

- Mit zahlreichen Praxistipps und Raspberry-Pi-Kapitel

- Inklusive E-Book zum Download

Michael Kofler

Linux

Das umfassende Handbuch

„Der Kofler": der Standard! Ob als Einsteiger oder erfahrener „Linuxer" – mit diesem Buch bleiben keine Fragen offen. Von der Installation und den verschiedenen Benutzeroberflächen über die Arbeit im Terminal, die Systemkonfiguration und -administration bis hin zum sicheren Einsatz als Server – hier werden Sie fündig! Distributionsunabhängig, vollständig überarbeitet und mit einem Kapitel zum Raspberry Pi sowie kostenlosem E-Book natürlich am Puls der Zeit: So präsentiert sich Ihnen dieser Klassiker ab sofort bei Galileo Press.

1.435 S., 2014, 49,90 Euro
ISBN 978-3-8362-2591-5
www.galileocomputing.de/3436

Galileo Press

- Linux-Server distributionsunabhängig einrichten und
administrieren

- Backup, Sicherheit, Samba,
LDAP, Web-, Mail- und FTP-Server,
Kerberos-Authentifizierung, IPv6,
NFSv4 u.v.m.

- Einsetzbare Praxislösungen

Dirk Deimeke, Stefan Kania, Charly Kühnast, Stefan Semmelroggen,
Daniel van Soest

Linux-Server
Das Administrationshandbuch

Das Schweizer Messer für den fortgeschrittenen Linux-Administrator: Dieses
Buch erläutert Ihnen alle wichtigen Themen der modernen Administration von
Linux-Servern. Von Hochverfügbarkeit über Sicherheit bis hin zu Skripting und
Virtualisierung – so lernen Sie Linux-Server distributionsunabhängig intensiv
kennen.

948 S., 2. Auflage 2012, 49,90 Euro
ISBN 978-3-8362-1879-5
www.galileocomputing.de/3051

Galileo Press

■ Von der Installation bis zur Administration

■ Office, Internet, Audio, Video und Shell

■ Debian als Server nutzen, Netzwerk und Sicherheit

Heike Jurzik

Debian GNU/Linux
Das umfassende Handbuch

Dieses Buch ist der ideale Begleiter, wenn Sie das aktuelle Debian von Grund auf kennen lernen wollen. Von der Installation über die Anwendung bis zur Administration behandelt es alle wichtigen Themen. Mit vielen Tipps und Schritt-für-Schritt-Anleitungen sind Sie auch bei der professionellen Anwendung optimal beraten!

798 S., 5. Auflage 2013, mit DVD, 39,90 Euro
ISBN 978-3-8362-2661-5
www.galileocomputing.de/3491

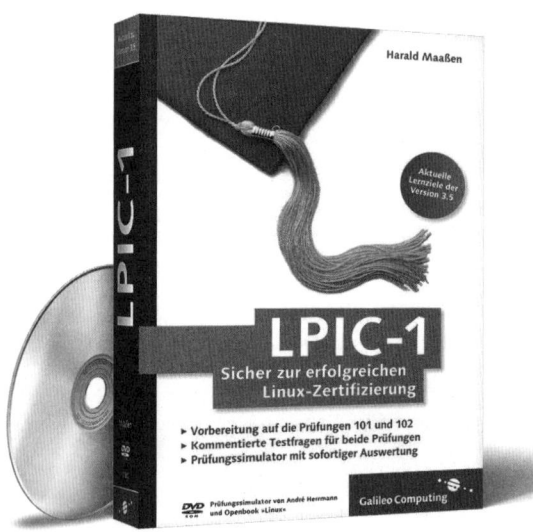

■ Vorbereitung auf die Prüfungen 101 und 102

■ Kommentierte Testfragen für beide Prüfungen

■ Prüfungssimulator mit sofortiger Auswertung

Harald Maaßen

LPIC-1

Sicher zur erfolgreichen Linux-Zertifizierung

Mit diesem Buch sind Sie bestens gerüstet für die Prüfungen des LPI. Sie finden die konkreten Anforderungen zu allen Prüfungsthemen und testen Ihren Kenntnisstand mit prüfungsähnlichen Fragen. Mit dem Prüfungssimulator können Sie eine Testprüfung unter prüfungsähnlichen Bedingungen ablegen.

545 S., 3. Auflage 2012, mit DVD, 34,90 Euro
ISBN 978-3-8362-1780-4
www.galileocomputing.de/2653

»Das Buch soll den Leser optimal auf die LPIC1-Zertifizierung vorbereiten und ist dafür sehr gut geeignet. Der theoretische Inhalt wird gut und praxisnah vermittelt und deckt die aktuellen Prüfungsinhalte ab. Man merkt deutlich, dass der Autor sehr viel Erfahrung hat und sich mit dem Thema sehr gut auskennt..« freiesMagazin

In unserem Webshop finden Sie unser aktuelles
Programm mit ausführlichen Informationen,
umfassenden Leseproben, kostenlosen Video-Lektionen –
und dazu die Möglichkeit der Volltextsuche in allen Büchern.

www.galileocomputing.de

Galileo Computing

Wissen, wie's geht.